日本证券经济研究所 编
郭海燕 译

图说日本
证券市场

社会科学文献出版社
SOCIAL SCIENCES ACADEMIC PRESS (CHINA)

序

如今证券市场的资金筹措功能以及作为政策评价的价格信息功能在全世界受到广泛的关注。起源于美国的经济危机波及全世界，现在都没显示出结束的迹象。希腊的财政危机成了导火索，而欧洲，欧元区的政府债务危机问题则是世界经济动荡的主要原因。欧洲当局不得不将解决问题的重点放在市场上，甚至加强了国家对市场的调控。如此一来，为了更好地理解当今金融市场和资本市场的动向，了解证券市场本身的机制、功能以及制度的背景、经过是不可或缺的。

为了更通俗易懂地解说日本、欧美、亚洲各地区的证券市场，日本证券经济研究所出版了《图说证券市场》系列书籍。该系列书籍简单明了地按项目分开进行说明，同时尽量对制度及其背景进行解说。另外，对所有地区的《图说证券市场》都努力进行及时更新。

这次为大家呈现的是《图说日本证券市场（2012 年版）》。我们同时也出版了《图说欧洲资本市场（2012 年版）》，供大家一并参考。

比起欧美的金融危机，日本金融部门的不良债权处理等遭受的破坏相对较小。但是日元升值以及股价低迷等市场不景气所造成的沉重压力，使得日本经济的前景依然不明朗。另外，股价长期低迷导致国内投资者信心下降，股票市场的买卖金额小幅上升，其中六成是外国投资者，就证券市场的活力来看，很难说是得到了充分的发挥。

但从日本证券市场制度的完善这一点来看，2006 年将《证券交易法》修改为《金融商品交易法》，接着《公司法》实施，制度得到了大幅度的完善。在《图说日本证券市场（2010 年版）》出版后，《金融商品交易法》得到了修订，完善了与考虑到现有股东的增资方法——附权发行（Rights Offering）有关的公开制度，以及为了构建方便外国公司在日本证券市场上市的环境，将公开英语资料的范围扩大至有价证券的申报书。另外，作为增长战略之一的“金融战略”在2010年6月的内阁会议获得通过，目前正在加强金融功能以提升实体经济的支持力度，以及促进金融自身的增长带动作用，即高增值化。

在日本证券市场的激活方面也有稳步的进展。在人们担忧日本企业直接在海外证券市场上市导致市场空洞化的时候，2011年韩国企业直接在日本证券市场上市得到了实现。另外，为了应对全球证券交易所之间的激烈竞争，东京证券交易所和大阪证券交易所在2012年合并。并且除证券以外还经营谷物以及工业品等，规定和监督统一化的综合证券所这一构思也朝着实现的方向迈进。剩下的就是等待日本实体经济的恢复。

本书与以前一样，除了本研究所的研究员和专业调查员以外，还分别由日本证券业协会、东京证券交易所、大阪证券交易所、日本证券金融以及日本投资顾问行业协会的专家共同执笔完成。另外，书稿的统筹由本研究所的须藤主任研究员和万泽研究员负责。构建“方便易用、具有活力的证券市场”，是日本经济亟待解决的课题。如本书能承蒙关心日本证券市场现状以及证券系统改革的各位人士充分利用，笔者将不胜欣喜。

公益财团法人　日本证券经济研究所

理事长　东英治

2012年2月

前 言

提起关于日本证券市场的各种著作，会有概论、证券法制论、投资论、中介论等浮上脑海。作为证券市场专家的证券业务执行者，需要通过证券外务员的考试，关于考试的各种教材涵盖了证券市场的各个领域，内容非常之多。证券市场的专业性和宽泛性，又使得很多人容易把它当作是一个难以亲近、难以理解的东西。法律用词，外来语的音标标注，计算公式和专业用词的频繁出现，就算是经济、商学院的学生，也会有被搞得头晕脑转的痛苦回忆。对于民间的一般投资家来说，书里描写的就更像是另一个世界的东西了。

那么，简单地描述不就可以了，可事实上没有那么简单。至今为止，我写过很多专业书、研究论文，大学生用的关于证券市场的教科书和面向职场人士的入门书。这中间也接受过大型报业公司的委托，写过以漫画、插图为主的概论类书籍。也尝试过面向中小学生的绘画书。每本书中都有好的地方也有不足的地方，每次出版后都少不了反省一下。

因此，要想全面了解证券市场，首先一本包含了关于证券法制、历史、现状，课题性的要点和要点的有机结合，丰富的数据和图表的完美组合的“全景书”很重要。在这一点上，这本《图说日本证券市场》是日本市场上这种类型的书的集成版。证券市场的各个领域的研究者和第一线的实践者通过长期努力编辑的这本书，是日本证券市场上信赖度最高并且便于阅读的全方面图书。不仅是对第一次接触日本证券市场的人有用，对研究者和从事证券业务的专家也是有用的参考书。这本书受到的好评成为了主要国家、地区的证券市场的图说系列出版的原动力。美国、英国、欧洲、亚洲的各个证券市场的图说系列图书相继发行，2011 年，中国证券市场的图说书也出版了，成为了这类书标杆的本书英文版也一起发行了，这次本书的中文版也出版了，作为《图说亚洲证券市场》，《图说中国证券市场》的责任编辑，我感到非常的高兴。通过中国社会科学院和日本大和总研的紧密合作，加深了同中国出版方社会科学文献出版社的友谊，这次的尝试也得到了该社充分的理解和积极协助。

本书的内容在这里暂且不提。从日本的130多年的证券交易的经验中，我想说说我自身感受到的中国的两个问题。这两个问题至今也还是日本市场研究的课题。

第一，关于直接金融和间接金融的责任方。众所周知，日本的证券市场的真正发展，是从第二次世界大战后，采用了1930年在美国确立的银行业和证券业的严格的分离制度开始的。最初，到19世纪70年代为止，事实上日本的金融界和银行的间接金融占压倒性的支配地位。当时的银行，融资方面形式上是债务实质上作为平衡机能的贷款，不仅是作为单纯的贷款方，还可以认为是全面覆盖融资对象的融资者兼投资者。直接金融和间接金融在法律上被明确地区分开来，但是银行的平衡性间接金融占主导地位，直接金融是有限制的金融或者不过是一种投资手段。

形势出现大变化是在19世纪80年代以后了。随着日本的经济走向成熟化、全球化，大企业的财务状况得到了改善，对原本权益融资的需要日益加强。对于投资者来说，而对低利率的存款选择相对有一定的风险且有相对高回报投资的倾向增强。“直接金融和间接金融的两轮论”甚至“从储蓄到投资”之类的气氛变浓了。比起作为金融界中介标杆的商业银行，投资银行得到了更多的重视。另外，在美国随着证券化的进行，银行、证券要重新严格区分开的争论更加激烈，21世纪初便早早地为两者的融合迈出了一大步。

在这样内外环境的变化中，日本虽然不像美国，但实际上也可以看出直接金融和间接金融混合的状况。当时，市场型间接金融这个新词被炒得沸沸扬扬。在这种情况下爆发了次级抵押贷款问题。现在，众所周知在美国开始了对于直接金融和间接金融的过分融合的反省。

在日本，也出现了银行是否可以成为直接金融的承担者的讨论，我感觉从历史中可以学习的东西还应该有很多。

第二，对证券市场的信赖。证券市场是由很多的不特定的自然人所进行的数量巨大的交易。他们大多数都是相互不认识的。和相对交易不同，当事人之间密切交流沟通是不可能的。在此基础上，证券市场必须成为让无数的参与者感到公平且透明的交易市场。证券等管制的最大的作用，可以说是构筑公平且“干净”的证券市场，并且获取多数参与者的信赖。在这一点上，被认为是证券市场发达国家的美国也特别地注意，日本也不例外。

但是，不论日本市场还是美国市场，都有动摇证券市场信用的不适宜的行为的存在。每次都使证券市场失去信任，国民经济遭到负面打击。因此，对于不公平交易等的应对日渐严格。比如，知情人交易是30年前我在美国读法学研究生的时候学习的，在美国被当成大问题但是在日本还没有得到深刻的认识。但是，这十几年，在日本实行着比美国的知情人交易更严格的负面评价以及对相关人的严格的道德问责制度。

在保持着快速成长的中国证券市场，我认为今后这两个课题会变得更加重要。带着这样的观点，参考运用本书，会更加有帮助。

2012年10月

日本证券经济研究所理事、客座研究员

大和总研副理事长

川村雄介

目　录

第1章　证券市场和国民经济

1. 何为证券

金融市场是在一国的经济中从资金盈余部门（贷方）到资金短缺部门（借方）进行融资所形成的市场，从中介的观点来看，可分为间接金融和直接金融。间接金融是金融机关通过向贷方（资金供给者）发行间接证券（存款证书、保险证书）筹措资金，来取得借方（筹资者）发行的本源性证券（借用证书、票据等）的形式进行资金中介。另一方面，直接金融是借方直接对贷方发行本源性的证券（股票、证券等）来进行资金中介。进行这种直接金融的市场就是证券市场，分为发行市场（进行证券发行和取得的市场）和流通市场（进行证券买卖的市场）。

其他一般情况下有价证券是指为了便于无形权利的转让而显示该权利的证券，具有权利和证券结合的特色。具体有以下几种：公司发行的股票或公司债券、票据、支票或者船货证券、国家发行的国债或地方自治区发行的地方债券等。其中在证券市场交易的证券是《金融商品交易法》中的有价证券，在该法第2条的第1项和第2项中有定义。第1项中规定了表现权利的证券、证书发行的有价证券，表1－1中有详细列举。和旧证券交易法相比，该法扩充了抵押证券或金融选择权证券等。另外21号的政令指定证券、证书中规定了学校债等。

第2条第2项中对等同有价证券进行了规定。在其前段，对于第1项描述的有价证券中应该表现的权利，即使没有发行有价证券，该权利也被看做是有价证券。例如，基于转换制度的可转换债或者转换股票被看做是和债券、股票同等的东西。在第2项的后段规定了对于证券及证书中应该表现的权利以外的权利被看做为有价证券的情况，在表1－1中有详细描述。该规定在旧法的基础上很大程度地进行了扩充，特别是5号对各种基金适用《金融商品交易法》的统括性进行了规定。另外，7号的政令指定权利中对学校法人等有关贷款的债权进行了规定。《金融商品交易法》的适用范围还包括与有价证券以外的市场、店面、外国市场相关的各金融衍生商品交易。

表1－1 《金融商品交易法》第2条第1项、2项中“有价证券”的定义

【第2条第1项】有价证券

1. 国债证券
2. 地方债证券
3. 特殊法人债权
4. 资产流动化法上的特定社债权
5. 社债权
6. 特殊法人相关的出资证券
7. 共同组织金融机关的优先出资证券
8. 资产流动化法中的优先出资证券、新优先出资认购权证券
9. 股票、新股预约权证券
10. 投资信托、外国投资信托的受益证券
11. 投资法人的投资证券、投资法人债权，外国投资法人的投资证券
12. 贷款信托的受益证券
13.《资产流动化法》中的特定目的信托的受益证券
14.《信托法》中的受益证券发行信托的受益证券
15. 商业票据
16. 抵押证券
17. 外国证券、证书具有1号到9号或者12号到16号性质
18. 外国贷款债券信托的受益证券
19.（金融）选择权证券、证书
20. 外国委托保管证券、证书
21. 政令指定证券、证书

【第2条第2项】等同有价证券

条文（前段）：第2条第1项（有价证券）没有发行证券的情况

（以下为后段）

1. 信托的受益权
2. 外国信托的受益权
3. 合伙企业、合资企业的职员权利（政令中有规定），合并企业的职员权利
4. 具有上记第3号性质的外国法人的职员权利
5. 集团投资预定持股份额（包括定义）
6. 外国集团投资预定持股份额
7. 政令指定权利

出处：参考上柳敏郎、石户谷丰、樱井健夫《从新金融商品交易法手册消费者的立场看到的〈金融商品交易法〉、〈金融商品贩卖法〉及〈关联法〉的解说》，日本评论社，2006；黑沼悦郎《金融商品交易法入门》，日本经济新闻出版社，2006。

2. 企业的资金筹措

法人企业（不包括金融业，以下简称为“企业”），是通过商品或者服务的生产、销售等各种各样的活动以获取利益为目的的经济主体。企业为了生产、销售活动的继续所投资的设备或在库商品等实物资产，其所需的资金就是通过各种各样的手段筹措的。

企业筹措的资金根据其筹措方法的不同可分为内部资金（通过普通的生产、销售活动产生的资金）和外部资金（从外部筹措的资金）。在会计上内部资金包含内部保留和折旧，这些资金不需要偿还或支付利息、股息，所以在企业财务上是最可靠的筹措手段。但是在实际业务中只有内部资金是不能满足企业的资金需求的，其多半还是要依赖外部的资金。外部资金根据其筹措方法的不同主要分为借款、股票、公司债三种。借款作为主要手段是从金融机关筹措资金，被称为间接金融方式的筹措手段。股票除了公司设立时的发行以外，也会在公司业务规模扩大时追加发行（增资），依靠股票发行筹措的资金不需要偿还以及支付利息，在外部资金中是最可靠的资金。公司债发行和股票一样是来自资本市场的筹措手段，有固定的偿还期限，需要支付一定的利息。公司债大体上可分为普通债券、新股预约权公司债券、计划债券。另外，股票或者公司债的发行被称为直接金融方式的筹措手段。

企业外部资金筹措的推移从金融负债额的构成比来看，首先借款从 20 世纪 80 年代开始呈现下降的趋势。21 世纪有价证券的借款回升，可以看到资金筹措构成从间接金融向直接金融转移。其原因可以列举出两点：第一，20 世纪 80 年代以后金融的自由化、国际化，导致股票、公司债市场的交易活性化；第二，特别是 20 世纪 90 年代以后受到经济不景气的影响，企业间信用降低，银行的贷款抑制以及企业方面财务体质改善的相乘效果。目前伴随金融危机的资本市场的机能低下，借款的资金筹措比重逐日提高。但是，随着新兴市场的兴起及公司债各种限制的放宽、废除，即使是中小规模企业也能通过资本市场进行资金筹措，如果资本市场机能恢复，有价证券发行的资金筹措方式也有望恢复。

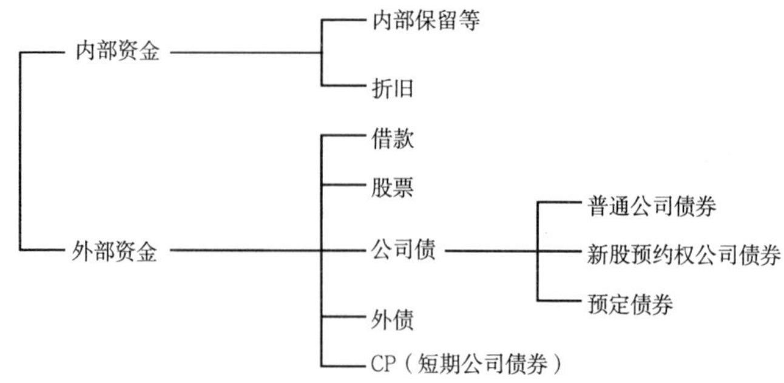

图 1－1 企业的资金筹措手段

注：内部保留等是从企业的税后利益减去准备金、职员奖金等后的资金。另外折旧费是厂房、机器等的有形固定资产，折旧提取的费用其经济价值逐年减少，通俗地讲是设备更换的公积金。

表 1－2 法人企业部门的资金筹措、运用的构成比（余额基数）

项目 \ 年度末	1980	1985	1990	1995	2000	2005	2010
〔运用〕							
现金、存款	10.0	7.6	6.6	9.1	13.3	15.5	18.4
定期性存款	14.5	14.8	12.8	10.8	7.7	4.1	6.3
CD	0.1	1.2	1.1	2.6	3.3	1.5	1.8
信托	1.3	1.4	0.7	1.3	0.3	0.3	0.3
投资信托	0.1	0.6	0.2	0.4	1.0	0.7	1.8
有价证券	15.7	25.9	30.9	24.2	22.9	36.4	19.4
（股票）	13.5	23.5	28.1	22.6	19.6	33.4	16.3
（债券等）	2.2	2.3	2.8	1.6	3.3	3.0	3.1
企业间信用	45.5	35.2	30.5	35.3	33.5	24.4	27.1
其他	12.7	13.2	17.2	16.3	18.2	17.1	24.9
合计额	312.4	483.5	835.7	783.2	738.9	950.3	792.6
〔筹措〕							
借款	42.2	39.5	36.5	40.2	36.2	22.4	31.3
有价证券	27.1	38.1	43.1	38.6	42.0	58.2	42.5
（股票）	23.1	33.9	37.3	32.7	35.2	52.9	35.2
（公司债等）	2.2	2.6	2.3	3.8	5.3	4.1	5.8
（外债）	1.8	1.6	2.6	1.5	0.6	0.8	0.8

续表

项目＼年度末	1980	1985	1990	1995	2000	2005	2010
（CP）	—	—	0.8	0.6	0.9	0.4	0.7
企业间信用	24.3	17.0	14.6	15.4	16.2	12.8	15.4
其他	6.4	5.5	5.8	5.8	5.6	6.6	10.8
合计额	477.4	760.6	1358.7	1351.7	1198.0	1421.8	1056.7

注：1. 构成比的单位是%，合计额的单位是兆日元。

2. 定期性存款中包含外币存款。

3. 表格中是有价证券的明细。股票中包含出资金。

4. 股票评价中的〔运用〕栏是时价，〔筹措〕栏在 1990 年以前是以资本金 + 资本准备金为准，1995 年以后是以时价为准。

出处：参考日本银行主页的统计数据（资金循环表）。

3. 证券市场和财政

财政是政府（国家或地方公共团体）进行的经济活动，具体是依靠租税等收入（一年的收入）对警察、教育提供的行政服务或进行的公共投资（一个会计年度的支出）。在实际的财政运营上会根据经济动向制定相应的财政政策，其结果是如果一个会计年度的支出大于一年的收入，其不足的部分主要是来自公债（国债或地方债）的发行。

从日本的中央政府部门发布的公债结余和公债依存度的推移来看，1965 年的补正预算中作为经济不景气的政策对应，在战后初期发行了特例国债（赤字国债），1966 年度以后继续发行建设国债，20 世纪 70 年代前期公债依存度和公债结余都停留在低水准的状态。但是从 70 年代的后期开始，伴随经济增长率的钝化，税收也停滞不前，在此情况下政府不得已发行了大量的国债，到 1980 年末发行余额已经急剧增长到 71 兆日元。其结果就是国债在证券市场中占据了重要的地位，政府的财政政策带来的影响也随之变大。为了改善这种财政状况，1981 年以后走上了“财政重建”的路线，再加上 80 年代后期经济状况的好转，公债依存度的低下和公债结余增加的抑制得以实现。但是 90 年代以后长期的不景气带来的税收减少以及多次景气刺激对策的相互作用下，公债依存度急剧增高，到 2011 年末公债预测结余可达到 667 兆日元。

其次从表 1－3 日本的国债保有构成来看，2007 年末以后，市场金融机关的保有额急剧增加，保有构成比从 30% 上升到了 60% 以上。原因是银行存款中包含了邮政存款（邮政储蓄银行），生命损害保险中包含了简易生命保险（简保生命）。2010 年末预测的时价保有额：邮政储蓄银行约 146.5 兆日元（构成比 20.2%），简保生命约 64.1 兆日元（构成比 8.8%）。在资本关联中如果这些金融机关在本质上都被看做是公共金融机关，包括日本银行和政府方面的金融机关在内的公共保有额的构成比将高达 47.8%（2010 年末）。另外，如果从市场金融机关中除去上述这些金融机关的保有额，那保有比率只有 39.8%。但是从明细中来看，生命损害保险等（不包括简保生命）和养老金基金的长期保有型机关投资者的保有比率是 15.2%，以前民间最大的投资者——银行等（不包括邮政储蓄银行）的保有比率是 19.3%，二者的保有比率在 2006 年末都开始呈上升趋势。

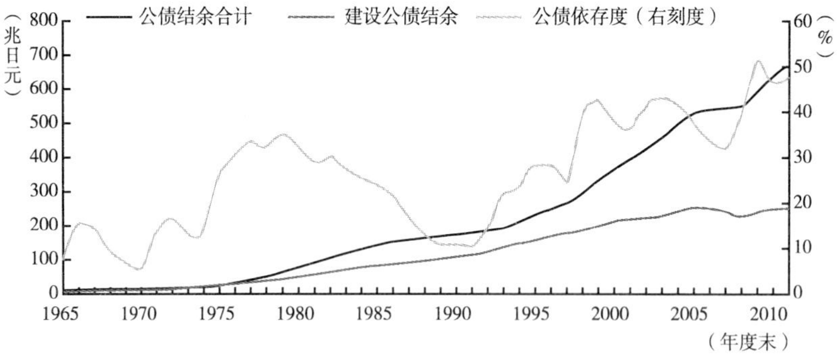

图 1－2　公债结余和公债依存度的推移

注：1. 2009 年以前是实际值，2010 年是实际预测值。2011 年的公债依存度是最初预算值，结余是补正后预算基数。

2. 普通国债基数。

出处：参考财务省资料制作。

表 1－3　日本国债保有者明细的推移

单位：兆日元，%

所有者	2006 年末		2007 年末		2008 年末		2009 年末		2010 年末	
一般政府（不含公共养老金）	3.6	0.5	2.5	0.4	2.5	0.4	1.9	0.3	1.9	0.3
公共养老金	68.3	10.1	78.1	11.2	80.1	11.8	76.3	11.2	72.4	10.0
邮政融资资金	23.9	3.6	10.9	1.6	1.2	0.2	0.8	0.1	0.8	0.1
邮政储蓄存款	140.0	20.8	—	—	—	—	—	—	—	—

续表

所有者	2006年末		2007年末		2008年末		2009年末		2010年末	
简易生命保险	61.0	9.1	—	—	—	—	—	—	—	—
日本银行	71.0	10.6	63.7	9.2	55.9	8.2	51.2	7.5	60.3	8.3
市场金融机关	216.1	32.1	439.7	63.3	441.6	64.9	464.5	68.1	499.8	68.8
银行等	101.6	15.1	246.4	35.5	246.2	36.2	258.7	37.9	286.9	39.5
生命损害保险等	61.8	9.2	129.2	18.6	135.1	19.8	139.9	20.5	147.3	20.3
养老金基金	26.2	3.9	26.8	3.9	25.6	3.8	28.0	4.1	27.3	3.8
其他市场金融机关	26.5	3.9	37.3	5.4	34.7	5.1	37.9	5.6	38.3	5.3
海外	40.2	6.0	47.4	6.8	43.9	6.5	31.6	4.6	36.4	5.0
家计	33.4	5.0	36.3	5.2	36.0	5.3	34.4	5.0	31.1	4.3
其他	15.2	2.3	16.5	2.4	19.6	2.9	21.4	3.1	23.5	3.2
合　计	672.7	100.0	695.0	100.0	680.9	100.0	682.1	100.0	726.2	100.0

注：1. 各年度末的左栏是时价保有额，右栏是构成比。

2. 包括财政融资特别会计国债和面向个人发行国债，不包括政府短期证券或者国库短期证券（T-Bill）。

3. “其他市场金融机关”中包括“证券投资信托”和“证券公司”。

4. “其他” = “非金融法人企业” + “对家计民间非营利团体”。

5. 2007年末以后，“银行等”中包括邮政储蓄银行、“生命损害保险等”中包括简保生命。

出处：参考财务省《债券管理报告（2011）》，根据日本银行主页发布的统计数据（资金循环表）做成。

4. 家计的金融资产保有

日本的家计部门在资金循环中一贯都是有资金剩余的（超过存款）。其对名义GDP比率在20世纪90年代后期以后急速下降，之前都是稳定保持在8%左右。长期稳定的资金剩余给家计带来了超过1400兆日元的金融资产积蓄。

从家计的金融资产运用推移来看，有以下几种特征。第一，定期性存款在金融资产中持续占据最大比重，20世纪80年代以后呈现下降的趋势。90年代以后现金、存款的构成比趋于上升。这种构成比的上升应该是存款者从银行的相继破产中总结出来的教训。第二，保险、养老金的构成比在2000年末基本持续保持稳定上升的趋势，这种稳定化体现了日本已经进入高龄化的社会。第三，有价证券的构成比在90年代以后降低。主要原因是股票市场的低迷。银行的不良债权问题也告一段落，股票市场在2003年以后开始恢复，有价证券的构成比低下问题也得以解决。但是，2008年9月受“雷曼”冲击影响，股票市场暴跌，以股票为中心的有价证券的构成比不得已再次大幅下降。

2010年家计的金融资产运用的日美比（美国有对家计民间非营利集团），在资产选择上有很大不同。在日本现金、存款和保险、养老金运用了83.7%的资产，包含投资信托的有价证券的运用比率是12.3%，在美国前者运用了44.1%的资产，后者的运用比率是52.5%。也就是说日本的家计在资产选择上是倾向于本金保证型，而美国倾向于运用成果型。

但是20世纪90年代后期以后，由于个人投资者对股票或外币的网络交易的活性化，可以看到在风险资产的选择上有变化的预兆。长远来看，随着确定抛出型养老金制度的介入，对证券市场的期许也变大，另外考虑到金融商品、服务内容的复杂化，不精通金融知识的个人投资者卷入金融犯罪等危险的情况，对金融商品相关的普及教育也迫在眉睫。为此，日本证券业协会（证券教育宣传中心）、东京证券交易所（东证研究所）、日本银行（金融宣传中央委员会）等通过开设专业的培训场所，举办考试和比赛等形式开展金融经济教育。

表1-4 个人部门金融资产结余的构成比（年度末）

项目＼年度末	1980	1985	1990	1995	2000	2005	2010
现金、存款	9.8	7.7	7.2	8.2	11.6	21.0	23.6
定期性存款	48.7	44.9	40.2	41.9	42.5	29.7	31.6
信托	4.5	4.0	3.7	3.4	1.5	0.4	0.2
保险、养老金	13.4	16.3	20.8	25.4	27.2	25.8	28.4
投资信托	1.2	2.3	3.4	2.3	2.4	3.4	3.6
有价证券	16.1	19.7	19.6	13.9	9.7	15.3	8.6
（股票）	13.2	16.0	16.9	11.5	7.7	13.0	6.2
（债券等）	2.8	3.7	2.6	2.5	2.0	2.3	2.4
其他	6.3	5.2	5.2	4.9	5.1	4.4	4.1
合计额	372.0	626.8	1017.5	1256.5	1388.8	1516.6	1480.6

注：1. 构成比的单位是%，合计额的单位是兆日元。
2. 定期性存款中包含转让性存款和外币存款。
3. 上表中是有价证券的明细。股票中包括出资金。
4. 股票是以时价为准。

出处：参考日本银行主页公布的统计数据做成。

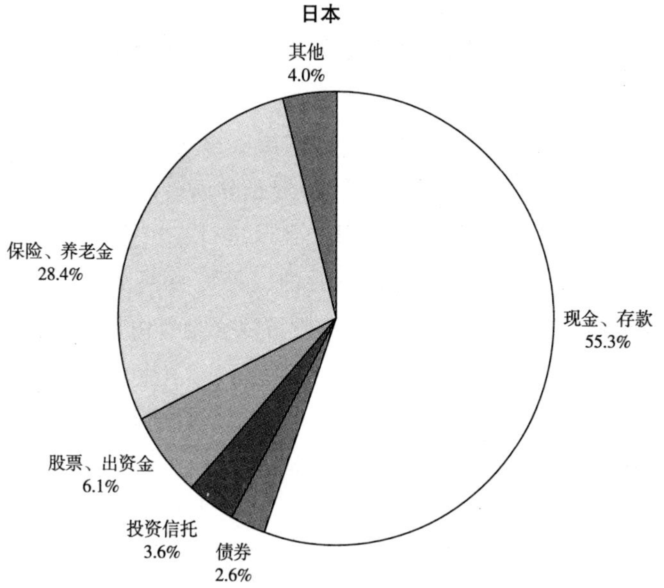

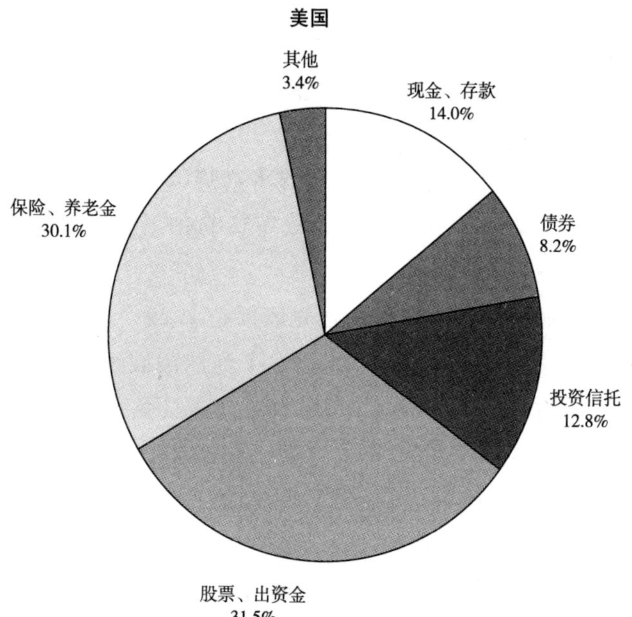

图 1－3　家计资产构成的日美比（2010 年末）

注：美国的家计中也包括民间非营利团体。

出处：参考日本银行“资金循环的日美欧比较”（2011 年 6 月 21 日）。

5. 外国人的投资行动（对内证券投资）

战后的很长一段时间，资金、资本的国际交易被禁止。但是随着1980年12月的《外国外汇和外国贸易法》的修正和海外的资金、资本交易从基本许可制修正为事先申请制后，原则上可以进行自由交易了。1998年4月作为日语版宇宙大爆炸的头炮，修正后的《外汇兑换法》被实施，外汇交易的事先申请制度也被废止，从此以后就可以完全自由地和海外进行直接金融交易了。

从近几年对内证券投资的动向来看，股票投资除了2000年和2002年两年IT泡沫后的股票低迷期外，基本上持续保持供不应求的状态，受到“雷曼”冲击的影响在2008年开始转为供大于求。另外1999年以后取得额和处分额的水准急剧上升，导致二者之间差额的准增减额的偏差变大。这种交易额的急增反映了日本金融系统不安的消退，使外国人对日本的股票刮目相看。债券（中、长期债券）投资基本上也是保持供不应求（买过头）。有几年也有供大于求，其主要是受到有价证券交易税的废止和日元贬值或者金融不安正带来的海外投资者的裁定解除等的影响。股票也同样，1999年以后交易额的水准提高，纯增减额的振幅也变大。再加上海外的对冲基金等带来的裁定交易的活性化，中期国债也不断充实。

从存货（负债）的动向来看，首先股票在1999年末从那时的大约35兆日元急剧增长到84兆日元，之后受到IT泡沫的破灭以及股票市场的低迷，一直到2002年末结余才减少。从2003年末开始股票市场逐渐恢复的背景下，又再次增高，到2006年末达到了149兆日元，此后又受到“雷曼”冲击的影响，到2010年减少到了约81兆日元。从各地域的保有构成比来看，美国从2006年末的41.5%逐日上升，欧洲的构成比一直很低。债券（中、长期债）的对内投资结余从30兆日元左右增加到了50兆日元。这体现了海外对冲基金带来的裁定地位的提高。各地域的保有构成和股票相反，美国一直停留在15%左右，欧洲逐日降低保持在40%以上。也就是说，在对日证券的投资上，美国对股票相对重视，欧洲对债券相对重视。

表1-5 对内证券投资的状况

单位：亿日元

历年	股票			公司债券等(不包括短期证券)			网络合计
	取得	处分	网络	取得	处分	网络	
1997	325576	292457	33119	245763	217889	27874	60993
1998	310360	291119	19241	244564	236268	8296	27538
1999	620285	508397	111988	472872	495751	▲22879	89109
2000	835593	837932	▲2339	571013	470246	100767	98429
2001	779015	741061	37954	522905	504878	18027	55981
2002	644372	657039	▲12667	582775	618928	▲36153	▲48819
2003	790641	692870	97771	619163	641269	▲22106	75666
2004	1161630	1056357	105273	727773	683161	44612	149885
2005	1675176	1548934	126241	873775	811451	62324	188565
2006	2671452	2590472	80981	1035501	970532	64969	145950
2007	3371648	3330228	41419	1123120	1023179	99941	141360
2008	2640366	2714152	▲73786	895747	933021	▲37274	▲111060
2009	1453977	1453694	283	504203	574104	▲69900	▲69617
2010	1736099	1717710	18389	695100	688976	6125	24513

注：2004年为止根据“对内及对外证券投资的状况（以结算值为准）”，2005年以后根据“对外及对内证券买卖合同的状况（以指定报告机关为准）”

出处：参考财务省主页中的资料做成。

表1-6 对内证券投资结余和关联指标

年末	股票(10亿日元)	债券(10亿日元)	东京股价指数	利率(%)	日元/欧元(日元)
2000	63222(30.4)	32981(15.8)	1283.67	1.640	114.90
2001	49563(24.7)	33546(16.7)	1032.14	1.365	131.47
2002	40757(21.4)	27799(14.6)	843.29	0.900	119.37
2003	60085(28.2)	27108(12.7)	1043.69	1.360	106.97
2004	77393(31.2)	33846(13.6)	1149.63	1.435	103.78
2005	132842(40.8)	41428(12.7)	1649.76	1.470	117.48
2006	149277(43.5)	49579(14.5)	1681.07	1.675	118.92
2007	142031(39.4)	60203(16.7)	1475.68	1.500	113.12
2008	68625(23.4)	50650(17.2)	859.24	1.165	90.28
2009	76372(26.5)	42236(14.6)	907.59	1.285	92.13
2010	80537(25.8)	42877(13.7)	898.80	1.110	81.51

注：1. 债券只有中长期债券。
2. 括号内的数据是占海外总负债的构成比，单位是%。
3. 利率是长期国债（10年）新发行流通的利率。
4. 汇兑是东京、现货汇率的收市价格。

出处：参考日本银行的资料做成。

表 1-7 日本股票和债券的各地域保有构成比

单位：%

年末	美国	欧洲	亚洲	其他
[股票]				
2006	41.5	50.3	2.0	6.2
2007	44.2	45.1	3.1	7.6
2008	49.8	37.6	3.6	8.9
2009	53.9	36.5	1.7	7.9
2010	46.6	36.0	7.7	9.7
[债券(中、长期债)]				
2006	12.7	59.7	14.2	13.4
2007	12.5	60.7	13.9	12.9
2008	13.2	53.0	15.4	18.4
2009	16.4	47.5	19.4	16.6
2010	14.9	43.1	21.8	20.2

注：欧洲包括东欧、俄罗斯等。

出处：参考日本银行的资料做成。

6. M&A

M&A（Mergers and Acquisitions）实质上是"以活用企业现存资源为目的的经营权移转或经营参加的交易（企业支配权市场）"。在美国进行公司支配权交易的 M&A 市场在 19 世纪已经很发达了。在日本随着相关法规的完善，1999 年以后 M&A 的件数急增，由于次贷危机的影响，2007 年以后又趋于减少（从 1998 年的 834 件到 2010 年的 1707 件，RECOF 调查数据）。

M&A 从大的方面可分为合并和收购，收购是以对象资产为着眼点，分为股票取得型和资产取得型。所以所有的股份公司，特别是公开企业由于要承担对手 TOB（公开采购）等进行的潜在收购风险，经营者需要对对手的 M&A 采取预防措施。但是过度的预防措施，会将出高价格采购的采购者排斥在门外，由此对企业（股东）价格的创造和利益最大化带来一定的阻碍，所以不会被股东所欢迎。作为对对手 M&A 预防措施的评价，美国有以优尼科基准、露华浓基准为代表的司法判断。前者是"对企业价值的威胁和对其采取必要的预防措施的适当性"，后者表现的是关于对预防措施的适当性的修正的判断。

2005 年 6 月日本《新公司法》成立（2006 年 5 月开始实施），该法中规定了外国企业在日本的子公司可以对和母公司股票等价的日本企业进行吸收合并（三角合并方式，2007 年 5 月开始施行），自此越境 M&A 的条件也已经完善。另一方面，M&A 预防措施的规定也在该法中得以完善，使多个预防措施的导入变得可能。但是在日本对手 M&A 的经验还不足，为了保持股东利益、预防措施和公开揭示间的平衡，2005 年 5 月经济产业省和法务省共同公布了企业价值预防指南。其中规定了几个原则：①企业价值、股东共同利益的确保、提高的原则（收购预防措施的导入、行使以及废除是为了确保、提高企业价值为目的而进行的），②事先公开揭示、股东意向的原则（收购预防措施的导入是为了将目的、内容等公开化，依据股东合理的想法），③必要性、相当性确保的原则（收购预防措施是为了防止收购采取的必要且相当的手段）。另外，2008 年 6 月，经济产业省的企业价值研究会公布了报告书《近年各环境变化相对应收购预防措施的应有状态》来对上述指南进行跟踪。

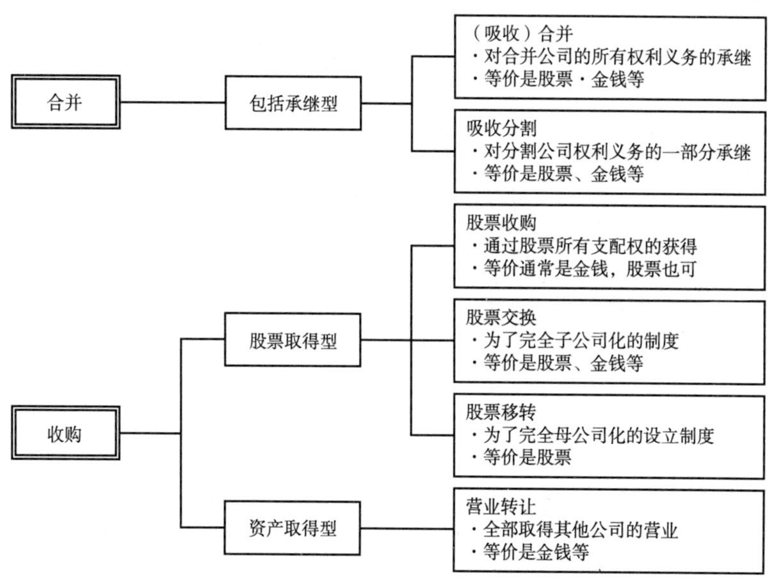

图 1－4　M&A 的分类

注：参考前川南加子、野寺大辅、松下円《M&A 的基本》，日本经济新闻出版社，2005。

表1-8 美国导入的防止对手购买的主要预防措施

预防措施及其概要	是否适用于日本
1. 毒丸计划(反兼并手段):购买者如果垄断购买了一定比例的股票(典型的是20%),那购买者以外的股东会自动发行新股,使购买者的股票取得比例降低。	○
2. 黄金股份(黄金股):对在合并或董事变更等一些重要事项上有否决权的股票给予友好的第三者。	△
3. 超级投票股(复数议决权股票):给予创业者等特定的股东有复数决议权的股票。	△
4. 空白支票(白地股票):为了适应未来的市场动向,给予对股票的内容有自由决定权的董事会。	×
5. 黄金降落伞(高额的职员退职慰劳金):由于对手的购买致使对象公司的董事或高级职员离职的情况下,给予他们高额的补贴退职金的合同签订的方式。	○
6. 锡降落伞(高额的员工退职慰劳金):由于对手的购买致使对象公司的员工离职的情况下,给予他们高额的补贴退职金的合同签订的方式。	○
7. 继续企业的私人化(非公开化):也就是退市。作为主要手段的一种就是经营阵容主导的MBO(管理、收购)等,一般股东通过变卖股票来取得溢价,经营阵容不变继续经营公司。	○
8. 白色乡绅(白马的随从人员):有时公司为了保有有效的股票(在美国通常是15%~20%),会发行在有事的情况下可转化为决议权股票的优先股。	○
9. 鲨鱼剂(预防鲨鱼):公司的章程中制定了各种预防措施,主要有以下4种。	
①超级多数:在公司合并或董事免职等的股东总会中加重决议的条件,即使对手的收购者垄断购买了股票,在合并或董事会的支配下很难进行。	○
②交错董事会(期差任期董事制度):错开董事的任期,董事的过半数的交替变得举步维艰(在美国董事的任期只有三年,交替每三年一次,因为对手的购买者要支配董事会的过半数需要花费两年)。	△
③董事免职要附加正当合理理由:任期途中被解职的情况下,需要附加正当的理由。	×
④公正价格条款:附加支付义务的条款,持有一部分支配权的对手购买者,在第二个阶段企图合并时,有义务向少数股东支付公正的价格。	○
10. 控制改变(资本约束条款):由于主要股东的移动或经营阵容的交替,许可合同及时解除,融资合同即时被迫偿还的条款。	○
[有事的预防措施]	
1. 白色乡绅(白马的随从人员):友好的公司进行的合并或新股认购的子公司化。	○
2. 防止吃豆人:对购买者,进行反购买提案。	○
3. 皇冠上的明珠(王冠的宝石):将公司的重要财产转移到白色之夜(White Night)。大规模的被称为"焦土战略"。	○
4. 增加分红:也就是企图提高股价。	○

注:"是否适用于日本"并不是说日本的公司法下和美国严密地采取同样的预防措施,而表达的是是否有可能采取至少相似的方策。另外即使法律上是可以的,但根据交易所的规则和条件等上市企业也有不可能的情况。○表示适用,×表示不适用,△表示的是并不是在日本完全不能适用,而是因为没有条件所以不是不可能或者适用较困难的预防措施。

出处:参考企业价值研究会(经济产业省)《企业价值报告书》,2005;《对手的购买预防措施(企业价值预防措施)的完善》,2005。

第2章　日本证券市场的历史

1. 战前的证券市场（明治、大正、昭和战前期）

作为证券市场形成的要素，历史上最先出现的是证券的发行者。在日本继江沪时代倒戈的幕藩体制后成立的明治新政府是最早的证券发行者。1870年（明治3年）伦敦发行的英镑建设外债（用于铁路建设）就是最初的证券，债券、国债是外币债。民间最早的发行主体是股份公司，那首家股份公司在哪里呢？形态上虽然不是很健全但可以称得上股份公司的是1869年的通商公司（贸易公司）和汇率公司（银行），具备现代形态的是1873年成立的东京第一国立银行。股份制的导入是由通晓政府财政部和西方事物的民间人士进行的，之后股份公司迅猛增加。刚开始普及股份制度的行业是银行业和交易所业（股份交易所，商品交易所）。

1878年根据股票交易所的规定创立了东京股票交易所和大阪股票交易所，紧接着国债，股份制交易所的股票出现了。开始的10年是"交易所股"的时代，接下来的20年可以说是"铁道股"的时代。由于铁道国有化铁道股变成了铁道国债，股市开始收缩，一部分资金投向被称为"资产股"的电力、电铁股等，另外的资金投向交易所的其他投机股。股票交易变得很投机的原因是：①财阀内部封闭的股票持有（优质企业股不能上市），②铁道业的退市，③江户时代开始的投机性的美国期货交易为典型的期货交易（定期交易或清算交易）为中心，④股份制交易所股票的大量上市，即使是作为股东的交易员（战后的正式会员证券公司，股票制下的交易参加者）将交易所的股票（本所交易）在不景气时作为特别的投机对象的事情也是有的。

因为新发行的股票少，股东分摊按票面额发行。公司债方面虽然成立了公债发行市场，但在昭和初期接连发生的不履行支付本利的事情之后，约定不得发行无担保公司债（公司债净化运动），所以在战争时期下的公债发行计划落空。随着证券市场统制的进行，日美开战后，所有股份公司的各证券交易所在 1943 年被合并建立了特别出资法人（政府出资 25%）的日本证券交易所，清算交易在 1945 年 6 月末进行完毕，实物交易截至 1945 年 8 月 9 日为止。

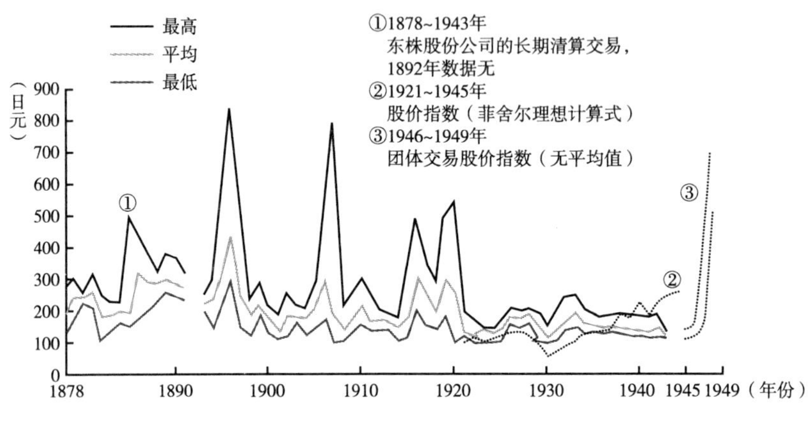

图 2-1 股价推移（1878~1949 年）

出处：①②参考《东京证券交易所 20 年史》、③参考《证券统计要览》。

表 2-1 1878 年东京股票交易所上市品种（明治 11 年）

债券：新、旧公债，秩禄公债 3 个品种
股票：东京股票交易所、第一国立银行、东京兜町米商会所，东京蛎殼町米商会所 4 个品种

出处：东京股票交易所。

表 2-2 日本证券交易所各行业股票上市品种（1945 年 5 月末）

单位：种

出资证券 2　银行、信托、保险 64　投资、拓殖、证券 28　交易所 2　铁道、电铁 62　运输、通信 28
瓦斯、电气 43　矿业 86　造船、造机 232　钢铁、金属、冶金 81
纺织业 58　精糖、制粉 18　食品加工、水产 29　化工 65　窑业 25　造纸、印刷、皮革 26　各工业 31
护膜、烟草 23　土地、建筑、仓库 17　各商业 46

出处：日本证券交易所。

2. 复兴期（昭和 20 年）

战后的日本虽说是在美、英、法、俄四国最高司令部（GHQ）的控制下，但实际执行的是美国的政策。GHQ 不允许交易所的早期恢复，要优先战后经济改革（农地改革，财阀解体，劳动改革）和政治、社会改革。因此作为战时金融机关的日本证券交易所没有再恢复而于 1947 年解散，于是出现了证券史上唯一的“交易所空白时代”。随着证券界不断展开的交易所恢复运动，另外，为了顺应证券交易的需求，一种自发的店面式交易开始了。随着个别证券从业者店面交易的增加，证券从业者间的信息交换变得顺畅了，在固定场所的业者间的交易也就开始了。1945 年末的东京、大阪开始的业者间的交易被称为集团交易、集团买卖等，后来交易所分所逐渐扩大到名古屋，新潟，京都，神户，广岛，福冈等。主办方是各地的有价证券业协会，交易场所选择在各交易所的附近，通过现物交易的方法进行决算。因为外地的总公司企业和军需企业不进行集团交易，所以出现了与人民的基本生活息息相关的衣食住行公司，交易品种和战时最后的现物交易有很大的不同，在 1947 年和 1948 一度达到高潮。GHQ 把财阀解体后的放出股票向一般国民销售的市场默认为集团交易市场。1949 年 5 月以东京、大阪、名古屋为首的证券交易所恢复时，该集团交易的参加者和交易品种就这样大致延续下来了。

在证券交易所恢复之前，1947 年的《证券交易法》在 1948 年经全面修正后实施，成为影响以后 50 年证券市场的法典。证券从业者也经历了从免许制到登记制的转变。1947 年的交易法只是效仿美国 SEC（证券交易委员会）的条文施行的，从 1948 年到 1952 年该委员会担当了证券行政。交易所将要恢复前 GHQ 发布了“期货交易禁止”、“交易时间顺序的记录”、“上市证券交易的市场集中主义”的“证券交易恢复三原则”，严格遵守了这三原则交易重新开始了。当市场陷入不景气时，证券界要求恢复战前期清算交易的呼声很高，最终随着经济的增长而停止了。而战后的日本市场只有在实物交易方面取得了发展。1952 年 1 月开始公开的道琼斯平均股价（旧东证修正道琼斯平均股价，现日经平均）虽然采用品种只有 225 种，但已显示出整体市场良好的发展势头。

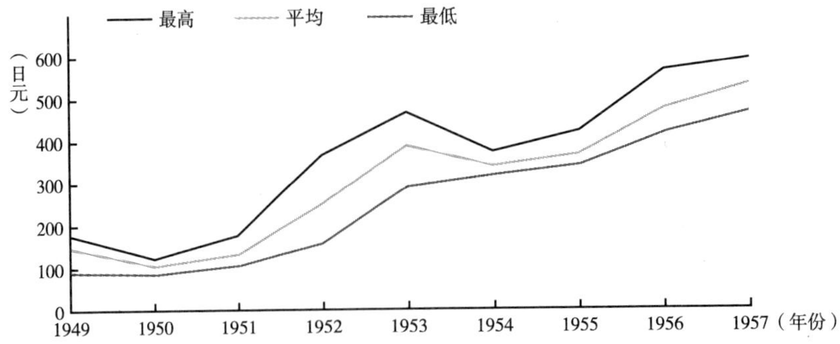

图 2-2 股价推移（1949~1957）东证修正股价（现日经平均）

出处：参考野村证券《证券统计要览》做成。

表 2-3 东京证券交易所设立时会员（1949 年 4 月 1 日）

日兴证券	玉塚证券	山一证券	八千代证券	田口证券	丸宏证券	日东证券
山崎证券	金十证券	入丸证券	山吉证券	蓝沢证券	国际平和证券	丸水证券
远山证券	明和证券	关谷证券	大和证券	关东证券	新光证券	野村证券
松屋证券	德田证券	三兴证券	山加证券	金万证券	木德证券	成濑证券
大福证券	六鹿证券	大东证券	小田证券	东京第一证券	二宫证券	山叶证券
大沢证券	小布施证券	丸三证券	田林证券	角丸证券	小柳证券	筑波证券
千代田证券	日本劝业证券	立花证券	丸杉证券	三重证券	原忠证券	丸和证券
福山证券	入中证券	一光证券	六甲证券	日本产业证券	东洋证券	东短证券
东光证券	东京昭和证券	东京神荣证券	东京自由证券	中外证券	丸国证券	
金头鱼证券	加贺证券	角万证券	吉川证券	吉村证券	大平证券	
太阳证券	田中证券	高井证券	大七证券	大成证券	内外证券	中原证券
中岛证券	八州证券	上野证券	小野证券	大阪商事	织田证券	山二证券
山和证券	福利证券	山丸证券	山文证券	山幸证券	山三证券	丸丰证券
丸和证券	丸山证券	丸寿证券	松井证券	扶桑证券	更荣证券	惠比寿证券
安藤证券	出田证券	三伸证券	三成证券	堺井证券	共和证券	协同证券
三沢屋证券	三木证券	清水证券	新荣证券	十字屋证券	十全证券	上一证券
城南证券	日出证券	日山证券	平原证券	中央证券	丸五证券	
才取会员:第一至第十二实荣证券						

出处：东京证券交易所。

3. 第一次高速成长期（昭和 30 年）

为了完善交易所只进行现物交易的状况，1951 年以美国的保证金交易为典范创立了信用交易制度，实现了临时供需的导入。另外同年创设了战后新的证券投资信托制度，该制度开始发挥以集合大众投资资金的股票投资的作用。20 世纪 50 年代后半期，在电视、洗衣机和冰箱等大众消费型家电用品的深入生活和出口形势好转迎来了第一次经济的高速成长的背景下，证券市场也进入了最初的发展期。一方面成长中的企业来自股票和公司债的运作资金增加了，另一方面来自个人收入增加所带来的直接证券投资和来自证券信托的间接投资也增加了。在 1961 年出现了新的公司债投信。在迎来股价高峰的 1961 年中期，证券从业者的店面里出现了要求“给我道琼斯平均股价的股票”的客户，证券业间甚至出现了“今天我要证券，银行拜拜!”的口号。高速成长企业的运作资金大部分来自银行借贷，不足部分由证券市场筹集，另外随着银行存款的降低可以看到证券购买的行动趋势。

但 1961 年 7 月由于国际收支的赤字，导致银行利率上调股价下跌。开始了漫长的证券寒冬。对于为了扩大出口需继续投资设备的成长中企业，银行借贷已变得不可能，于是纷纷来到证券市场寻求增资，这次又寄希望于公司债的发行。证券市场不得不竭尽全力去面对。但是股价的下跌也不能不应对。一方面进行增资调整（计划增资，增资延期），另一方面为了维持信托投资的股票和公司债的购入余力，向市场银行对四家公司的公司债进行担保融资。大量的新兴成长企业不断涌现，被匆忙成立的市场第 2 部吸收。即使进入 1963 年后半年股价依然没有好转，于是 1964 年 1 月由银行和证券共同出资成立了股份购入组织——日本共同证券（登记制的证券公司）。日本银行资金通过日本证券金融向该家公司进行了融资。然而股价持续低下，于是 1965 年 1 月证券公司自己设立了日本证券保有行会，进行了投信保有股票的转移。

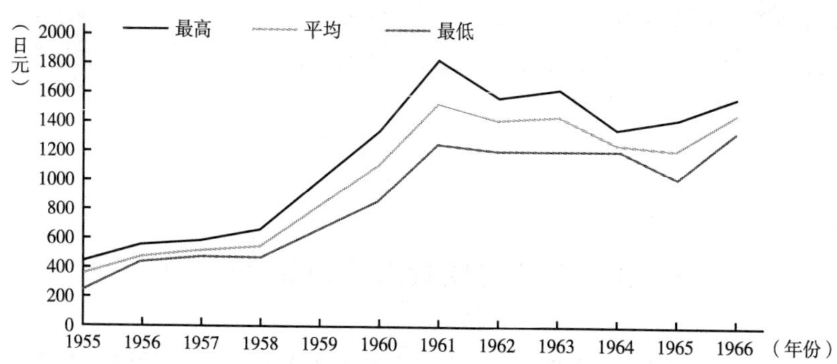

图 2－3　股价推移（1955～1966 年）东证修正股价（现日经平均）

出处：参考野村证券《证券统计要览》。

原以为股价终于可以上调了，然而在同年5月的下旬，由于山一证券的经营危机被报道，证券市场陷入了恐慌状态。为了躲避危机，一周后《日本银行法》第25条首次实施，日本银行对保留运用的证券公司进行了特别融资。这期间《证券交易法》修正在议会中通过。

表2-4　登记制下证券业者数推移

单位：个，100万日元

	公司数增减		年度末公司数	营业所数	资本金	每家公司的资本金
	增加	减少				
1948年	959	11	948			
1949年	292	113	1127	1889	3014	2.7
1950年	18	209	936	1601	3454	3.7
1951年	11	109	838	1642	3767	4.5
1952年	71	73	836	1794	6683	8.0
1953年	52	52	836	2105	10115	12.1
1954年	11	83	764	1997	10713	14.0
1955年	2	66	700	1901	10826	15.5
1956年	7	55	652	1848	12022	18.4
1957年	7	77	582	1904	18062	31.0
1958年	7	32	557	1984	19569	35.1
1959年	15	26	546	2233	29221	53.5
1960年	36	30	552	2565	39094	70.8
1961年	48	10	590	2841	74991	127.1
1962年	23	12	601	2934	78114	130.0
1963年	8	16	593	2893	100573	169.6
1964年	0	82	511	2424	126118	246.8
1965年	0	86	425	2109	125599	295.5
1966年	2	30	397	2009	118632	298.8
1967年	0	113	284	1869	119955	422.4
1968年	0	7	277	1572	119904	432.9

注：营业所数、资本金的1959年以前是年末数据。

出处：《大藏省证券局年报》。

4. 第二次高速成长期（昭和40年）

1965年证券市场恐慌状态的最终到来在当时被认为是战后最大的不景气，可之后回过头来看应该算是高度成长的中间期。20世纪70年代的成长期被再次期待。此时日本国内市场出现了汽车、音响和空调等商品，国际市场出口出现了彩电和汽车商品。完成了战后复兴并在继续成长中的日本已经不是发展中国家了。成为国际货币组织成员国并加入 OECD 的日本追求更强大的资本自由化，证券市场也不例外。市场的自由化并不只是缓和日本国内限制，也有引进海外发行家、投资者、中介家的国际化。尤其是 1972 年，更换为变动制后的日本货币“日元”伴随汇兑行市的变动迈向了国际化市场。外国投资者 20 世纪 60 年代已经开始投资日本市场，在 70 年代以后的股价高涨中重新认识到了日本企业股的成长性。因此，外国的证券公司在日本增设的事务所也增加了。1971 年《外国证券业者法》制定后，1972 年第一家美国美林证券开始营业。随着外国发行者在东京资本市场的开幕，亚洲开发银行和世界银行的日元建外债开始发行了。股票方面，东京证券交易所在 1973 年设立了外国部，外国股票的发行是从 1972 年开始。同时日本投资者也进行外国投资，向海外推出证券公司，企业也取代了利息平衡税实施下闭锁状况的美国外债市场进入了欧元市场。

在日本国内市场，作为景气对策发行的赤字国债促进了公司债市场的发展。1965 年年收入补偿国债上市，实现了已经形式化了的交易所债券市场的流动性。被引入的国际惯例的日元建外债的发行刺激了债券市场自由化。国内的股票市场导入了反映市场价格原理的公募时价发行，1969 年的日本乐器是第一家。随着股价的再度高涨，对于发行企业有利的时价发行快速渗透。各方面改革能顺利进行依赖于 1965 年发布的《证券交易法》中证券业者许可制的修正及全体证券行政 1964 年从局部到全局独立升级的大藏省证券局的主导。许可行政不只限于设立时严格的许可授予，还涉及对证券经营的日常参与，从回避证券公司破产到国际化时期的判断等方方面面。

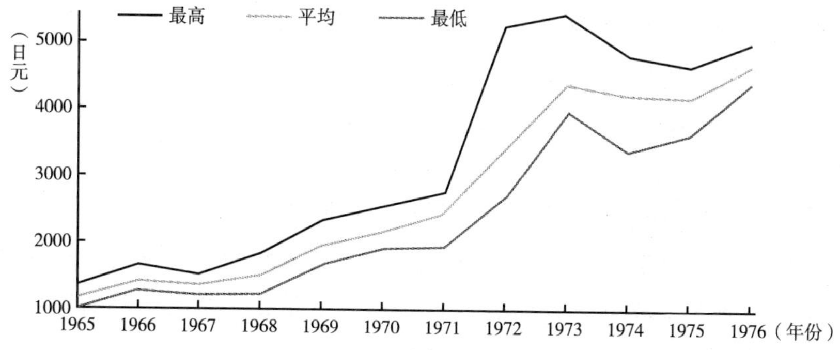

图 2－4 股价的推移（1965～1976 年）东证修正股价（现日经平均）

出处：参考野村证券《证券统计要览》。

表 2－5　证券市场国际化的进展

	日本国内		海　外
20 世纪 50 年代 ↓	证券业者 发行者	——→	NY 事务所成立 NY 市场发行 ⇨之后迈向欧元市场
	外国人投资高潮	←——	投资者
资本自由化	日元建外债开始	←——	发行家
	最初许可	←——	证券业者
20 世纪 70 年代 ↓	投资者	——→	外国证券投资开始
1980 年	新外币管理法施行	——→	内外证券投资原则上自由化
1985 年	交易所正式会员	←——	证券业者

5. 石油冲击的对应（昭和 50 年）

24 年间从 1 美元 = 360 日元的固定行情转变为变动行情，OPEC（石油原产国机构）和国际石油资本达成一致提高原油价格，此后不断重复着价格上涨和原油生产的削减。石油冲击第一次到来。没有石油资源的日本企业直接受到影响，成本不断提高，保持在 5000 日元以上的道琼斯平均股价也再次下跌。多年后第二次石油冲击到访。遭受高原材料成本的日本企业为了摆脱这个现状，努力进行节能省源和成本大幅削减的技术革新。效果显现已是 5～10 年后。期间为了对应当时的不景气，不得不利用财政资金。赤字国债只在 1965 年发行，其余发行的是建设国债，赤字国债的大量发行是从 1975 年开始的。国债的大量保有者是属于认购银行团的银行等市场的金融机关。进入大量发行时代后和之前的“一年以上的保有国债可从日本银行购买”的流动化政策完全不符。实际上证券业者（卖方）和地方金融机关等（买方）间形成的债券回购交易（附有买回条件的卖出，或者附有卖出条件的买回）已经在 1976 年被承认，成立了交易所债券市场的大笔交易制度，最终《证券交易法》第 65 条中规定原则上禁止了金融机关的证券业务也趋于缓和。

在 1979 年日元建外债市场后，美国的西尔斯罗巴克公司发行了无担保公司债，打破了战后长期持续的民间债券的有担保主义的惯例，之后日本国内的公司债也开始了无担保化。1980 年《新外汇法》实施，内外的证券投资原则上已经自由化。但是，一方面证券恐慌后的股票处理和 20 世纪 40 年代的过剩流动性行情，法人企业的股票持有膨胀，石油冲击以来的企业成长的停滞化，于是拥有剩余资金的银行也开始投资股票，证券的保有构成明显开始法人化。法人企业同行间的保有作为“互相持有”赋予了日本市场独特的风格。继续增大的证券等的实物证券的保管上也出现了问题，于是发布了《关于债券等的保管及转账法》，开始了混藏保管。恢复市场后的道琼斯平均股价终于在 1984 年 1 月突破了 1 万日元大关。

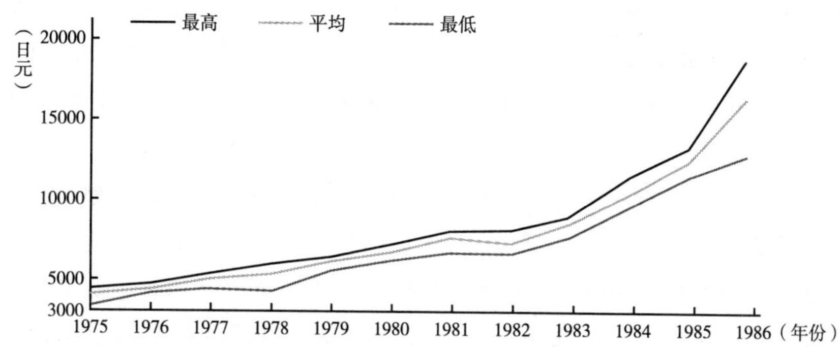

图 2－5　日经平均股价推移

出处：参考野村证券《证券统计要览》做成。

表 2－6　金融机关证券业务的进展

1948 年	《证券交易法》第 65 条原则上禁止了金融机关的证券业务特别许可： 公共债相关业务 接受来自顾客的文书类依赖交易等
1966 年 1 月	赤字国债开始发行后，金融机关等第一个认购团成立
1983 年 4 月	金融机关的窗口开始销售国债
1984 年 6 月	金融机关的公共债证券处理开始
1985 年 10 月	开始金融机关的债券期货交易特别参加
1993 年 7 月	金融机关的证券子公司开始设立（无业务限制）
1997 年 10 月	金融机关的证券子公司解除了平衡法物的流通业务及股价指数期货交易等
1997 年 12 月	金融机关的窗口开始了投资信托的出租销售业务
1998 年 12 月	金融机关的窗口开始了投资信托直接销售 金融机关的店面开始办理金融衍生物业务
1999 年 10 月	完全撤销了金融机关证券子公司的业务限制

6. 泡沫经济前后的发展（昭和60年~平成元年）

1984年日元美元委员会的报告书强烈要求开放日本市场，允许增加外国证券公司，1985年东证也允许美利等6家外国证券公司作为正式的会员加入。交易所再恢复时的三原则中规定限制期货交易，1974年债券期货在美国开始交易，日本是在1985年开始债券期货交易的（东证以标准化了的国债为对象）。股票方面，1987年大证以50个期货交易品种开始的，东证（TOPIX为对象）、大证（日经225为对象）都是在1988年开始了正式的交易。股价指数选择权交易是在1989年开始，日本市场在20世纪80年代后期将实物、期货、选择权的全部交易手法已经完善。

证券的保有和投资方面也发生了变化。旧电信电话公社的股票公司化的NTT股票在1986年第一次卖出后，个人股东的数量一下子扩大到了近百万人。之后国有铁路（JR），烟草专卖公社（日本烟草）和国有事业都开始了民营化、股票公司化。1986年对投资证券等的投资顾问业出台了明确的法律规定。一方面，泡沫经济期金融、证券行业的增资不断扩大，股价高涨下达到了以前相互持股的极限。特别是1987年对银行一家企业的保有比率减半的独占禁止法规实施以来，金融机关的股票保有比率减少，个人保有比率增加。

之后发生的"黑色星期一"事件告诉我们：在发达国家对金融和证券市场不断进行开放和金融改革的同时，也产生了很大的负面影响。1987年10月20日，纽约市场的期货价格迅速引起实物价格的大跌，直接影响到了世界各国市场。东证市场的道琼斯平均股价在一天的跌落率也达到了战后最高纪录14.9%。个别品种的交易不能成立，多数的股价甚至不能显示。由此联想到1929年的股票恐慌波及影响到的世界恐慌，之后国际性证券监督的协调和合作不断展开。日本市场是较早从暴跌中恢复过来的，股价恢复的持续高涨遥遥领先于其他国家。1989年前半年虽然采取了金融紧缩，但高涨下的道琼斯平均股价在同年的年末收市会上刷新了史上最高纪录38915日元，股票流通市场规模（时价总额、成交量）也达到了世界上最大。

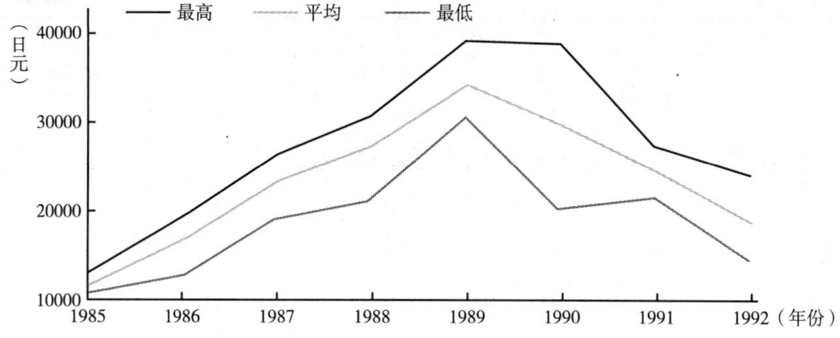

图 2－6　股价的推移（1985～1992 年）日经平均

出处：参考野村证券《证券统计要览》。

表 2－7　行业上市公司数、时价总额的扩大

单位：个，亿日元

	1983 年		1989 年	
	公司数	时价总额	公司数	时价总额
水产、农林业	6	1333	7	12823
矿业	9	4469	9	19464
建设业	113	33373	117	267352
食品	73	28272	77	168352
纤维业	59	18964	58	112887
纸浆、纸	27	6285	26	55742
化学工业	148	85257	160	407140
石油、石炭制品	13	17605	12	63565
橡胶制品	17	4695	17	31100
玻璃、土石制品	46	17552	45	102643
钢铁	51	34549	51	233978
有色金属	36	21453	35	93259
金属制品	30	3708	39	51672
机械	132	39182	138	217384
电气机械	146	186186	169	566853
输送用机器	68	83913	74	334721
精密机器	32	16924	34	59550
其他制造业	33	12179	40	94323

续表

	1983 年		1989 年	
	公司数	时价总额	公司数	时价总额
商业	133	66163	175	482578
金融、保险业	108	194224	148	1177895
房地产业	16	10549	22	106012
陆运业	31	19069	33	222967
海运业	25	7628	23	55007
空运业	5	5204	5	64391
仓库、运输关联业	19	2044	19	20264
通信业	4	3522	5	107233
电、煤气业	15	49439	15	310047
服务业	32	7161	44	72303
制造业	911	576724	975	2593177
非制造业	516	404178	622	3518341
合　计	1427	980902	1597	6111518

7. 证券不详事后的金融制度改革（平成 2 年 ~ 7 年）

1990 年初股价开始暴跌。3 月份认购证券公司提出对企业新规股权融资的延期支持，此时，公开募集时价的发行实际上已经停止了（1994 年 3 月恢复发行）。1990 年 10 月，随着海湾战争的深入股价继续暴跌，财政部长发布了股价暴跌后的托市对策。和泡沫经济期完全不同，是在市场心理冷却的状况下发生了 1991 年的证券不详事。资金的使用去向暂且不说，在税金的缴纳问题上对多家大证券发生了质疑，当时以四大证券公司为中心对法人顾客的损失补偿问题及暴力团相关交易、操作股价等的质疑在社会上引起了骚动，其中两家公司的议员引咎辞职，来自媒体和国会的追查一直持续了数月。

成为损失补偿对象的大多交易，由于在完全委托账目方面被委托特定金钱信托的运用（营业特别金），补偿的方法也采用证券交易的形式，事后的损失补偿在法律上没有被禁止等事件的发生，在此情况下匆忙修改了《证券交易法》，禁止了完全委托账目，禁止接受事前事后的损失补偿。《修正法》在事件发生后约4个月成立。但是考虑到不详事件发生的背景，证券公司的竞争性很弱，强烈意识到固定手续费中存在的问题。为了解决这些问题，1992年公布了《为了完善金融制度以及证券交易制度改革的相关法律(金融制度改革法)》，同年7月首先成立了严格监视不公正交易的证券交易等监视委员会。长期议论的金融机关各业态间的相互入股也作为独占禁止法规的例外，完全承认了子公司的形式。银行等成立了证券子公司，证券公司成立了信托银行子公司，业务内容也分别加了一定的限制。例如，证券子公司虽然在形式上得到了证券业务的4个许可，但目前并没有承认股票相关业务。以前有过拥有证券业务全部许可的证券公司，其主要的收入是来自股票买卖委托手续费，大笔交易（交易额在10亿日元以上）的自由化是从1994年4月开始的。

可以说《金融制度改革法》的实施从某种程度上提高了证券业者的竞争性，但证券市场的成交量迟迟没有提高。日经平均股价在1992年8月大幅下降到14309日元，政府采取紧急对策的同时，也发布了包括公共资金导入的综合经济对策。

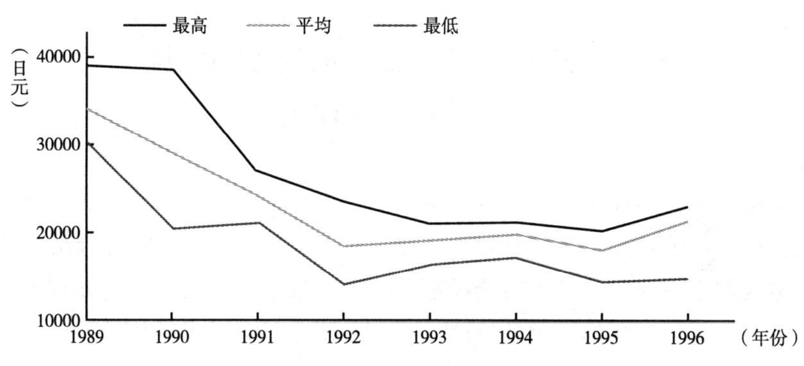

图2－7　日经平均股价的推移

出处：参考野村证券《证券统计要览》。

表2－8　金融机关的证券子公司的设立（营业开始年月1993～1998年）

1993年7月	兴银证券*(第一劝业证券和富士证券合并,现在是瑞穗证券),长银证券*,农中证券
1993年11月	住信证券*,三菱信证券*(营业转让到东京三菱证券)
1993年7月	朝日证券*

续表

1994 年 8 月	安田信证券*
1994 年 11 月	樱花证券,三和证券,第一劝业证券*,富士证券*,三菱钻石证券*(现在是东京三菱证券),住友资本证券*
1995 年 3 月	东海国际证券
1995 年 4 月	北海道拓殖证券*
1995 年 5 月	三井信证券*
1995 年 10 月	东洋信证券*
1996 年 11 月	信金证券,横滨花旗证券*
1997 年 8 月	东京外汇证券*(现在是东京外汇东武证券),日短经纪人证券
1997 年 11 月	上田短资证券
1998 年 10 月	日立信用证券

注：1. 当初，母银行等 100% 出资，股票的经纪业务等有一定限制，和母银行等的关联上采取了一定的弊病预防措施。

2. * 表示 2011 年 11 月已经不存在。

出处：《大藏省证券局年报》。

8.《金融系统改革法》的议论和实施（平成 8 年 ~ 12 年）

金融、证券不详事导致的股价暴落，接着土地、房屋的泡沫破灭暴露了住宅金融专门公司的不良债权处理问题，长期不景气致使一部分金融机构破产，也唤起了一般的信用不安全问题。住宅金融专门公司问题的处理有了应对的方法，从 2001 年 4 月开始决定实施有 5 年犹豫期的金融机关盈利（1999 年末的 1 年延期决定），此期间金融机关和证券公司从根本上进行了改革。1996 年 11 月当时的桥本总理发表了金融、证券重磅性的宣言“自由、公平、全球市场”。从短期上对出现金融、证券不详事的弱体证券市场的重建策略，中期上对持续 30 年许可制度证券行政的反省，从长远上看对战后 50 年的经济、社会政策进行改革。战略的目标是要在国际市场上复活日本市场和强化竞争力。

讨论分别在各自的证券交易审议会、金融制度调查会、保险审议会、外币审议会、企业会计审议会进行，从传统金融机关业务相对停滞的认识到“从间接金融体制到直接金融市场”的方向转化向前迈出了一步。对直接金融市场的证券市场的改革是最大而且是根本，大多的改革是在 1998 年 12 月实行的《金融系统改革法》后实现的。成为市场交易的对象商品原则上已经自由，唯一没有被规定的房屋投资信托（相当于美国的 REIT）也在 2000 年的投信法规修正中得以实现。证券交易所市场和店面有价证券买卖市场并列存在，战后交易所再开时废除了交易所市场集中主义，未公开股的交易市场也在酝酿中。多个新兴企业市场的成立，证券交易所的整合和股票公司化的进展及店面市场交易的交易所化展望等，在多方面展开了市场间的竞争。证券公司从许可制转化为登记制，证券业专业主义被废除后开始经营多项业务，为了对应股票委托买卖手续费的完全自由化，新业务的展开一并到来，电子化交易以预想外的速度快速渗透，竞争愈发激烈。投资者不得不经常考虑证券价格、汇兑市场、证券业者经营等各方面不可预期的变动，被迫严格贯彻自我责任原则的时代到来了。市场中介者和发行者分别被严格要求合乎规则，符合时代的要求。

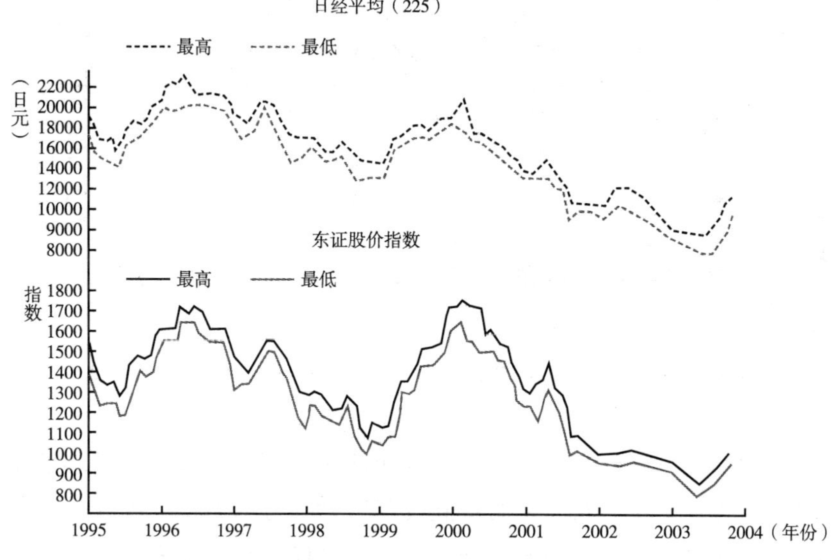

图 2－8　股价推移（1995 年以后）

出处：《日本经济报》、《东证统计月报》。

图 2－9　世界主要的有价证券市场

注：①东京证券交易所　②大阪证券交易所　③日本店面市场（Jasdaq）　④纽约证券交易所、美国证券交易所　⑤蒙特利尔证券交易所　⑥多伦多证券交易所　⑦美国店面市场　⑧墨西哥证券交易所　⑨里约热内卢证券交易所　⑩圣迪巴罗证券交易所　⑪布宜诺斯艾利斯证券交易所　⑫英国证券交易所　⑬爱尔兰证券交易所　⑭巴黎证券交易所　⑮布鲁塞尔证券交易所　⑯马德里证券交易所　⑰日内瓦证券交易所　⑱卢森堡证券交易所　⑲米兰证券交易所　⑳雅典证券交易所　㉑苏黎世证券交易所　㉒伊斯坦布尔证券交易所　㉓维也纳证券交易所　㉔巴伐利亚证券交易所　㉕法兰克福证券交易所　㉖柏林证券交易所　㉗杜塞尔多夫证券交易所　㉘赫尔辛基证券交易所　㉙斯德哥尔摩证券交易所　㉚奥斯陆证券交易所　㉛哥本哈根证券交易所　㉜阿姆斯特丹证券交易所　㉝约翰内斯堡证券交易所　㉞特拉维夫证券交易所　㉟深圳证券交易所　㊱香港证券交易所　㊲泰国证券交易所　㊳阿兰布尔证券交易所　㊴新加坡证券交易所　㊵雅加达证券交易所　㊶㊷澳大利亚证券交易所　㊸新西兰证券交易所　㊹菲律宾证券交易所　㊺上海证券交易所

出处：参考日本证券业协会资料做成。

9. 金融大爆炸以后（平成 13 年～20 年）

金融大爆炸就是市场机制向金融系统的转换，也就是说意图向市场型金融系统进行转换。

2001 年 6 月 26 日发布的“有关今后的经济财政运营及经济社会的构造改革的基本方针”中，在“从储蓄到投资”的口号号召下，以证券市场的构造改革，金融商品和金融服务的多样化为目标。在其具体化了的“证券市场的构造改革程序”中，将提高证券市场的直接金融机能作为吃紧的课题，以包括个人投资者在内的更大范围的投资者参加，更大更广阔的证券市场的形成为目标。2002 年 8 月 6 日发布了“证券市场的改革促进程序”后，进行了证券公司的最低资本金的下调和证券中介业制度的导入，实现了银行和证券公司共同成立店铺。另外，金融商品和金融服务的多样化中扩大了ETF 的范围（2002 年 3 月）和从实质上解禁了容纳账户（2004 年 4 月）。也向风险企业在内的成长企业提供了风险资本。其中之一是在 2000 年左右，在上市基准的大幅缓和下出现了多家新兴市场，市场上开始鼓励上市的竞争，进行了超过泡沫期的新规上市。

在这种改革下，对家计金融资产的股票、债券、投资信托等的风险性投资的分配，到 2006 年有不断增加的趋势。这样推进“从储蓄到投资”政策目标的同时，由于金融制度的改革，复杂的金融商品、交易也增加，也要求对使用者保护措施进行不断完善，对多样化了的投资商品进行全面性的限制。另外，活力门提出的虚假的有价证券报告书和村上基金内部交易等动摇市场公正性的不详事件的发生，监督当局为了强化市场监督机能，轻松掌握实际的情况，于是对《证券交易法》进行了修正，发布了《金融商品交易法》。

在该法中，以完善使用者的保护措施和营造透明公正的市场为目标，第一，为投资性强的金融商品的证券投资者提供了横断性的保护，第二，扩充了揭示制度，第三，强化了交易所的自主规制机能，第四，完善了打击不公正交易等的法律。具体就是集团投资计划（基金等）的总括，季度揭示的法定化，内部统治的强化，公开收购（TOB）制度和大量保有报告制度的修正，对虚假揭示资料和不公正交易的责罚提升等进行了规定。

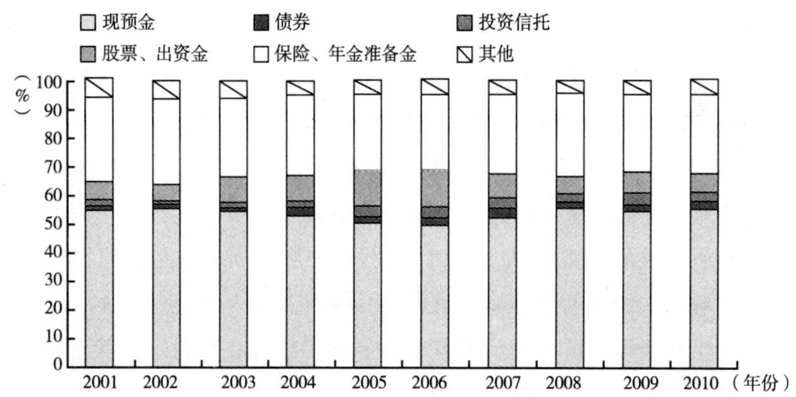

图 2－10　家计的金融资产和种类别构成比的变化

出处：参考日本银行主页做成。

表 2-9 新上市公司数的变化

单位：个

	东证	大证	创业板	海格力斯	JASDAQ	其他	合计
2001 年	16	3	7	43	97	3	169
2002 年	20	3	8	24	68	1	124
2003 年	17	3	31	7	62	1	121
2004 年	22	3	56	16	71	7	175
2005 年	18	1	36	22	65	16	158
2006 年	29	3	41	37	56	22	188
2007 年	13	—	23	25	49	11	121
2008 年	7	—	12	9	19	2	49
2009 年	6	—	4	1	8	—	19
2010 年	6	8	6	—	2	—	22

注：1. 加斯达克证券交易所到 2004 年为止是店面市场。

2. 其他还有：札证（含 Ambitious），名证（含 Centrex），福证（含 Q-Board）。

出处：参考公开实务研究会编《股票公开白书》。

10. “雷曼”冲击后的变化（平成 20 年以后）

2007 年夏天美国房价开始下跌，以此债危机为契机的欧美金融机关的流动性危机在 2008 年 9 月 15 日的雷曼兄弟控股公司申请破产之后发展成为世界性的金融危机，世界经济同时陷入不景气中。世界经济在各国巨额的财政补助和各项金融缓和政策下避免了危机，之后，伴随新兴国家的成长经济进入恢复期。

但是，2009 年 10 月希腊发生了政权交替事件，新政权在 2009 年的财政赤字占 GDP 的比例并不是旧政权发布的 4%，而是有望达到 12.7%。以此为开端，希腊发生了债务问题，同样该问题波及经常收入赤字和财政赤字较大的 PIIGS 各国。危机还蔓延到这几个国家的债权余额多的英、法、德的金融机构，最终发展为欧洲债务危机。另外在美国围绕联邦债务上限的提高，执政党和在野党对立。S&P 将美国债务的长期评级由 AAA 下调为 AA+。就这样欧洲债务危机和美国债的评级问题使全球经济持续处在不稳定的状态中。

日本的金融机关在次债危机问题和欧洲债务危机上的损失，虽然相对欧美金融机构要少，但对日本经济还是产生了影响。2008 年秋，股价持续暴跌。直到 2010 年末，TOPIX 对前一天涨落率下降的前 10 位以内的记录有 6 次，日经平均股价有望挤入 7000 日元。另外，东京证券交易所一天的平均买卖金额在 2001 年以后持续扩大，2007 年达到顶峰后一直在减少。

另一方面也看到了日本股市市场构成的变化。2010 年 1 月 4 日东证的买卖系统更新，订单应答时间缩短到 10 毫秒（0.01 秒）以下。交易所订单处理的高速化使毫秒为单位的买卖操作频繁的 HFT（高频率交易）的操作规范化，接下来自主机代管区域的订单数占了全体的三成。另外，HFT 作为交易战略采用了套利手段，这和 2010 年 7 月日本证券清算机构开始的 PTS 交易清算相结合，增加了 PTS 的使用，使用 PTS 的买卖金额增长到了全体上市股的约 5%。

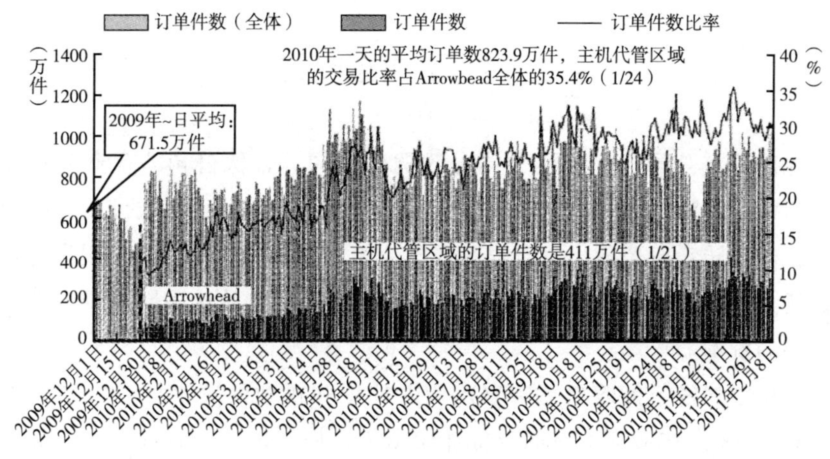

图 2－11　东证市场订单数的推移

主机代管订单件数比率＝订单件数（主机代管）÷总订单件数

出处：东京证券交易所。

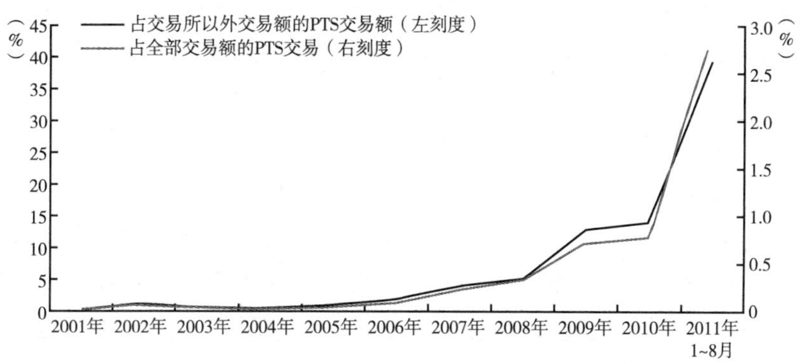

图 2－12　PTS 的交易推移

出处：参考日本证券业协会主页。

第3章　股票发行市场

1. 股份公司和股票

现行的《公司法》中将公司分为股份公司、合伙公司、合资公司或者联合公司。股份公司有以下几种优点：第一，出资方将股份的形式细分化，第二，通过转卖股票使出资金容易回收，第三，投资者不需承担出资金以上的责任（有限责任）。由于具有这些优势，可以很容易从不同投资者那里筹得更多的资本。

股份公司发行的股票意味着出资者地位和权利的资本证券（狭义的有价证券）。股东按股票保有的等价补偿出资，拥有以下几种权利：①经营参加权，②剩余金分配请求权，③残余财产分配请求权（根据公司解散对剩余财产的持股数取得的权利），④代表诉讼起诉权等。另一方面，不允许在自己公司购买已发行的股票以及除了公司解散以外的偿还。因此，股东不能从公司拿回所投资金，要想使所持股票变现，就需在股票市场卖掉所持股票。为了提高流动性，将股票以1股为单位进行了细分，于是就形成了有价证券的债券形态。还有，和资本证券的公司债（持有者拥有债券者的权利）所不同的是，股票自身价值即使发行公司不同也无法保证。

股票制度由于2001年以后的《商法》修正而发生很大的改变。2001年10月1日施行的修正法规中，伴随额面股票制度的废除和无额面股票的一体化，单位股制度也被废除而导入了单元股制度。2002年4月1日施行的修正法规中显示①新股预约权制度创立，②股票期权制度的规制放宽，③种类股票相关的限制放宽被实施。

根据2004年的《商法》修正及同年公布的《为了股票交易结算合理化的公司债转账相关法律的部分修正法律》，作为证券结算制度改革的一环导入了债券不发行制度。公开公司的股票从2009年1月5日开始实施无券面化（无纸化）。2006年5月1日施行的《公司法》规定了以下内容：①对转让限制股票的全股的适用和种类股票规定的柔软化，②全部取得种类股票的导入，③散股制度的废止等。

表3-1　股东的主要权利

自益权（和股东自己的财产利益相关的权利）		共益权（和经营参加相关的权利）	
·剩余金分配请求权	·新股认购权	·总会议决权	·代表诉讼权
·剩余财产分配请求权	·名簿名义重写请求权	·总会召集权	·董事违法行为阻止请求权
·股票购买请求权		·股东提案权	·解散请求权
		·董事卸任请求书	·阅览等请求权

表3-2　股票制度相关的最近的《商法》修正以及《公司法》的主要内容

2001年的修正法规（2001年10月1日实施）
自己股票的取得，保有制度的修正（库藏股票的解禁）
额面股票的废除（无额面股票一体化）和纯资产额限制（最低5万日元以上）的撤销
单位股制度的废除和单元股制度的导入
法定准备金制度的缓和等
2001年的修正法规（2002年4月1日实施）
新股预约权制度的完善和股票期权制度的限制撤销
公司相关资料的电子化
种类股票限制的修正（追踪股票的解禁）等
2002年的修正法规（2003年4月1日实施）
种类股票制度的完善
债券失效制度的成立
资本减少手续的合理化等
2003的修正法规（2003年9月25日实施）
基于章程规定的董事会决议取得的自己股票
中间分配限度额计算方法的修正等
2004年的修正法规（2005年10月1日实施）
债券不发行制度的导入
电子公告制度的导入等

续表

2005 年制定的《公司法》(2006 年 5 月 1 日实施)
股票转让限制的柔软化
股票注销制度的合理化
股票发行相关规定的完善
散股制度的废除等

注：追踪股票：利益分配的并不是企业整体的业绩，而是特定的事业部门和附属子公司的经营业绩相联动决定的股票。

2. 股票发行的形态

股票发行首先要在股份公司成立时进行。公司成立从大的方面可分为发起设立和募集设立。只是少数人出资成立的公司确实对股票的发行有利，但发行额受发起人财力的限制。相反募集设立是募集到不确定多数的股份而设立的公司。募集设立虽能集中大量的资本，但存在到募集截止时间如未达到满额时公司就不能成立的缺点。过去公司成立时股票发行价额存在不能超过5 万日元的限制，但在 2001 年的《商法》修正中被废除后完全自由化。

公司成立后，股份公司为了筹集资金和支配权的移动及提高股票的流动性，一般都发行新股。发行的新股通常分为有偿增资和股票分割等（无偿）。

伴随缴纳的新股发行称为有偿增资，公司可以筹措自己的资本。有偿增资根据投资者的不同可分为公开招募、第三者配股、股东配股等。

股票分割是把 1 股分割为 2 股的股票细分化，但并不是说这样就可以增加公司的资产和资本。但只要发行股票数增加的部分，由于每股的股价下跌就可以提高股票的流动性，为将来资金的容易筹措发挥了作用。以前实行股票分割时，分割后每 1 股的纯资产额不能低于 5 万日元的规定，在 2001 年的《商法》修正中被废除了。来自风险企业等纯资产小但有很高的成长期待的股价高的企业，对因不能进行股票分割而不能提高股票流动性的问题提出了强烈批判。随着股票分割授权资本额的扩大，章程变更不需要通过股东大会的特别决议，只要通过董事会的决议即可。

作为新股发行的其他场所，新股预约权（根据 2002 年 4 月《商法》修正重新进行了整理）的行使，股票交换制度下的和子公司股票的交换，以及股票转移制度下的向子公司的股东配股等。

表 3－3　新股发行形态

有缴纳	公开募集增资 第三者配股增资 股东配股增资 新股预约权的权利行使	无缴纳	股票分割 吸收合并 股票交换 股票转移

表 3－4　股票筹措资金额（全国证券交易所上市公司）

单位：件，亿日元

项目 / 年份	股东配股		公开招募		优先股		第三者配股		新股认购权的行使		合计	
	件数	金额	件数	金额	件数	金额	件数	金额	件数	金额	件数	金额
1989	32	7262	227	58302	—	—	22	1022	435	21898	716	88486
1990	39	8248	121	19753	—	—	21	3146	397	6775	578	37924
1991	40	2180	27	1258	—	—	19	1035	309	3603	395	8077
1992	20	1106	3	40	—	—	22	1021	127	2030	172	4199
1993	9	478	4	73	—	—	14	1504	184	6171	211	8227
1994	2	95	17	1366	1	1000	8	2388	180	4507	208	9357
1995	12	956	8	330	1	500	19	1602	118	2994	158	6384
1996	9	3373	36	3054	5	5390	20	2186	187	6735	257	20739
1997	9	729	26	1280	2	2236	19	3696	88	3680	144	11623
1998	1	3	12	2842	5	4710	35	6963	35	883	88	15403
1999	—	—	35	3709	27	70122	86	24448	74	2624	222	100094
2000	2	82	36	5728	5	1373	56	9720	94	1077	193	17982
2001	3	320	18	12014	6	2281	71	5671	92	380	190	20668
2002	—	—	21	1562	40	10293	79	5015	82	2763	222	19634
2003	3	19	40	5726	75	25371	103	2335	126	397	347	33850
2004	4	44	80	7544	55	14105	142	6242	241	1041	522	28977
2005	3	42	80	6661	52	14312	175	8101	360	1819	670	30937
2006	—	—	75	14546	34	6003	176	4736	409	1647	694	26933
2007	1	80	69	4629	13	8155	141	6841	376	1716	600	21423
2008	1	1	29	3419	10	6437	112	4101	261	241	413	14201
2009	1	1	52	49668	30	5535	135	7238	189	218	407	62662
2010	1	6	52	33097	11	865	101	5423	176	278	341	39672

注：不包括大证的旧海格力斯交易所和旧佳斯达克交易所。

出处：东京证券交易所编《东证要览》。

3. 新股发行的手续

随着投资者的缴纳，新股发行的方法有公共募集、第三者配股、股东配股三种。

股东配股原则上是在一定的基准日将所有的股数给予股东新股认购权的方法。如果是公开公司，给予股东的新股认购权及向股东以外的新股的配股由董事会的决议决定。根据《公司法》的规定，未公开公司进行股东配股时原则上需要董事会的特别决议，而公开公司在向股东配股时只要一般的决议就可以发行了。向老股东的配股也可以说是为了维持持股比率不使经营权发生转移的增资方法。过去新股发行时以票面额的股东配股为中心，股票的票面制度在2001年的《商法》修正中被废除，现在以股东配股形式发行的新股很少。

公募增资是对多数不确定者授予新股认购权的方法。从发行公司角度来看，和票面制度施行时的股东配股票面增资相比，同样的股票数，只是溢价部分就能筹措到更多的资金，但从投资者的角度看，取得溢价的机会被夺取了，缴纳变得不可靠。公募增资虽然在20世纪90年代减少了，但现在作为有偿增资的主要手段被有效运用。

第三者配股是将新股认购权授予特定的第三者（例如，与发行公司有关系的银行和企业及该发行公司的董事等）进行增资。与其说是纯粹的资金筹措，不如说是对陷入业绩萎靡企业的支援，以及被用来与客户强化关系和业务、资本的合作为目的。现在很明显是用来预防对手收购防卫政策的一环。第三者配股使老股东的持股比率下降。通常经过董事会决议就能发行，但对于时价特别有利的价格进行配股（有利发行）时，为了不损害老股东的利益，必须要经过股东大会的特别决议。2010年2月开始适用的内阁政府令中，进行第三者配股增资的发行公司有义务对有价证券申请书做合理和必要的说明。

2006年实行的《公司法》中，缴纳期间制度的导入、对股东配股再募集的禁止和股份转让限制公司进行了第三者配股时的发行决议和有利发行手续的一体化等变更。现在，新股预约权无偿配股（Rights Offering）的增资也成为可能。

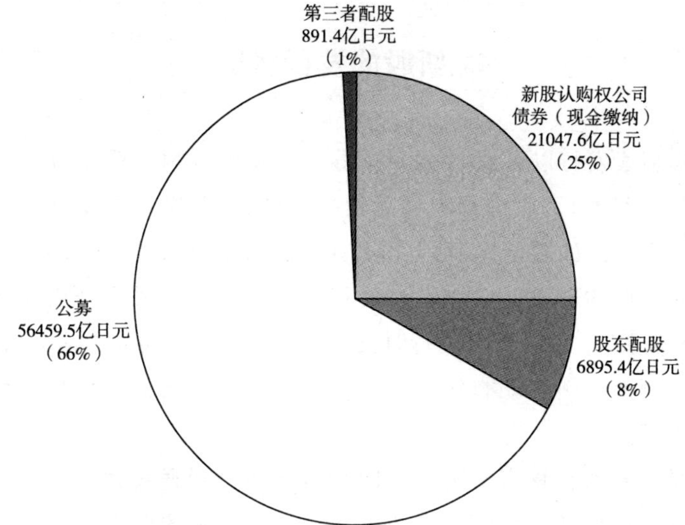

图 3－1　1989 年东证上市公司资金筹集额（股票）
合计资金筹集额 85293.9 亿日元

出处：东京证券交易所《东证统计月报》。

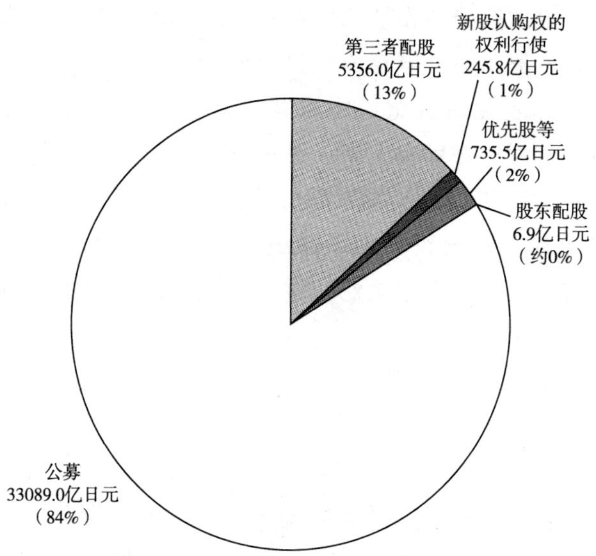

图 3－2　2010 年东证上市公司资金筹措额（股票）
合计资金筹措额 39433.2 亿日元

注：优先股等全部是私募。

出处：东京证券交易所主页。

4. 新股的发行状况

在日本新股发行以有偿（公开招募，第三者分摊，股东分摊，行使新股认购权的权利等）、股份分割（无偿）、公司合并等形式发行（以减少股份的形式注销自己的股份）。从上市公司的股票基数来看，在2010年股数增加最多的是有偿的形式（增加了104.6亿股），其次是股票分割（无偿）的形式（8.8亿股）。以前新股发行时投资者无须缴纳申购款，却有股东配股，无偿交付，额面超额的资本组合，这些在1991年的《商法》修正后统一到股份分割中了。

现在的日本有偿增资是主流，10年间上市公司通过发行股票已经筹措资金3.9兆日元。相比之下，在美英有偿增资带来的股东持股的稀薄化成为股价下跌的主要原因，所以除去新股公开发行时有价增资比较少。但在日本，增资的形态随着时代而变化，在经济高度成长期是以股东分摊额面增资（额面股票在2001年废止）为中心。这是因为当时投资者的金融资产储蓄不足，造成发行公司慢性的资金不足。另外当时企业的资金筹措主要来自银行借贷，股市只是限定资金筹措的场所。后来，由于石油危机经济进入低成长期，企业对资金的需求减少，和股东的安定化工作相互结合，公开招募时价发行被固定下来。股东分摊也从额面发行转移到中间发行。到了20世纪80年代后半期，债券市场的限制放宽，可转换公司债，新股认购权公司债券的发行增加，伴随这些股票转换，权利行使也增加了。特别是银行为消除巴塞尔限制，被迫扩充自己的资本，当时的股权融资占了大约半数以上。

20世纪90年代随着股价的低迷公开招募增资显著减少。为确保时价发行增资的健全性，导入了1992年3月的日本证券业协会进行的利益分配规则（派息率在30%以上）和1993年12月财政部（当时）的准则（10%以上的ROE），但这些在1996年4月就被废止了，现在的发行市场是完全自由化的。完全自由化以后公开招募增资继续处在低迷中，遭受2008年金融危机后，为了强化削弱的财务基础，企业的有偿增资开始活跃化。公开招募增资从2009年到2010年显著增加，2009年公募发行达到过去最高纪录的120亿股。

表3－5 上市公司已发行股票增减情况

单位：1000股

年份	有偿	股东配股	公开招募	第三者配股	优先股、转换公司债型的新股预约权公司债的股票转换等	新股预约权利行使	股票分割	其他	合计
1975	11208343	10069329	522069	60959	555986	—	3317692	574654	15100691
1976	5096356	3173059	986078	57080	880139	—	3528729	177301	8802387
1977	7004703	5055820	1218824	183356	546703	—	3762386	65645	10832736
1978	4906531	2387691	1071442	444375	1003023	—	2677987	△154435	7430084
1979	4696470	1470800	1151803	236944	1836923	—	2323957	171436	7191866
1980	5900618	1761008	1619438	311354	2208818	—	3270677	34846	9206243
1981	10621006	5624372	2360917	99890	2535827	—	3542488	64632	14228128
1982	4919006	1932416	1760389	111822	1102860	11519	4265996	318347	9503352
1983	4231828	1005145	513645	589154	2006283	117601	4208030	24857	8464718
1984	5312713	1170322	778686	319665	2835670	208370	4033612	169830	9516159
1985	5580645	909635	590696	118126	3514706	447179	4390653	93169	10064468
1986	4503842	371191	346883	78308	2831297	876161	3939802	621924	9065569
1987	8600184	547900	718327	314650	4753694	2265611	3300518	510942	12411644
1988	9052096	849464	1286177	169633	4623233	2123587	4004200	96212	13152509
1989	12467106	803396	3558558	94151	5522653	2488346	5906047	44848	18418003
1990	4733374	758546	1284250	252593	1859145	578839	8283600	1632879	14649854
1991	1604596	420553	39850	182776	600930	360485	3451047	1581058	6636703

续表

年份	有偿	股东配股	公开招募	第三者配股	优先股、转换公司债型的新股预约权公司债的股票转换等	新股预约权利行使	股票分割	其他	合计
1992	766227	244895	2180	190340	139205	189605	1584403	414121	2764752
1993	1605059	87091	4150	479440	347764	686612	901948	1147000	3654008
1994	1530474	24152	33360	543846	445479	483635	2330679	1190447	5051602
1995	1433831	249876	10400	490557	343684	339311	1015654	359334	2808819
1996	2546611	455200	200883	583427	506753	800348	847835	1873163	5267610
1997	3093475	204686	93250	1493319	1034959	267261	551076	251712	3896265
1998	3641490	7707	97337	2380126	1079024	77295	168263	22696	3832450
1999	9627895	—	54599	8402531	976593	194170	742946	61952	10432793
2000	3709565	87140	84200	2621987	835744	80492	1599465	1158762	6467792
2001	4526944	143051	49760	3328896	935912	69324	624199	3330016	8481160
2002	4260986	—	238268	2719749	546153	756815	692917	1412881	6366784
2003	4541171	20352	431517	2995729	679841	413729	333448	5931549	10806168
2004	5659174	18193	516166	1586466	2404691	1133656	2975260	24497	8658931
2005	11393111	53210	616574	2957298	6241871	1524246	3051215	△13967015	477311
2006	7459697	—	1638972	850680	4450694	519349	6713875	△1201938	12971634
2007	5341133	80862	409532	1521236	2928468	401032	11749106	△3504021	13586219
2008	3542021	6998	687868	1549130	1119159	178863	120552	△542754	3119819
2009	22418250	—	12049714	3192219	6846482	329833	16193816	238890	38850955
2010	10464418	68	7548008	1935650	835992	144697	877229	△860938	10480708

出处：东京证券交易所《证券统计月报》以及《证券统计年报》。

5. 股票的认购

股票的发行方法分为直接募集和间接募集，公募和私募。直接募集（自己募集）是发行公司自己办理发行相关事务手续，将股票卖给投资者的发行方法。直接募集虽然节约了中介公司的手续费，但发行公司却不容易应对许多不确定的证券买卖的专业手续。相对的间接募集就是发行公司委托专业的中介公司进行募集的发行方法。中介公司不但负责股票发行时的各种意见，还包括向投资者的销售，代办相关手续及承担剩余股票的风险。现在发行股票大都采用间接募集的方法。公募是以不确定的多数投资者为对象而进行新股的推销，私募的主要目标是特定的少数者。公募时，证券公司作为认购商要遵守间接募集原则。

间接募集时，发行公司和证券公司要签订认购合同。认购合同分为两种，一种是证券公司约定要买下卖剩股份的残额，另一种是证券公司买下以一般形式发行的全部证券（总额认购）。

如果发行额很大，一家证券公司不足以承担全部风险，就要多家证券公司组织认购辛迪加。作为辛迪加的代表和发行公司签订合同的为主认购商。而只进行证券销售的证券公司团体称为认购团。

股票募集和售出时，有必要采取让市场供需稳定的措施。超额配售选择权是主认购证券公司从股东那里借出股票，根据需求动向卖出超过最初预定股票数的制度，2002 年 1 月 31 日以后和主认购证券公司签订原认购合同开始可以使用该权利。根据超额配售追加的卖出数量以公募及预定卖出数量的 15% 为上限。随着超额配售实施的主认购证券公司的空头部位，在公开后的流通市场上如果低于该股票卖出时的股价，就再从市场买回来（辛迪加交易），如果高出时根据“绿鞋”选择权（从发行公司或者融券人那里以相同认购条件和价格追加获得股票的权利）的行使给予消除。

表 3－6　证券公司的主认购商取得件数（股票）

（交易所现有市场和交易所新兴市场：2010 年）

单位：个，%

证券公司	现有市场		创业板		新 JASDAQ	
	公司数	比率	公司数	比率	公司数	比率
野村	5	83.3	3	50.0	7	77.7
大和 CM	1	16.7	1	16.7	2	22.3

续表

证券公司	现有市场		创业板		新 JASDAQ	
	公司数	比率	公司数	比率	公司数	比率
日兴	—	—	—	—	—	—
新光	—	—	—	—	—	—
瑞穗投资	—	—	—	—	—	—
三菱 UFJ	—	—	—	—	—	—
迪布莱恩	—	—	—	—	—	—
东海东京	—	—	—	—	—	—
NIFTY	—	—	—	—	—	—
小宇宙	—	—	—	—	—	—
东洋	—	—	—	—	—	—
日产	—	—	—	—	—	—
乐天	—	—	—	—	—	—
SBI	—	—	1	16.7	—	—
瑞穗	—	—	1	16.7	—	—
丸八	—	—	—	—	—	—
合　计	6	100.0	6	100.1	9	100.0

注：新 JASDAQ 的数字中包含旧加斯达克的证券交易所和 NEO。
出处：职业使纳克斯《股票公开白书》。

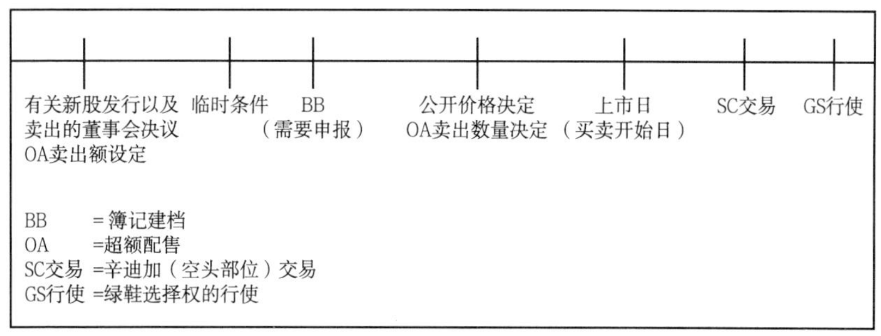

图 3-3　新股上市从超额配售的追加售出到辛迪加交易的流程

注：SC 交易及 GS 权的行使上，必须在投资者向证券公司进行申报完日的第 2 天（通常是上市日的 2～3 营业日前）到 30 日之间进行。

6. 未公开股市场

因为公募发行等的扩大，一般投资者的增资对象主要是在交易所上市的公开公司。但并不是说未公开公司的增资在法律上被特别限制。其实，是在法律上对未公开公司的限制更加宽松。例如，因为有价证券通知书不需要像有价证券申请书那样向投资者披露信息，所以不需要记录公司的营业和会计信息。现行的《金融商品交易法》及相关内阁府令等中规定：未公开公司新发行股票时，即使劝诱对象有 50 人以上，但如果股票（有价证券）的发行额（新发行或已发行的发售）未满 1 亿日元，原则上不需提交有价证券申请书，只要提交简单的有价证券通知书就可以了。另外，如果劝诱对象不满 50 人或者发行额 1000 万日元以下的，原则上也不需要提交有价证券通知书。

但从投资者的角度来看，未公开股票披露的信息较少，向该股票投资的风险相对较高。由于投资资金的回收很难，所以就存在流动性差的问题。以前不只是没有市场，由证券公司发行的未公开股的买卖本身被禁止，所以铺面的买卖实际上也很难进行。因此，作为投资方的企业在被公开前资金的回收是很难的，对未公开股的投资要忍耐风险资本等高风险的且长期的投资，所以只限于少数的投资者。

为了创业活动的活性化和培养风险型的企业，日本证券业协会 1997 年 6 月放宽了一部分规定，制定了行情公布品种制度（绿表市场），对于满足一定披露信息的品种（铺面交易有价证券），证券公司给予行情的提示，这样进行未公开股投资的劝诱也变得可能。在该市场赋予了未公开股票的流动性，所以对于企业来说，在未公开的阶段开辟了一条资金筹措的新渠道。作为证券市场改革的一环，随着绿表市场的扩大，从 2005 年 4 月 1 日开始绿表品种成为《证券交易法》（现《金融商品交易法》）的限制对象被采取了内幕交易的限制。

随着未公开股票买卖市场的完善，市场间的竞争愈发激烈，新股公开的基准相继下调，从公司成立到股票公开的时间也大幅缩短。

表 3－7　《金融商品交易法》，内阁府令等上的有价证券申请书和通知书的提出与否

		投资者数	
		不足 50 人	50 人以上
发行额	1 亿日元以上	不要	有价证券申请书
	1000 万日元以上不足 1 亿日元	不要	有价证券通知书
	1000 万日元以下	不要	

注：投资者数：1. 现行的《金融商品交易法》及内阁府令规定，即使劝诱对象者人数在 50 名以下，但如果 6 个月内发行的同一种类的有价证券的劝诱对象总计超过 50 名时，根据发行价额的总额提出有价证券申请书或有价证券通知书。

2. 根据 2003 年 4 月 1 日施行的修改政令，放宽了以下的发行规定。

（1）该有资格的机关投资者在 250 名以下等一定条件的基础上，从 50 名中除去证券投资专家也就是有资格的机关投资者的数。

（2）将有资质的机关投资者作为合作伙伴的有价证券取得的劝诱中，担心转让给资质机关投资者以外的可能性很小，也就是所谓“私募专家”的对象附加债券等股本关联商品。这种情况下，无论投资者的数量有多少，只要发行额在 1 亿日元以上的，都有义务提出有价证券通知书（不满 50 人的参考注释 1）。

表 3－8 绿表市场品种的区分

（根据发行公司的特征区分，申请绿表品种时证券公司要明确说明）

1. 新兴

根据证券公司审查结果以及是否具成长性等，来判断是否适合作为绿表品种的企业指定的发行债券等的品种区分。

2. 普通

根据证券公司的审查结果，来判断是否适合作为绿表品种的企业指定的发行债券等的品种区分。

3. 投信、SPC

对于优先出资证券以及投资证券，根据证券公司的审查结果，来判断是否适合作为绿表品种的企业指定的发行债券等的品种区分。

注：支线（不符合新兴以及凤凰任意一个的企业发行的债券等指定的品种区分）在 2005 年 4 月 1 日，凤凰（在退市或者取消登记的品种中，判断在证券公司中是否有必要确保流通性的债券等指定的品种区分）在 2008 年 3 月 31 日被废除。

出处：日本证券业协会主页。

第4章　股票流通市场

1. 股票流通市场的结构

股票流通市场是股票交易进行的场所，它由证券交易所开设的交易所市场、1998年新修订的证券交易法所承认的民间企业交易系统（即所谓的PTS——私设交易系统）以及因同年交易所集中交易义务被取消而得以实现的交易所上市交易品种的非交易所交易构成。

交易所市场是证券交易所开设的市场，共有东京、大阪、名古屋、札幌、福冈五大交易所。证券交易所曾经一度是证券公司的会员制组织，2000年新修订的证券交易法实施后股份公司组织性质的交易所得到承认，在大阪、东京以及名古屋的证券交易所就是股份公司性质的组织。

交易所的交易是：①将符合一定上市标准的上市交易品种的交易②在规定的开盘时间③通过拍卖交易进行④证券交易所为了谋求交易的公正性，作为自主限制机关对交易以及证券公司的业务内容进行管理和监督。

JASDAQ的交易是通过大阪证券交易所的系统得以形成，自1998年导入了“做市商制度”（Market Make，简称MM制度）。但是该制度并未如预期般固定下来，于是2008年4月又导入了LP（*Liquidity-Provider*）制度，即按交易品种提出申请的交易参加人根据拍卖方式进行买卖时，通过自己的计算发送订单。

此外，非上市、非注册的股票也在证券公司交易，由日本证券协会进行报告（该市场被称作Green Sheet市场），但市场规模较小。东京证券交易所上市交易品种的非交易所交易（ToSTNeT）占所有上市股票买卖金额的

8.0%。另外，一部分证券公司独自开设 PTS，主要是在交易所的开盘时间外进行订单的核对。

几年前由于证券公司和交易所的系统崩溃、错误下单、故意抬高股票价格等违法行为相继发生，东京证券交易所于 2010 年 1 月导入了具有世界级高速性能的现货交易新系统，提高了交易的可靠性。

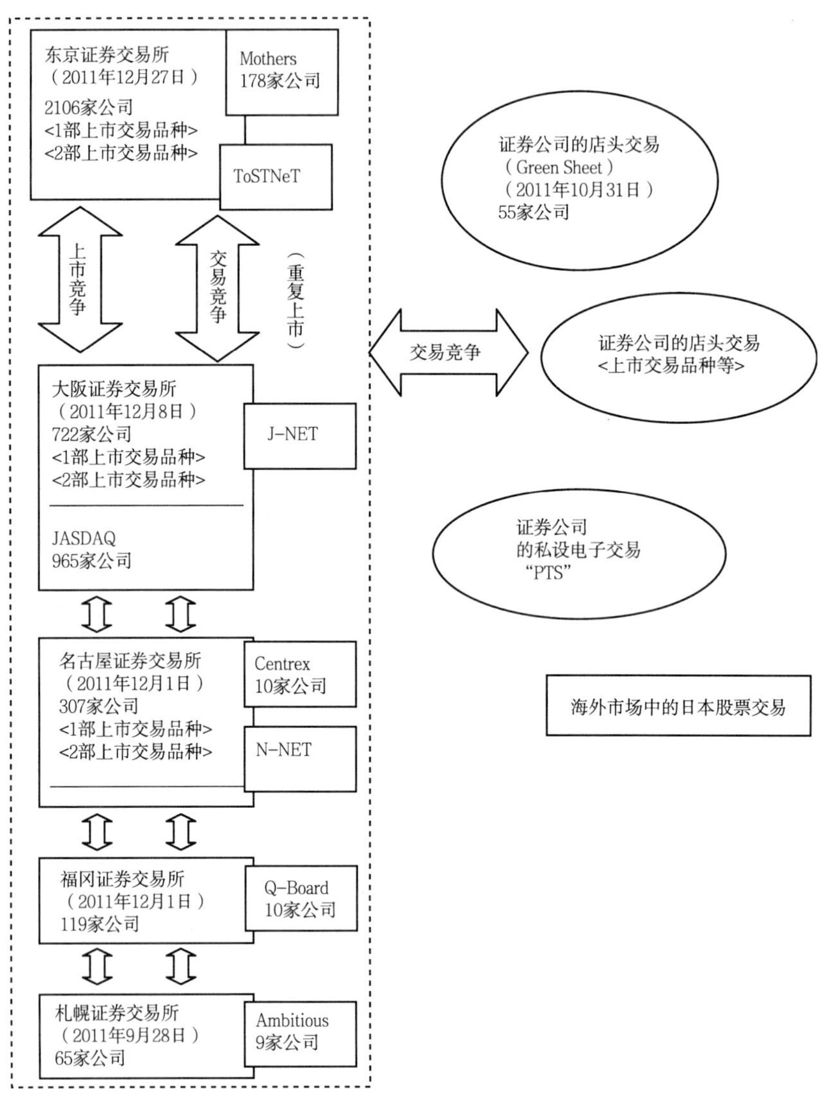

图 4-1 日本市场之间的竞争

2. 股票流通市场的交易规模

2010 年底全国证券交易所的上市公司（包括重复上市）的数量为 3647 家。其中东证的 2280 个上市交易品种的上市股票数量为 3923 亿股，时价总额共计 310.5 兆日元。在证券交易所进行的上市股票的买卖金额为 375.4677 兆日元。

证券交易所的股票交易向东京证券交易所高度集中。它占了上市交易品种数量的六成以上，其他的证券交易所的单独上市交易品种即使从整体上看，也仅有 1348 个交易品种。此外，从买卖金额来看，九成也是在东京证券交易所进行。如此一来股票交易向东证一极集中，因此有人指出股票市场形成了以东证第 1 部为顶点的金字塔结构，企业以社会地位较高的东证第 1 部作为经营目标的倾向较为明显。因此，优秀企业集中在东证第 1 部的倾向比较明显。在买卖量高、流动性高的市场交易比较容易获得成功，于是交易越来越集中，这是"订单流（Order Flow）的外部性"所产生的作用。

JASDAQ 市场在 2004 年 12 月变成了证券交易市场，2011 年 12 月 15 日有 965 个上市交易品种，时价总额为 8.4368 兆日元。2010 年的买卖金额为 4.9019 兆日元。就新兴企业的上市来看，拿 JASDAQ 的这些数字与长年处于竞争关系的东证第 2 部相比，东证第 2 部的为 431 个交易品种，时价金额为 3.2409 兆日元，买卖金额为 8729 亿日元，在所有的指标上前者都大幅超越后者。

作为面向新兴企业的市场，1999 年 11 月东证创设了"Mothers"，2000 年 6 月大证创设了"NASDAQ Japan"，接着是名证的"Centrex"、札证的"Ambitious"、福证的"Q-Board"，围绕上市交易品种的市场间的竞争愈发激烈。此外，JASDAQ 证券交易所创设了面向风险企业的新市场"NEO"。

此后，由于美国 NASDAQ 退市，NASDAQ Japan 于 2002 年 12 月更名为"Hercules"。2010 年 10 月，"Hercules"与 JASDAQ、NEO 进行整合，由此诞生了 JASDAQ。

此外，在证券公司的店头进行的交易所上市交易品种，即非交易所交易于 1998 年 12 月解禁，由于机构投资者对大额订单和批量订单的需求增加，非交易所交易占了上市交易品种买卖金额的 5.7%。

表 4－1 主要证券交易所的股票买卖数量

单位：1000 股，%

年份		2002	2003	2004	2005	2006
买卖数量	东证第 1 部	207281765	307194085	357034276	508310426	477894218
	东证第 2 部	5811576	8740331	18313846	39978729	20822649
	大证第 1 部	8304890	10371083	5919585	7940742	5657666
	大证第 2 部	2007271	2208839	4203150	6199427	3946858
	JASDAQ	4153545	5625313	10749746	37179736	21306415
比率	JASDAQ/东证第 1 部	2.00	1.83	3.01	7.31	4.46
	JASDAQ/东证第 2 部	71.46	64.36	58.70	93.00	102.32
	JASDAQ/大证第 2 部	206.92	254.67	255.75	599.73	539.83

年份		2007	2008	2009	2010
买卖数量	东证第 1 部	545835876	541576224	552098670	511695772
	东证第 2 部	15146248	11775067	10202351	7315086
	大证第 1 部	5145304	5734251	6369508	4884700
	大证第 2 部	3178646	3879093	4428690	2763250
	JASDAQ	12291369	11288330	13461273	7780105
比率	JASDAQ/东证第 1 部	2.25	2.08	2.44	1.52
	JASDAQ/东证第 2 部	81.15	95.87	131.94	106.36
	JASDAQ/大证第 2 部	386.69	291.00	303.96	291.04

注：JASDAQ2010 年的数据为加上“Hercules”和 NEO 后的数值。

出处：日本证券协会、东京证券交易所、大阪证券交易所 CD-ROM 版资料。

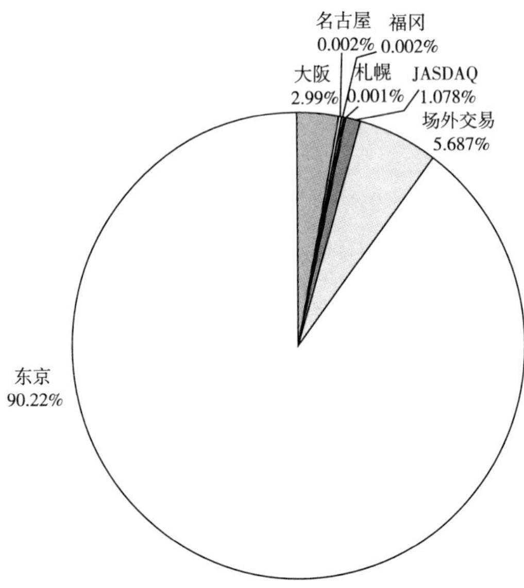

图 4－2 上市股票买卖金额构成比（2010 年）

出处：东京证券交易所《东证要览》，2011。

3. 股票的保有构造

战后财阀解体导致其所持有的股票流入股票市场，由个人消化这些股票，结果使得交易所重开的1949年个人持股的比例达到69.1%。但是，国民并非有充裕的资金才购买股票，这点自不待言，不久之后他们就把股票卖掉了，因此个人持股比率急剧下降。有时候这些股票的一部分被全部买下，从而使得旨在加强旧财阀的企业集团间团结的互相持股活动得以进行。

1960年经历了战后的复兴，资本自由化得以开展，日本企业害怕被外国企业侵吞，于是借此机会推行"稳定股东政策"，事业法人、金融机构的股票保有率有所上升。之后，由于转变为时价发行，为了有利于增资资金的筹措，必须维持股价的高企，因此截至1975年左右事业法人的持股率有所上升。另一方面，金融机构考虑到行情看涨，提高了持股比率，这种情况一直持续到1980年末的泡沫经济时期。

这种股票保有构造的法人化，对股票价格的形成产生了重大的影响。个人和机构投资者对股票的保有，是以收益率为标准，将股票作为利润证券来进行投资的。与此相反，事业法人以及金融机构的坐盘交易目的旨在加强企业的系统化和业务合作，把股票作为广义的支配证券保有的情形居多。因此这些法人对股票的保有，是长期性、固定性的，无视收益率的倾向比较明显，因此收益率较低。于是，股价上升到那些计较收益率的股民难以出手的水平，股民的持股率变得更低。在这种情况下，如果想要提高投资收益率，必须瞄准买卖差额利益（Capital Gain)，因此股民提高了买卖的周转率。于是，股民反复地进行最具投机性行动的股票市场机制在日本得以形成。

但是，即使对法人投资者来说，由于泡沫经济崩溃后股票价格低迷，股票利益大幅下降，所以保有股票不再是有利的投资了。而且2001年秋天以来降低至亏损的水平，从9月份的核算开始导入了银行保有股票的时价评估，损失的60%从剩余金中扣除。但是2000年起TOB盛行，事业法人之间互相持股再度显示增强的倾向，不过由于2008年股票价格急跌，互相持股的比率下降。

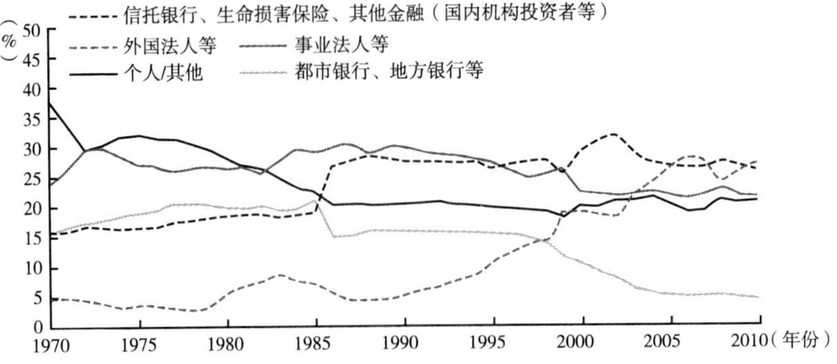

图 4－3 各投资部门股票保有率推移

注：2004 年度～2009 年度包括 JASDAQ 证券交易市场上市公司部分。
出处：《股票分布状况调查》，2011。

表 4－2 各企业形态持股比率（以股票数量为准）

单位：%

年度 \ 被保有方 \ 保有主体	银行				事业公司			
	银行	事业公司	其他	合计	银行	事业公司	其他	合计
1991	0.41	10.90	0.32	11.63	4.29	5.87	0.35	10.50
1992	0.39	10.66	0.31	11.36	4.12	5.81	0.34	10.27
1993	0.37	10.61	0.29	11.27	3.90	3.80	0.26	7.96
1994	0.36	10.42	0.36	11.14	3.70	3.69	0.25	7.64
1995	0.34	10.39	0.38	11.11	3.62	3.77	0.26	7.65
1996	0.28	10.13	0.36	10.77	3.39	3.68	0.24	7.31
1997	0.19	9.78	0.30	10.27	3.22	3.61	0.23	7.06
1998	0.07	9.21	0.29	9.57	3.18	3.60	0.22	7.00
1999	0.07	8.62	0.29	8.98	2.93	2.11	0.16	5.21
2000	0.07	7.92	0.22	8.21	1.95	1.67	0.14	3.76
2001	0.11	6.04	0.18	6.34	1.57	1.57	0.13	3.27
2002	0.27	4.08	0.15	4.49	1.23	1.86	0.12	3.21
2003	0.20	3.01	0.09	3.29	0.93	2.02	0.15	3.09
2004	0.14	2.25	0.06	2.45	0.53	1.59	0.14	2.27
2005	0.05	1.95	0.06	2.06	0.38	1.98	0.12	2.49
2006	0.05	2.06	0.09	2.20	0.37	1.99	0.16	2.52
2007	0.03	2.00	0.06	2.08	1.62	2.12	0.14	3.89
2008	0.02	1.89	0.04	1.95	2.12	2.01	0.15	4.27
2009	0.02	1.29	0.01	1.32	1.57	1.52	0.10	3.19

注：除以市场整体的比率、股票数以单元数为准（2000 年以前以单位数为准）
2004 年度、2005 年度 livedoor（活力门）除外。
伴随着计算方法的变更，追溯至过去的数据进行重新计算。
出处：由大各总研资本市场调查部根据大股东数据、股票保有明细数据等进行计算。

4. 股票价格与投资指标（1）

像土地和股票这样的资产的理论价格，是将其给所有者带来的租金和分红，以一定的资本还原率（利息率加上风险溢价）进行资本化的。但是实际发生交易的，只是其中极少的一部分，因此总资产资格以附着在其上的价格进行整体评价。例如 2011 年 12 月 1 日东证第 1 部的时价总额约为 258 兆日元，但是买卖金额只有 1.2600 兆日元。这体现了以超过 1 兆日元的买卖金额所形成的股票价格来对已发行股票所进行的评价，即为时价总额。(实际上该时价总额是汇总了各种交易品种得出来的数值，为了简单化姑且这样说明)。

在此阶段，人们将股票价格与市场利息拿来比较，判断两者的高低。换言之，由于追求投资机会的投资者之间的竞争，带来超额利润的投资机会产生作用力，使得股票价格与市场利息达至平衡（利率的成立）。但是，越是高成长的企业就是越在内部保留其利润，以便用于再投资（昔日的 IBM，以及自设立起至 2002 年一直没有分红的微软便是其中典型的例子）。如此一来，本来就无法计算分红利率，其高低再也不具有指标性。

这样的高收益企业，本来就可以不通过增资而是通过收益的再投资来增加资本，因此每股的利润增加，股票价格也随之正比例上升。但是股票价格过度上升的话，零散的投资者就不能参与其中，股票的市场性、流动性变弱，因此事后需要通过增加股票的数量、降低股票价格从而恢复股票的市场性。这是不伴随认购的新股的发行，是股票分割、股票分红的目的。

表 4－3　股票分割与除数的变化

单位：股，美元

交易品种	分割前		分割后	
	股票数量	股价	股票数量	股价
A	10	20	20	10
B	10	10	10	10
C	10	6	10	6
计	30	36	40	26
道琼斯除数	3		2.1667	
道琼斯式修正股价平均指数	12		12	

出处：J. H. Lorie，M. T. Hamilton，The Stock Market：《证券研究（日译）》第 51 卷，1977.

这种财务政策被采用后，也会对股价指标造成影响。假设按1：2对股票进行分割，其他条件不变的情况下，股价降低了一半。但是股东保有分割后的新的两份股票，所以保有股票的时价总额不会产生任何的变化。因此要从旧股东的立场来对此进行还原，这就是“道琼斯修正股价平均指数”。在因为不伴随认购的新股发行导致股价下跌时，该平均指数可以通过修正除数的方法计算出来。

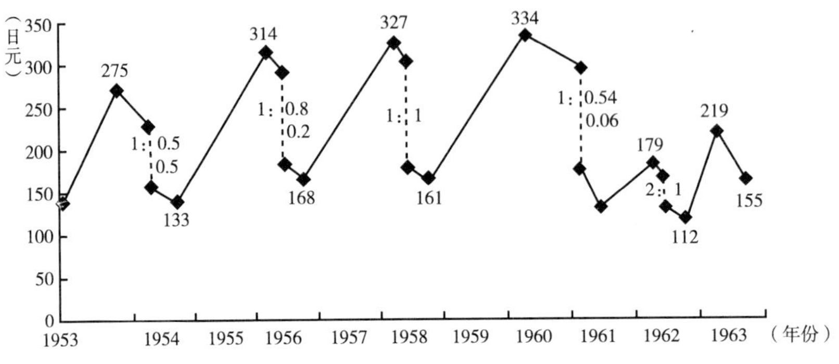

图4－4　东丽的股价与增资

$$新的除数 = 前一天的除数 \times \frac{前一天的股价合计 \pm 新股下降合计部分}{前一天的合计股价}$$

$$= 前一天的除数 \times \frac{(1 \pm 新股下降合计部分)}{前一天的股价合计}$$

5. 股票价格与投资指标（2）

在日本，日本经济新闻社计算了几种道琼斯指数，有代表性的是日经225指数。这是在东证上市交易品种内，将各种具有代表性的225个交易品种的股价指标化后的指数。道琼斯指数在每次进行股票分割、股票分红时，通过修正除数来求得。以日经225指数为例，刚开始时除数为225，其后一直减小，2011年12月1日除数变成24.966，因此倍率也就变成9.012。它意味着，假设225个交易品种的单纯平均股价在20日元上下波动，日经平均指数就被显示为180.24日元上下波动。道琼斯修正股价平均指数，其目的在于不伴随认购的新股发行时，以既存股东的时价总额为基准恢复股价的连续性，但是其结果导致股价涨落显示出来的数值增加了好几倍。因此认为该指数给投资者造成误解，要求寻找另外的指数取而代之的呼声颇高。

此外，因为 IT 行业火爆，日经平均指数的构成交易品种再也不能反映日本经济的实际情况，因此于 2001 年 4 月一举换掉 34 个交易品种。但是 6 月份相关 IT 交易品种急跌，导致人们强烈批评新日经平均下降得比旧日经平均指数还低。

而且日本平均指数是根据每股股价的平均值计算出来的非加权平均指数，所以会受到不易买到的股票以及高价股票涨落的强烈影响。在 1990 年上半期日经平均指数期货交易急剧增加时，这成了人们指出指数可能被暗箱操作的一个依据。于是，1994 年日经 300 指数被开发出来，取代了日经 225 指数。

为了避免道琼斯指数的上述缺点，后来使用的是纽约证券交易所综合股价指数、S&P500、TOPIX（东证股价指数）等将时价总额指数化的指数。TOPIX 是把在基准日（1968 年 1 月 4 日）那天东证第 1 部的时价总额当做 100，来计算现在的时价总额是多少的指数。

TOPIX 具有以下特征：（1）以东证第 1 部的全部交易品种为对象，所以该指标能反映出产业构造以及行情动向的变化。此外，它也可以避免替换交易品种后所引起的不连续性发生；（2）可以很容易地把握从时价总额看到市场规模的动向；（3）由于它注重各交易品种的上市股票数量，因此不会过分地受到不容易买到的股票以及高价股票涨落的影响。

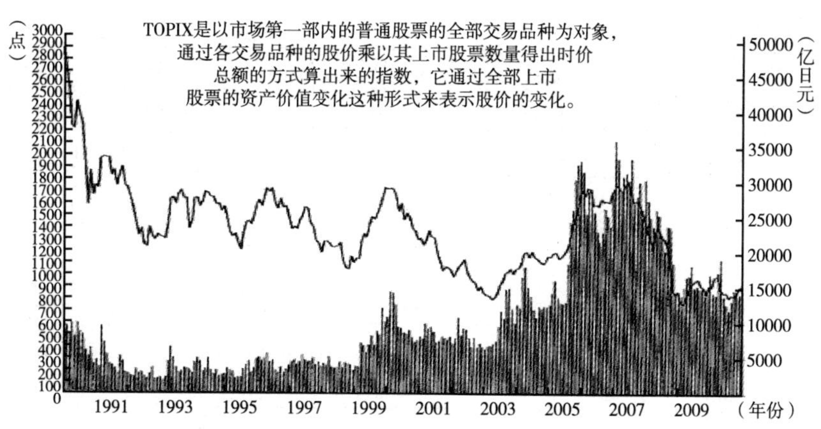

图 4－5　TOPIX（东证股价指数）及买卖金额推移

TOPIX：1968 年 1 月 4 日。

6. 股票价格与投资指标（3）

随着财务政策裁量余地的扩大与多样化，涨价收益比重增加，分红与收益利率的指标性变小。因此，分红加上涨价收益的“综合利率”这一指标开始被采用。此外，对收益利率进行加工后的股价收益率（PER）开始普及。PER 是每股股价除以利润，简单地说就是收益利率的倒数。

PER 之所以作为投资指标开始普及，是因为出现了“成长股票”这一概念。也就是说，因为这些高增长企业坚持股票内部保留、再投资的财务政策，传统型投资指标即分红利率下降，投资这些股票难以获得推崇。作为其象征性现象，1958 年在美国发生了“利率革命”这一事态，即分红利率低于债券利率，20 世纪 60 年代的日本也出现了同样的事态。

在这种情况下，为了推荐交易品种，必须通过某种形式使得股价的水平与收益的增长性产生关联，这个就是 PER。也就是说，PER 高的交易品种，就是有望将来获得高增长性的交易品种。在实际的证券营业现场，个别交易品种的 PER 被拿来与行业平均值或其他交易品种进行比较，作为比较高低的指标来使用。此外，PER 超越了个别交易品种的股价指标这一范畴，在比较各国的股价水平时也被使用，现在成了具有代表性的指标之一。

购入年份＼卖出年份	1992	1993	1994	1995	1996	1997	1998	1999	2000	2001	2002	2003	2004	2005	2006	2007	2008	2009	2010
1991	−24.8	−7.5	−2.8	−5.5	−1.3	−2.7	−3.8	−0.8	1.3	−0.5	−1.8	−1.9	0.1	1.2	3.0	3.1	1.1	−0.3	−0.1
1992		13.7	10.5	20	5.7	2.5	0.3	3.2	5.1	2.7	0.8	0.5	2.5	3.6	5.3	5.3	2.9	1.4	1.5
1993			7.3	−3.4	3.2	−0.1	−2.2	1.6	4.0	1.4	−0.5	−0.7	1.6	2.8	4.7	4.7	2.3	0.6	0.9
1994				−13.1	1.1	−2.5	−4.5	0.5	3.4	0.5	−1.4	−1.6	1.0	2.4	4.5	4.5	1.9	0.2	0.5
1995					17.7	3.2	−1.4	4.2	7.1	3.0	0.3	0.0	2.7	4.1	6.2	6.1	3.2	1.2	1.4
1996						−9.4	−9.8	0.1	4.6	0.3	−2.3	−2.3	1.0	2.7	5.2	5.1	2.0	0.1	0.4
1997							−10.2	5.2	9.7	2.9	−0.8	−1.1	2.6	4.3	6.9	6.7	3.2	0.9	1.2
1998								23.1	21.3	7.7	1.7	0.9	4.9	6.5	9.3	8.7	4.6	2.0	2.2
1999									19.5	0.7	−4.6	−4.1	1.5	4.0	7.4	7.1	2.7	0.1	0.5
2000										−15.1	−14.7	−10.8	−2.5	1.1	5.5	5.4	0.8	−1.9	−1.3
2001											−14.3	−8.6	2.1	5.7	10.2	9.3	3.3	−0.1	0.4
2002												−2.5	11.4	13.3	17.4	14.7	6.6	2.1	2.4
2003													27.4	22.1	24.9	19.4	8.5	2.9	3.1
2004														17.1	23.6	16.9	4.2	−1.4	−0.4
2005															30.5	16.8	0.2	−5.5	−3.6
2006																4.5	−12.2	−15.1	−10.6
2007																	−26.2	−23.5	−15.2
2008																		−20.8	−9.1
2009																			4.4

图 4-6　东证第 1 部市场收益率（按投资期间来划分，加权平均%）

出处：日本证券经济研究所：《股票投资收益率》，2010。

股票利率可以与市场利率这一客观指标进行对比来判断孰高孰低，但是与此相反，PER 终究只能进行相对性的比较，这是它的局限性。例如，经常有人指出，S&P500 这一在美国具有代表性的股价指数在战后上升了 15～30 倍，但是日本的日经 225 指数有时候上升至过去的 80 倍左右（2011 年 12 月 1 日为 14.97 倍）。两国 PER 水平之所以有差异，据分析是因为两国一直在折旧方法会计制度方面存在差异，以及日本企业互相持股这一关系使得 PER 增大。不过即使这些主要原因确实可能对 PER 的水平产生影响，但是最重要的是，所谓适当的 PER 水平，本来就不存在。

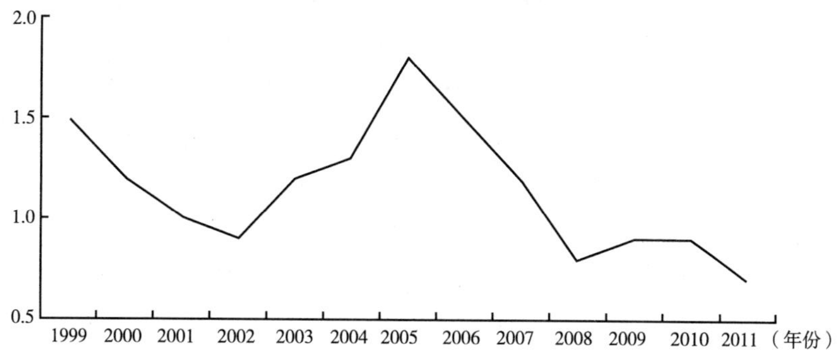

图 4－7　东证第 1 部企业（联合）的 PER

注：时间点仅 2011 年为 11 月末，其余均为 12 月末。
1999 年、2002 年、2009 年的 PER 为赤字，不能计算。
出处：东京证券交易所。

7. 股票价格与投资指标（4）

PER 反映每股利润与股价的关系，但是利润会因不同的会计处理方法而产生差异。特别是与设备投资相伴的折旧费在计算利润时作为费用被计算为负数，这会大大影响将来的收益性。因此，以利润为基准的股价指标有时候会导致错误的投资判断。

因此，作为注重将来的增长性的指标，出现了股价现金流倍率（PCFR）。PCFR =（税后利润 + 该期的折旧金额 - 分红和董事奖金）/股价。折旧费在公司内部保留，充当将来的再投资等，因此它是判断企业的前景和实际收益、资金周转的重要项目之一。

PCFR 一般被用来比较相同行业的交易品种，尤其是用来判断日后的竞争力受设备投资动向影响的高科技股是否值得投资。

其他经常被提及的投资指标有股价净资产倍率（PBR），它关注的是保有的净资产股票与股价之间的关系。PBR 等于股价除以每股净资产。净资产是资本金和剩余金等之和，被称为股东资本，它等于资产负债表中的借方的资产总额减去借款等负债。换言之，它就是在某时间点公司解散，卖掉其资产，然后用该款项偿清所有负债之后剩余的净资产。因此，PBR 是将股价与解散价值相比较的指标，PBR 小于 1 即股价低于解散价值的话，似乎很多时候可以判断股价是否比较便宜。

但是，要将 PBR 用作投资指标，其前提条件是账面价值需要反映实际状态。因土地和保有股票的损失导致实际的资产价值低于账面价值时，即使 PBR 小于 1 也不能判断股价是否比较便宜。如果产生这种状态且股票市场在某种程度上比较有效率的话，以获得股票的形式进行企业并购（M&A）的活动应该比较活跃。实际上，在美国股票市场上可以称之为修正 PRB 的“托宾 q 值”小于 1 的时候，企业并购活动就会变得活跃，这种关系已被大家所认同。东证第 1 部的上市交易品种，2011 年 12 月 1 日的 PBR 为 0.93。

$$PER = \frac{股价}{每股税后利润}$$

$$PBR = \frac{股价}{每股净资产}$$

$$PCFR = \frac{股价}{税后利润 + 折旧费 - (分红 + 董事奖金)}$$

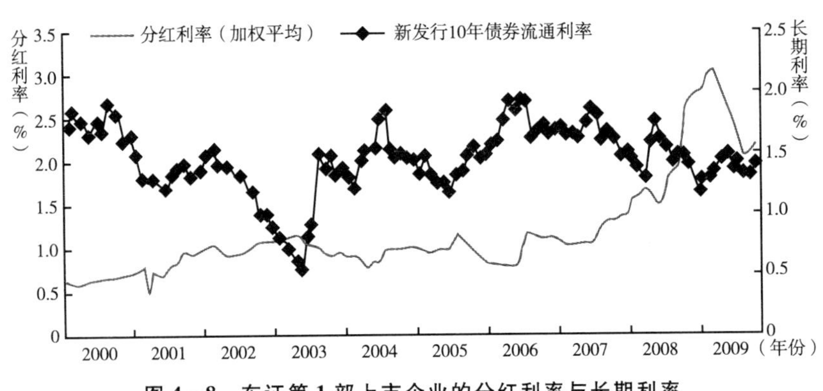

图 4-8 东证第 1 部上市企业的分红利率与长期利率

注：2009 年截至 10 月末。

出处：东京证券交易所、日本银行。

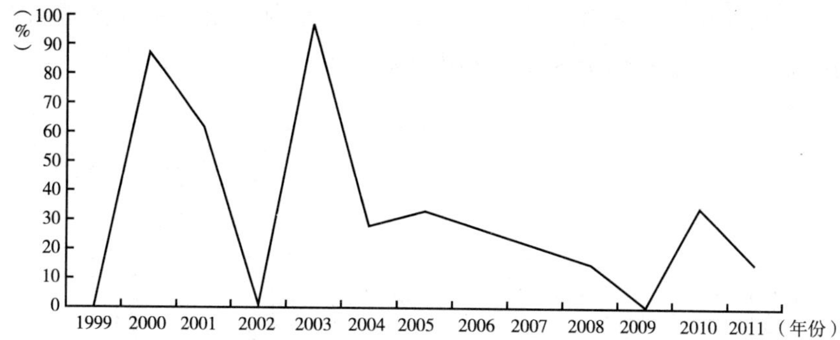

图 4－9　东证一部企业（联合）的 PER

注：时间点仅 2011 年为 11 月末，其余均为 12 月末。
1999 年、2002 年、2009 年的 PER 为赤字，不能计算。

8. 信用交易制度（1）

信用交易旨在将投机供需引入证券市场，日本以美国的保证金交易（Margin Trading）为规范，于 1956 年 6 月导入了信用交易制度。信用交易，就是金融商品交易商（证券公司）向顾客提供授信进行的买卖交易，其好处在于顾客即使不能支付证券价款或不持有实物股票，只要支付一定金额的委托保证金，就可以向金融商品交易商借入买入证券的价款或卖出证券进行股票的买卖。另外，金融商品交易商必须在第四天进行交割结算。当时的日本没有完善的融券市场和金融市场，为了节省与授信相伴随的金融商品交易商的交收资金、证券，证券金融公司的“借贷交易”应运而生。

借贷交易是通过金融交易所的结算机构，将与信用交易相伴随的交收资金、证券借给金融商品交易商的制度，证券金融公司通过在内部将必要资金、证券的筹措与同一交易品种的融资和融券申请相抵，即将卖方（买方）要求的证券卖出价款（买入担保证券）借给买方（卖方），从而节约交收资金和证券。相抵后相当于融资差额的金额，除了从金融机构借入以外，还可以从短期贷款市场以及日本银行筹措。融券过多时，除了可以从金融商品交易商那里筹措外，还可以通过投标的方式从机关投资者那里筹措。另外，信用交易的对象、借贷交易的对象被各自称作“信用交易品种”、“借贷交易品种”。其选定标准，是即使引入投机性供求也不会产生妨碍的标准，主要由股票数量和股东数量来决定，不过借贷交易品种的选定标准设定得比信用交易品种的标准高，另外还增加了“能筹措的融券数量”这一项目。

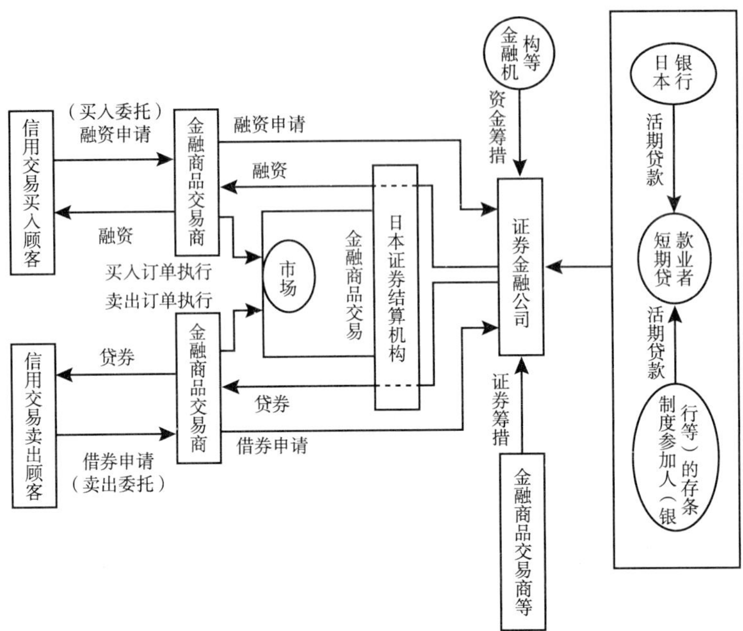

图 4－10　信用交易与借贷交易之概要

◎信用交易（顾客、金融商品交易商之间）。

担保：买入证券（或证券卖出价款）。

委托保证金：买入证券（或卖出证券）的时价 30% 以上（用证券代替时，不超过股票的担保估价 80%）。但最低委托保证金为 30 万日元。

◎借贷交易（金融商品交易商、证券金融公司之间）。

担保：顾客的买入证券（或证券卖出价款）。

借贷担保金：顾客的买入证券（或卖出证券）的时价 30% 以上（用证券代替时，不超过股票的担保估价 80%）。

◎短期交易担保股票存条制度（证券金融公司、短期贷款业者、存条参加业者、金融商品交易所、日本银行参加本制度）。

即证券金融公司把作为借贷交易的担保而代为保管的证券（仅限日本银行认为适当的交易品种）委托金融商品交易所保管，然后根据该寄托证券将金融商品交易所出具的存条作为担保从而吸收短期贷款的制度，该存条也是短期贷款业者向日本银行借入资金的随付担保。也就是这样的一种机制：借贷交易所需要的资金，实际上是将证券作为随付担保，由日本银行通过短期贷款业者向证券金融公司提供。

注：上述的委托保证率、担保估价等可能会因信用交易的限制发生变更。（2011 年 9 月末，委托保证金率及借贷保证金率为 30%）。

证券金融公司，是由战前代办短期清算交易的决算延期业务的公司根据“关于管制贷款行业的法律”改组而来的融资公司。代办公司作为金融商品交易所的结算机构的一部分，通过代收（或代垫），即替买方（卖方）交出资金（证券）、收下证券（资金）后进行留置来填补决算延期造成的缺口。随着信用交易的扩大，证券金融公司在市场中的作用增大，因此为了强化其功能，1956 年 4 月证券金融公司需要得到大藏大臣（现在的内阁总理大臣）的批准，各地的金融商品交易所的证券金融公司被整合成日本证券金融（东京）、大阪证券金融（大阪）、中部证券金融（名古屋）这三大公司，延续至今。

9. 信用交易制度（2）

由于《证券交易法》1998 年得到修正，金融商品交易商不通过证券金融公司借券以及金融商品交易商之间的证券借贷交易（所谓的融券市场）解禁。与此同时金融商品交易商与顾客之间可以自由决定交割延期费用、利息、偿还期限的“一般信用交易”得到认可，以此为契机，由于在一直以来依托借贷交易的信用交易中，交割延期费用、利息、偿还期限等由金融商品交易所决定，因此后来被称作“制度信用交易”。一般信用交易在开始使用网络交易的 2003 年以后迅速普及，最近未偿还的信用融资的 20% 左右为一般信用交易。

从借贷交易融资余额占信用交易买入余额的比例来看，由于金融商品交易商内部保留证券的增加，该比例在 1988 年前几乎一路下降。1990 年以后随着泡沫经济崩溃导致金融商品交易商财务能力下降、网络证券的盛行以及 1999 年行情恢复所引起的信用交易买入余额的急剧增加等原因，对借贷交易的依赖转为上升，2005 年对借贷交易的依赖度接近五成。此后由于行情回软以及金融商品交易商筹措资金方式的多样化等原因，依赖度呈现下降的趋势。另一方面，从融券余额来看，一直以来虽然卖出证券后又买回这种行为本身很少，但是随着 20 世纪 90 年代后半期机构化的开展，金融商品交易商接受证券金融公司的融券后用自己的资本买入订单的情况有所增加，2000 年对借贷交易的依赖度达到七成。此后由于随着融券市场解禁，证券筹措范围扩大等原因，依赖度在不断地下降。

信用交易以及证券金融业务随着证券市场的发展不断地发生变化、多样化。作为激活市场的对策，为扩大借贷交易品种对信用交易制度进行了多次改革，1991 年 12 月市场第 2 部交易品种变成信用交易品种，1997 年 10 月店头股票也被引入制度信用交易。关于证券金融公司，1995 年 10 月以非借贷交易品种为对象进行融资的“借贷融资交易品种”制度开始实施，2004 年 4 月面向 JASDAQ 市场的借贷交易也开始进行，另外向金融商品交易商提供一般信用交易中的信用融资所需要的资金的融资业务也开始进行。

此外，证券金融公司的业务除了有需获得批准的借贷交易之外，还有向金融商品交易商及其顾客贷资金的公债、一般贷款；有别于借贷交易的出借证券的一般融券业务以及债券借贷中介业务等。

表 4-4 制度信用交易与一般信用交易的比较

	制度信用交易	一般信用交易
委托保证金	约定金额的 30% 以上	约定金额的 30% 以上
交割延期费用	金融商品交易所公布的比率	由顾客与金融商品交易商决定
还款期限	最长 6 个月	由顾客与金融商品交易商决定
交易品种	金融商品交易所选定的交易品种	原则上为全体上市证券等
权利处理	金融商品交易所规定的方法	由顾客与金融商品交易商决定
借贷交易	可以利用	不可利用

出处：东京证券交易所主页等。

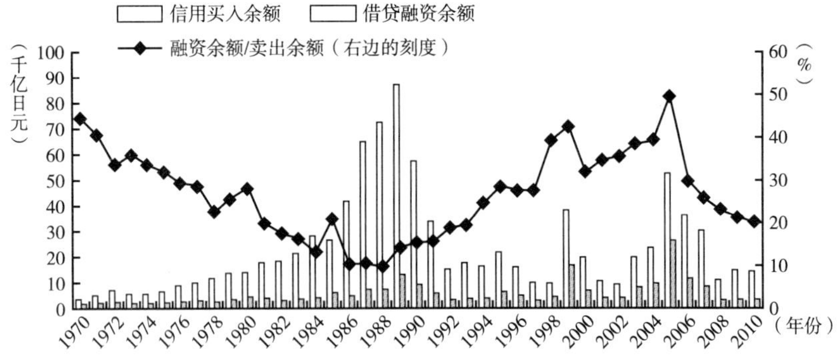

图 4-11 三大市场信用买入余额与借贷融资余额

注：信用买入余额为制度信用交易、一般信用交易合计金额。

出处：东京证券交易所主页等。

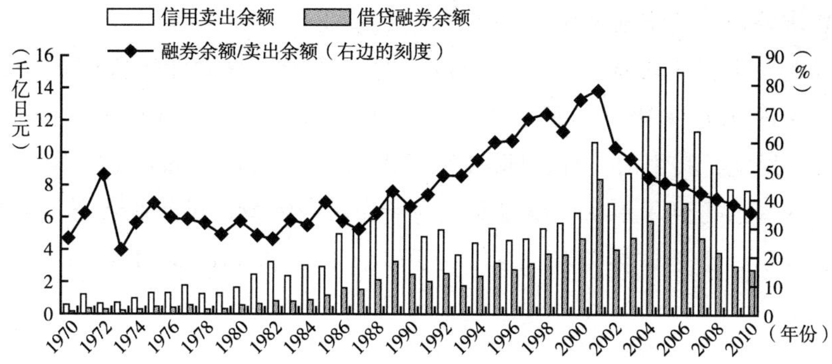

图 4－12　三大市场信用卖出余额与借贷融券余额

注：信用卖出余额为制度信用交易、一般信用交易合计金额。
出处：东京证券交易所主页等。

10. 证券交易市场的多样化

股票市场的基本功能在于发现社会上存在的所有供求达至平衡时的价格，实现资金有效分配。在信息技术并未充分发达的阶段，要实现这个目标，交易必须集中在一个地方。实际上，之前各地区在交易可以集中在一个地方的范围内设立了多家交易所，而上市证券的交易则必须在交易所集中交易。信息的传播、订单的传达、处理会产生成本，在不能够迅速地进行上述操作的情况下，即使交易所之间存在价格的不平衡或存在产生利润的机会，起着消除这种不平衡作用的裁定交易并未充分地产生。为了防止“市场分裂”，必须在交易所进行集中交易。

但是，由于信息通信技术的发达，证券市场被移到电脑网络上，从世界范围来看，拥有开盘地点通过人手处理订单的交易所很罕见。换言之，也可以说是信息的整合、订单的传送、执行、交收、结算、保管等证券交易的构成要素通过电脑网络整合到一起，如果能及时处理的话，交易地点也可以通过几个分散型的网络实现发现平衡价格的环境。以这样的证券交易基础设施的完善为前提条件的市场运营哲学，也就是“市场之间的竞争”这一概念。另外，随着证券市场机构化的开展，为了降低执行成本，人们对交易系统的需求颇高，以便保证交易的匿名性以及将最大限度地防止市场影响成本的产生。电脑系统上的交易可以很容易设定复杂的交易规则，所以可以提供符合这种要求的便宜的交易系统。

如此一来，从功能上难以区分传统的交易所和民间业者提供的交易系统。美国的 SEC 采用承认两者的功能的同一性的 ATS（Alternative Trading System）规定，其中的一种，即 ECN（Electronic Communication Network）作为证券交易所得到了承认。随着非交易所交易的解禁，民间业者交易上市证券得到承认，于是证券业务又多了一种叫 PTS（Proprietary Trading System）的业务。

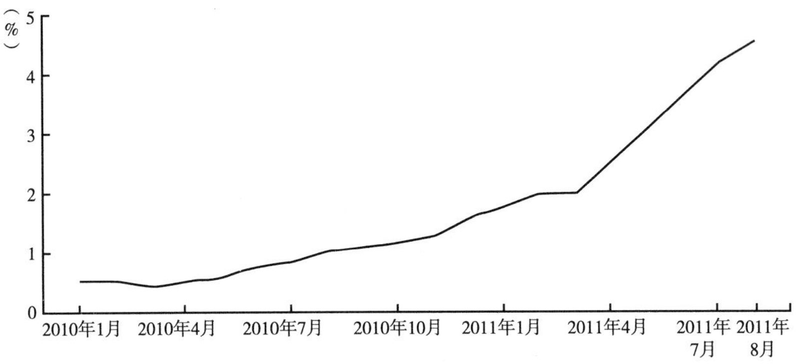

图 4－13　PTS 占上市股票交易的比例

注：PTS 的买卖金额为国内运营公司的合计金额。由 Kabu. com 证券调查计算。
出处：《日本经济新闻》2011 年 9 月 29 日。

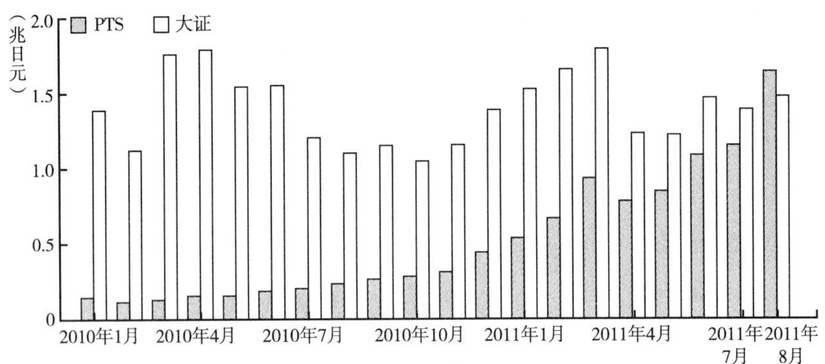

图 4－14　PTS 与大证的买卖金额

注：PTS 的买卖金额为国内运营公司的合计金额。由 Kabu. com 证券调查计算。
出处：《日本经济新闻》2011 年 9 月 29 日。

第5章　公司债发行市场

1. 公司债的种类

公司债是政府机关发行的债券（公共债券）和民间团体发行债券的总称，是通过直接金融的方式筹集资金，和股票发行不同的是公司债期满后必须偿还本金。按发行主体可分为国债、地方债、政府相关机关债、金融债券、公司债（事业债）、外国债。

国债是由国家发行的债券，按到期时间大致分为短期国债（1 年以内）、中期国债（2～5 年）、长期国债（6～10 年）、超长期国债（10 年以上）。2002 年发行了财务大臣指定的本金和利息的分离适格转账国债（现在是 2003 年 1 月 27 日以后发行的固定付息国债）可以作为独立的贴现国债进行交易的公债制度和面向个人发行的 10 年国债（变动利息）。2003 年发行了本金利息和消费者物价指数相联动的物价联动国债（10 年），2005 年发行了面向个人的 5 年国债（固定利息），2007 年发行了 40 年固定利息国债，2010 年发行了面向个人的 3 年国债（固定利息）。地方债根据资金来源不同大致分为政府资金和民间等资金，前者是财政融资资金和地方公共团体金融机关的资金，后者是市场公募资金和银行等认购资金。其中，市场公募资金分为全国型市场公募地方债，共同发行市场公募地方债，居民参加型市场公募地方债（小型公募债）。另外，根据银行等认购资金发行的地方债称为银行等认购债，发行方法有两种：证券发行和证书借入。政府相关机关债是具有独立行政法人等的政府相关机关发行的债券，其中附有政府保证的债券是政府保证债。其他方面，没有附有政府保证的债券分为以公募方式发行的财政投资机关债和特定金融机关直接认购的私募特别债。以上三种有时也被称为公共债。金融债是特定的金融机关根据特别的法律发行的债券，主要有 5 年利息金融债和 1 年贴现金融债。金融债和政府相关机关债相结合，由于符合金融商品交易法第 2 条第 1 项的第 3 号“依据特别法律发行的法人债券”，也被称为“特殊债”。公司债是民间企业发行的债券，也被称为“事业债”，包括非金融法人企业、银行和消费者金融公司也可以发行公司债。外国债是外国政府和企业在日本发行的债券，以日元发行的称为日元计价外债。

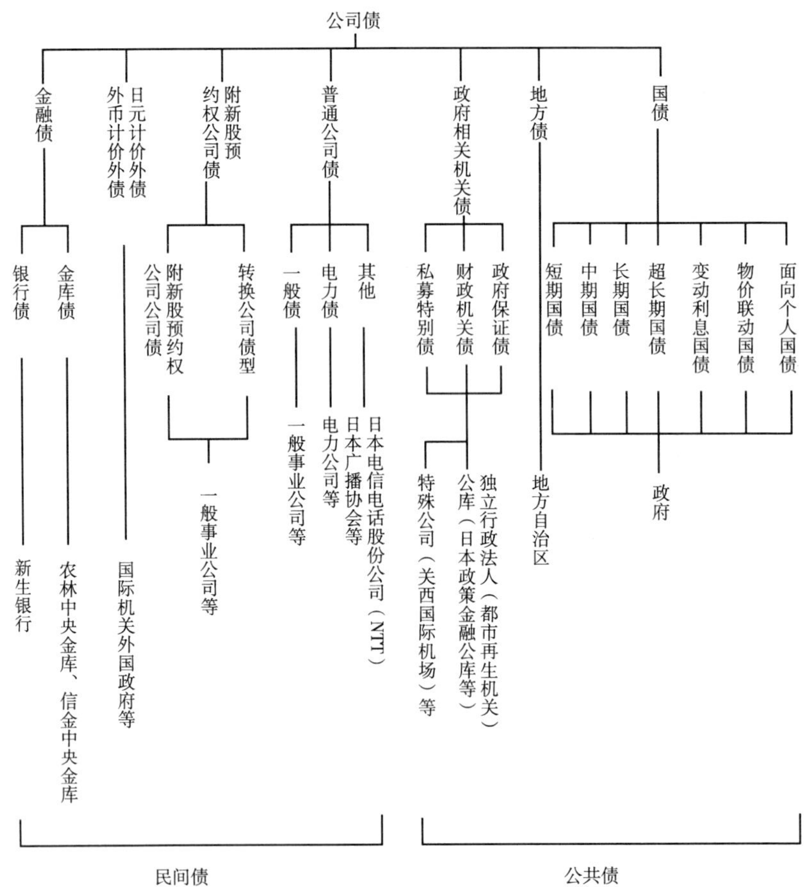

图 5－1　公司债的种类

注：地方债是基于地方自治法、地方财政法的债务，公司债只包括根据市场公募资金被吸收的债券和以证券发行形式的银行等认购债券等。

2. 公司债的发行状况

2010 年公司债发行额为 193.0 兆日元，比上年增加 2.2%。各种债券的发行额具体如下：国债的发行额为 160.4 兆日元，约占公司债发行额的 83%，占领了公司债市场的大部分。直到 2008 年，随着政府财政的好转，发行额趋于减少，但随着 2008 年 9 月“雷曼”冲击的影响财政再度恶化，2009 年以后发行额又逐渐增加。其中超长期国债 25.9 兆日元，长期国债 30.9 兆日元，中期国债 63.3 兆日元，短期国债 30.0 兆日元，面向个人发行的付息国债 1 兆日元。

地方债在 2010 年发行了 7.5 兆日元，在 20 年间从 1990 年的 9400 亿日元增加了约 8 倍。在此背景下，地方自治团体的财政恶化，受其影响 2001 年发行了居民参加型市场公募地方债，2003 年共同发行了公募地方债。

政府相关机关债中的政府保证债为 4.2 兆日元，财投机关债等为 5.1 兆日元。财投机关债随着财政投融资制度的改革在 2000 年初发行了住宅金融公库 500 亿日元后，发行额显著增加。

金融债的发行额为 3.8 兆日元，从 1995 年的 43 兆日元持续减少。其中贴现金融债 0.6 兆日元，付息金融债 3.1 兆日元。特别是贴现金融债从 1995 年的 30 兆日元大幅减少。在此背景下，东京三菱银行（现三菱东京 UFJ 银行）停止发行了金融债（2002 年 3 月），瑞穗社团银行停止发行了定期储蓄型以外的金融债（2007 年 3 月），青空银行停止发行了金融债（2011 年 9 月）等，作为长期产业资金供给源的长期信用银行事实上也不存在了。

对于公司债，近年来普通公司债的发行额有增加的趋势，达到了 9.9 兆日元。特别是受“雷曼”冲击的影响，企业为确保稳定资金的因素也促使了发行额的增加。

表 5－1　公司债发行额

单位：个，亿日元

年度	公募公共债计数		国债		市场消化国债	
	品种数	发行额	品种数	发行额	品种数	发行额
2009	723	1727861	63	1560232	63	1452985
2010	715	1771535	67	1604108	67	1510976

续表

年度	超长期国债		长期国债		物价联动债	
	品种数	发行额	品种数	发行额	品种数	发行额
2009	11	231408	7	288804	0	0
2010	12	259255	7	308557	0	0

年度	中期国债（5年债）		中期国债（4～2年债）		面向市场国债	
	品种数	发行额	品种数	发行额	品种数	发行额
2009	7	296213	12	293970	8	13598
2010	7	302883	12	330013	17	10278

年度	贴现短期国债		日本银行应募等	
	品种数	发行额	品种数	发行额
2009	18	328993	—	107247
2010	12	299992	—	93131

年度	地方债		政府保证债		财投机关债等	
	品种数	发行额	品种数	发行额	品种数	发行额
2009	418	73608	78	46671	164	47350
2010	412	74821	64	41973	172	50633

年度	公募民间债		普通公司债	
	品种数	发行额	品种数	发行额
2009	397	106487	388	103002
2010	464	101308	459	99333

年度	资产担保型公司债		转换公司债型附新股预约权公司债	
	品种数	发行额	品种数	发行额
2009	2	1000	3	2485
2010	2	1200	3	775

年度	金融债		贴现金融债		付息金融债	
	品种数	发行额	品种数	发行额	品种数	发行额
2009	347	41802	72	7753	275	34049
2010	352	37773	72	6472	280	31300

年度	非居住者债（日元计价）		日元计价外债		资产担保型公司债	
	品种数	发行额	品种数	发行额	品种数	发行额
2009	40	11924	40	11924	0	0
2010	70	19190	70	19190	0	0

年度	公司债合计	
	品种数	发行额
2009	1507	1888074
2010	1601	1929806

注：1. 单位是亿日元，单位未满时四舍五入。

2. 公司债合计是公募公共债、公募民间债、金融债、非居住者债的合计。

3. 公募公共债是国债、地方债、政府保证债、财投机关债等的合计。

4. 公募民间债是普通公司债、资产担保型公司债、转换公司债型附新股预约权公司债的合计。

出处：日本证券业协会。

3. 公共债的发行

国债发行采用三种方式：向市场发行、向个人发行、向公共部门发行，下面主要就前两种发行方式进行说明。向市场招标发行在 2006 年废除了辛迪加团承销的方式后，基本上是价格（或者是利率，下同）竞争的公开招标方式。对于财务省提示的发行条件，根据竞标者投标的希望中标价格和希望中标额来决定各中标者的投标价格。当时国债的种类主要分为以各中标者的投标价格为发行条件的约定投标方式和不根据投标价格而是以均一的最低募集价格（最高募集利率）为发行条件的拍卖方式。除了竞标以外，主要还有确保中小投资者的非竞标（2 年、5 年、10 年的固定利率国债）和面向国债市场特别参加者（2009 年 10 月为止有 23 家）的第Ⅰ、Ⅱ非价格竞标。民间金融机关面向个人的募集销售方式适用于向个人发行国债和新型窗口销售（2 年、5 年、10 年的固定利率国债）。

地方债的发行首先需要制定预算计划，必须得到地方公共团体议会的许可和总务大臣或者都道府县知事商议之后来决定（地方债协商制度）。目的仅限定于公营企业财源，资金、放贷财源，借换财源等的适债事业。公募地方债是从总务省指定的 32 个都道县府和 19 个政令指定城市发行的（2011 年）。这种情况下，发行体是通过和进行募集的承销团协商来决定发行条件，剩余的部分多是由承销团来购买。另外，2003 年开始发行的共同发行市场公募地方债（35 个地方公共团体的共同发行债）也是采用承销团承销的方式，但是 2002 年 3 月导入的住民参加型市场公募地方债一般采用的地方金融机关承销以及募集事务委托的方式。

政府保证债的发行作为政府财政投融资计划的一环，其发行限额必须通过每年国会的决议决定。发行方法有“承销团方式”和“个别发行方式”两种。前一种的发行条件参考每月国债的价格竞标结果来决定，后一种是根据竞标来决定发行条件和主干事证券公司。财投机关债也是付息债，其发行主要采用的是由发行体选定主干事证券公司组成承销团的方法。

表 5－2 国债的种类

偿还期间等	短期国债	中期国债	长期国债
	6 个月、1 年	2 年、5 年	10 年
发行形态	贴现国债	付息国债	
最低额面单位	1000 万日元	5 万日元	
发行方式	公募投标 日本银行换乘	公募投标 窗口销售 （募集）	
投标方式	价格竞争投标 约定方式	价格竞争投标 约定方式	
非竞争投标等	第Ⅰ非价格竞争投标	非竞争投标 第Ⅰ非价格竞争投标 第Ⅱ非价格竞争投标	
转让限制	有	无	
发行频率（23 年计划）	贴现短期国债 1 年：1 次/月 贴现短期国债 6 个月：总额 0.9 兆日元	分别 1 次/月	1 次/月

偿还期间等	超长期国债			向个人发行国债	物价联动国债	变动付息国债
	20 年	30 年	40 年	固定 3 年，固定 5 年，变动 10 年	10 年	15 年
发行形态	付息国债					
最低额面单位	5 万日元	5 万日元	5 万日元	1 万日元	10 万日元	10 万日元
发行方式	公募投标	公募投标	公募投标	窗口销售（募集）	—	—
投标方式	价格竞争投标约定方式	价格竞争投标约定方式	利率竞争投标大拍卖方式	—	—	—
非竞争投标等	第Ⅰ非价格竞争投标；第Ⅱ非价格竞争投标	第Ⅰ非价格竞争投标；第Ⅱ非价格竞争投标	第Ⅱ非价格竞争投标	—	—	—
转让限制	无	无	无	有	有	无
发行频度（23 年度计划）	1 次/月	8 次/年	4 次/年	固定 3 年：1 次/月 固定 5 年及变动 10 年：4 次/年	见注解 4	无预定

注：1. 15 年变动付息国债是 2008 年 5 月发行，物价联动国债是 2008 年 8 月发行，此后没有再发行。

2. 短期国债只限于向法人（包括一定信托的受托者），向个人发行的国债只限于个人（包括一定信托的受托者），物价联动国债是可以分别向满足一定条件的法人等发行。

3. 2011 年的 3 月、4 月、6 月、7 月发行的 30 年国债原则上作为 3 月债再发行，2011 年 9 月、10 月、12 月和 2012 年 1 月发行的国债原则上作为 9 月债再发行。另外，2012 年 3 月发行的国债和 2012 年度发行的一部分品种相同。2011 年 5 月、8 月、11 月和 2012 年 2 月发行的 40 年国债原则上作为 5 月债再发行。

4. 研究偿还时的本利保证金的给予等商品性的修正的同时，根据市场的状况再发行的情况也有。

出处：财务省《债务管理报告》，2011。

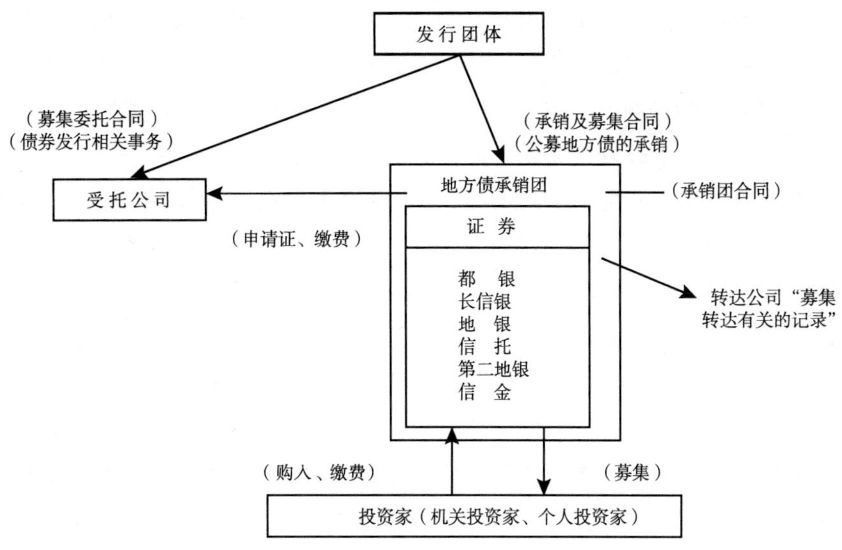

图 5－2　公募地方债承销机构的一例

出处：大和证券 SMBC《债券的常识》，2009。

4. 民间债的发行

普通公司债的发行过去处在严格的限制下，限制的核心为公司债受托制度。在这个制度下，以当时的主要往来银行为背景，银行对个别的公司债发行有很强的影响力，就整个公司债发行市场来说，银行比证券公司更有发言权。但是随着主要往来银行制度的弱化，使得公司债受托制度的机能在 20 世纪 80 年代也趋于低下，1993 年的《商法》修正中对此进行了根本性的改革。由此公司债制度限制的放宽向前迈了一步。

公司债发行公司需要选定主认购证券公司、认购团、公司债管理者或财务代理人等相关机关，也要取得预备评级。做好准备后，主认购证券公司以及认购团根据预营销进行必要的预测。以此为基础决定发行条件，开始募集。这种必要的预测方式是依赖主认购团各公司对投资者进行的必要调查，然后再根据统计的调查结果来决定发行条件，最近利率的决定主要是在发行预定公司债和同年限的国债利息或互惠信贷利率的基础上，加上预测的上调幅度来进行（利差定价）。

近年公司债发行市场的规模达到了10兆日元，其中高级别的公司债发行占大部分，低级别公司债发行的比例显著走低。所以，大机关投资者主要限定A级以上的高级别公司债的投资。相反，BBB级公司债发行的企业多是铁路和通信等基础设施关联企业，其中一部分是面向个人投资者发行的单年限的债券。另外和美国不同的是，BB级以下的高利率公司债的发行市场几乎没有。为激发公司债市场的活跃性，2009年日本证券市场协会举办了“关于活跃公司债市场的恳谈会”，证券公司、金融机关、机关投资者和相关机关等进行了广泛的讨论。

金融债中的贴现金融债，以前在瑞穗银行，青空银行，新生银行等发行过，近几年停止了发行。另外付息金融债的发行是先决定发行日然后进行募集的募集债，和先决定卖出期间，然后在此期间进行买卖的出售债券。出售债通常每月设定两次的卖出期间。另外募集债是面向最低额在1000万日元的机关投资者发售，出售债是面向1万日元的个人投资者发售。近几年由于资金筹措的多样化，发行额呈减少的趋势。

表5-3 公司债制度改革相关事项

年	月	事 项
1985	4	开始了公司债评级活动
1987	4	NTT公司债发行条件中加入了招标方式
1988	4	投标方式被所有的公司债发行所认可。为此债券发行会(1949年发起的债券发行碰头会在1968年改名而来,是受托银行集团和主认购证券集团构成的公司债发行管制机关,在该管制下发行公司和认购证券就发行条件没有了交涉的余地)终于结束了其长期的历史
1990	11	修正了债券基准,废除了数值基准,统一了级别基准
1992	6	金融制度改革相关法成立
1993	4	同法实施。7月以后兴银、长银、农中成立了证券子公司,开始了公司债认购业务。紧接着是信托、都银、地银
	6	《商法》修正法成立
	10	同法实施。接着废除了公司债发行的限制规定,撤销了公司债募集的受托公司,导入了公司债管理公司制度
	11	最初的5年发行了公司债
1995	9	利用公司债管理公司规定的担保书,发行了首个管理公司不设置公司债
1996	1	废除了公司债基准和无担保发行的债券基准以及附有财务限制条款的设定义务
1998	6	公司债等的受让结算从“T+7”缩短到“T+5”

续表

年	月	事　　项
1999	4	《非银行公司债法》实施(5 月 20 日开始实施)
	10	公司债等的受让结算从“T+5”缩短到“T+3”
	10	解除了普通银行的普通公司债发行
2001	6	发布了短期公司债(CP)等转账相关法律(2003 年 4 月开始实施)
2002	6	发布了证券结算制度等的改革中为了整顿证券市场的相关法律(《证券结算系统改革法》或者改名为《证券市场整顿法》)(2003 年 1 月实施)。为此公司债等的登记法从 2003 年 1 月开始实施,5 年以内废止
2004	6	成立了公司债,股票等的转账相关法律(公司债修正等转账法),5 年以内实施此后股票和附新股预约权公司债等开始了无纸化
2006	6	对《证券交易法》等进行了修正,成立、公布了金融商品交易法
2007	9	《金融商品交易法》实施
2008	1	废除了公司债等登记法以及相关政令、规则

出处：后藤猛：《公司债市场的新展开》，《证券经济研究》 第 18 号，1999。

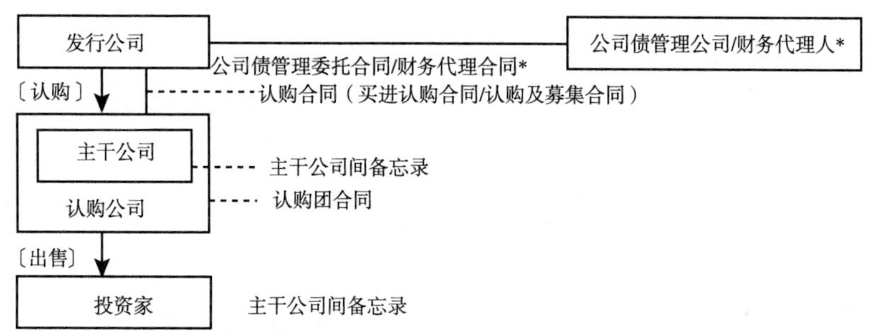

图 5－3　公募事业债认购机构

注：如果是附财产担保公司债，需要和受托公司签订信托合同。
出处：大和证券 SMBC《债券的常识》。

5. 评级公司和公司债的评级

评级是测定公司债本利支付的可靠性，并用简单的符号来表示，一般由专业的评级公司进行。起初是在美国的公司债市场发展起来的，扎根于 20 世纪 30 年代的大恐慌时期。日本是在 20 世纪 80 年代引入的，现在公司债发行企业取得评级是很普遍的事情。

评级公司对于债券的等级，是根据有无担保，财务上的特别约定，其他的负债和优先次级条件等，通过分析发行企业的财务、营业状况来测定本利支付的安全性，用记号表示结果。AAA 级拥有最高的信用，表示几乎没有本利支付的不可靠性。AA、A、BBB 表示信用低下，这前四级通常称为有投资资格。BB 级以下的债券称为垃圾债（不够格投资债），因为这些债券的信用度低而被设定了高利率，所以被称为高利率债（高产量债），但在欧美占据相当规模的发行市场。这种垃圾债的发行市场在日本之所以不存在是因为根据够格基准，这种债券的发行在政策上是不被许可的。但是，够格基准在 1996 年被废止，现在已经不存在垃圾债发行的限制，垃圾债以 BBB 级的资格低调地发行着。

表 5－4　评级记号的定义

评级记号	评级投资信息中心	评级记号	穆　迪
AAA	信用最高，有很多有利的因素	Aaa	信用最高，信用风险为最小的债务评级
AA	信用极高，有一些有利的因素	Aa	信用高，信用风险极低的债务评级
A	信用高，有部分有利的因素	A	处于中上位，信用风险低的债务评级
BBB	信用不是很充分，将来环境发生较大的改变时，有些因素需要注意	Baa	信用风险为中程度的债务评级。因处于中位，含有一定的投机因素
BB	信用在当前是没有问题的，但随着将来环境的变化，有些因素需要特别留意	Ba	有投机的因素，有相当信用风险的债务评级
B	信用有问题，有些因素需要时刻留意	B	很投机，信用风险高的债务评级
CCC	正陷入不履行债务中或其可能性极高。陷入不履行债务的债权回收没有足够的把握	Caa	安全性低，信用风险极高的债务评级
CC	正陷入不履行债务中或其可能性极高。陷入不履行债务的债权回收在某种程度上不可能	Ca	非常投机，虽然正陷入不履行债务中或处于和其相近的状态中，但判断有把握可以回收一定本利的债务评级
C	陷入不履行债务中，回收债券的可能性几乎没有	C	评级最低，通常陷入不履行债务中，本利回收可能性极小的债务评级

出处：根据评级投资信息中心以及穆迪的 HP。

现在在日本除标准普尔（S&P）、穆迪、惠誉美式评级公司外，也有日式的评级投资信息中心（R&I），日本评级研究所（JCR）的信用评级业者。

信用评级业者根据《金融商品交易法》等修正后的法律实施（2010 年 4 月）成立的制度，取代了过去的指定评级机关制度。另外近年也进行了地方债和财投机关债的评级。

美国的次债危机发生后，由于评级公司给次债相关的证券商品赋予了比较高的级别，该高级别被外界所质疑。原来评级公司是根据发行公司的评级手续费来运营的，被批判级别审核不严格的同时，评级也只不过是一种参考指标的看法。现在评级公司在各种各样的金融规定和政策下，根据登记制在全世界都被置于行政的监督之下。

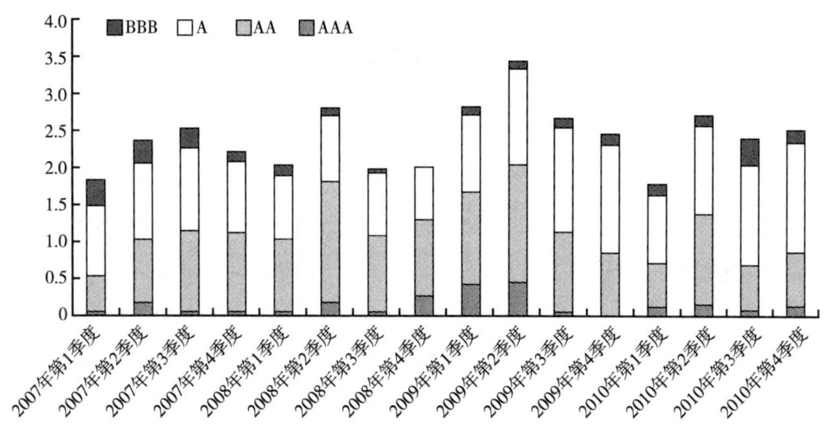

图 5－4　各级别公司债募集情况

注：级别是根据国内 2 家公司中最低的那一家为准。条件决定日为基准。

出处：日生基础研究所。

6. 公司债管理

1993 年 6 月的《商法》修正中，对以前的公司债受托制度进行了根本性的改革。在该修正中，以前的“公司债募集受托公司”改名为“公司债管理公司”，机能也进行了明确化。具体内容为：第一，原则上公司债的管理公司是强制规定的，资格仅限于银行、信托、附担保公司债信托法上认可的公司；第二，公司债管理公司的业务仅限于对发行后的公司债管理；第三，明确了公司债管理公司的权限、义务、责任。也就是说，原先公司债募集的受托公司进行的发行时的事务代办业务不是公司债管理公司的本来业务，修正后只限于发行后的公司债管理业务。

此法修正的结果是公司债的受托公司关于个别发行公司的公司债发行在法律上被解除了，也就是取消了以前公司债受托制度的个别发行体的限制作用，可以从以下的变化中看出。第一，以前受托银行收取的手续费改为公司债的管理费后大幅下降；第二，由于公司债管理公司的强制规定中的例外规定（公司债面金额在1亿日元以上的），没有设定公司债管理公司，只设定了财务代理人也就是说“不设定债券”增加了，趋于普遍化了；第三，随着公司债管理公司业务的明确化，取消了过去由受托银行进行的债务不履行债券的统一买进，一直延续到现在。

2005年6月成立的《公司法》（2006年5月实施）将“公司债管理公司”改为“公司债管理者”，扩大了其责任和权限。具体内容为：第一，旧《商法》中“公司债的管理”仅指法律上赋予公司债管理公司的权限行使，不包含根据公司债管理委托合同等的权限（约定权限）行使，新成立的《公司法》中包含约定权限的行使，且负有公平诚实的义务和注意妥善管理的义务；第二，有公司债管理委托合同的规定时，有关公司债的全部诉讼行为以及破产、再生手续的行为不需经过公司债权者的讨论决定；第三，减资和合并的债权者保护手续原则上也不需要公司债权者的讨论决定，只需陈述异议就可以了。

在上述“关于活跃公司债市场的恳谈会”的报告书中，因公司债管理者的不设定使其趋于普遍化，这样会导致公司债的信用风险较高，所以还是提议对公司债的管理者进行设定。

表5-5 《公司法》中公司债管理者的选任、权限、责任

项目	内　　容	条文
（选任和权限）		
需要选任的情况	发行公司债时需要选任，但如果各公司债的金额在一亿日元以上，不会对其他的公司债权者产生威胁，法务省令不需要特别规定	702条
公司债管理者	银行、信托公司或者以此为准者	703条
委托事项	为了公司债权者所委托的债务领取、债权保全及其他的公司债管理	702条
公司债管理者的义务	为了公司债权者所进行的公平且诚实的公司债管理（公平诚实义务）。对公司债权者负有对公司债管理的义务（善良管理注意义务）。公司债的管理中包含根据公司债管理委托合同等权限（约定权限）的行使	704条

续表

项目	内　　容	条文
公司债管理者的权限	具有接受公司债相关偿还或者为了保全公司债相关债权的实现所进行的一切必要的裁判或者裁判以外的行为。必要时，在得到法院的许可之后可以对公司债发行公司的业务以及财产状况进行调查	705条第1项、第4项
权限特别规定	以下行为必须通过公司债权者集会的决议 ①所有公司债的缓期支付、责任免除以及和解 ②所有公司债的诉讼行为或者属于破产手续、更生手续或特别清算相关手续的行为（诉讼手续包括法庭上的和解）。如果和公司债管理者之间缔结公司债管理委托合同时，不需通过公司债权者的集会决议，公司债管理者可以进行这些行为	706条第1项、第2项，676条第8号
公司债管理者在债权者保护手续上的权限	公司债权者有异议时，原则上需要经过公司债权者集会的决议之后，公司债管理者才可叙述异议。但是一旦签订公司债管理委托合同时，会另有规定	740条第1项、第2项
（责任）		
责任（损害赔偿）	公司债管理者有违反《公司法》或者公司债权者集会的决议时，对公司债权者负有连带赔偿责任	710条第1项
法定的特别责任（损害赔偿）	①公司债发行公司怠慢公司债的偿还或利息的支付，或者在停止支付的前3个月以内，公司债管理者对于债权相关的债务接受来自公司债发行公司提供的担保或者债务消除相关的行为 ②关于公司债管理者的债权，接受来自公司债发行公司提供的担保或者清偿 ③在公司债管理者之间，如果存在支配公司和被支配公司的关系或者其他特别的关系时，转让公司债管理者的债权 ④公司债管理者对公司债发行公司有债权时，可以就公司债发行公司的财产为处分内容和公司债发行公司签订合同，或者签订承担公司债发行公司债务的合同来进行抵扣 ⑤公司债管理者承担公司债发行公司的债务时，通过承继公司债发行公司的债权来抵扣	710条第2项担保书
免责	公司债管理者认真诚实地履行公司债的管理，或者可以证明其损害行为不是公司债管理者的责任	710条第2项担保书
公司债管理者的辞职和责任	①在得到公司债发行公司以及公司债权者集会的同意后可以辞职（但是需要事先规定有事务交接的公司债管理者） ②在不得已的情况下，在得到法院的许可之后方可离职 ③即使发生了公司债管理委托合同中规定的事由也可离职（但是，公司债管理委托合同中必须规定有交接事务的公司债管理者） 另外，公司债发行公司如果有怠慢公司债的偿还或利息的支付，甚至在停止支付后或前3个月内，由于公司债管理委托合同规定的事由辞职的公司债管理者根据710条第2项免除损害赔偿责任	711条 712条

出处：佐藤彰纡：《新公司法中改变的公司的结构》，日本法令，2005。

7. 附新股预约权公司债、结构债

新股预约权是权利者在一定范围内行使权利时，公司对新股预约权者发行一定价额的新股，负有转换自己保有股票的义务。

附新股预约权公司债是附有新股预约权的公司债券，从实际状态上可分为相当于以前的转换公司债券和相当于非分离型的附新股认购权的公司债。相当于转换公司债的附新股预约权公司债有以下几点，①新股预约权不能从公司债券中分离、转让，②公司债的发行价额和新股预约权的行使时，应该缴纳相同的金额，③新股预约权必须是根据实物出资行使新股预约权。除了股票分割等其多数的转换价格是在发行时决定并固定。但是，随着股价的下跌转换价格也随之下调，其中在6个月时间修正了一次以上的附有条款的被称为《转换价格的附修正条款的转换公司债型附新股预约权公司债(MSCB)》，因为担心股价下跌，最近发行很少。在以前的附新股认购权公司债中，只有公司债和新股预约权同时募集的才被称为是分离型，非分离型只包含在附新股预约权公司债中。这种情况和以前一样，行使新股预约权时，缴纳金另行支付，公司债的部分被留下。

结构债一般是组成金融衍生商品债权的俗称，近年发行了好几种类型。日经平均连动公司债是组成日经平均期权交易的债券，一般在日经平均股价上升时可享受高收益率，下跌时由于行使期权发生的损失，会导致赔本。另外，其他公司的附转换条款公司债（EB 债）是组成对象企业的个别股期权，一般在对象公司的股价上升时，为了能够取得期权金投资者可享受高收益率，股价下跌时行使期权，该股票必须以其价格收回。所以虽然发生了损失，但和日经平均连动债不同，在当时并不能确定其是否损失，而是保有股票等待股价的恢复。这些结构债通常是在没有被投资者充分理解的情况下销售的，在裁判中也经常可以看到说明违反业务的事例，所以最近发行例本身也在减少。

结构债的种类

【变形现金流量债】

升高债

当初的联票比实际利率低，但经过一定时期后会升高的债权。在其结构上，发行体多是附有任意的偿还债（期权）。

降低债

当初的联票比实际利率高，但经过一定时期后会降低的债券。

深折扣债

联票部分虽然在全期间都比实际利率低，但发行价格是设定在标准以下，联票低的部分用偿还来补充的债券。

反向浮动债

利率上升，联票降低；利率降低，联票上升的债券。使用利率互换的金融衍生债。

【指数债】

股价、利率、债券指数债

偿还本金和日经平均联动，联票和日经平均联动，联票和互换利率联动，偿还本金和日本国债期货价格联动的债券。

汇率指数债

缴纳金和联票为日币，偿还金的外币的双重货币债、缴纳金和偿还金为日币，联票以外币的反向双重货币债为中心。通常情况下由于本金的金额比联票要高，所以双重货币债的汇率变动风险更大。

【附期权债】

附其他公司转换条款的公司债

由于发行体的随意，可以根据偿还金预先确定的股数的其他公司的股票进行的债券。对认购者来说，是在进行期权的销售，期权溢价的部分，联票会升高。

其他的附期权债

发行体的可选择，可在期限前偿还的“可买回利率交换”，相反投资者的可选择，在期限前可偿还的“可卖回利率交换”，在双重货币上附有汇率期权的“低于基准双债券”。

出处：参考赫菲斯托斯投资研究的主页，金融宣传中央委员会 HP 等。

第6章　公司债流通市场

1. 公司债的买卖

投资者在公司债发行的时候获得公司债并将其保有至偿还，这种投资类型并非很常见。各投资者思考的是，在一定期间内实现其运用收益或者根据金融情况对具有流通性的公司债进行买卖。于是，公司债辗转买卖的理念式的“场所”就被称为“流通市场”。此外，公司债流通市场的规模，一般通过公司债的买卖金额来计算。

近年来，公司债流通市场的买卖金额在不断地增加。

1975 年公司债的买卖金额仅为 58 兆日元，1985 年增加为 2672 兆日元，约为 1975 年的 50 倍。1995 年增加至 3989 兆日元，约为 1975 年的 70 倍。1990 年后半期规模有所缩小，但是已大约突破 3000 兆日元大关。2000 年为 4154 兆日元，再次呈现出增加的趋势。2007 年突破 12534 兆日元大关。之后减少了些许，但是即便是最近也维持着高水平，买卖金额一直维持在 8000 兆日元左右。

公司债大幅增加的主要原因主要有：国债大量发行，其余额大幅增加；证券公司、金融机构以买卖利益为目的积极地进行交易（1984 年银行等机构的国债交易业务得到承认）；政府短期证券和短期国债由于通过投标的方式进行供应（2009 年 2 月起整合成国库短期证券，所以为了迎合有短期运用需要的投资者被广泛地交易）；近年来市况持续低迷，金融市场混乱导致投资环境恶化，许多投资者加强了“质的逃避”（即将资金转移到更稳定的市场）的活动。

此外，在买卖金额中，国债的买卖金额与其他公司债相比占有压倒性的份额，发行额、现存额都很高，在日本被视为零风险的资产，可以方便地筹集各种用途的资金，因此保持了较高的流动性。

表 6－1　公司债的买卖规模

单位：兆日元，%

年度	店头	交易所	合计
1975	56(96.6)	2(3.4)	58(100.0)
1980	281(96.9)	9(3.1)	290(100.0)
1985	2515(94.1)	157(5.9)	2672(100.0)
1995	3935(98.6)	54(1.4)	3989(100.0)
2000	4148(99.9)	5(0.1)	4154(100.0)
2005	7224(100.0)	1(0.0)	7225(100.0)
2007	12534(100.0)	0(0.0)	12534(100.0)
2008	10512(100.0)	1(0.0)	10513(100.0)
2009	7905(100.0)	1(0.0)	7906(100.0)
2010	7723(100.0)	1(0.0)	7724(100.0)

注：1. 交易所买卖金额，为交易所成交额的两倍。
2. 包括附条件买卖证券。
出处：日本证券业协会、证券交易所。

表 6－2　各类公司债买卖金额

单位：兆日元，%

年度	国债	地方债（含私下配售债）	政府保证债	债券	金融债	附新股预约权公司债券	其他总计
2000	3972(95.6)	44(1.1)	33(0.8)	44(1.1)	45(1.1)	9(0.2)	4154(100.0)
2005	6901(95.5)	56(0.8)	81(1.1)	80(1.1)	30(0.4)	1(0.0)	7225(100.0)
2007	12323(98.3)	75(0.6)	34(0.3)	51(0.4)	18(0.1)	1(0.0)	12534(100.0)
2008	10361(98.6)	39(0.4)	19(0.2)	52(0.5)	13(0.1)	1(0.0)	10513(100.0)
2009	7813(98.8)	23(0.3)	15(0.2)	28(0.4)	11(0.1)	2(0.0)	7906(100.0)
2010	7620(98.7)	22(0.3)	15(0.2)	35(0.5)	12(0.2)	1(0.0)	7724(100.0)

注：1. 交易所买卖金额，为交易所成交额的两倍。
2. 包括附条件买卖证券。
出处：日本证券业协会、证券交易所。

2. 公司债买卖的主体

关于店头交易的买卖，从行业类型来看各公司债的投资者的买卖状况的话，证券公司等的“债券商”占据较大的比例。关于公司债的交易，虽然需要尽可能地在短时间内满足投资人的交易要求，但是公司债的交易品种数量庞大，交易形态亦多种多样，不易迅速找到符合交易条件的另一方。因此，证券公司与办理交易业务的金融机构通过买卖对抗顺利地实现交易。此外，证券公司等会根据自己对行情的看法买卖公司债，这也是使买卖规模变大的原因之一。公司债数量排第二的是“其他机构”，包括日本银行。经由该银行投标发行的股票以及该银行的各种国债选择权的部分也被算上。“非居民”进行的买卖金额也比较大，但是它是从投资日元的角度来进行交易的，是积极地进行 TB、FB、T-Bill 等短期国债的交易所产生的结果。“都市银行”以及“信托银行”的买卖规模也比较大。都市银行在公司债近年来越来越难运用的情况下，为了追求买卖利润，除了根据对行情的看法积极地进行公司债的交易外，还负责地方债的销售。而信托银行作为托管养老金等资产的运用机构，正在积极地引入公司债。

接着从网络进行的卖和买来看公司债。近年来几乎所有行业的公司债都是呈现买比卖多的倾向（以前负责在市场销售国债的都市银行、地方银行等则是卖比买多），其他机构之所以卖一直比买多，是因为投标发行的国债被计算为由日本银行进行销售。公司债买比卖多的行业较多，这种倾向一直存在的主要原因在于，近年持续低迷的经济和金融危机等导致低利息政策被一直执行，在这种情况下，对金融机构融资渠道的风险容许度减少、股票市场低迷。为了避免证券化商品市场以及商品市场的混乱，资金流入了零风险且流动性高的国债市场这个风险资金的避风港。

此外，在买卖金额高的公司债中，比起其他公司债，国债占压倒性的份额，发行额、现存额亦如此，这是因为它在日本被视为零风险的资产，可以比较容易地筹集符合各种运用需要的资金，从而保持了较高的流动性。

表 6－3　各类型公司债投资者买卖情况

单位：100 亿日元

	2000 年度	2005 年度	2007 年度	2008 年度	2009 年度	2010 年度
都市银行	15978 <3454>	23335 <7458>	25102 <990>	28411 <2553>	29087 <3706>	28479 <▲1267>
地方银行	2739 <615>	2741 <652>	3624 <604>	3733 <1002>	4479 <1172>	4794 <1210>
信托银行	11611 <1683>	19656 <4182>	24190 <4086>	20089 <3976>	24176 <7599>	25044 <6481>
农林系金融机构	1997 <686>	2012 <580>	1814 <32>	2665 <1336>	4430 <2999>	4699 <3722>
其他金融机构	5839 <1322>	5534 <2253>	8917 <3649>	7708 <3258>	5794 <3277>	5792 <3140>
生命保险、损害保险	5512 <1074>	3281 <770>	3756 <941>	4594 <1234>	3651 <1743>	4204 <1472>
投资信托	4821 <3107>	3265 <2398>	3220 <1978>	2920 <1498>	2856 <1890>	2981 <2100>
官厅互助	498 <▲25>	917 <591>	786 <611>	635 <459>	368 <245>	309 <206>
事业法人	480 <341>	916 <709>	1130 <960>	1113 <886>	1301 <1250>	1360 <1261>
非居民	12948 <2815>	20642 <3346>	30233 <5808>	28834 <8184>	26835 <8473>	31992 <11901>
其他非居民	22403 <▲15871>	42409 <▲20232>	44845 <▲22043>	45856 <▲25859>	53330 <▲34211>	49322 <▲29842>
债券商	118334 <149>	150900 <▲298>	195292 <▲450>	173876 <182>	168735 <248>	176958 <▲395>
合计(含其他投资者)	206892 <847>	280468 <4693>	347880 <▲36>	326109 <1552>	331212 <1319>	341953 <1880>

注：附条件买卖的公司债除外。上面的数字是买卖的合计金额，下面是买卖差额，▲代表卖比买多。

出处：日本证券业协会。

3. 公司债的店头市场交易

公司债的流通市场根据交易地点可以划分为“证券交易市场”和证券公司的“店头市场交易”（简称“OTC”）。

观察证券交易市场与店头交易市场的公司债买卖金额，可以发现店头市场的交易占绝大多数。其理由主要有以下几点：第一，公司债的发行交易品种很多，将所有的交易品种在交易市场上市，事实上非常困难；第二，在公司债的交易中卖方、买方的交易内容复杂多样，瞬间找到满足这样的需要的交易对手比较困难；第三，公司债利息的征税方式因保有者的属性而异；第四，占公司债交易大部分的法人投资者进行的买卖，其交易单位较大，组合多个交易品种的复杂的交易也较多。公司债难以适应一般需要将交易形态标准化的交易所的交易，而根据双方协商结果决定交易条件后买卖成交的店头市场的交易，更能使公司债顺利进行。

此外，进行公司债交易的交易所，有东京证券交易所、大阪证券交易所、名古屋证券交易所。除国债、带新股预约权的公司债券外，几乎所有的交易品种都不上市。

表 6-4 公司债流通市场

单位：100 亿日元

		国债	带新股预约权的公司债券	其他
2006 年度	交易所	0	107	0
	店　头	956614	118	24097
2007 年度	交易所	0	62	0
	店　头	1232317	62	21059
2008 年度	交易所	0	60	0
	店　头	1036070	72	15042
2009 年度	交易所	0	56	0
	店　头	781286	52	9175
2010 年度	交易所	0	28	0
	店　头	762029	70	10174

注：交易所买卖金额等于交易所成交额的两倍。

出处：日本证券业协会、证券交易所。

店头交易市场，不必像交易所那样将投资者的交易集中到一个固定的地方，其特点在于各证券公司进行店头交易时，买卖双方可以通过协商自由交易。各证券公司的店头都是市场，因此在这个意思上也可以说有无数的店头市场。投资者和证券公司达成一致交易就成立，交易的内容也多种多样，不但有公募债券，也有非公募债券。公司债的交收方法也可以根据买卖双方的协商结果自由地设定，其交易价格可以作为金融商品与其他商品进行对比，再由当事人决定。

在证券交易市场中，证券公司可以买下顾客卖出的公司债后，再转卖给其他顾客。此外，对于想购买公司债的顾客，可以通过手头的存货来应对。这样一来，证券公司在买卖公司债时成为顾客的相对方，这种现象被称为“场外买卖”。

表 6－5　各主要公司债类别现存额、交易品种数量

		国债	地方债（公募）	政府保证债、财投机构债	普通公司债、资产担保型公司债	带新股预约权的公司债券	金融债（带利息、折扣）
2000年度末	交易品种数量	266	728	504	2807	711	2619
	现存额	367	16	35	50	10	48
2005年度末	交易品种数量	332	1386	925	2560	110	2247
	现存额	666	31	53	52	1	25
2007年度末	交易品种数量	372	1836	1108	2561	84	1978
	现存额	681	37	55	54	1	22
2008年度末	交易品种数量	396	2010	1200	2489	55	1838
	现存额	676	40	58	56	1	20
2009年度	交易品种数量	411	2208	1350	2524	41	1664
	现存额	716	44	61	60	1	18
2010年度	交易品种数量	424	2376	1474	2636	32	1514
	现存额	754	48	63	62	1	16

注：现存额的单位为兆日元。

出处：日本证券业协会。

4. 公司债店头买卖参考统计值

公司债在店头市场的交易，由于是在证券公司和顾客两者之间进行，第三者难以把握其中的交易价格。另一方面，广为公布占公司债交易过半的店头交易的价格信息等，有利于公司债交易的顺利进行和实现价格的公平，并为发现最佳价格提供机会，从保护投资者的立场来看这是重要的事项，是公司债市场发展不可或缺的要素。

关于这一点，日本证券业协会为了在进行公司债店头买卖时向投资者以及证券公司等提供参考，制定了“公司债店头买卖参考统计值公布制度”，于每个工作日公布公募公司债中满足一定条件的交易品种的行情（中间价）。1965 年 8 月，当时的公司债包销协会开始公布“事业债店头行情”，此外，1966 年 3 月日本证券协会的前身——东京证券协会开始公布“公司债店头行情”，这些标志着该制度的开始。当时是战后国债开始发行的时期，为了对公益和投资者的保护提供帮助，当时社会希望采取措施促进国债形成合理的价格以及顺利流通，于是本制度开始实施。此后，为适应公司债市场形势的变化，该制度逐渐被改善和修正，公布的交易品种数量也从该制度刚开始实施的大约 300 个大幅上升至现在的大约 7000 个。2002 年 8 月，为了明确该制度目的旨在向买卖方提供参考，将其名字从“公司债店头标准行情”改为“公司债店头买卖参考统计值”，同时为了提供充实的信息，对仅公布平均值的方法进行了修改，变成了公布平均值、最高值、最低值以及中间值，一直沿用至今。

该制度自开始公布以来已经历 40 年了，当初的目的是作为日本公司债市场的店头交易信息，近年来除了具有这个作用外，还在企业会计、税务会计的时价评估，以及各种交易的担保评估中得到广泛的灵活运用。因此，该制度的理想的状态以及如何作为价格信息提高其可信度等问题即使是现在还有人在研究讨论。

公司债店头买卖参考统计值公布制度

1. 概况

（1）目的

日本证券业协会在与顾客之间进行公司债的店头买卖时，为了向协会会员及顾客提供参考，根据协会指定的会员的报告进行公布。[①]

（2）店头买卖参考统计值的计算

收到行情报告协会会员（截至 2009 年 9 月末，20 家证券公司）关于当

① 1965 年 8 月公司债包销协会开始公布“事业债店头行情”。接着在 1966 年 3 月东京证券业协会开始公布“公司债店头行情”，之后多次进行了完善和修正。

天下午 3 点额面 5 亿日元程度的买卖可以作为参考的行情报告之后，以其中 6 家以上证券公司的行情报告中的交易品种的算术平均数算出参考统计值。

表 6－6　公司债店头买卖参考统计值公布制度的改革

	选定对象的交易品种的种类等	选定交易品种数量
1966 年 3 月 店头行情公布制度开始[每周一次(星期四公布)]	国债、地方债、政府保证债、附利息金额债、事业债、加入者包销的附利息电信电话债券以及同折扣电信电话债券、被其他协会承认的交易品种	公布交易品种数量……280 个交易品种(截至 1966 年 5 月 12 日)
1977 年 1 月 指标行情及标准行情的公布[指标行情每天公布(星期六除外)]。标准行情每周公布一次(星期四)	①指标行情(面向机构投资者)：从公司债中买卖量较多、能准确反映市场动向的交易品种中选定 ②标准行情(面向小投资者)在上述以外的交易品种中，国债、地方债、特殊债、金融债、公司债及日元外债的各个种类中各选定一个交易品种	①指标行情 公布交易品种数量……14 个交易品种(截至 1978 年 1 月 31 日) ②标准行情 公布交易品种数量……77 个交易品种(截至 1977 年 1 月 27 日)
1978 年 8 月 指标行情公布方法变更(卖出行情、买入行情的公布。)指标行情每天公布(星期六除外)。标准行情每周公布一次(星期四)。	同上	①指标行情 公布交易品种数量……19 个交易品种(截至 1978 年 8 月 31 日) ②标准行情 公布交易品种数量……137 个交易品种(截至 1978 年 8 月 31 日)
1992 年 1 月 每日公布公司债店头标准行情	从非上市债中的国债、地方债、政府保证债、金融债、公司债、日元外债的各个种类中，根据偿还年限、利率各选定一个交易品种	公布交易品种数量……298 个交易品种(截至 1992 年 1 月 31 日)
1997 年 4 月 交易品种数量的大幅增加(新系统运作)	从非上市的公募债即公司债(残存期 1 年以上)中选定利率自发行日至偿还日是固定的，在最后的偿还日一次性偿还的交易品种	公布交易品种数量……1746 个交易品种(1997 年 5 月 1 日公布的部分)
1998 年 12 月 市场集中义务的废除等	从公募债的公司债(实付资本、利息及偿还资本全部仅限日元债券)中选定	公布交易品种数量……2867 个交易品种(1998 年 12 月 1 日公布的部分)
2002 年 8 月	同上	公布交易品种数量……4198 个交易品种(2002 年 8 月 1 日公布的部分)
2009 年 9 月	同上	公布交易品种数量……6216 个交易品种(2009 年 9 月 1 日公布的部分)

注：自 2002 年 8 月 5 日报告的部分过渡至买卖参考统计值公布制度。

表 6-7 公司债结算制度的改革

年月	事　　项
1994 年 4 月	日银网国债 DVP 交易开始
1997 年 4 月	T+3 国债滚动结算开始
1999 年 10 月	T+3 一般债滚动结算开始
2000 年 1 月	国债交易的 RTGS(即时结算)开始
2003 年 1 月	关于公司债等的法律(规定公司债的无纸化等)实施
2003 年 1 月	无纸化国债的发行、交易开始
2004 年 5 月	国债以外的公司债的 DVP 交易开始
2005 年 5 月	通过清算机构进行的国债交易开始
2006 年 1 月	国债以外的无纸化公司债的发行、交易开始
2012 年 4 月	与国债交易有关的结算期限的缩短化(T+2)预定

5. 公司债的转账结算制度

投资者保有的公司债，从形态上来说，以前有作为证券发行的“现物债”，还有不发行证券而是每种公司债设立登记机构，在登记簿上登记其公司债名称及债权人的姓名等信息的“登记债”。除了这两种以外，还有“转账国债”（1980 年创设），也就是将现物国债（仅限国债）寄托在日本银行，交易过程中的交收通过各证券公司的账簿进行管理。

但是，在近年来公司债的交易被大量进行的情况下，考虑到灵活、迅速地处理其结算的必要性的话，由于需要交收证券的现物债以及需要登记到特定登记簿上的登记债出现了问题，而且转账国债也因为制度上存在不完善的地方，因此修改结算制度的必要性日益突显。此外，人们越发意识到，证券结算系统可以说是影响日本证券市场整体国际竞争力的制度基础，当务之急就是将它改革得更安全、高效。在这样的背景下，2002 年 6 月俗称《证券结算系统改革法》获得了通过，为了实现证券的彻底无纸化以及决算的快速化，降减结算风险，“关于公司债等的法律”被修正，公司债的转账结算制度被采用。自 2003 年 1 月起，日本银行对国债开始实施国债转账结算制度。自 2006 年 1 月起，证券保管转账机构（股份制）对国债以外的公司债开始实施一般债转账结算制度。

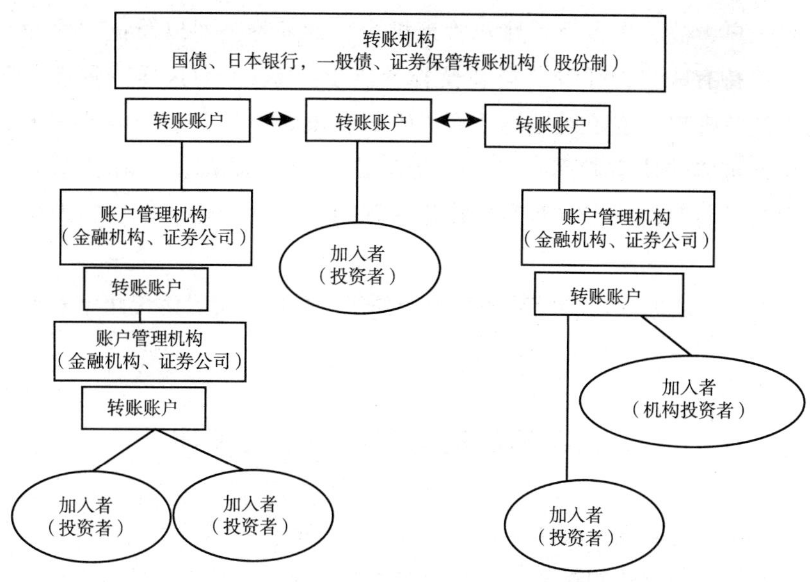

图 6－1　公司债转账结算制度的构成

表 6－8　一般债转账制度的利用情况

单位：件，100 万日元

		包销	偿还、买入注销	转账	（办理交易品种数量）账户余额
2005 年度	件数	9931	—	13920	19270
	金额	6406615	—	8947334	6406615
2006 年度	件数	38740	1210	211083	65456
	金额	34215248	721180	99748483	181334701
2007 年度	件数	33245	15128	484041	72817
	金额	40491108	12840198	240536068	241002170
2008 年度	件数	33961	38830	492394	73298
	金额	37812077	38539738	223475737	240274559
2009 年度	件数	31642	38176	411272	71202
	金额	38124350	32846953	132878030	245552257
2010 年度	件数	29501	36849	439327	67788
	金额	37212947	32691251	146347996	250073952

注：自 2005 年 1 月 10 日开始实施该制度。
出处：证券保管转账机构（股份制）。

该转账结算制度就国债而言日本银行、就其他公司债而言证券保管转账机构被各自称作“转账机构”，在以该转账机构作为顶点，在转账机构中持有账户、被称作多个“账户管理机构”的证券公司以及在“账户管理机构”中持有账户的证券公司和投资者位于图 6－1 的这样一种多层阶层构造中，各机构形成了通过自己管理的“转账账户簿”的记载或记录方法来管理公司债的所有权等的机制。原则上各公司债在发行时被纳入该制度，截至偿还期的整个时期不得转化为现物债或登记债，以便实现彻底的无纸化。

另外，上述的《证券结算系统改革法》，采取了设置该转账结算制度以及废除《公司债登记法》的措施。

6. 公司债的流通利率与发行条件

一方面，打算发行公司债、筹措资金的人都希望尽可能降低成本。另一方面，打算买公司债的投资者，会考虑风险以及尽量提高收益后再行动。理论上新发行公司债的发行条件（认购者利率），会受到与该公司债性质相同的已发行公司债的流通利率的裁定关系的影响，在裁定停止的地方达成均衡。此时的发行条件的设定，一般被称为“进行充分反映实际流通情况的发行条件的设定”。不过为了进行该设定，已发行债券的余额和交易金额都非常高，而且在新发行债券持续发行的情况下，决定该新发行债券的发行条件时，能否将已发行债券的流通利率作为参考信息，这是一个重要的条件。在这个意义上，在日本的公司债市场中，出现了这样的一种情况：随着各种公司债的发行额和买卖金额的增加，发行条件越来越现实化。

例如就国债而言，在持续大量发行的情况下，此前基本上是根据贴现率连动的形式来决定发行条件，以企业联合包销为中心进行发行。由于重视市场对话的国债管理政策的运用等原因，慢慢地根据已发行国债的实际利率变动来决定发行条件的公募投标方式的发行所占比例增加，现在原则上所有国债都通过投标的方式来发行（企业联合包销制度 2006 年 3 月废除）。

公司债发行条件的实况化，也被用来在不同信用度的公司债之间作对比。例如，政府保证债和地方债的发行条件，是参考同月发行的 10 年长期国债的发行条件后决定的，因此过去这三种公司债之间发行条件的差距，并不能反映当时流通实况的差距。但是近年来投资者中出现了重视三种公司债的差距的动向，因此三种公司债发行条件的差距变得可以反映在流通实况中的差异了。

关于实况化的进展，例如从近年来政府保证债通过竞标方式（个别发行方式）发行的比例增加也可以略见一斑。此外，关于公司债，投资者重视评估机构作出的评级，根据此评级判断是否投资公司债的倾向越发明显，因此发行企业事先进行预测投资者需求的所谓的“市场前营销后”，根据该情况设定发行条件的情形较多。

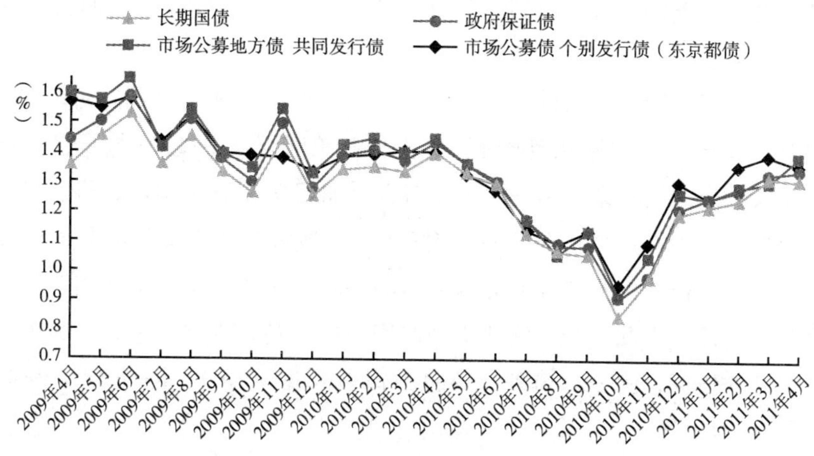

图6-2 公共债发行条件（利率）的变化

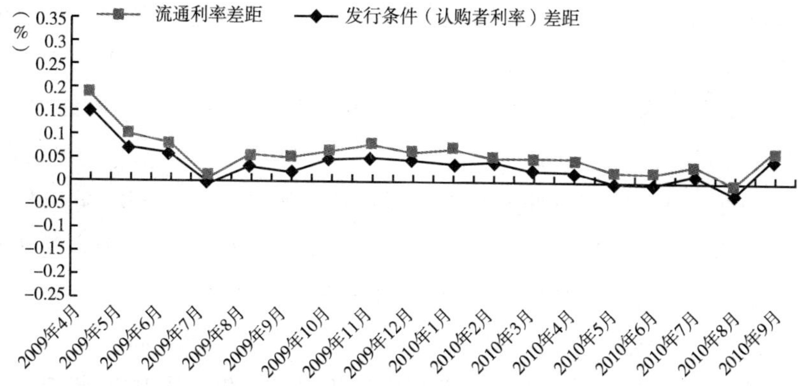

图6-3 共同发行地方债与政府保证债的发行条件差距、流通利率差距的变化

注：1. 流通利率差距，为共同发行地方债以及政府保证债（最长10年长期债券）各自的条件决定日之前一天的公司债店头买卖参考统计值（平均值：单利）之差。

2. 发行条件（认购者利率）差距，为共同发行地方债减去政府保证券（各10年债券）。

7. 公司债的附条件交易（1）

公司债的附条件交易，又被称作附条件的买卖，它是以公司债在一定期限后买回或者卖回为条件将公司债卖掉后又买回的交易。其持有人将公司债附买卖条件卖掉（附条件卖出）的话，可以在短时间内筹措资金。反过来，如果是附卖回条件买入公司债（附条件买入）的话，可以短时间内运用手头多余的资金。

证券公司进行的附条件交易，可以分为两种，一种是起着沟通卖方和买方的中介作用，即“附条件委托”，卖方持有债券，以此为本钱想筹措资金，而买方想运用资金；另一种是证券公司自己为了资金周转，将所持有的公司债附买卖条件卖掉，即“自己附条件”。通常附条件交易的买回或卖回的公司债的价格，由买方和卖方双方协商一致决定成价格加上相当于资金筹措收益的金额，因此，与买回或卖回时间点的市场价格并不一致。另外，附条件交易的债券，除公司债外，还包括商业票据（CP），海外 CP，海外定期存单（CD）等。

近年来，附条件交易的金额以对短期资金筹措和运用手段的需要为中心，呈现出增加的倾向。附条件交易的余额，1980 年下半期约为 7 兆日元，2000 年末达到 27 兆日元。此后，由于金融政策的改变有时候会出现减少的现象，不过由于受到来自国债大量发行的影响以及 2007 年末日本银行量化宽松政策解除，余额达到了约 50 兆日元。最近的规模约为 19 兆日元左右。

附条件交易，以前绝大多数是利用短期的国债（TB，FB，T-Bill）。这强化了与朝着多样化进展的短期金融商品之间的竞争关系，同时也是从时间和信用度方面来看更适合附条件交易的短期国债的流通扩大作出的贡献所产生的结果。具体来说，可以举例如下：在 1986 年日本银行将发行时取得的 FB 在民间银行卖掉的方法改为附条件交易的方式；此后从 1999 年起，原则上 FB 通过公募投标的方式直接在民间银行中发行；1986 年起 TB 新发行；这些 TB 以及 FB 被经常性地、大量地发行。在这样的短期国债市场扩大的背景下，附条件交易市场得到了发展，最近也受到全体国债大量发行的影响，付利息国债的交易成为了主体。

[自己附条件]

证券业者　债券 → 购入　〈一定期限〉　债券买回后 ← 债券　投资者

[委托附条件]

图 6－4　债券附条件买卖的机制

表 6－9　公司债附条件买卖金额、余额

单位：100 亿日元，%

年度	公司债买卖金额(A)	其中附条件买卖金额(B)	B/A	附条件买卖余额
2000	414783	209710	50.5	2686
2005	722379	441714	61.1	3017
2007	1253438	905505	72.2	4953
2008	1051184	724941	69.0	2326
2009	790513	410389	51.9	1589
2010	772273	435882	56.4	1891

出处：日本证券业协会。

表 6－10　各主要投资者公司债附条件买卖余额

单位：100 亿日元

	2005 年度末		2006 年度末		2007 年度末	
	卖出余额	买入余额	卖出余额	买入余额	卖出余额	买入余额
地方银行	0	2	0	0	0	0
信托银行	0	21	0	12	0	18
农林系金融机构	0	0	0	1	0	1
其他金融机构	91	64	52	24	21	14
投资信托	0	73	0	73	0	92
事业法人	1	55	1	37	3	31
非居民	1147	1255	1728	1012	1960	1760
其他	62	227	14	454	179	866
债券商	1716	1300	1623	1794	2790	2163
合计(含其他投资者)	3017	3017	3418	3418	4953	4953

续表

	2008 年度末		2009 年度末		2010 年度末	
	卖出余额	买入余额	卖出余额	买入余额	卖出余额	买入余额
地方银行	0	0	0	0	0	0
信托银行	0	8	0	68	0	88
农林系金融机构	0	0	0	2	0	2
其他金融机构	15	26	0	11	0	1
投资信托	0	92	0	75	0	65
事业法人	0	31	0	47	0	43
非居民	678	466	446	446	538	560
其他	173	985	210	494	155	219
债券商	1460	697	933	446	825	539
合计(含其他投资者)	2326	2305	1589	1589	1518	1517

出处：日本证券业协会。

8. 公司债的附条件交易（2）

为了确保日本短期金融市场的扩充和国际竞争力，谋求兼具债券和资金这两种功能互相融通的附条件交易功能的提升，2001 年 4 月导入了所谓的“新附条件交易”。此前的附条件交易虽然与欧美市场一般进行的附条件交易具有相同的买卖形式，但是由于交易期间各种风险的管理方法以及交易相对方违约的处理等机制的不完善，这些问题亟待改善。因此，以一直以来的附条件交易为基础，改善、扩大了各种风险管理方法，按国际标准进行附条件交易。

导入新附条件交易时，新追加的风险管理办法（合同书上的条款）如下。

1. 风险控制条款：为了避免担保过多或过少的产生，根据债券价格的变动灵活地调节担保金额。

估值折扣率条款的适用（买卖金额的算出比率）：比起约定时间点的债券的时价，采用比交易合同中使用的单价低一定比率这种机制，即使在交易期间债券时价稍微下降，也可以避免担保价值的下降。

补仓条款的导入（担保的管理等）：用来应对交易期间交易对象债券的时价的变动，采用担保交收的机制，调整使得债券的时价金额与资金的金额相等，缩小交易当事人的授信额。

重估的导入（再评估交易）：债券的时价自交易开始时大幅度变动的情

况下，交易当事人之间协商一致，可以约定解除该交易，重新利用该时间点的时价并按同等的条件进行交易。

2. 替换的导入：交易对象债券的替换。

债券的卖方经买方同意，可采用替换交易对象债券这种机制。在交易债券急需交收的时候，可以利用该债券。

3. 一揽子清算条款。

在一方的当事人倒闭等事由发生时，将基于基本合同书的全部交易更改为倒闭时的时价，对债权、债务的差额进行清算。

新附条件交易的机制

1. 交易开始时

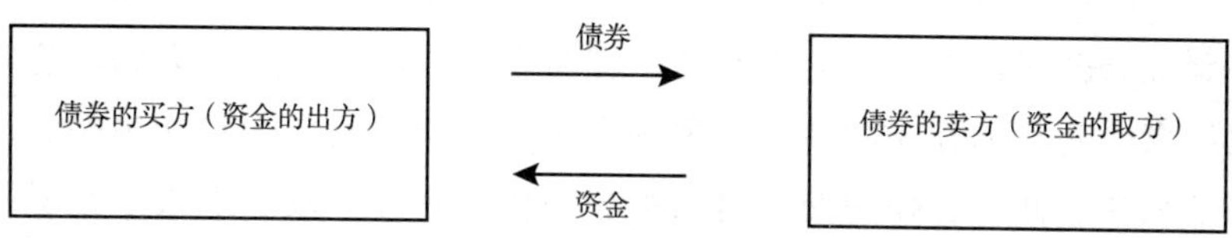

债券的买方的买入价款=[交易时间点的债券时价 ÷（1+估值折扣率）× 交易数量]

2. 交易期间信用风险的控制

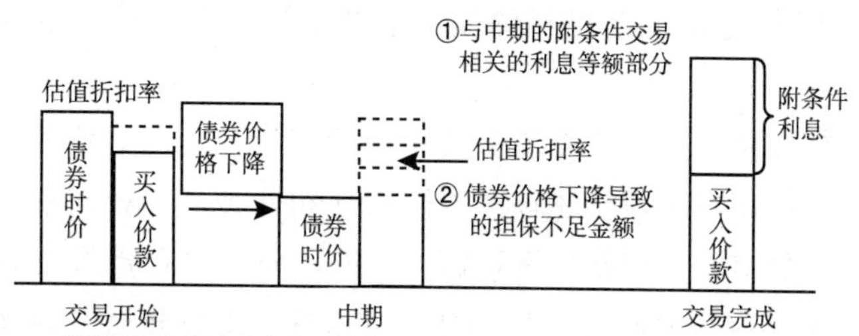

· 债券的买方(资金的出方)对债券的卖方的信用授信额=①+②

· 上述情形债券的买方可要求卖方提供与信用授信额同等额的担保(现金、债券等)（补仓）

3. 交易结束时

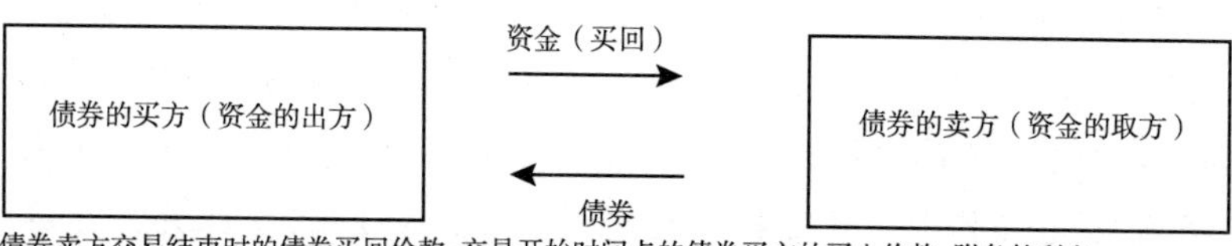

债券卖方交易结束时的债券买回价款=交易开始时间点的债券买方的买入价款+附条件利息

9. 公司债的借贷交易

债券的借贷交易（也称作债券回购交易）是进行债券的卖空（不持有债券而卖掉）等，其目的在于不买回交收前的该公司债时，借入应交收的债券。此外，作为债券借贷交易的担保利用现金时，其经济效果与附条件交易相同。

通过债券的借贷交易，市场参加者可以在交易后取得交收债券，因此在考虑债券的价格水平全面较高或特定的债券价格与其他债券相比较高时，即使不持有该债券，也可以将它卖掉（卖空），流动性有望得到提高。

债券的借贷交易，是伴随1989年债券卖空的解禁而实现制度化的。考虑到证券公司经营的健全性和对债券行情形成的影响，债券的卖空实行自我约束，其目的在于激活现物债的做市以及期货间的裁定交易等，因此得到了承认。此时，作为交收时取得公司债的一种手段，引入了债券的借贷交易制度。当时，因为考虑到与附条件交易的竞争关系，附现金担保的借贷交易受到限制，所以主要是以无担保的交易为中心。在对金融安全的不安日益增加的背景下，无担保交易中的信用风险问题以及交易的激活成了一个课题，1996年“附现金担保的债券借贷交易”从本质来说切实可行。

债券的借贷交易在法律上的性质被视为消费借贷，是以消费对象物为目的进行借入，在偿还时无须偿还该债券，偿还相同种类、相同数量的债券即可。债券的借贷交易，根据有无担保，可以划分为“有担保交易”和“无提供交易”。有担保债券根据担保的种类可以进一步划分为“附现金担保交易”和“附代用有价证券担保交易”。此外，附现金担保交易，包括将重点放在借贷上、对交易品种进行特定化的SC交易（特定交易品种交易）以及不对交易品种进行特定化、交易的性质较强的GC交易（非特定交易品种交易）等类型。债券借贷交易的市场规模（借入余额）在1996年附现金担保交易变得切实可行以后，呈现出增加的趋势，1996年末达到34兆日元的程度（其中附现金担保部分约为17兆日元），2010年末达到大约76兆日元（其中附现金担保部分约为72兆日元）。此外，交易过程中使用的多数是国债。

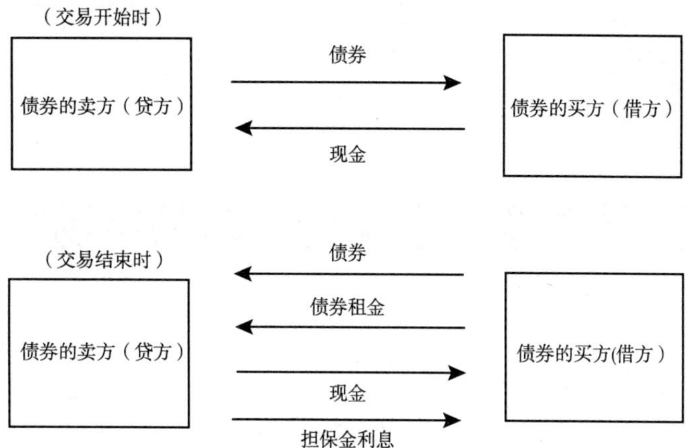

图 6－5　证券借贷（现金担保）交易的机制

表 6－11　债券借贷交易的各种担保交易的余额（交收、面额）

单位：100 亿日元

年度	债券借出				债券借入			
	有担保交易	其中现金担保	无担保交易	合计	有担保交易	其中现金担保	无担保交易	合计
1996 年度末	1661	1451	575	2236	2073	1704	1313	3386
2000 年度末	5823	5713	181	6004	4438	4276	687	5125
2005 年度末	7658	7534	239	7897	8547	8426	979	9526
2006 年度末	8190	7834	363	8552	8838	8579	1061	9899
2007 年度末	9478	8669	395	9872	9944	9664	667	10611
2008 年度末	6863	6679	246	7109	6863	6674	246	7109
2009 年度末	8227	8005	275	8502	8227	8005	275	8502
2010 年度末	7360	7155	284	7644	7360	7155	284	7644

注：债券借贷交易的细目自 1997 年 1 月公布。2009 年 1 月起统计方法部分变更。
出处：日本证券业协会。

第7章　金融衍生商品市场

1. 期货交易

期货交易是指在目前决定将来交易价格的交易合同。可以说期货交易的历史和商品交易的历史同样久远，但作为整备后期货交易市场的开始，是在江户时代大阪进行的账簿美国交易（美国行情）。根据组织每个当事者的相对交易，产生差额付清的机构，不需要实物交货的交易主体参加为期货交易所的开端。继承了此传统，在日本的股票市场，战前以清算交易的形式在股票交易所展开了股票期货交易。战后根据 GHQ 的指导，为了抑制投机性的交易禁止了清算交易，但以信用交易的形式在股票市场有部分个人投资者重新复活。

1972 年在芝加哥商品交易所开始了以货币为对象的期货交易，1974 年在芝加哥商品交易所开始了被称为标准物的虚构债权为对象的债权期货交易，1982 年在堪萨斯城商品交易所开始了以股价指数为对象的期货交易，后来交易遍及了世界各国，日本引入了以证券为对象的期货交易。1985 年在东京证券交易所开始的长期国债期货交易是日本最早的金融期货交易，1987 年在大阪证券交易所以 50 个交易品种指数开始，1988 年在大阪证券交易所导入了日经 225 期货，东京证券交易所导入了 TOPIX 期货，1989 年在东京金融期货交易所导入了日元短期利息期货、美元短期利息期货、日元/美元货币期货。

严格来说，期货合同是在交易所进行的交易，代替可向第三者转移，因不履行交易而有必要委托保证金的交易；远期合同是指当事者之间的交易，不可向第三者转移，但未必需要委托保证金的交易。以货币和短期利息为对象的期货交易在和银行之间作为相对合同进行的远期合同中，分别被称为

FAX，FRA，和互换交易同时在20世纪90年代急速扩大称为世界性金融衍生商品市场的主角。

表7-1 世界上主要的金融期货上市年

	其他国家	日 本
1972年	马克、日元等货币期货(CME)	
1976年	T大楼期货(CME)	
1977年	T债券期货(CBOT)	
1981年	欧元利息期货(CME)	
1982年	S&P500期货(CME),T-Note期货(CBOT) 英国债期货、债券利息期货(LIFFE)	
1984年	FTSE100期货(LIFFE)	
1985年		长期国债期货(东证)
1986年	法国债期货(MATIF),日经平均期货(SIMEX)	
1987年	日本国债期货(LIFFE)	
1988年	CAC40期货、PIBOR期货(MATIF),Bund期货(LIFFE)	日经225期货(大证),TOPIX期货(东证)
1989年	欧元日元利息期货(SIMEX)	欧元日元短期利息期货(金融交易所)
1990年	欧元马克利息期货(LIFFE),日经平均期货(CME),DAX期货、Bund期货(DTB)	
1993年	日本国债期货(SIMEX)	
1996年	欧元日元利息期货(LIFFE),Nasdaq100期货(CME),KOSPI200期货(KSE)	
1997年	E mini S&P500期货(CME)	
1998年	EURIBOR期货(LIFFE),欧元STOXX50期货(EUREX)	
1999年	E mini Nasdaq100期货(CME)	
2001年	个别股期货(LIFFE),S&P CNX Nifty Index期货(NSE),E mini Russeli2000期货(CME)	
2002年	个别股期货(One Chicago)	
2005年		汇率保证金交易(金融交易所)
2006年		日经225mini期货(大证)
2008年	Russel 2000期货(ICE)	

注：AMEX：American Stock Exchange（现在为NYSE AMEX），CBOE：Chicago Board Options Exchange，CBOT：Chicago Board of Trade，CME：Chicago Mercantile Exchange，DTB：Deutsche Terminbörse（现在为EUREX）. ISE：International Securities Exchange. KSE：Korea Stock Exchange（现在为KRX），LIFFE：London International Futures and Options Exchange（现在为NYSE Liffe），LTOM：London Traded Options Market（现在为NYSE Liffe），MATIF：Marché à Terme International de France（现在为NYSE Liffe），SIMEX：Singapore International Monetary Exchange（现在为SGX－DT）。

东证：东京证券交易所，大证：大阪证券交易所，金融所：东京金融交易所（以前是东京金融期货交易所）。

2. 债券期货交易

以有价证券为对象的期货交易的 GNMA 债券开始于 1974 年的美国，在日本由于国债的大量发行，1985 年以长期国债（10 年国债）为对象的国债期货交易作为金融期货交易最初开始于东京证券交易所。接着在 1988 年超长期国债（20 年国债）期货在东京证券交易所上市，1989 年被称为世界最大成交额的 T 债券（美国长期国债）期货在东京证券交易所上市（但是，T 债券期货和超长期国债期货分别停止于 1999 年和 2002 年）。1996 年以中期国债（5 年国债）为对象的中期国债期货交易在东京证券交易所开始，终于所有的外国品种都齐备了。

债券期货交易通常是被称为标准物的虚构债券，其标准物的价格用来表示收益率曲线的水平。所以个别的债券可能会在这个收益率曲线上，或者和这个收益率曲线相平行之上，由此形成期货的价格。交收结账时由于卖家可以选择品种，所以一般都会选择最便宜的那个品种，但标准物的价格是根据交易所规定的被称为转换因素的换算系数来计算交收品种的价格。

日本的债券期货交易特征之一是交易单位面值为 1 亿日元和外国的面值（芝加哥商品交易所的 T 债券期货是 10 万美元，Eureks 的债券期货是 10 万欧元）相比足足大了 10 倍左右。未满 1 亿日元的债券期货交易通常是按端债处理的，因为和国际比较使用的是合同数，所以比实际有过低评价的倾向。

另外，日本债券期货市场的特征之一是交易集中在长期国债期货交易，现货国债的发行是偏向于 10 年长期国债，在现货市场的交易也反映了偏向 10 年长期国债，但未必就能说是债券期货市场特有的特征。

20 世纪 90 年代后半期开始成为日本固有现象的现货国债市场指标品种的集中交易趋于缓和，从 1999 年 3 月末指标品种的指定取消，10 年长期国债期货受到了指标品种发挥作用所带来的影响。另外，2009 年 3 月在东京证券交易所导入了只有差额结算的十分之一大小的 Mini 长期国债期货，但 6 月以后该交易逐渐消失。

表 7－2　债券期货的交易纲要

	中期国债期货	长期国债期货	超长期国债期货
交易对象	中期国债标准物 （联票 3%，余存 5 年）	长期国债标准物 （联票 6%，余存 10 年）	超长期国债标准物 （联票 6%，余存 20 年）
交割对象	余存期间 4 年以上 5 年 3 个月未满的 5 年利息国债	余存期间 7 年以上 11 年未满的 10 年利息国债	余存期间 15 年以上 21 年未满的 10 年利息国债
交易交割月	3 月、6 月、9 月、12 月的 3 交割月	3 月、6 月、9 月、12 月的 3 交割月	3 月、6 月、9 月、12 月的 3 交割月
交割日	3 月、6 月、9 月、12 月的 20 日	3 月、6 月、9 月、12 月的 20 日	3 月、6 月、9 月、12 月的 20 日
交易最终日	交割日的 7 个工作日前	交割日的 7 个工作日前	交割日的 7 个工作日前
交易时间	8:45－11:02 12:30－15:02 15:30－23:30	8:45－11:02 12:30－15:02 15:30－23:30	8:45－11:02 12:30－15:02 15:30－23:30
交易单位	面值 1 亿日元	面值 1 亿日元	面值 1 亿日元
要价	每面值 100 日元 1 分钱	每面值 100 日元 1 分钱	每面值 100 日元 1 分钱
行市涨落限制	前一天的收市价格上下 3 日元	前一天的收市价格上下 3 日元	前一天的收市价格上下 4、5 日元
暂时中断措施	之前的约定价格或特别行情价格超出基准价格上下 2 日元的范围时	之前的约定价格或特别行情价格超出基准价格上下 2 日元的范围时	之前的约定价格或特别行情价格超出基准价格上下 3 日元的范围时

表 7－3　债券期货的交易情况

	中期国债期货		长期国债期货		超长期国债期货	
	交易数	成交的股票数	交易数	成交的股票数	交易数	成交的股票数
2007 年	0	0	13545239	112392	—	—
2008 年	0	0	10639934	45508	—	—
2009 年	0	0	6765074	57220	—	—
2010 年	0	0	8021458	49335	—	—
2011 年	0	0	6883210	71292	—	—

注：数值中包括权利行使的部分。
出处：东京证券交易所主页。

3. 股价指数期货交易

以股价指数为对象的期货交易最早是在 1982 年的美国上市的，日本于 1987 年的大阪证券交易所以交易品种指数 50 开始，作为以股价为对象的期货交易，在1988年日经225期货（大阪证券交易所）和TOPIX期货（东京证券交易所）上市。然后，1994年日经300期货（大阪证券交易所），1998年高科技40、法伊馕金融25、消费者40的行业股价指数期货（大阪证券交易所），电气机器、输送用机器、银行业的行业间股价指数期货（东京证券交易所），2001年S&P/TOPIX150股价指数期货（东京证券交易所），2002年MSCI JAPAN指数、FTSE日本指数、道琼斯工业指数（大阪证券交易所），2005年RN次贷指数期货（大阪证券交易所），2006年日经225mini期货（大阪证券交易所），2008年miniTOPIX期货、TOPIX Core30期货、东证REIT指数期货（东京证券交易所），2010年日经平均分配指数、TOPIX分配指数期货、TOPIX Core30分配指数期货（东京证券交易所），日经平均股价为对象的保证金交易（东京金融交易所）分别上市。另外日经平均股价为对象的期货交易1986年在新加坡国际金融交易所（SIMEX，现在的SGX-DT）率先开始了交易，1992年在芝加哥的商品交易所也开始了交易。

在日本股价指数期货市场最为活跃的是日经225期货交易，由于SGX日经平均期货和TOPIX期货，日经225mini期货有相当大的流动性，所有多数股价指数期货具有流动性的特点。交易对象分为非加重平均指数的日经平均指数为对象的日经225期货、日经225mini期货、SGX日经平均期货、CME日经平均期货（CME包含日元计价和美元计价的交易）、日经225保证金交易和时价总额加重平均指数的TOPIX、日经300为对象的TOPIX期货、日经300期货。

1989年6月开始模仿美国以到期日的前一个工作日为交易的最终日，根据被称为SQ到期日的开盘各构成品种价格计算的数值来决定最终清算价格。另外，日本国内的股价指数期货交易中除了收市价格的行市涨落限制外，在现货市场不存在被称为断路器的交易中断措施，和在现货市场和期货市场同时停止交易的美国的断路器不同的方式来试图控制股价的变动。

表7-4 股价指数期货的交易纲要

	日经225mini期货	日经225期货	TOPIX期货
交易对象	日经平均股价	日经平均股价	东证股价指数(TOPIX)
交易交割月	3月、6月、9月、12月的2交割月	3月、6月、9月、12月的5交割月	3月、6月、9月、12月的5交割月

续表

	日经 225mini 期货	日经 225 期货	TOPIX 期货
交易单位	日经平均股价 ×100	日经平均股价 ×1000	TOPIX ×10000 日元
要价	日经平均股价 5 日元	日经平均股价 10 日元	TOPIX 0.5 点
到期日	3 月、6 月、9 月、12 月的第 2 个星期五	3 月、6 月、9 月、12 月的第 2 个星期五	3 月、6 月、9 月、12 月的第 2 个星期五
交易最终日	到期日的前一个工作日	到期日的前一个工作日	到期日的前一个工作日
交易时间	9:00 ~ 15:15 16:30 ~ 第二天 3:00	9:00 ~ 15:15 16:30 ~ 第二天 3:00	9:00 ~ 11:35 11:45 ~ 15:15 16:30 ~ 23:30
涨落幅限制	前一天收市价格的上下约 2%（7500 日元以上 10000 日元以下的为 1500 日元）	前一天收市价格的上下约 2%（7500 日元以上 10000 日元以下的为 1500 日元）	前一天收市价格的上下约 2%（750 点以上 1000 点以下的为 150 点）
临时中断措施	和一天的收市价格相比有一定的变动幅度的情况下，交易中断 15 分钟（7500 日元以上 10000 日元未满的第 1 涨落幅为 750 日元，第 2 涨落幅为 1100 日元）	和一天的收市价格相比有一定的变动幅度的情况下，交易中断 15 分钟（7500 日元以上 10000 日元未满的第 1 涨落幅为 750 日元，第 2 涨落幅为 1100 日元）	和一天的收市价格相比有一定的变动幅度的情况下，交易中断 15 分钟（750 点以上 1000 点未满的第 1 涨落幅为 75 点，第 2 涨落幅为 110 点）

表 7－5 股价指数期货的交易情况

单位：股

	日经 225mini 期货		日经 225 期货		TOPIX 期货	
	交易数	成交的股票数	交易数	成交的股票数	交易数	成交的股票数
2007 年	49107059	158219	30084781	283461	16578731	365595
2008 年	95446729	220387	35546016	301761	18375802	367194
2009 年	104738309	303508	25368919	330664	15190781	338228
2010 年	125113769	357736	22483722	378651	14902519	368395
2011 年	117905210	469198	19294064	305212	14608165	367394

出处：东京证券交易所主页，大阪证券交易所主页。

4. 金融期货交易

以货币为对象的期货交易开始于1972年的美国，以银行间利息为对象的期货交易也是在1982年的美国以欧元短期利息期货的上市为开端，日本是在1989年的东京金融期货交易所同时上市了日元短期利息期货，美元短期利息期货（1998年停止），日元/美元货币期货（1992年停止）。之后，1991年的美元/日元货币期货，1992年的1年日元利息期货（1998年停止），1999年日元LIBOR利息期货，2003年的5年日元利息互换期货和10年日元利息互换期货（2007年停止），2005年的以美元、欧元、英镑、澳元为对象的交易所汇率保证金交易，2009年的无担保放款O/N利息期货、GC回购S/N利息期货，2010年日经平均股价、FTSE100、DAX为对象的保证金交易分别在东京证券交易所上市（2007年东京金融期货交易所改名为东京金融交易所）。

美国的商品交易所开始了以金融商品为对象的期货及期货期权交易，英国、法国、德国等欧洲各国设立了以金融商品为对象的金融期货交易所，在日本以债券和股票等证券为对象的期货及期权交易在证券交易所进行，银行间利息和货币等银行以中心交易为对象的期货及期权交易在由银行和一部分证券公司成立的东京金融交易所进行。

东京证券交易所成立之初的交易集中在日元短期利息期货上，基本上没有其他商品的交易。之后在1990年美元短期利息期货和日元/美元货币期货中导入了做市商制度，1991年开始了美元/日元货币期货，1992年开始在日元短期利息期货期权中导入了做市商制度，但流动性依然没有改善。

另外，东京金融交易所在1996年导入了和风险相抵的保证金计算TIFFE-SPAN，和伦敦国际金融期货及期权交易所的日元短期利息期货相连动，扩大了交易时间，1997年在美元/日元货币期货中导入了夜间交易制度，1998年扩大了夜间交易时间，努力致力于交易的振兴，可1995年以后的超低利息情况使20世纪90年代前期扩大的交易停滞不前。在这样的环境下，以外币保证金交易的扩大为着眼点上市的“Click365”使得交易不断持续扩大。

表 7－6　金融期货的交易纲要

	欧元/日元 3 个月利息期货	美元/日元保证金交易	澳元/日元保证金交易
交易单位	本金 1 亿日元	10000 美元	10000 澳元
表示方法	从 100 中除去年利率(%，90/360 日)的值	每 1 美元的日元相当额	每 1 澳元的日元相当额
要价	0.005(1.250 日元)	0.01(100 日元)	0.01(100 日元)
交易交割月	3 月、6 月、9 月、12 月的 20 分割月，其他的分割月是临近 2 交割月	无	无
交易最终日	交割月第 3 个星期三的第 2 个工作日前(到期交割月的交易到 11:00 为止)	无	无
最终决算日	交易最终日的第二个工作日	无	无
最终决算方法	差额决算(最终决算价格是 TIBOR 的小数点第 4 位四舍五入，从 100 减去以后的值)	差额决算	差额决算
涨落幅度限制	无	无	无
交易时间	8:45～11:30 12:30～15:30 15:30～20:00	星期一:7:10～次日 6:55 星期二～星期四:7:55～次日 6:55 星期五:7:10～次日 6:00	星期一:7:10～次日 6:55 星期二～星期四:7:55～次日 6:55 星期五:7:10～次日 6:00

表 7－7　金融期货的交易情况

单位：股

年份	欧元/日元 3 个月利息期货		美元/日元保证金交易		澳元/日元保证金交易	
	交易数	成交的股票数	交易数	成交的股票数	交易数	成交的股票数
2007 年	13066020	962534	7629879	76972	6835958	44341
2008 年	22372133	1241443	13177698	37365	9246469	68768
2009 年	13066020	962534	20198781	216080	17793787	109895
2010 年	11274925	11742991	27551634	287035	34272436	179005
2011 年	7201901	533328	31441164	228004	41589199	246374

出处：东京金融交易所主页。

5. 期权交易

期权交易是指将来以事前制定好的价格（权利行使价格）进行交易的权利的交易合同。在将来某个时间点的交易应该有买卖双方参与，买方的权利被称为期权，卖方的权利被称为看跌期权。

表 7－8 世界上主要的金融期权上市年

	其他国家	日　　本
1973 年	美国个别股期权（CBOE）	
1974 年	美国个别股期权（AMEX，PHLX，PCX）	
1978 年	英国个别股期权（LTOM）	
1982 年	货币期权（PHLX），T 债券期货期权（CBOT）	
1983 年	S&P100 期权、S&P500 期权（CBOE），S&P500 期货期权（CME）	
1984 年	货币期货期权（CME），FTSE100 期权（LIFFE）	
1987 年	债券利息期货期权（LIFFE），法 1 个别股期权（MONEP）	
1988 年	法国债期货期权（MATIF），CAC40 期权（MONEP），债券期货期权（LIFFE）	
1989 年		债券门店期权（门店），日经 225 期权（大证），TOPIX 期权（东证）
1990 年	德国个别股期权（DTB），欧元日元利息期货期权（SIMEX），PIBOR 期货期权（MATIF），欧元马克利息期货期权（LIFFE），DAX 期权、债券期货期权（DTB）	长期国债期货期权（东证）
1991 年		欧元日元短期利息期货期权（金融交易所）
1992 年	日经平均期货期权（SIMEX）	
1994 年	NASDAQ100 期权（CBOE） 日本国债期货期权（SIMEX）	
1997 年	KOSPI200 期权（KSE）	证券期权（东证，大证）
1998 年	EURIBOR 期货期权（LIFFE） 欧元 STOXX50 期权（EUREX）	
2000 年	美国个别股期权（ISE）	
2001 年	TAIEX 期权（TAIEX）	

注：东证：东京证券交易所，大证：大阪证券交易所，金融交易所：东京金融交易所（以前是东京金融期货交易所）。

期权交易的历史悠久，由亚里士多德介绍的希腊的哲学家泰利斯进行的橄榄压榨机的期权合同。1973 年设立的芝加哥期权交易所（CBOE）是期权交易市场的开端。根据组织个别当事者的相对交易，和期货交易一样产生差额决算的结构，参加的交易主体不需要实物交货，这个为期权交易的历史带来了转折。

1973 年开始的 CBOE 期权交易也传播到了其他的金融商品，1982 年的货币选择权交易，债券期权交易，债券期货期权交易，1983 年的股价指数期权交易，股价指数期货期权交易，1984 年的货币期货期权交易分别开始，就这样交易波及了世界各国。日本在 1989 年 4 月导入了债券门店期权（附选择权的债券买卖），接着 6 月大阪证券交易所的日经 225 期权，10 月东京证券交易所的 TOPIX 期权，名古屋证券交易所的期权 25（1998 年停止）分别导入，1990 年东京证券交易所的长期国债期货期权，1991 年东京金融交易所的日元短期利息期货期权相继导入。另外，1994 年大阪证券交易所的日经 300 选择权，1997 年的个别股期权也同时在东京证券交易所和大阪证券交易所开始，1998 年的大阪证券交易所的高科技 40、金融 25、消费者 40 等 3 个行业个别的股价指数期权也相继导入。

上市期权交易在交易所进行交易，代替向第三者转移，委托不履行交易的保证金，门店期权的交易在当事者之间，不可向第三者转移，但未必需要委托保证金。和股票和股价指数的期权交易不同，以货币和利息为对象的多数选择权交易是在门店市场作为和银行以及证券公司的相对合同而进行。

6. 债券期权交易

以债券为对象上市的期权交易最早是在 1982 年开始的 T-Bond 期权交易（芝加哥期权交易所）和 T-Note 期权交易（美式证券交易所），以债券期货交易为对象的期货期权交易最早是 1982 年的 T-Bond 期货期权交易（芝加哥商品交易所）。日本在 1989 年 4 月以附期权债券买卖交易的名称在店面市场开始了债券期权交易。随后，1990 年在东京证券交易所开始了以长期国债期货交易为对象的长期国债期货期权交易，2000 年也在东京证券交易所开始了以中期国债期货交易为对象的中期国债期货期权交易（2002 年停止）。

债券门店期权交易和使用标准物的债券期货交易不同，是以国债、公司债、外国债等各自的债券为对象进行交易，而且和上市期权不同，因为是在门店进行交易，具有合同不能向第三者转售的特点（大半交易是国债）。另外，交易单位和国债期货交易相同为额面 1 亿日元，从合同日到交货日的期间最长为 1 年，因为不能转卖通常只签订 6 个月期或 1 年期的合同。

长期国债期货期权交易是以长期国债期货交易为对象上市的美式期权交易，交易大纲和长期国债期货交易相类似。相对长期国债期货交易最长 9 个月的 3 交割月制，长期国债期货期权交易是最长 6 个月的最大 4 交割月制，长期国债期货交易和长期国债期货期权交易的集中现货交易都和债券门店期权交易刚好相反。

在很早就开始进行期权交易的欧美各国对期权交易的认识很深刻，但在日本没有期权交易的传统，和期货交易相比进行期权交易的很少。尤其是长期国债期货期权交易与长期国债期货交易相比交易明显少得多。只对期权交易的关注度很高是因为考虑到没有将它和原资产的长期国债期货交易相结合的补偿交易。但另一方面，债券门店期权交易和原资产组成的覆盖通知放款和目标购买的战略很好地在运用。

表 7－9　债券期权的交易纲要

	债券门店期权	长期国债期货期权	中期国债期货期权
交易对象	转换公司债和认估权证以外的债券	以长期国债期货为对象的通知放款期权和看跌期权	以中期国债期货为对象的通知放款期权和看跌期权
交易期限月	自由	3 月、6 月、9 月、12 月的临近 2 交割月和之外最大的临近 2 交割月	3 月、6 月、9 月、12 月的临近 2 交割月和之外最大的临近 2 交割月
交易最终日	—	3 月、6 月、9 月、12 月的上月的最后一天	3 月、6 月、9 月、12 月的上月的最后一天
交易时间	自由	8:45 ~ 11:00 12:30 ~ 15:00 15:30 ~ 23:25	8:45 ~ 11:00 12:30 ~ 15:00 15:30 ~ 23:25
交货日期	合同签订日的 1 年 3 个月以内	交易日的第二个工作日	交易日的第二个工作日
交易单位	面额 1 亿日元	长期国债期货 1 合同	长期国债期货 1 合同
要价	—	每额面 100 日元要价 1 日元	每额面 100 日元要价 1 日元
权利行使价格	自由	每 50 分 21 本，根据期货价格的变动另行追加	每 50 分 21 本，根据期货价格的变动另行追加
价格幅度限制	—	基准价格上下（3 日元 + 要价差价）	基准价格上下（3 日元 + 要价差价）
暂时中断措施	—	在期货限制月交易中暂时进行中断措施	在期货限制月交易中暂时进行中断措施
权利行使方法	自由	美式期权	美式期权

表 7－10　债券期权的交易情况

单位：亿日元，股

	债券门店期权		长期国债期货期权		中期国债期货期权	
	交易金额	余额价款	交易数	成交的股票数	交易数	成交的股票数
2007 年	2254082	33493	2804811	16034	—	—
2008 年	4394769	39683	2442598	4125	—	—
2009 年	2254082	33493	2433217	3338	—	—
2010 年	1535838	40044	1999282	3779	—	—
2011 年	1703814	38086	1853672	12455	—	—

出处：东京证券交易所主页、日本证券业协会主页。

7. 股价指数期权交易

以股票为对象的期权交易作为上市物最早是从 1973 年成立的芝加哥期权交易所的个别股期权开始的，以股价指数为对象的期权交易在 1983 年导入了 S&P100 期权（芝加哥期权交易所），以股价指数期货交易为对象的期货期权交易 S&P500 期货期权（芝加哥商品交易所）和 NYSE 综合股价指数期货期权（纽约期货交易所）分别在 1983 年上市。日本以股价指数为对象的期权交易的日经 225 期权（大阪证券交易所）在 1989 年 6 月相继上市，同年 9 月期权 25（名古屋证券交易所，1998 年停止）和 TOPIX 期权（东京证券交易所）在 1989 年 6 月相继上市。接着 1994 年的日经 300 期权（大阪证券交易所，2010 年停止），1998 年的高科技 40、金融 25、消费者 40 的 3 种行业别股指数期权（大阪证券交易所，2002 年停止），2001 年的 S&P/TOPIX150 期权（东京证券交易所，2002 年停止）也相继导入。以日经平均期货交易为对象的期货期权交易从 1992 年以 SIMEX（现在是 SGX-DT）进行。

日本的上市期权市场中最为活跃的实属大阪证券交易所的日经 225 期权，基本上没有其他的股价指数期权交易，这点和股价指数期货交易有很大的不同（SGX 日经平均期货期权交易和 SGX 日经平均期货交易相比流动性相当低）。

日经 225 期权、TOPIX 期权、日经 300 期权、SGX 日经平均期货期权的交易纲要比较来看，交易对象方面，国内的股价指数期权是现货期权，SGX 日经平均期货期权是以 SGX 日经平均期货为对象的期货期权，日经

225 期权、日经 300 期权和 SGX 日经平均期货期权中都包括长期期权。而且交易方法和交易单位等也和股价指数期货一样。保证金是芝加哥商品交易所开发的，为了应对风险，各交易所都采用了保证金的差额决算 SPAN 系统或者类似的计算方法，这样就不会有很大的问题。另外，股价指数期货中如果采取断路器使得交易暂时中断的措施的话，同样交易也会暂时中断。

表 7－11 股价指数期权的交易纲要

	日经 225 期权	TOPIX 期权	日经 300 期权
交易对象	以日经平均股价为对象的期权和看跌期权	以 TOPIX 为对象的期权和看跌期权	以日经 300 为对象的期权和看跌期权
交易交割月	6 月、12 月是 5 年，3 月、9 月是 1 年，1 月、4 月、7 月、10 月是 5 个月，其他是 4 个月（15 交割月制）	3 月、6 月、9 月、12 月临近的 5 交割月和其他临近的 3 交割月	6 月、12 月是 2 年，3 月、9 月是 1 年，其他是 3 个月（8 交割月制）
交易单位	日经平均股价 ×1000	TOPIX ×10000 日元	日经 300 ×10000 日元
要价	20 日元以下是 1 日元 20 日元以上 1000 日元以下是 5 日元 超过 1000 日元是 10 日元	价格在 20 点以下是 0.1 点，超过 20 点是 0.5 点	0.1 点
到期日	交割月的第 2 个星期五	交割月的第 2 个星期五	交割月的第 2 个星期五
交易最终日	到期日的前一个工作日	到期日的前一个工作日	到期日的前一个工作日
交易时间	9:00～15:15 16:30～次日 3:00	9:00～11:00 11:45～15:10 16:30～23:25	9:00～15:15 16:30～次日 3:00
权利行使价格	当初是每 500 日元是 17 股，临近的 3 交割月是每 250 日元 17 股	季度交割月：每 50 点 13 股（如果是临近交割月和短期物交割月相同），短期物交割月：每 25 点 19 股	当初每 5 点（3 月、6 月、9 月、12 月是 25 点）是 7 股
权利行使的方法	欧式期权	欧式期权	欧式期权
涨落幅限制	原指数前一天收市价格的上下约 2%（7500 日元以上 10000 日元未满的为 1500 日元）	基准价格上下约 2%（TOPIX 期货的限制幅度 + 可能要价幅度）	原指数前一天收市价格的上下约 2%（150 点以上 175 点未满的 25 点）

表 7－12　股价指数期权的交易情况

单位：股

	日经 225 期权		TOPIX 期权		日经 300 期权	
	交易数	成交的股票数	交易数	成交的股票数	交易数	成交的股票数
2007 年	29181438	633472	19555	2050	160	0
2008 年	32126060	769671	62045	2663	0	0
2009 年	34986005	1590726	52523	17608	0	0
2010 年	43791011	1762715	120040	9677	0	0
2011 年	45192519	1977396	21342	2704	—	—

出处：东京证券交易所主页、大阪证券交易所主页。

8. 证券期权交易

以个别股为对象的期权交易最早作为上市物开始于 1973 年成立的芝加哥商品交易所的 CALL 期权，1977 年看跌期权也上市了。在国外个别股期权首先上市，之后导入了股价指数期权，日本在 1989 年导入了股价指数期权，1997 年个别股期权（正式名称为股票期权）的各 20 个品种（其中重复上市的有 7 个品种）分别在东京证券交易所和大阪证券交易所上市。之后两交易所的交易对象不断扩大到上市证券，于是改名为证券期权，2011 年末在东京证券交易所有 155 个品种，大阪证券交易所有 145 个品种（其中重复上市的有 110 个品种）进行交易。

芝加哥商品交易所成立后不久，在日本也开始讨论导入证券期权交易，由于担心中小证券公司收入源的信用交易和综合因素，所以证券期权的导入晚了 20 多年。

证券期权的交易纲要在两交易所基本相同，和股价指数期权的交易纲要也基本相同，成为原资产证券的交收对象的最终清算价格是由原资产的收市价格决定的部分和股价指数期权交易不同。

信用交易的综合因素所担心的是证券期权，实际上交易并不活跃。因为这个原因，在日本没有期权交易的传统，投资者之间的关系冷淡，特别是国外活跃交易的个人投资者进行的证券期权交易很少。期权交易和原资产的交易相结合进行，尽管原资产股票交易的资本收益认可分离征税，但证券期权交易的资本收益是不认可分离征税的，所以可以说作为其他收入的所得税和综合征税抑制了个人投资者的证券期权的交易。另外，在其他国家流动性较差的证券期权交易市场存在和交易优惠措施交换的进行附有价值的做市商，日本虽然也导入了做市商制度（大证）和支持成员制度，但直到现在也没有看到由此带来的交易的大幅增加。

表 7－13　证券期权的交易纲要

	有价证券期权(东京证券交易所)	个别证券期权(大阪证券交易所)
交易对象	以国内上市有价证券为对象的期权和看跌期权	以国内上市有价证券为对象的期权和看跌期权
交易交割月	临近的 2 交割月和 3 月、6 月、9 月、12 月临近的 2 交割月	临近的 2 交割月和 3 月、6 月、9 月、12 月临近的 2 交割月
交收日	权利行使的第 5 日	权利行使的第 5 日
到期日	交割月的第 2 个星期五	交割月的第 2 个星期五
交易最终日	到期日的前一个工作日	到期日的前一个工作日
交易单位	原资产的买卖单位	原资产的买卖单位
要价	根据原资产的价格从 50 分到 5000 日元 7 个阶段	根据原资产的价格从 10 分到 2 万日元 16 个阶段
权利行使价格	根据原资产的价格从 25 日元到 500 万日元 16 个阶段各 5 股，之后追加设定	根据原资产的价格从 25 日元到 500 万日元 16 个阶段各 5 股，之后追加设定
成交限制	相当于上市有价证券数的 1%（从基准日追溯 1 年的年间成交量如果不满上市有价证券数的 10% 是 0.7%）的有价证券数的交易单位	相当于上市有价证券数的 1%（从基准日追溯 1 年的年间成交量如果不满上市有价证券数的 10% 是 0.7%）的有价证券数的交易单位
交易时间	9:00～11:30 12:30～15:10	9:00～15:15 16:30～第二天 3:00
权利行使方法	欧式期权	欧式期权

表 7－14　证券期权的交易情况

单位：股

	东证股票期权		大证股票期权	
	交易数	成交的股票数	交易数	成交的股票数
2007 年	145449	6481	444149	116177
2008 年	88256	44628	534985	86764
2009 年	662813	103340	408752	20907
2010 年	834941	299216	390805	179947
2011 年	601156	30565	1231796	6152

出处：东京证券交易所主页、大阪证券交易所主页。

9. 门店金融衍生商品交易

20 世纪 90 年代世界性金融衍生商品市场的扩大背景下，比起交易所市场门店市场更醒目。特别是 1982 年开始的利率互换交易在金融自由化的流动中，不仅金融机关，甚至扩大到了事业法人之间，称为金融衍生商品的主角。在交易所市场进行的金融衍生商品交易，统计方面已经很完备，状况的把握也很容易，但在门店市场还没有金融衍生商品交易的统计机关，状况的把握极其困难。因此，国际决算银行（BIS）为了把握门店金融衍生商品市场的情况，每三年进行一次外币市场的调查，这个和门店金融衍生商品市场的调查相结合，在 1995 年开始展开。

2010 年 4 月日本门店金融衍生商品市场的交易在名义本金的基数上，每营业日平均是 1009 亿美元（世界整体是 2.083 兆美元），比 2007 年 4 月的调查增加了 15%（世界整体增加了 24%）。从日本门店金融衍生商品市场的商品别明细来看，利率互换 81.6%（增加了 68%），货币期权 8.7%（减少了 19%），利率期权 5.6%（减少了 76%），货币互换 2.2%（增加了 116%），利率 four_ ward 1.9%（减少了 43%）。另外，2010 年 6 月日本金融机关的门店金融衍生商品交易的余额在名义本金的基数上是 39.3 兆美元（世界整体是 583 兆美元），和 2007 年 6 月相比增加了 51%（世界整体增加了 15%）。名义本金余额的商品别明细中，利率互换 70.6%（2007 年 6 月是 73.1%），利率期权 8.6%（8.0%），汇率 four_ ward 和汇率互换 5.4%（6.9%），利率 four_ ward 5.3%（1.6%），货币互换 3.4%（2.9%），其他是 6.7%（7.5%），一方面增加率中股本关联 72%，利率关联 54%，信用金融衍生商品 37%，日用品关联 35%，外币兑换关联 34%。

日本证券业协会以 1999 年下半年的半期为基数发表了有价证券门店金融衍生商品等的交易情况。该统计将证券公司自营的交易（交易情况）和顾客之间的中介交易（媒介等情况）进行了分类，前者将交易件数、交易金额、期末余额，后者将交易件数和交易金额，按远期交易、门店指数等远期交易、门店期权交易、门店指数等互换交易分开进行了公布。另外，这个门店期权交易中不包括附选择权的债券买卖交易。

表 7-15　有价证券门店金融衍生商品交易等情况

交易情况(名义本金,单位:亿日元)					
交易件数	合计	远期交易	门店指数等远期交易	门店期权交易	门店指数等互换交易
2006 年度	63537(6.4%)	367(1%)	20790(33%)	38712(61%)	3668(6%)
2007 年度	85888(35.2%)	394(0%)	29828(35%)	50486(59%)	5180(6%)
2008 年度	570254(564.0%)	698(0%)	145234(25%)	49345(9%)	374977(66%)
2009 年度	2770912(385.9%)	12975(0%)	1889671(68%)	298051(11%)	570215(21%)
2010 年度	3484893(25.8%)	10878(0%)	3165082(91%)	305223(9%)	3710(0%)
交易金额	合计	远期交易	门店指数等远期交易	门店期权交易	门店指数等互换交易
2006 年度	972213(9.9%)	1423(0%)	231714(24%)	715734(74%)	23341(2%)
2007 年度	1475910(51.8%)	2805(0%)	423189(29%)	1006267(68%)	43652(3%)
2008 年度	880211(-40.4%)	2170(0%)	238815(27%)	601710(68%)	37516(4%)
2009 年度	986973(12.1%)	2321(0%)	490547(50%)	459655(47%)	34449(3%)
2010 年度	794200(-19.5%)	3340(0%)	447230(56%)	601710(68%)	37516(4%)
期末余额	合计	远期交易	门店指数等远期交易	门店期权交易	门店指数等互换交易
2006 年度	444811(9.4%)	346(0%)	22260(5%)	359527(81%)	62678(14%)
2007 年度	728037(63.7%)	765(0%)	30302(4%)	608368(84%)	88602(12%)
2008 年度	692908(-4.8%)	698(0%)	34420(5%)	562821(81%)	94969(14%)
2009 年度	355640(-48.7%)	1074(0%)	31467(9%)	237269(67%)	85832(24%)
2010 年度	351568(-1.1%)	1014(0%)	23.799(7%)	244861(70%)	8148969(23%)
媒介情况(名义本金,单位:亿日元)					
交易件数	合计	远期交易	门店指数等远期交易	门店期权交易	门店指数等互换交易
2006 年度	77723(87.7%)	283(0%)	13110(17%)	40965(53%)	23365(30%)
2007 年度	574223(638.8%)	330(0%)	27878(5%)	197294(34%)	348721(61%)
2008 年度	1092238(90.2%)	548(0%)	76324(7%)	207172(19%)	808194(74%)
2009 年度	1408246(28.9%)	94993(7%)	114767(8%)	45571(3%)	1150915(82%)
2010 年度	878841(-37.6%)	203(0%)	7439(1%)	58398(7%)	812801(92%)
交易金额	合计	远期交易	门店指数等远期交易	门店期权交易	门店指数等互换交易
2006 年度	2299741(51.4%)	1102(0%)	531899(23%)	1724733(75%)	41998(2%)
2007 年度	3303286(43.6%)	1112(0%)	320792(10%)	2886792(87%)	94590(3%)
2008 年度	3933794(19.1%)	39188(1%)	432340(11%)	3214731(82%)	247534(6%)
2009 年度	2162877(-45.0%)	4180(0%)	494092(23%)	834086(39%)	830520(38%)
2010 年度	1460524(-32.5%)	2005(0%)	407624(28%)	933077(64%)	117819(8%)

注：合计栏的比率表示的是对前年度变化率，各交易栏的比率表示构成比。

出处：参考日本证券业协会主页做成。

10. 信用金融衍生商品交易

信用金融衍生商品交易，是以互换和期权形式进行出借债权和公司债的风险的买卖交易的总称。此前的金融衍生商品交易交易的是市场风险，与此相反，在信用金融衍生交易中，信用风险是交易的对象。信用风险的交易可以说是保证的交易，通过采取金融衍生商品交易这种形态，不但可以对违约作出保证，也可以产生以业绩恶化导致信用降低的情况为交易对象的商品以及其他多种多样的商品。

信用金融衍生商品交易的三种代表性交易形态为：信用违约互换（CDS）、总收益互换（TRS）、信用联结债（CLN）。首先是 CDS，它是使出借债权的信用风险得到保证的期权交易，在对出借债权的违约产生时，其损害金额得到保证，佣金的支付采用互换的形式，故得其名。接着是 TRS，它是把债券产生的全部损益（息票与评估损益）和市场利率互换的交易，在不能卖掉其持有债券的情况下可以加以利用。最后是 CLN，它是与信用风险各异的发行主体的债券相联结的债券，可以说是将 CDS 的机制运用到债券中。合同指定的公司不违约的话，CLN 在合同届满之日以面值偿还；违约发生的话，在合同届满之日以面值金额减少的形式偿还。为了进行 CDS 交易，卖方必须有充分的保证能力，但是 CLN 可以以购入债券的形式提供保证，所以它的好处在于交易无关乎投资者的信用度即可成立。

根据日本银行公布的数据，日本信用金融衍生商品的名义本金余额自 2003 年加速增加，与 2002 年 12 月末相比，2011 年 6 月末增加至 83 倍。而国际结算银行（BIS）公布的数据显示，2010 年 6 月末全世界的信用金融衍生商品的名义本金余额为 18 兆美元，日本的信用金融衍生商品交易余额为 1.1 兆美元，所占的比率达到 6.1%。2007 年 6 月末全世界的信用金融衍生商品的交易余额为 51 兆美元，日本的信用金融衍生商品交易余额为 2752 亿美元，所占的比例虽然只有 0.5%，但是店头金融衍生商品交易余额终于达到了 6.7% 的一般比例。

表 7－16　日本信用金融衍生商品交易

单位：（名义本金余额）100 万美元

	OTC 交易	信用违约互换			总利益互换			信用利差商品			信用联结债			其他商品		
		合计	卖	买	合计	卖	买	合计	卖	买	合计	发行	购入	合计	卖	买
2001 年 6 月	14309	12815	4275	8540	888	19	869	0	0	0	550	144	406	55	55	0
2001 年 12 月	17487	15127	4357	10770	1269	175	1094	0	0	0	1024	0	1024	67	61	6
2002 年 6 月	16363	14442	6250	8192	973	175	798	6	3	3	887	0	887	55	55	0
2002 年 12 月	13951	12446	4557	7889	443	411	32	15	8	7	992	0	992	55	55	0
2003 年 6 月	22914	21727	6973	14754	377	0	377	21	10	11	734	0	734	55	55	0
2003 年 12 月	24592	23540	6586	16954	11	0	11	31	15	16	955	0	955	55	55	0
2004 年 6 月	30478	28922	9854	19069	3	0	3	23	11	12	1470	0	1470	60	55	5
2004 年 12 月	46701	45101	18275	26826	3	0	3	24	13	11	1512	0	1512	60	55	5
2005 年 6 月	80266	78762	34106	44656	3	0	3	26	14	12	1415	0	1415	60	0	60
2005 年 12 月	99165	97980	47184	50796	3	0	3	16	9	7	1162	0	1162	4	0	4
2006 年 6 月	144617	143423	69667	73756	91	44	47	14	7	7	1085	0	1085	4	0	4
2006 年 12 月	184879	183215	87896	95319	43	20	23	0	0	0	1605	0	1605	13	0	13
2007 年 6 月	275229	271386	125760	145656	814	48	766	0	0	0	3004	0	3004	24	0	24
2007 年 12 月	389231	381949	180054	201895	820	0	850	0	0	0	6427	33	6344	35	0	35
2008 年 6 月	562222	554208	260369	293839	631	0	631	0	0	0	7342	163	7179	42	0	42
2008 年 12 月	390160	382395	178986	203409	349	0	349	0	0	0	7201	348	6853	215	0	215
2009 年 6 月	894196	887258	435314	451944	384	10	374	0	0	0	5662	382	5280	890	620	270
2009 年 12 月	1029791	1022920	497235	525685	522	10	512	0	0	0	5661	403	5258	689	575	114
2010 年 6 月	1116517	1110429	549404	561025	207	11	196	0	0	0	5344	470	4874	537	418	119
2010 年 12 月	1144710	1137087	559653	577434	2001	900	1101	0	0	0	5215	470	4745	407	282	125
2011 年 6 月	1157661	1151536	571934	579602	278	12	266	0	0	0	5642	727	4915	204	68	136

出处；日本银行《关于金融衍生商品交易的例行市场报告》。

第8章　证券化商品市场

1. 证券化商品的概念

证券化，是指将企业等所持有的、产生收益的资产集合起来，再从拥有该资产的企业等的资产负债表转让给特殊目的机构（SPV）。接着，SPV发行作为由该资产产生出来的现金流的依据的证券，也可以说是采取向投资者销售证券的手法发行证券。经历这样的一个过程而被发行的证券，我们一般称之为证券化商品。此外，企业所持有的、作为证券化商品依据的资产，一般被用在车贷、房贷、租赁费、面向企业的贷款等债权以及商用不动产等上。另外，在司法解释上（资产流动化法），著作权、专利权等知识产权，也被假定为证券化的对象。

对于资产持有人来说，进行证券化的好处在于，可以把将来能得到的现金流当做转让、销售价款，并在证券发行时获得。也就是说，可以将具有不确定性的收益，转换成具有确定性的资金。同时，资产持有人可以不用再受价格变动的束缚，这也是一大好处。此外，将商用不动产等缺乏流动性的资产作为依据进行证券化时，事实上是在募集小宗的资金，因为投资者层次得到扩大，所以比较容易销售，这也可以说是一大优势。

另外，对于投资者来说，证券化商品作为拥有新性质的投资对象而具有价值。首先可以列举的一点就是，对于像不动产这样各种各样的小额投资难以购买的东西，证券化后却可以进行投资。其次，在将资产证券化的时候，通过对信用风险等进行控制，可以同时发行几种具有差异性的证券（优先劣后构造），因此投资者可以比较容易地购入符合自己需要的证券。

用图 8－1 来说明的话，就是使证券 1 至证券 N 的发行条件不相同，投资者 1 至投资者 N 可以根据自己的喜好选择最适合的证券。例如，在利息以及偿还金的支付优先顺序上设置差异，或者通过提高一部分证券的信用条件（信用增补），发行性质各异的证券，扩大投资者的选择范围。如此一来，投资者可以更高效地进行证券投资组合。

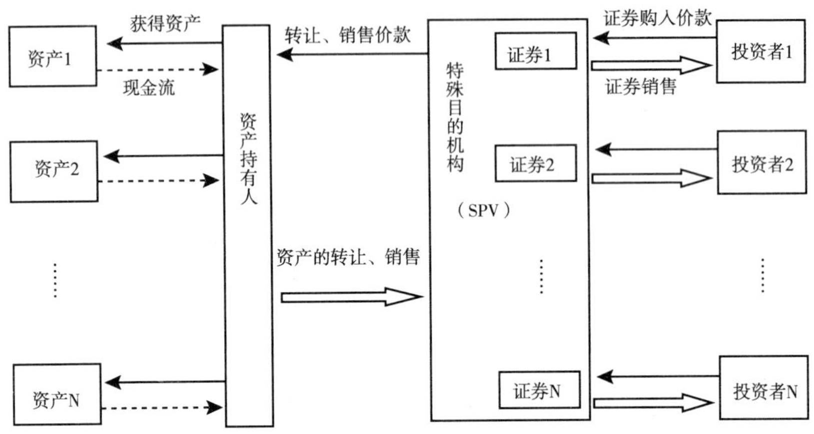

证券化商品发行时

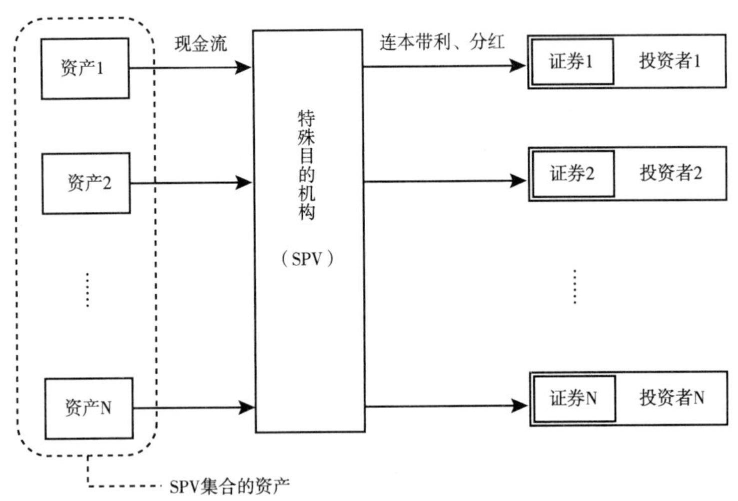

证券化商品发行后

图 8－1　证券化商品的概念

2. 证券化商品的基本机制

一般来说，很多证券化商品是通过以下的机制发行的。首先，成为证券化对象的房贷、赊销债权等资产的持有人，将其资产转让给SPV。通过这种方式，该资产从原始权益人的资产负债表中分离出来，为SPV所拥有。SPV有“组合方式”、“信托方式”、“特殊目的公司（SPC）”等类型。另外，根据资产流动法设立的SPC，被称为特定目的公司（TMK）。利用SPC方式的话，为了确保破产隔离性（拥有SPC的公司即使破产了，也可以不受影响），一般的做法是设立属于使用英法美特有的“信托宣告”的慈善信托所有的海外SPC，然后在国内设立SPC作为其子公司。此外，原始权益人的反义词，也就是负有债务之人，被称之为原债务人。

接着进行的是，SPV发行的证券化商品的发行条件的设计。如果是“信托方式”，是以信托公司的信托受益权证书的形式；如果是“SPC方式”，则是以SPC发行的规定种类的有价证券的形式，向投资者提供证券化商品，无须将所有的发行条件都设定成一样。也就是说，可以在利息以及偿还金的支付优先顺序上设置差异，或者在一部分商品上设置由损害保险公司

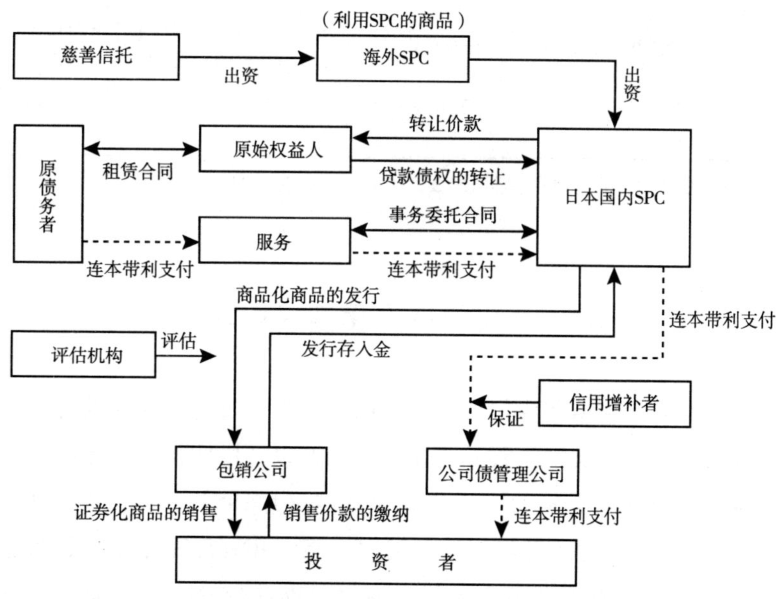

图8－2　证券化商品一般机制

等信用增补人提供保证，通过这些办法，能够设计出性质各异的商品。如此一来，可以提供更符合各种投资者所需的证券化商品。另外，按支付优先度来看，从高到低，分别被称为优先证券、夹层证券、劣后证券。

此外，销售证券化商品时如果以非特定多数为对象，通过取得客观且简洁的风险评估指标，然后向投资者提供判断材料，这样投资者会比较容易接受。另外，作为参与证券化商品的其他玩家，公司债管理公司对转让给SPV的、被用作证券化的资产以及回收资金的事业者（服务者）、投资者购入的证券化商品（公司债）进行管理。而且向相关企业建议这样的一种证券化机制、为证券化商品的发行与销售进行调整的公司，被称为安排人，一般由证券公司、银行充当。

表8－1 SPV的分类

类型	基于基本法的SPV	基于特别法的SPV
公司型	特殊目的公司－SPC ［日本国内］ ·股份公司（《商法》） ·有限公司（《有限公司法》） ［海外］ ·SPC（外国法律）	特定目的公司－TMK（资产流动化法） 投资法人（《投信法》）
信托型	一般信托（《信托法》、《信托业法》）	特定目的信托－SPT（资产流动化法） 投资信托（《投信法》）
组合型	匿名组合（《商法》）、任意组合（《民法》）	匿名组合、任意组合（《不动产特定共同事业法》）

出处：瑞穗信托银行编《债券流动法的法务与实战》，金财，2005。

3. 主要的证券化商品内容

证券化商品，根据作为担保的产品的差异以及发行的证券设定的性质差异等，可以分成几大类别。首先是属于不动产以及以此作为担保的、运用债权的商品，属于这一类别的有房贷担保证券（RMBS）、商业用不动产担保证券（CMBS）和不动产投资信托（REIT）等。RMBS负责管理各个房贷债权并制作（汇集）有价证券，将其小额化后再进行发行。房贷债权证券化的鼻祖，是1973年的“房贷债权信托”，不过对于发行人、投资者来说限制很多，并不能说是具有吸引力的商品。

但是，在《SPC法》等实施后，利用SPC的方案变得切实可行，因此1999年后发行量增加。此外，虽然没有利用SPC，但是自2001年起开始发行的贷款债权担保住宅金融公库债也被包括在RMBS中。另外，CMBS是对以商业大厦等商业用不动产作为担保的贷款债权进行证券化的产物，其根本机制可以说与RMBS几乎一致。另外，由于2000年5月《投信、投资法人法》实施，REIT的发行得以实现，它仅限于资金运用公司以不动产以及以不动产作为担保的贷款的投资信托。

接着是以不动产贷款以外的赊销款、租金、信用、车贷、消费者贷款等债权为对象的资产担保证券（狭义的ABS）。这些是1993年6月的“特定债权法”实施后新增的商品。这些担保资产，是较小额的资产的集合，由于比较容易分散，所以具有适合证券化的性质。再加上法制方面也不断完善，这一类别比前者证券化的程度更高。

表8-2 主要证券化商品的内容

债 权	发行的证券	原始权益人	法律依据	基本机制
房 贷	房贷担保证券(RMBS)	银行 其他金融机构	《资产流动化法》 《信托法》、《信托业法》 《金融商品交易法》	金融机构将持有的房贷债权转让给SPC，由SPC发行债券。或者委托信托银行，由信托银行发行信托受益权。
	贷款债权担保住宅金融支援机构债券(RMBS)	住宅金融支援机构	《独立行政法人住宅金融支援机构法》 《金融商品交易法》	住宅金融支援机构将持有的房贷债权委托给信托公司，以届时发行的信托受益权为担保发行债券。
商业用不动产担保债权、租赁收入	商业用不动产担保证券(CMBS)	事业公司 银行 其他金融机构	《资产流动法》 《信托法》、《信托业法》 《金融商品交易法》	将商业用不动产担保债权、租赁收入等转让给SPC，由SPC发行债券。或者委托信托银行，由信托银行发行信托受益权。
不动产	不动产特定共同事业商品	许可、登记公司	《不动产特定共同事业法》	从众多的小额投资者处募集资金，通过利用任意组合、匿名组合、不动产信托的机制，共同投资不动产，分配运用收益。
	不动产投资信托(REIT)	投资信托购入的房地产的所有者	《投信、投资法人法》	投资法人发行投资证券，按照运用公司的指示，用募集回来的资金购买不动产以及不动产担保债权。

续表

债 权	发行的证券	原始权益人	法律依据	基本机制
以土地、建筑物或者地上权为目的的附抵押权贷款债权	抵押证券	抵押证券公司	《抵押证券法》《金融商品交易法》	通过将抵押证券公司的附抵押权贷款债权进行抵押证券登记，交付抵押证券，将抵押证券的共同享有权出售给投资者。
财政融资资金贷款金债权	财政融资资金贷款金证券化商品	国家	《资产流动化法》《金融商品交易法》	将国家持有的财政融资资金贷款金债权委托给信托公司，并把届时发行的信托受益权转让给SPC。SPC以此为担保发行债券。
租赁借权、信用债权、分期付款债权、赊销/票据债权	资产担保证券（ABS、ABCP）	事业公司	《资产流动化法》《信托法》、《信托业法》《金融商品交易法》	事业公司将持有的租赁债权转让给SPC，由SPC发行债券。或者委托信托银行，由信托银行发行信托受益权。
一般贷款债权	贷款担保证券（CLO）	银行	《资产流动化法》《信托法》、《信托业法》《金融商品交易法》	金融机构将持有的一般贷款债权转让给SPC，由SPC发行债券。或者委托信托银行，由信托银行发行信托受益权。
债券	债券担保证券（CBO）	银行等债券持有人	《资产流动化法》《信托法》、《信托业法》《金融商品交易法》	将多个债券转让给SPC，由SPC发行债券。或者委托信托银行，由信托银行发行信托受益权。

除此以外还有被称之为债务担保证券的商品，它是以金融机构持有的一般贷款债权、债券以及债权的信用风险作为保证而进行证券化的商品。例如，将对中小企业的债权进行证券化，可以说是CDO中的一种。此外，CDO可分类成贷款担保证券（CLO）以及债券担保证券（CBO）。

另外，商业票据（CP）的发行者适格基准在1996年被废除之后，资产担保CP（ABCP）作为证券化商品的发行形态被使用。

4. 市场规模

日本银行公布的资金循环统计项目之一的“债权流动化相关商品”的余额，几乎可以视为证券化商品的市场规模。根据该统计，“债权流动化相关商品”的余额在2010年末大约是23兆日元。股票/出资金额、事业债、金融债的市场规模分别为538兆日元、77兆日元、17兆日元。考虑到这一点，可以说三者的规模占全体民间资金筹措额的比例还不是很大。另外，被视为证券化最发达的美国其市场规模在 2010 年末约为 824 兆日元（资产担保证券与公共抵担保证券的合计金额）。

不过在 1989 年末仅为 4000 亿日元的市场，之后由于《特定债权法》（1993 年实施，2004 年废除）、《SPC 法》（1998 年）、《资产流动化法》（2000 年）等法制的完善而急速增长，这一点是值得肯定的。此外，作为保证的担保资产也朝多样化的方向发展，证券化开始渗透至其他领域。从历史的角度来看，以因特定债权法的实施而得以实现的分期付款债权等作为保证的证券，是当初市场规模扩大的原动力。再加上这些资产偿还期短且容易分散化，因此风险较低，这也是在背后推动其易于证券化的原因之一。在 2000 年实施《资产流动化法》之后，房贷、面向企业和政府贷款的证券化急速扩大。其原因在于瞄准 BIS 规定和早期整顿措施及有必要提高自有资本比率的银行在推动贷款资产的不平衡化。在 2006 年达到峰值后，在次贷危机导致的经济低迷的影响下转为下降。

接下来是 2010 年末“债权流动化相关商品”各担保资产所占的比例。面向企业、政府等的贷款最多，占整体的 35%。其次从其高低依次为企业间、贸易信用，房贷，分期付款债权，消费者信用。

另外，关于资金循环统计中的“债权流动化相关商品”这一术语的定义，它是指与债权流动化相关的特殊目的公司、信托公司发行的金融商品。具体来说，包括资产担保证券、金钱债权信托的受益权。不过，由于没有利用特别目的公司和信托，住宅金融公库发行的财投机构债不包括在其中。此外，私募发行的商品，由于难以充分把握，所以必须格外注意。

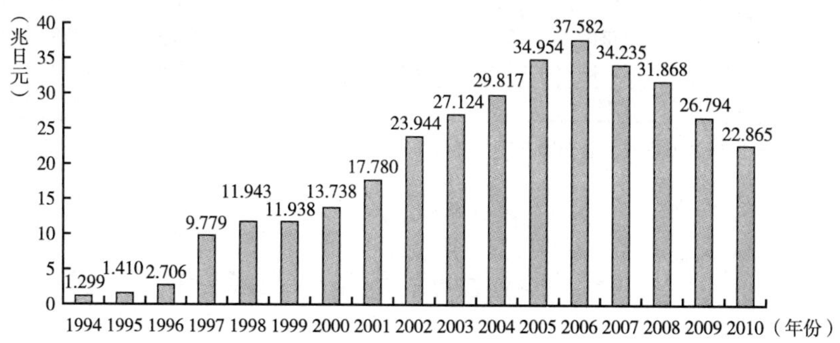

图 8－3　债权流动化相关商品的余额

出处：根据日本银行的“资金循环表”绘制。

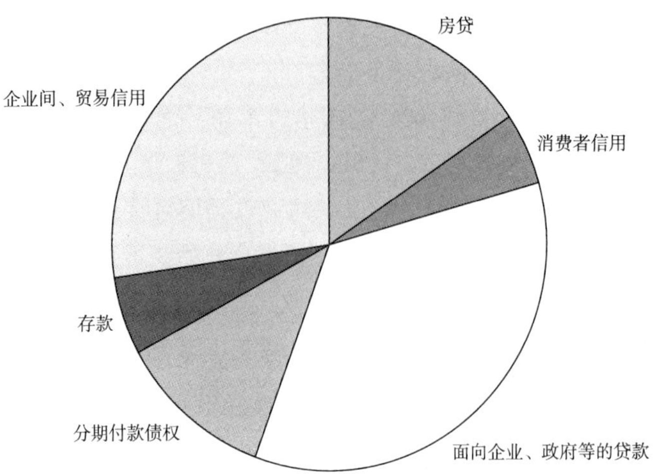

图 8－4　担保资产的构成比（2010 年末）

出处：根据日本银行的“资金循环表”绘制。

表 8－3　担保资产的变化

单位：亿日元，%

	2006 年 3 月	2007 年 3 月	2008 年 3 月	2009 年 3 月	2010 年 3 月	2011 年 3 月	构成比
贷款	251312	270648	236760	220209	186588	153726	67.23
民间金融机构贷款	201414	227858	200742	182630	153960	127882	55.93
房贷	60858	77767	77278	68612	52956	35716	15.62
消费者信用	23742	20991	17848	17573	15130	12068	5.28
面向企业、政府等的贷款	116814	129100	105616	96445	85874	80098	35.03
分期付款债权	49898	42790	36018	37579	32628	25844	11.30
股票以外的证券	1702	1963	2568	2601	397	0	0.00
事业债	1702	1963	2568	2601	397	0	0.00
存款	24249	18222	16907	27577	20933	12778	5.59
企业间、贸易信用	71345	84050	84887	67788	60036	62149	27.18
合　计	348608	374883	341122	318175	267954	228653	100.00

出处：根据日本银行的“资金循环表”绘制。

5. 证券化商品的发行市场

关于证券化商品发行市场的规模，当事人之间完成交易的私募形式居多，难以把握市场的全貌。因此，作为市场参与者的包销公司或评估公司各自开展调查。根据德国证券的报告，日本证券化商品的发行金额，在 2010

年时达到了大约 3.4 兆日元的规模。与过去的水平相比，虽然在 2006 年增加至峰值的 11 兆日元，但是由于受到次贷危机导致的经济低迷的影响，近年来一直在减少。

从作为担保的各种资产来看，也可以发现发行金额几乎全部都在减少。不过，与信用债权保持平衡相反，租赁债权、不动产相关、消费者贷款在减少，可以说该结果显示了对经济变动的感应度的差异。另外，作为担保的资产占整体的比例，房贷占了将近一半，最近几年这一倾向都没有改变。其原因应该在于银行积极地对自己贷出的住房贷款进行证券化，以及贷款债权担保住宅金融公库债的发行金额达到较高的水准。

关于公募的证券化商品的发行，由日本证券业协会作为资产担保型公司债进行汇总。根据该协会的数据，自统计开始的 1997 年以来，发行金额顺利增加，但是在 2002 年达到峰值的 0.58 兆日元后转为减少，2010 年为 0.12 兆日元。这仅占整体发行额（含私募形式）的 3.5%。私募形式的发行之所以成为主流，其原因在于考虑了投资人保护的框架、税款、披露成本等因素。

另外，关于证券化商品包销的公司的现状，包销多数集中在大企业以及银行类证券公司那里。根据资讯提供商汤姆森路透的调查，2010 年证券化商品整体的包销金额，从高至低依次为野村证券、瑞穗金融集团、大和证券集团总公司、三菱 UFJ 摩根士丹利证券、高盛银行。最近几年，排名靠前的公司的顺序虽然多少会有变动，但是上述排名几乎没有变过。该结果可以说反映出包销公司的销售能力、担保资产的筹措力以及与证券化相关的建议能力。

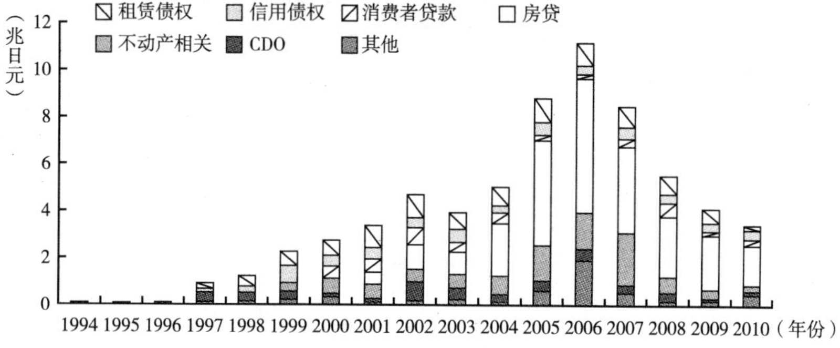

图 8-5　证券化商品发行金额

出处：德国证券证券化商品调查部。

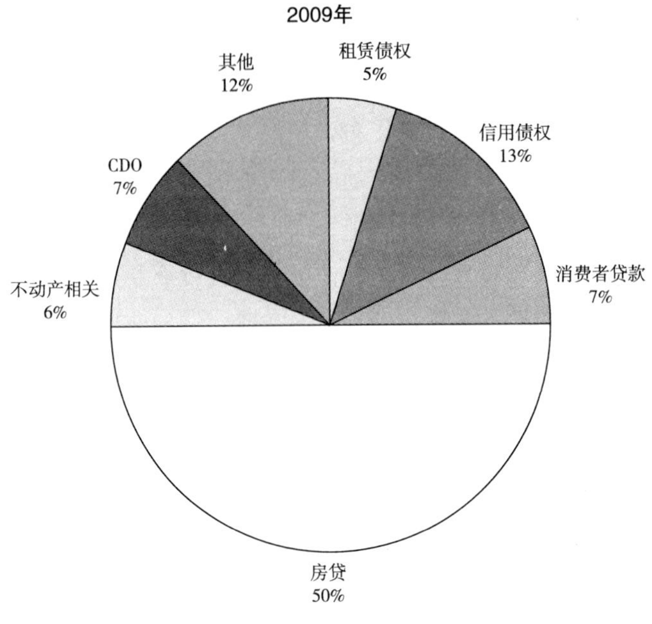

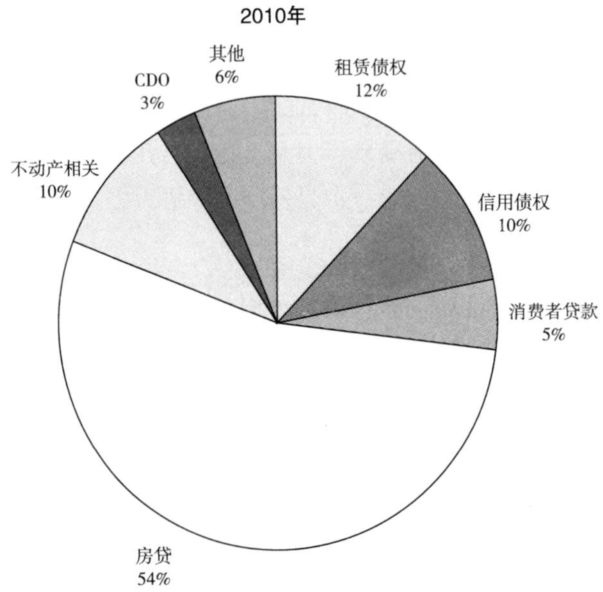

图 8－6　各担保资产发行额明细

出处：德国证券证券化商品调查部。

6. 证券化商品的流通市场

关于证券化商品，除了后面讲述的不动产投资信托外，现在都没有在交易所集中买卖。这与公司债流通市场一样，是由于商品以及交易内容复杂多样，所以不适合在交易所进行交易。因此，可以说是店头的业者之间的相对交易形成了流通市场。日本证券业协会那里有业者之间交易的买卖金额数据，在这里我们利用它公布的特定公司债的数据来观察一下证券化商品流通市场的现状。

日本证券协会根据会员证券公司的报告统计的特定公司债的买卖金额，只有 1998 年以来的数据。根据这些数据，买卖金额有增有减，2008 年达到峰值创下新高。把买卖金额与其他证券作比较，2010 年全年特定社债为 1.0 兆日元，一般公司债、电力债分别为 28.4 兆日元、3.6 兆日元，统计数据只涵盖了其中的一部分，可以说流通金额仍处在发展中的阶段。另外，进行定价的证券公司也很有限，可以推测证券化商品的流动性相当低。另一方面，关于贷款债券担保住宅金融公库债（统计上归到财政投资机构债这一类），多数的证券公司有从事定价业务，在一定程度上确保了流动性。

接着讲流通利率。由于流通市场不成熟，所以入手证券化商品比较困难，用发行利率来代替。通过这种方式来比较一下最具流动性的贷款债券担

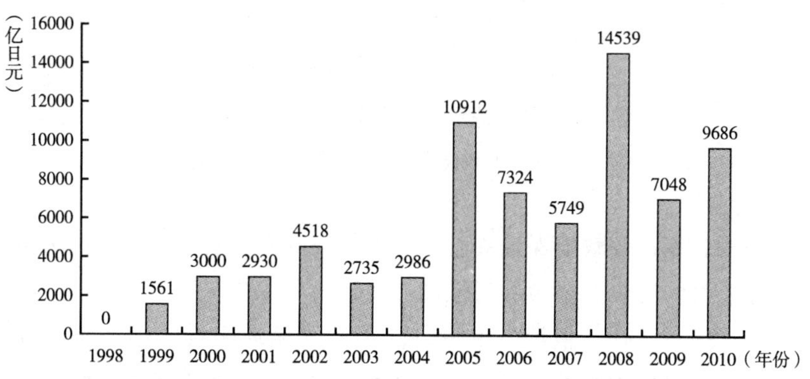

图 8－7　特定公司债买卖金额

出处：根据日本证券协会的“公司债店头买卖金额”绘制。

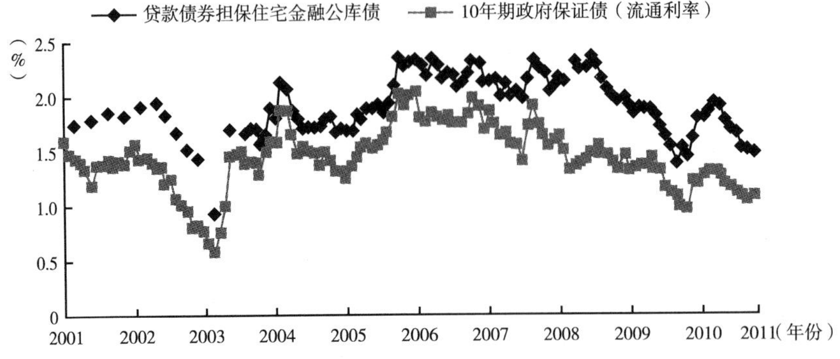

图 8－8　贷款债券担保住宅金融公库债发行利率

出处：根据日本银行的“金融经济统计月报”等绘制。

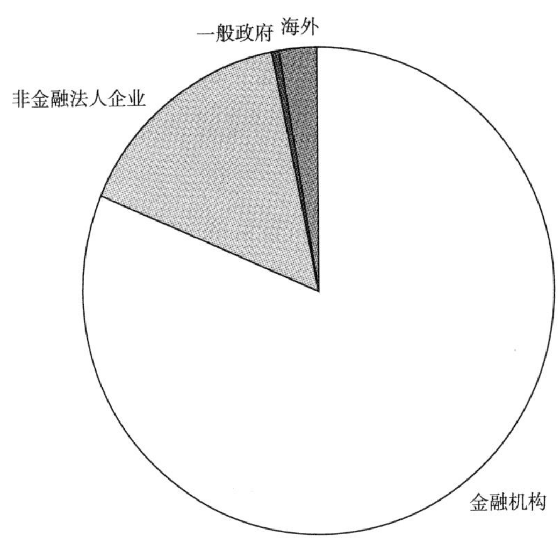

图 8－9　购买主体明细（2010 年末）

出处：根据日本银行的“资金循环账目”绘制。

保住宅金融公库债和政府保证券。前者以较高的利率交易，这是因为考虑到提前偿还引起的再投资风险和低流动性。

最后讲购买主体。根据日本银行的“资金循环账目”中的金融资产负债余额表，可以发现被视为证券化商品的债权流动化相关商品的持有人，几乎全都是非金融法人和金融机构。其原因在于，证券化商品的机制非常复杂，如果不能履行充分的解释责任的话，就很难向家计部门销售。因此现阶段虽然个人投资者不持有债权流动化相关产品，但是今后能满足其潜在需求的，可以说是将证券化商品纳入其中的投资信托。

7. 不动产投资信托的发行、流通市场

2001 年 9 月 10 日，“日本建筑基金投资法人”、“日本不动产投资法人”这两个交易品种在东京证券交易所上市，成为了日本第一个不动产投资信托(REIT)。这是由于 2000 年 11 月《证券投资信托法》等法律的修订版开始实施，使得通过不动产投资方案组成基金得以实现。此外，东京证券交易所新制定了规定不动产投资信托证券上市制度的“关于不动产投资信托证券的有价证券上市规定之特例”，并于 2001 年 3 月 1 日起实施。截至 2010 年 12 月末，上市交易品种数量增加至 35 家公司。

关于 REIT 的基本机制，它是由被称为投资法人或投资信托委托商的运用公司等从投资者那里收集资金，对以不动产为中心的资产进行运用，然后向投资者分配租金等用。另外，《投资信托法》规定的三类证券，即信托型的“委托人指示型投资信托的受益证券”、“委托人非指示型投资信托的受益证券”以及公司型的“投资法人的投资证券”，对于不动产投资信托也适用。委托人指示型投资信托，是指运用公司向保管资产的信托公司发出运用指示。委托人非指示型投资信托，是指信托银行根据自己的判断去运用资产。公司型，是指投资信托法中的法人，即投资法人持有资产并委托运用公司去运用。在东京证券交易所上市的 REIT，全部都是采取“投资法人的投资证券”这种形态。

对于投资者来说，REIT 的好处在于，可以以小额的资金投资不动产，而且可以确保在市场上自由买卖这种流动性。通过加入 REIT，投资者可以扩大有价证券的选择范围。此外，REIT 还可以将可分配收入的 90% 以上拿来分配利益。如若满足一定的条件，还可以将分配给投资者的分红金额算入损失金额。

REIT 存在的问题，可以列举以下这一点：关于委托外部运用的资产，有可能在投资者和运用者之间产生相反的利益。也就是说，人们担心运用公司的股东将持有的不动产高价硬塞给 REIT 这个问题会发生。关于这一点，大家都希望自己投资的不动产的信息被正面地公开。另外，投资者通过投资者大会参与投资法人的经营，这一点也应该加以考虑。

表 8－4　东证上市标准之概要

项　　目	上市标准的内容
资产运用公司的资格	与申请上市交易品种相关的投资信托委托商或委托人非指示型投资信托的信托公司等，必须是投资信托协会的会员
不动产部分占运用资产总额的比例	应有望达到 70% 以上
不动产等、不动产相关资产以及流动资产等的合计金额在运用资产等中所占的比率	应有望达到 95% 以上
每笔净资产的平均总额	上市前应有望达到 5 万日元以上
净资产总额	上市前应有望达到 10 亿日元以上
资产总额	上市前应有望达到 50 亿日元以上
审计意见	(1)最近两年的有价证券报告书等上没有“虚假记录” (2)最近两年的审计报告书上有写“无限定适正意见”或“附除外事项的限定性适正意见”
上市笔数	上市前有望达到 4000 笔以上
大笔交易受益者或投资主	大笔交易受益者或投资主所持有的总比到上市前为止，预测能占全部上市笔数的 75% 以下
受益者或投资主数量	除了大笔交易，上市时预测能达到 1000 人以上。

出处：根据东京证券交易所的主页制作。

表 8－5　关于东证上市 REIT 的各种统计

年度	上市交易品种数量	净资产总额（亿日元）	买卖价款（亿日元）	买卖周转率（按笔数计算 %）
2001	2	2314	810	32.7
2002	6	4451	2061	62.9
2003	10	7088	5057	71.5
2004	14	11062	11791	85.0
2005	26	18937	20551	92.0
2006	39	29539	35040	96.8
2007	41	35910	74428	129.7
2008	40	38405	39926	113.9
2009	40	38733	22423	86.2
2010	35	39999	26645	87.9

8. 证券化商品的风险与信用增补

证券化商品的机制比较复杂，因此作为投资标准之一的评级受到重视。为了组成能得到高评级的证券化商品，必须对各种各样的风险进行控制。风险的内容因原资产的种类和方案的参加人而异，不过都有一个共同的风险，即不能按约定获利本金和利息的偿还，也就是债务不履行风险。债务不履行风险，针对证券化商品来说，可以分成以下两种：因原债权的资金流引起的呆账和拖欠风险、包括债务人的 SPC 以及原始权益人等相关人员的破产风险。

关于原债权的现金流的风险，它可以通过利用各种各样的信用增补措施来减轻。证券化商品的评级，与以发行人的信用风险为基础的一般公司债不同，它需要进行个别的审查，包销或销售证券化商品的安排人和原始权益人与评级公司进行交涉，以获得高评级。关于信用增补，证券化商品的发行机制不同，其方法也不同，有各种各样的方法。按大类来分，可以分为：灵活运用外部金融机构等的信用力的外部信用增补、在发行证券的结构中加入信用增补功能的内部信用增补。此外，外部信用增补可以分类成直接方式和间接方式两种。前者对原债权的现金流，后者对证券化商品的现金流进行信用增补。关于间接方式，有人指出它不能避免债权回收受托人的风险（Servicer Risk）这个问题点。此外，关于内部信用增补的手段，一般使用的是优先劣后的构造，不过在日本，原始权益人自己持有劣后部分的情形居多。关于这点其原因有很多，喜欢劣后部分而购买的投资者几乎没有是其中的原因之一。

原债权现金流的风险，大部分可以通过信用增补措施来消除，但是在相关当事人破产时，已显示出来的破产风险在现实上会成为一个大问题。转让债权与回收金被纳入原始权益人的破产处理手续，投资者无法获得本金和利金的偿还等，这些是代表性的风险。相关当事人自身的业务内容是否存在风险、是否与其他的相关当事人的风险没有联系，这点非常重要。风险错综复杂，表 8－7 是代表性风险的总结。

表 8－6　主要信用增补措施

信用增补（外部）	原债权人的追索权 Recourse	原债权人对 SPC 承担销售资产的一定范围内的偿还义务（追索权）。有些追索权的不平衡不被认可。
	信用违约交换 Credit Default Swap	交换购买人不支付一定的溢价，而是由销售人承担特定债权的信用风险。
	金融机构提供的保证、保险 Financial Guaranty Insurance	运用银行出具的保证合同、信用状、损害保险公司出具的保险合同来降低原债权或发行证券的债务不履行风险。
信用增补（内部）	超额利差账户 Spread Account	从原债权的现金流中扣除支付给投资者的金额与手续费后的剩余资金积累到超额利差账户，以便在呆账发生时作为填补金使用。
	超额抵押 Over Collateral	将超过证券发行金额的保证资产出售给 SPV，提高发行的证券的信用力。
	优先劣后构造 Senior Subordinate Structure	让发行证券的一部分成为劣后证券，提高其他部分的信用力。

表 8－7　ABS 的代表性风险

ABS 整体风险	概　　要	避免风险的必要措施
信用风险	因原始权益人不履行债务而产生的得不到预定的现金流的风险。	研究信用增补措施。以多个债权作为原资产的，应充分考虑分散。
到期日前提前偿还的风险	在偿还日届满前发生了预料外的偿还，投资者面临的再运用的风险（Prepayment Risk）。	在保证资产和发行证券的现金流的关系上想办法。进行 CMO 型、搁置期限设定型的技术研发。
流动性风险	资金急速流出时，因证券化商品的流动性低而导致中途不能卖掉的风险。	完善流通市场。 购买劣后部分商品的投资者的层次必须广泛。
与相关当事人有关的风险	概要	避免风险的必要措施。
原始权益人风险	原始权益人卖给 SPC 的债权如果被认定为破产原始权益人的破产资产，则投资者将面临不能获得原来的本金和利息的偿还的风险。	债权转让不应该以担保为目的，而应该是真正的买卖（Ture Sale）。
债权回收受托人风险	在债权回收受托人破产、其回收的资金被送到 SPV 之前，该资金会被混淆为是债权回收受托人自己的资金，即互混风险（Commingling Risk）。	指定可以积累超额担保的债权回收受托人的后援。 将来自债权人的钱直接入账 SPV。 专用账户的管理（Lock box）。
SPC 的风险	在证券化的方案中，必须实现满足 SPC 自身不破产、不被牵扯进其他公司的破产处理这两个条件的破产隔离（Bankruptcy Remote）。	限定事业内容，通过慈善信托设立与原始权益人无资本关系的 SPC。 以慈善信用为实际股东，自己限制破产手续的开始。

9. 证券化相关立法

日本的现行法制以《行业法》为中心，形成了以金融商品根据各相关行业的法律，按行业形态类别来管理的垂直管理体系。因此，《行业法》的限制和禁止性规定较多，在进行证券化等新业务时，有人指出在很多情况下都需要在现行法律的修正以及新法出台等方面进行完善。

关于证券化，1993 年出台了《特定债权法》，它是独立形式的法律。《特定债权法》实施后，法制层面的硬件完善稳步开展。在《特定债权法》实施下，被分类成租赁债权等的特定债权开始了债权的流动化、证券化。此后，为了限制国际结算银行（BIS）自有资本比例和应对 20 世纪 90 年代变得严重的不良债权问题，旨在促进证券化的法制开始进行完善。

由于《SPC 法》以及将该法重组的《资产流动化法》的实施，利用 SPV，可以将资产按照该法规定的种类的资产对应证券、特定目的信托的形式实现证券化。此外，从保护投资者的角度来看，《SPC 法》导入了资产流动化计划、个别流动化案件等的信息提供制度，这有别于《证券交易法》和《金融商品交易法》中的有价证券信息公开制度。

《动产、债权转让特例法》，作为《民法》的特例法规于 1998 年制定，2005 年修订。《民法》规定了向债务人或第三人主张指名债权（债权人特定的债权）的转移的法律要件（债务人对抗要件和第三人对抗要件）。指名债权虽然是可转让债权，但《民法》的规定成为了其证券化的障碍。

《债权回收受托人法》是承认得到批准的股份制公司可以从事债权管理回收业务的法律，它是《律师法》的特例法规。根据该法律，不良债务的回收得以实现，且与《律师法》不抵触，因此可以设立该法中的债权回收公司。《非银行银行公司债法》，是对贷款业者以贷款资金为目的的公司债、CP 以及 ABS 在符合一定条件的情况下的发行进行解禁的法律。

另外，由于基于《金融系统改革法》和《证券交易法》的修订、《金融商品交易法》的实施，《资产流动化法》中的资产对应证券和信托受益权、《抵押证券法》中的抵押证券被作为有价证券处理。此外，在《投信法》修订版实施后，作为运用对象的资金，也包括不动产。如此一来，REIT 的发行得以实现。

表 8-8 证券化相关法律制度年表

年	月	事 项
1931 年	8 月	制定《抵押证券法》
1973 年	6 月	住宅金融专业公司等通过房贷债权信托筹集资金
1974 年	9 月	住宅金融专业公司等通过住宅抵押证券筹集资金
1988 年	1 月	抵押证券业的限制条件相关法律的实施
1992 年	4 月	实施"关于涉及商品投资的事业限制的法律"(《商品基金法》)
1993 年	4 月	指定房贷信托受益权为证券交易法中的有价证券
	6 月	实施"关于涉及特定债权等的事业的限制的法律"(特定债权法)
	7 月	非银行银行的 CP 发行解禁
1995 年	4 月	实施《不动产特定共同事业法》
1996 年	4 月	资产担保证券(ABS、ABCP)的发行得到认可,被指定为《证券交易法》中的有价证券
1997 年	6 月	指定包括不动产担保贷款的一般贷款债权的信用受益权为《证券交易法》中的有价证券
1998 年	2 月	修订《证券投资信托法》(公司型投资信托、私募投资信托解禁)
	4 月	公布土地、债权流动化全体计划
	9 月	实施"关于特殊目的公司的特定资产流动化的法律"
	10 月	实施"关于债权转让对抗要件民法特例等的法律"
1999 年	1 月	公布"关于涉及金融商品的会计标准的设定的意见书"(关于附条件的金融资产的转让,采用财务构成要素方法)
	2 月	实施《关于债权管理回收业的特别措施法》(《债权回收受托人法》)
	5 月	实施"关于金融业者为了贷款业务而发行公司债的法律"(非银行银行公司债法)
2000 年	11 月	实施"关于资产的流动化的法律"(《资产流动化法》),流动化对象资产进一步扩大到一般的财产权,使用起来更自由
	11 月	实施"关于投资信托及投资法人的法律"(《改正投信法》),运用对象资产包括不动产等
2001 年	9 月	实施《债权回收受托人法》修订版
2004 年	12 月	修订《信托业法》,创设登记制的管理型信托公司的制度
	12 月	废除《特定债权法》
2005 年	10 月	将《债产转让特例法》修订为《动产、债权转让特例法》
2006 年	5 月	实施《公司法》
	12 月	修订《信托法》,新导入事业信托、自己信托、目的信托
2007 年	10 月	实施《金融商品交易法》

第9章　金融商品交易所等（1）

1. 金融商品交易所（证券交易所）的功能

证券交易所的基本功能是开设高度组织化的市场，根据市场集中的大量供求，提高有价证券流通性的同时，形成能反映供求的公正且公开的价格。

证券交易所的目的是为了进行有价证券的买卖，开设必要的有价证券市场，为了公益以及保护投资者的利益，有价证券的买卖以公正、协调为宗旨进行运营，以提供公正且透明有效的市场为基本使命。

开设证券交易所的有价证券市场，具有赋予有价证券的流动性和提供公正价格的形成场所的功能，让投资者安心投资有价证券的同时，也让企业通过发行有价证券，顺利地筹措到资金。价格的公开是有价证券的担保价值和财产价格的基准，另外也是反映经济动向的重要指标。

证券交易所开设的有价证券市场，由于承担着支撑国民经济活动的重要作用，所以其开设需要内阁总理大臣的许可，开设后的运营并受到其监督。

以前，《证券交易法》规定证券交易所是会员组织法人，但2000年12月《证券交易法》修正后，可以选择股份公司的组织，所以在2001年4月大证，同年11月东证，分别在2002年4月变更为股份公司组织，之后的2004年12月成立了股份公司佳斯达克证券交易所（2010年4月和大证合并）。

随着2007年9月《金融商品交易法》（旧《证券交易法》）的实施，可以成立自主限制委员会和自主限制法人，所以在同年10月东证作为持股公司的发起人成立了自主限制法人，大证成立了自主限制委员会。

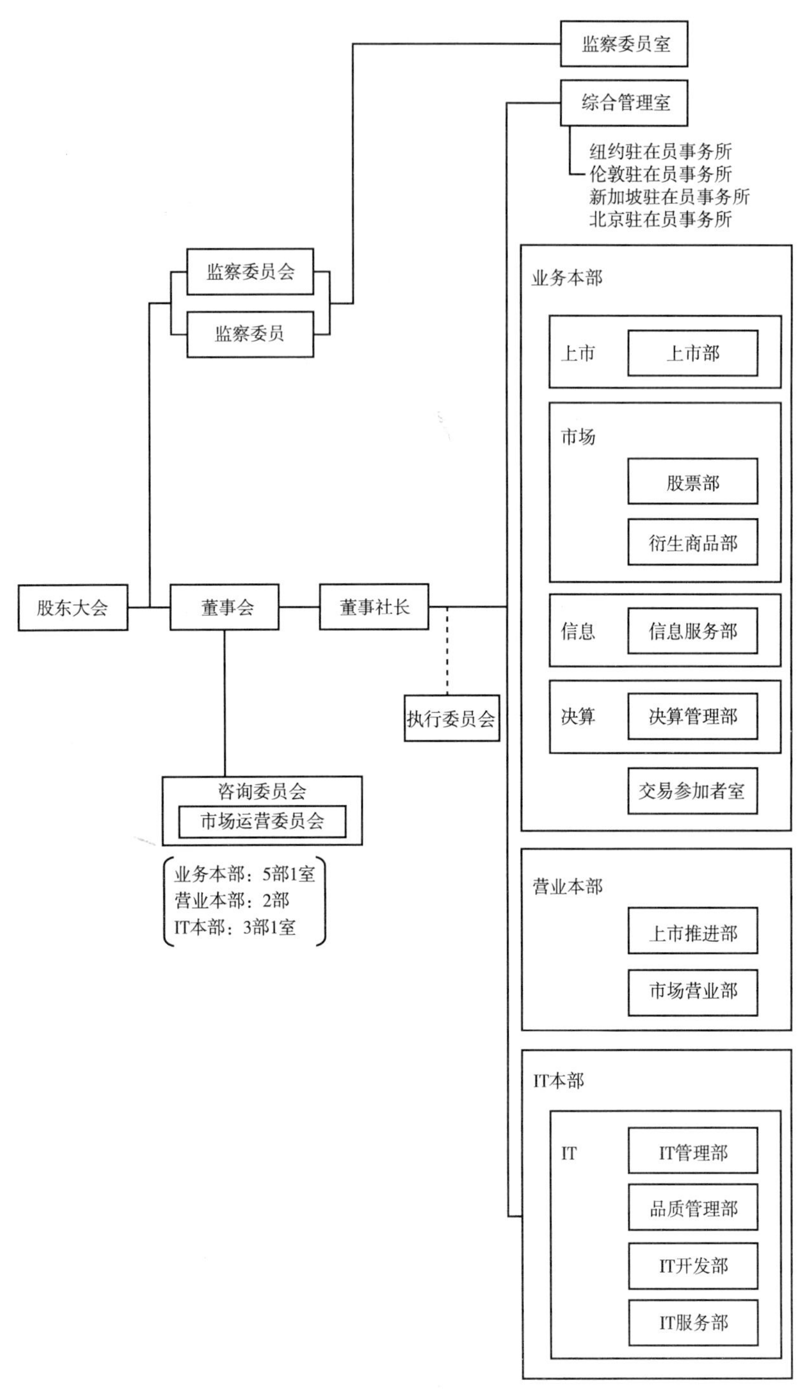

图9－1 股份公司东京证券交易所（持股公司）

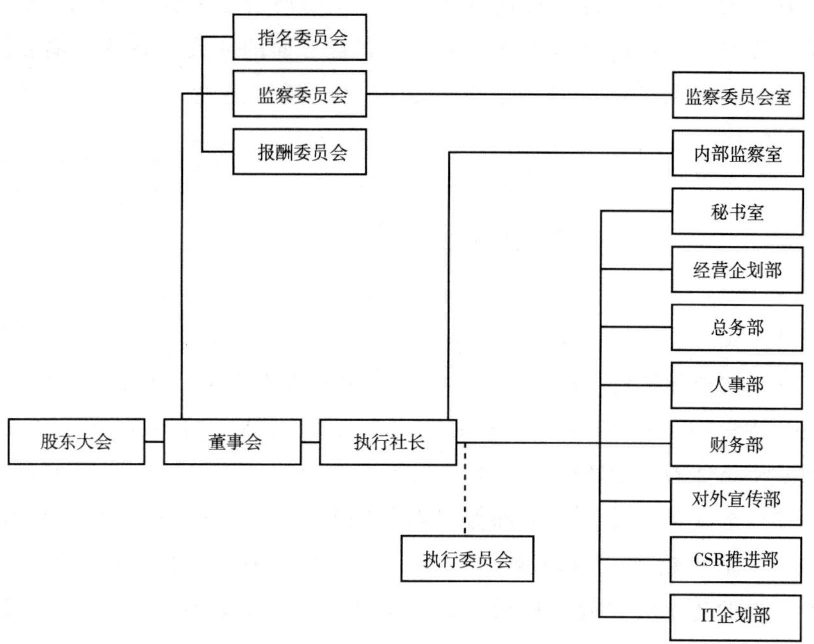

图 9－2　股份公司东京证券交易所集团（市场运营公司）

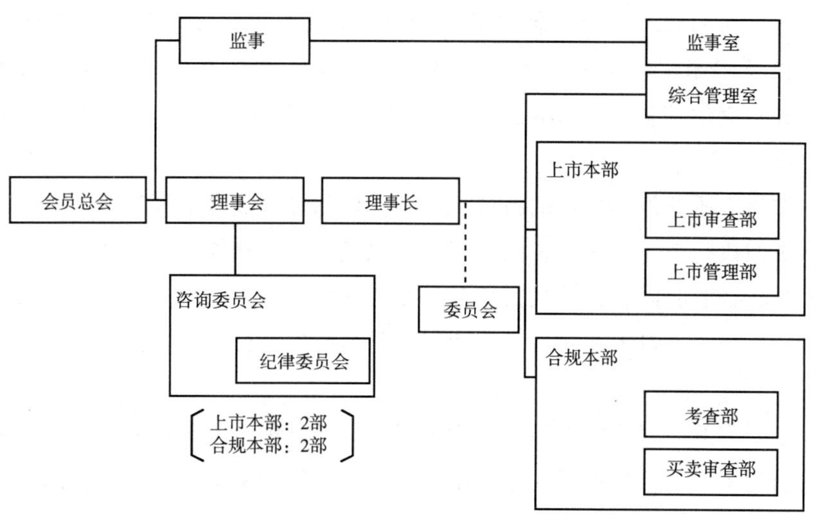

图 9－3　东京证券交易所（自主限制法人）

这样的对应下，自主限制的旗手证券交易所的公共性和成为股份公司的证券交易所的作用之间有可能会发生利益方面的冲突，在这种潜在问题的背景下，采取了自主限制业务的公共性、高机能性、独立性的强化对策。

2. 新规上市制度（1）

证券交易所从保护投资者的角度设立了上市审查基准，对有价证券是否满足基准的条件进行审查。上市审查基准由形式条件和实质条件构成，证券交易所接受希望上市的企业申请之后，首先确认其形式条件是否充分，之后再对实质条件的适当性进行审查。

作为形式条件①从为了确保股票的顺利流通和公正价格的形成角度，制定了“股东数”，“流通股票”（大股东以外的股东所持有的股数、时价总额、持股比率）以及“时价总额”的基准；②从企业的持续性，财政状态，收益等方面保持上市够格性的角度制定了“事业继续年数”，“纯资产额”以及“利益额”基准，从确保企业内容合理公开的角度制定了“虚假记载或者不合理意见”的基准。此外，为了防止债券流通事故的发生，确保形式方面的顺利流通，制定了“股票事务代行机关设置”，“股票转让限制”以及“制定转让机关操作”的基准。2011 年，为了提高新规上市公司财务报表的信赖性，在形式条件中追加了接受来自上市公司监察事务所的监察。

作为实质条件①事业的持续运营且良好的经营成绩的预测；②公正且如实地贯彻执行事业；③完善的公司治理以及内部管理体制的机能；④可以合理地披露企业的内容；⑤从其他公益或者保护投资者的角度，交易所认为所必要的事项等，对上述实质条件的审查是通过发行公司提供的资料和听取会进行。

新上市的公司通常先被指定为市场第 2 部品种，上市以后满足第 1 部品种的制定基准后，再重新指定为第一部品种。但如果上市时所预测的形式基准达到“股东数”在 2200 人以上，“流通股票数”在 20000 股以上，“流通股票比率”在 35% 以上，“时价总额”在 500 亿日元以上的，可在新上市时直接被指定为市场第 1 部。

表9－1　东证，大证，名证的市场第二部上市基准的概要

	东京证券交易所	大阪证券交易所	名古屋证券交易所
纯资产额①	最近期末〈联结〉10亿日元以上〈单体〉零以上	最近期末〈联结〉3亿日元以上	最近期末〈联结〉3亿日元以上
利益额②	〈联结〉 a.：最近的2年间中，最初1年在1亿日元以上，最近1年在4亿日元以上 b.：最近的3年间中，最初1年在1亿日元以上，最近1年在4亿日元以上且3年间的合计在6亿日元以上	〈联结〉 最近1年在1亿日元以上	〈联结〉 最近1年在1亿日元以上
股东数	上市时800人③以上	上市时300人以上	上市时300人以上
流通股票④	上市时 a. 流通股票数：4000单元⑤以上 b. 流通股票时价总额：10亿日元以上 c. 流通股票比率：上市债券等的30%以上	上市时 a. 浮动股票数：2000单元⑤以上 b. 浮动股时价总额：5亿日元以上 c. 浮动股比率：上市债券等的25%以上	上市时 a. 流通股票数：2000单元⑤以上 b. 流通股票比率：上市债券等的20%以上
上市时价总额	20亿日元以上	10亿日元以上	10亿日元以上
事业继续年数	从3年以前成立股东会继续事业活动	3年以上	从3年以前成立股东会继续事业活动
财务报表等	最近两年间无“虚假记载”（利益为b的情况下是最近3年间）	最近两年间无“虚假记载”	最近两年间无“虚假记载”
监察意见	最近两年间“无适当限制”或者“附适当限定” （利益为b的情况下是最近3年间） 最近1年间“无适当限制”	最近1年间“无适当限制”	最近两年间“适当” 最近1年间“无适当限制”
其他	·上市公司监察事务所⑥的监察 ·股票事务代行机关的设立 ·单元股票数 ·股票的转让限制 ·指定转账机关的操作	·上市公司监察事务所⑥的监察 ·股票事务代行机关的设立 ·单元股票数 ·股票的转让限制 ·指定转账机关的操作	·上市公司监察事务所⑥的监察 ·股票事务代行机关的设立 ·单元股票数 ·股票的转让限制 ·指定转账机关的操作

注：①纯资产额是以“纯资产的部分合计＋准备金等－（纯资产的部分中揭示的）新股预约权以及少数股东所持股份”计算；②利益额是“经常利益（损失）金额”或者“税金等调整前当期纯利益（损失）金额（除去准备金等的转入额或挪用额以及债务免除利益的金额）”的任何较低额中加减税金等调整前当期纯利益（损失）中属于少数股东持股的金额。另外，时价总额在1000亿日元以上的（除去销售额不满100亿日元的情况），不需要符合利益额的基准；③股东数是指持股数在1单元以上的股东；④流通股票是指持有上市股票10%以上的股东、董事等以及自己（持有自己股票的情况）以外的所有股票；⑤1单元是在采用单元股制度下的每单元的股票数，不采用单元股制度的情况下称为1股；⑥根据日本公认会计师协会的上市会计公司监察事务所登录制度，在上市公司监察事务所名簿中登录的监察事务所（包括接受同协会的品质管理审查的准登录事务所）。

3. 新规上市制度（2）

东京证券交易所作为面向新兴企业的市场于1999年11月成立了“创业板”。这个是为了使日本经济活性化成长进行的必要的新兴产业育成和经济结构改革，对于今后有成长希望的新兴产业，可考虑从证券市场提供资金。创业板中，上市后召开说明会和公开第一、三季度的业绩概况等方式来保护投资者，在上市审查基准的形成条件中不要求“利益额”，在实质条件中不要求“企业的继续性及收益性”等，构筑了面向新兴企业可早日上市的制度。

之后，以一部分上市公司的丑闻事件为契机，强化了上市审查基准，《金融商品交易法》中也对季度报告制度和内部统制报告制度进行了完善，进一步强化了对投资者的保护。一方面，2004年的高峰之后，创业板的新上市公司出现了低迷，2010年持续发生的一系列新上市前暴露的财务报表的虚假记载事件，让创业板的信用降低。鉴于此种情况，东京证券交易所为了提高创业板的信赖性以及活性化，在2011年3月对上市制度进行了修正。作为提高信赖性的策略，增加了上市公司监察事务所对新上市公司进行监察的机能，以及修正了创业板的上市废除基准。作为活性化的策略，上市审查的方法进行了修正，对预计刚上市后有良好的经营业绩不能作为上市的重要条件，要从长远的角度来评价事业计划实现的可能性以及制定了标准上市的审查期间。

就这样面向成长企业的新兴市场，以“创业板”领先，接着大阪证券交易所在1998年12月成立了“新市场部”（之后继承了海洛里斯），名古屋证券交易所在1999年10月成立了“Centrex”。札幌证券交易所在2000年4月，福冈证券交易所在2000年5月分别成立了名为“Q板”新市场。2010年10月，以前的店头市场“JASDAQ”和大阪证券交易所的“海洛里斯”进行了合并，成立了新JASDAQ市场。

表 9－2　东证，大证，名证面向新兴企业市场的上市基准概要

（2011 年 8 月）

	东京证券交易所	大阪证券交易所		名古屋证券交易所
	创业板	JASDAQ		Centrex
		标准	成长	
纯资产额	—	2 亿日元以上	正	—
利益额	—	〈联结〉 最近 1 年的联结汇集年度中经常利益及税前利益在 1 亿日元以上	—	—
时价总额	上市时 10 亿日元以上	—	上市时 50 亿日元以上	上市时 5 亿日元以上
公开股票数	上市时为止 500 单位[①]以上的公募	上市股票数的 10% 以上（最低 1000 单位）		上市时为止 500 单位以上的公募
股东数[②]	上市时 300 人以上	上市时 300 人以上	上市时 300 人以上	上市时 300 人以上
流通股票[③]	上市时 a. 流通股票数:2000 单位以上 b. 流通股票时价总额:5 亿日元以上 c. 流通股票比率:上市证券等的 25% 以上	上市时 浮动股时价总额:5 亿日元以上	—	—
事业继续年数	1 年以前设立了董事会,继续进行事业活动	—		1 年以前设立了董事会,继续进行事业活动
财务报表等	最近两期无“虚假记载”	最近两期无“虚假记载”		最近两期无“虚假记载”
监察意见	最近两期“适应性” 最近期“无适当限定”	最近两期“适应性” 最近期“无适当限定”		最近两期“适应性” 最近期“无适当限定”
其他	· 上市公司监察事务所的监察[④] · 股票事务代行机关的设立 · 单元股票数 · 股票的转让限制 · 指定转账机关的操作	· 上市公司监察事务所的监察[④] · 股票事务代行机关的设立 · 单元股票数 · 股票的转让限制 · 指定转账机关的操作		· 上市公司监察事务所的监察[④] · 股票事务代行机关的设立 · 单元股票数 · 股票的转让限制 · 指定转账机关的操作

注：①1 单元是在采用单元股制度下的每单元的股票数，不采用单元股制度的情况下称为 1 股；②股东数是指持股数在 1 单元以上的股东；③流通股票是指持有上市股票 10% 以上的股东、董事等以及自己（持有自己股票的情况）以外的所有股票；④根据日本公认会计师协会的上市会计公司监察事务所登录制度，在上市公司监察事务所名簿中登录的监察事务所（包括接受同协会的品质管理审查的准登录事务所）。

4. 面向专业投资者的市场（1）

——股本市场“TOKYO AIM”

东京证券交易所和伦敦证券交易所在2009年6月共同成立了“TOKYO AIM”（出资比率东证是51%，伦敦是49%）。

东京AIM是根据在2008年12月实施的修正《金融商品交易法》中加入的面向专业市场的制度来进行运营的交易所市场。面向专业市场制度中，可以下买卖订单的投资者的范围仅限于特定投资者以及非居住者，只对这个范围的专业投资者进行募集的话，不需要提交有价证券申请书，只需要按照

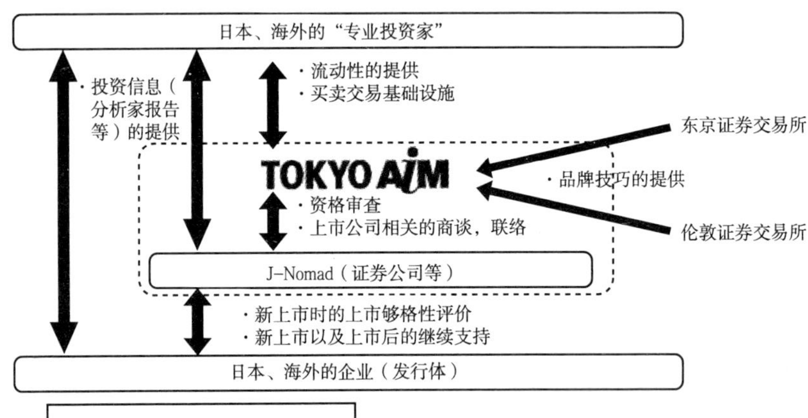

图9-4 J-Nomad制度的导入

注：何为J-Nomad制度

作用：

1. 上市公司通常有义务维持担当J-Nomad。
2. J-Nomad在新上市时，会实施上市够格性的评价，向交易所宣誓。
3. 上市后为了能够继续维持上市够格性给予的继续支持。

担任条件：

有企业融资有关的经历，需要精通这些业务的人才的法人（证券公司为中心）。

“Nomad”是“Nominated Advisor”（指定顾问委员会）的简称。

交易所（东京AIM交易所）规定的格式、方法，披露财务信息（法律上被称为“特定证券信息”）就可以了。

另外，在东京AIM上市的公司不需要提交有价证券报告书，只需要按照交易所规定的格式、方法，披露财务信息（发行者信息）就可以了，内部统制报告书的提出和季度披露都是随意的，对投资进行判断、分析，只对认为有可能的专业投资者进行投资为前提，这样和以前的交易所市场相比，可以说减少了一部分发行体的负担。

一方面，在面向专业的市场制度中，同其他市场一样，对财务信息等的虚假记载、内幕交易，都适用法律上的惩罚条例、大量保有报告制度以及TOB制度等。

详细的制度可参考图9－4，东京AIM中活用了法律框架，采用了指定的顾问委员会制度（J-Nomad），以向发行体及投资者提供灵活且规律的市场为目标。

表9－3 东京AIM和现有市场的上市基准比较

	现有市场	东京AIM
公开语言	日语	日语或英语
会计基准	日本基准 （在日本公开财务资料的情况）	·日本基准 ·国际会计基准 ·美国基准 ·其他 （J-Nomad和监察法人协议之后，适当的判断，交易所认可的基准）
上市基准	有股东数，时价总额，销售额，利益等的数字基准	无数字基准 J-Nomad评价上市的够格性 （和伦敦AIM相似的结构）
监察证明	最近两年间	最近1年间
内部统制报告书	必须	任意
季度公开	必须	任意
投资者	无限制	专业投资者[1]

注：何为专业投资者。

1. 特定投资者。

（1）够格机关投资者（金融机关等），上市公司，资本金在5亿日元以上的股份公司。

（2）国家、日本银行，地方公共团体。

2. “特定资本家”。

（1）上记以外的股份公司。

（2）持有3亿日元以上的金融资产以及纯资产，对金融商品有1年以上经验的个人。

3. 非居住者。

像这样的市场运营是将伦敦证券运营的 AIM 中的 Nomad（Nominated Adviser）制度大量引进的成果。伦敦 AIM 市场在 2011 年 8 月末，Nomad 有 63 家指定，1158 家（其中有 228 家是英国企业）上市，被评为是面向国际性成长企业的市场。

东京 AIM 在 2011 年 8 月末，J-Nomad 有 7 家，同年 7 月 Mebiopharm（股份公司）[J-Nomad 担当是菲利普证券（股份公司）] 作为东京 AIM 的第 1 号品种上市。

5. 面向专业投资者的市场（2）

——债券市场"TOKYO PRO-BOND Market"

TOKYO PRO-BOND Market 是东京 AIM 交易所在 2011 年 5 月整备制度后的面向个人投资者的债券市场。

日本的债券市场虽然是以额面 1 亿日元以上的公司债管理公司不设置债券为中心的、面向专业投资者大量发行的，但金融商品交易法的披露制度以及实务惯例是包含面向个人投资者的债券为前提的。另外，尽管国外发行体在日本国内发行的热情很高，但由于公开语言需要日元的限制，所以发行额未必很高。

TOKYO PRO-BOND Market 就是结合这种状况，实现了像欧洲市场那样的灵活且机动的债券发行，国内外的发行体和投资者为了提高证券公司等的关联业界的便利性，以亚洲为核心的日本债券市场发展为目的而成立的。

该市场和股份市场的东京 AIM 市场不同，例如没有采用 J-Nomad 制度。参加该市场的投资者，仅限于特定投资者以及非居住者，原则上个人不能参加。

在 TOKYO PRO-BOND Market 上市的债券的信息公开，有发行时公开的"特定证券信息"，继续公开的"发行者信息"。这些公开的资料，是根据东京 AIM 交易所规定的格式以及作成方法做成的，可以用英文公开，所以可以使用在欧洲市场公开的格式，有简单朴素和高自由度的特征。特别是只用英文的发行公开以及继续公开，所以大幅缩减了海外发行体的发行成本。

上市条件有两点：取得评级（评级内容不限）和承兑主承销商公司记载到东京 AIM 交易所的清单上。另外，可以采用和欧洲 MTN 同样的程序上市，根据市场行情，实现机动且灵活的债券发行。

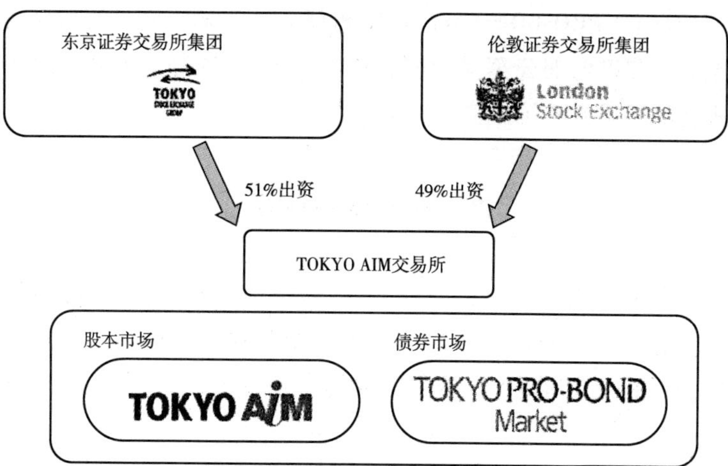

图 9－5　TOKYO PRO-BOND Market 的市场构成

表 9－4　TOKYO PRO-BOND Market 的特征

	公募债	TOKYO PRO-BOND Market
投资者	都市银行，地方银行，信托银行，生命损失保险，养老金，其他大机关投资者等（法律制度上，包含个人投资者）	投资者和公募债相同（法律制度上，除了一部分富裕层，不含个人投资者）
语言	日语	日语或英语或二者
财务公开资料	日本金融厅规定的格式	可使用欧洲格式（交易所也可规定格式）
程序 VS 单独	单独（有发行登记制度）	MTN 程序或者单独
上市方	非上市（日本金融厅的公开系统：EDINET）	TOKYO PRO-BOND Market（东京 AIM 交易所）
承兑证券公司的法律责任	重（参照有价证券报告书的宗旨的记载）	轻（提出有价证券报告书的宗旨的记载）
发行为止需要期间	初次发行的情况下，从资料作成到完成大概需要 2 个月	短
债券发行期间	窄	宽
依据法	日本法	日本法，英国法等（无限制）
评级	S&P，Moody's Fitch 或者日本的评级机关（JCR，R&T）	S&P，Moody's Fitch 或者日本的评级机关（JCR，R&T）
货币	日元	无限定（日元以外也可）
清算、决算	证券保管转账机构	无交易所规定的制约
买卖	OTC	OTC

对于 TOKYO PRO-BOND Market 上市债券的买卖，交易所的交易是不被特别设定的。和以前的公募债相同，买卖由 OTC 进行。另外，成为了日本证券业协会的买卖参考统计值的对象。

6. 上市管理制度

证券交易所是对上市有价证券以及其发行者的上市公司进行适当的管理，从保护投资者的角度，制定上市管理相关规定的同时，上市时和上市公司之间缔结的上市合同中要求记载约定遵守规则，是规则实效性的担保。

在东京证券交易所的“有价证券上市规程”中，对上市公司等重要的公司信息的适当公开，和企业行动相适当的企业行动规范，上市债券市场区分的变更以及退市等相关规定进行了制定。

上市公司等重要的公司信息的适当公开 为了确保流通市场中公正价格的形成，发展健全的证券市场，对价格形成的基础的，并影响投资者投资判断的重要的公司信息适时、适当地公开极为重要。东京证券交易所在“有价证券上市规程”中规定了公司信息适时公开等相关项目，并规定上市公司有义务对重要的公司信息适时公开。

企业行动规范 上市公司作为构成证券市场的一员应更加自觉，确保公司信息公开的透明性的同时，从保护投资者及发挥市场机能的角度，要求采取适当的企业行动，在证券交易所规定了以此为企业行动规范。

上市债券市场区分的变更 东京证券交易所等的市场第 1 部、第 2 部区分，在 1961 年将当时不成熟的店头市场的交易品种加到交易所市场时，是从保护投资者的角度进行的，但现在主要是根据市场流通性的程度进行区分和定位的。市场第 2 部品种为了成为市场第 1 部品种的一部分制定基准以及市场第 1 部品种是为了成为市场第 2 部品种的指定替换基准。

退市 东京证券交易所在“有价证券上市规程”中设置了退市基准，规定了符合任一条的情况都将被退市的宗旨。

证券交易所的退市基准中“有可能符合”的情况下，指定为监督管理的品种，并告知投资者。退市基准中“符合”的情况下，指定为整理品种，告知投资者的同时，在一定期间（通常 1 个月）可以继续进行买卖交易。

表9-5　企业行动规范的项目概要（东京证券交易所）

应该遵守的事项（有违反处罚规则）	希望尽量遵守的事项（努力义务）
·第三者分摊相关的遵守事项 ·禁止有可能会给市场的流通带来混乱的股票分割等 ·MSCB等的发行相关的遵守事项 ·书面决议权行使等义务 ·为了使上市外国公司容易行使决议权的环境整备相关的义务 ·董事会、监察董事会或委员会，会计监察人的设置义务 ·独立董事的确保义务 ·进行会计监察人的监察证明等公认会计师等的选择义务 ·为了确保义务的适当，进行的必要的体制整备的决定义务 ·收购预防对策导入相关的遵守事项 ·MBO等公开相关的遵守事项 ·和支配股东的重要交易等相关的遵守事项 ·上市公司监察事务所进行的监察 ·内部者交易的禁止 ·反社会势力的清除 ·流通市场的机能或者股东权利毁损行为的禁止	·向最理想的投资单位水准的转移以及维持 ·为了容易行使决议行使权的环境整备 ·向无决议权股票的股东提交资料 ·防止内部交易者的体制整备 ·反社会势力清除的体制整备等 ·上市公司的公司治理原则的尊重 ·会计基准等变更等正确对应体制的整备 ·决算内容相关的补足说明资料的公平提供

表9-6　债券退市基准的概要（市场第1部、第2部）

项目	退市基准的概要
①股东数	不满400人（有1年的犹豫期）
②流通股票	a. 流通股票数：未满2000单位（有1年的犹豫期） b. 流通股票时价总额：未满5亿日元（有1年的犹豫期） c. 流通股票数：未满上市债券等数量的5%（不包括提出制定的书面）
③时价总额	不满足10亿日元的情况下，9个月（如没有提出改善计划书的是3个月）以内不能达到10亿日元的情况等
④债务超过	连续2期债务超过的（根据再生手续等，有1年以内消除债务超过的计划的，可延长1年）
⑤销售额	最近1年的月平均销售额是10单位未满或者3个月买卖不成立
⑥破产等	需要进行破产，再生手续，修正手续时（进行再建计划的公开，1个月的时价总额达到10亿日元以上的，上市维持）
⑦事业活动的停止	上市公司停止事业活动或者以此为基准的
⑧不适当合并等	进行吸收合并等的上市公司在不是实质性的存续公司的情况下被该交易所所认可，但3年以内不满足上市审查基准的
⑨和支配股东的交易的健全性的破坏	由于第三者的分摊，支配股东发生调动的，在3年以内和支配股东交易相关的健全性明显被破坏的情况，被该交易所所认可时

续表

项目	退市基准的概要
⑩有价证券报告书等的提出延迟	在法定提出期限过后的1个月以内没有提出附有监察报告书或季度评价报告书的有价证券报告书或季度报告书
⑪虚假记载或不适当意见	上市公司在有价证券报告书等中有虚假记载且其影响重大的情况，被交易所所认可时 监察报告书中有记载“不适当意见”或“没有表明意见”且其影响重大的情况，被交易所所认可时
⑫违反上市合同等	上市公司对上市合同有重大违法，适时公开相关的宣誓事项有重大违反或者将不是上市合同的当事者的
⑬股东权利不当限制	股东的权利内容及行使不正当被限制时
⑭其他	银行交易的停止/股票事务代行机关的不设置/股票的转让限制/完全子公司化/指定转账机关的处理对象外/全部取得/反社会设立的干预/为了公益或保护投资者，该交易所被允许退市时

7. 股票买卖制度（1）

证券交易所传统且中心的股票买卖制度是根据个别竞争买卖（拍卖）的方式进行的买卖开盘交易。

买卖开盘交易的制度概要以东京证券交易所为例，交易时间分为从上午9点到11点30分的午前开盘（通称“前盘”）和下午12点30分到3点的午后开盘（通称“后盘”）的两种。

交易的种类根据决算日期的不同，分为三种：第一种是普通交易（从买卖合同缔结日开始算起的第四天进行决算的交易，这个是交易所最常有的交易。在2010年的东京证券交易所中占了股票买卖金额的99%以上）；第二种是当日决算交易（买卖合同缔结日进行决算的交易。只可以交叉盘交易）；第三种是发行日决算交易（在上市公司增资等发行新债券的情况下，从发行前到发行为止的一段期间，以该新债券为对象进行交易，在新债券发行后事先决定的那一天一并进行整个期间全部交易决算的交易）。

订单分为指定价格的限价订单和不指定价格根据当时市场的价格进行买卖的市价订单两种。

买卖开盘交易的买卖合同的缔结是按照价格优先的原则（价格最高的和价格最低的订单优先其他订单）和时间优先（如果是价格相同的订单，先订购的优先于后订购的）的原则，再根据下面将要说明的集合竞价方式及盘中交易方式进行。

表 9－7　买卖合同的缔结方法

集合竞价方式			盘中交易方式		
对某品种决定开始价格时的订单记录			对某品种盘中交易的订单记录		
（要价）	（价格）	（出价）	（要价）	（价格）	（出价）
H(2)I(4)	（市价委托开价）	K(1)M(3)		（市价委托开价）	
○○○	503 日元		○○○	503 日元	
○○○	502 日元	T(1)	○○○	502 日元	
○○	501 日元	P(5)N(2)	○D(2)C(4)	501 日元	
G(1)F(1)E(1)	500 日元	A(4)B(3)C(2)D(1)		500 日元	
S(2)	499 日元	○○○		499 日元	F(3)G(2)○
R(4)	498 日元	○○○		498 日元	○○○
	497 日元			497 日元	○○○

注：1. 拉丁字母表示交易参加者名单。

2. （　）内的数字是股数，单位是 1 单位是 1000 股的股票数。

3. ○是省略了开价的交易参加者名单以及股数。

4. 集合竞价方式中决定开始价格的要价，看做是全部同时进行的（同时要价）。

集合竞价方式。

（1）市价的要价值是 6000 股（H 证券 2000 股，I 证券是 4000 股）和市价的出价值是 4000 股（K 证券是 1000 股，M 证券是 3000 股）相当。这时开价的要价值就余留了 2000 股。

（2）假定开始价格是 500 日元，要价的 2000 股以及 499 日元以下的要价值 6000 股（S 证券 2000 股，R 证券 4000 股）和 501 日元以上的出价值 8000 股（P 证券 5000 股，N 证券 2000 股，T 证券 1000 股）相当。其结果是要价值 12000 股，出价值 12000 股，股数一致。

（3）500 日元的要价值 3000 股（E 证券 1000 股，F 证券 1000 股，G 证券 1000 股）和 500 日元的出价值 10000 股（A 证券 4000 股，B 证券 3000 股，C 证券 2000 股，D 则会给你钱 1000 股）相当。但由于要价值是 3000 股，出价值是 10000 股，股数不一致。此时，500 日元要价值的全部 3000 股和 500 日元的出价值的（A 证券、B 证券、C 证券各 1000 股）3000 股相当。其结果，以开始价格的 500 日元缔结了合计 15000 股的买卖合同。

盘中交易方式。

（1）“板”的状态如表，M 证券如果想用 500 日元买 2000 股，那和 A 证券的 500 日元的要价值 3000 股中的 2000 股相当，缔结买卖合同。

（2）N 证券是 1 万股的出价值，首先 A 证券的 500 日元的要价值的余留 1000 股以及 B 证券的 500 日元的要价值 3000 股相当，缔结买卖合同，其次 C 证券的 501 日元的要价值 4000 股以及 D 证券的 501 日元的要价值 2000 股相当缔结买卖合同。

（3）K 证券是 499 日元的 5000 股的要价值，和 499 日元出价值的 F 证券的 3000 股以及 G 证券的 2000 股相当缔结买卖合同。

（4）其缔结买卖合同的结果如下。

卖方证券	买方证券	约定价格（日元）	股数（股）	卖方证券	买方证券	约定价格（日元）	股数（股）
A 证券	M 证券	500	2000	D 证券	N 证券	501	2000
A 证券	N 证券	500	1000	K 证券	F 证券	499	3000
B 证券	N 证券	500	3000	K 证券	G 证券	499	2000
C 证券	N 证券	501	4000				

（5）这样在买卖开盘中，可以不间断地进行开价，价格一致的话，可以连读不断地缔结买卖合同。

集合竞价方式

集合竞价方式是决定开盘开始后最初的约定价格时进行的买卖合同的缔结方法，直到该约定价格成立时为止，使订购的全部订单按照价格优先的原则相当，市价委托订单的全部执行等根据补充一定条件的单一价格决定约定价格。

盘中交易方式

盘中交易方式是根据集合竞价方式决定开盘开始后的最初约定价格后，直到开盘结束仍继续进行的买卖合同的缔结方法，按照时间优先和价格优先的原则，使新订购的买卖订单和既有的最优先的买卖订单相当，决定约定价格。

8. 股票买卖制度（2）

证券交易所以买卖为中心的买卖开盘交易中，作为该制度的补充，20世纪90年代后期导入了开盘外交易。

该制度导入之初，发行方法仅限定于传真，只以交叉订单为对象，东京证券交易所在1998年6月导入了开盘外电子交易系统（ToSTNeT），实现了系统化，2008年1月交易时间不断扩大，ToSTNeT市场作为从拍卖方式的市场中（买卖开盘市场）独立出来的市场，结合投资者的交易需求多样化，实现了制度的改善。

另外，东京证券交易所的开盘外交易（ToSTNeT交易）的制度概要有如下四种：单一品种交易，一揽子交易，收盘价交易以及自己股票开盘外收购交易。

单一品种交易 以个别品种为对象，原则上在买卖开盘交易的最近约定价格等的一定范围内（上下7%）进行价格执行的交易制度。

一揽子交易 15个品种以上且总买卖金额在1亿日元以上的交易为对象，根据一揽子构成品种的买卖开盘交易的最近约定价格计算出的基准买卖金额的一定范围内（上下5%）的买卖金额执行的交易制度。

收盘价交易 午前开盘，午后开盘的开始前以及午后开盘终了后的时间段，原则上根据各开盘区分的最终约定价格等（前一天的最终价格，午前开盘最终价格，午后开盘最终价格），按照时间优先的原则成立买卖的交易制度。

另外，午前开盘开始前的收盘交易，被上市公司的自己股取得所活用。

自己股票开盘外收购交易　午前开盘开始前根据前一天最终价格等进行的自己股取得的交易制度。该制度中的收购者仅限于进行自己股取得的上市公司。

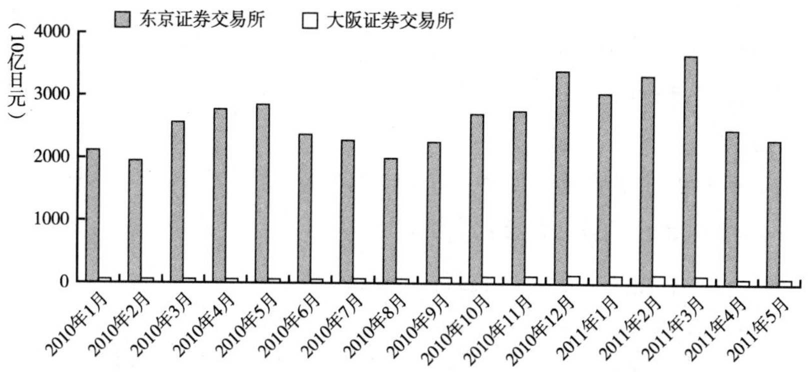

图 9－6　开盘外交易的买卖金额推移

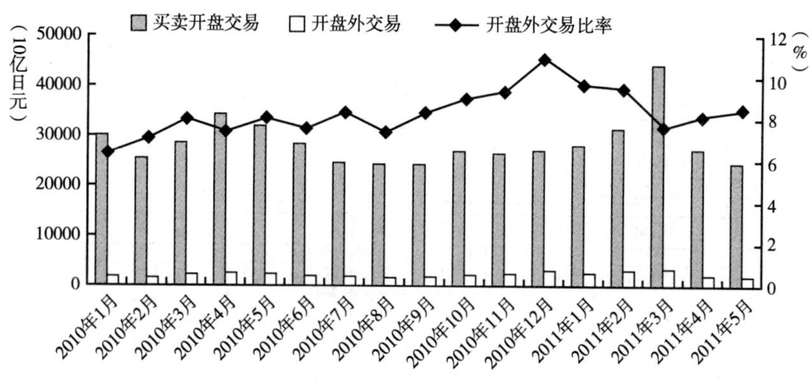

图 9－7　东京证券交易所的买卖开盘交易和开盘外交易的买卖金额推移

注：开盘外交易比率是占开盘外交易买卖金额的买卖开盘交易买卖金额的比率，如有刻度。

9. 清算和决算制度（1）

在交易所进行的有价证券买卖是由股份公司的日本证券清算机构（以

下简称“清算机构”）进行清算和决算。清算机构受到基于《金融商品交易法》中“金融商品交易清算机关”的许可委托，从2003年1月开始进行。清算机构将以前各市场独立进行的有价证券的买卖清算以及决算进行了统一。

具有清算资格的清算机构被称为“清算参加者”，清算参加者对在各交易所进行的买卖，在和同机构之间进行决算。一方面不具有清算资格的（非清算参加者）在各交易所进行的买卖，和该非清算参加者事先指定的清算参加者之间进行决算，和该买卖相关的清算机构之间的决算由指定的清算参加者进行。

清算机构的功能主要有四种：①债务承担；②证券交割，资金收支净额结算；③转账指示；④决算履行保证。

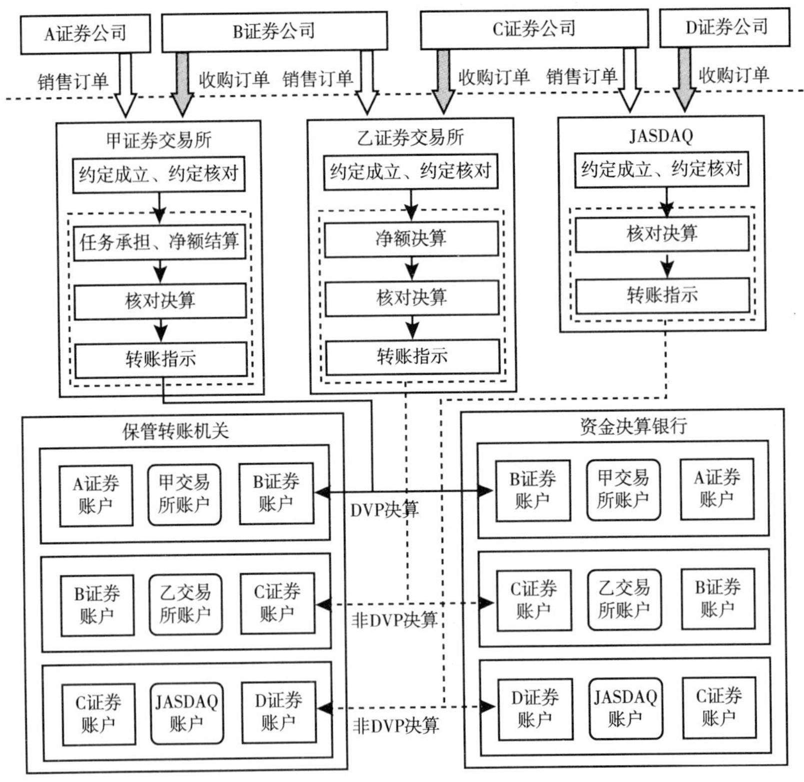

图9-8 日本证券清算机构业务开始前的清算和决算图

注：由于决算处理是在各个市场进行的，所以伴随有价证券和资金决算的户头转账也是在各个市场进行。另外，清算和决算制度在每个市场也不同。

清算机构在交易所进行买卖的同时，并承担（债务承担）由该买卖发生的债务（股票的交货或买卖金额的支付）以及取得和该债务相当的债权。各清算参加者的股票（各品种）以及买卖金额（所有合计品种）相关的卖出数量和买回数量各自相互净额结算，通过差额交割的方法，实现股票、资金效率利用以及事务处理的合理化。净额结算后，交割证券的交割数量、证券保管转账机构、收支金额由日本银行或清算机构的指定银行（资金决算银行）对清算机构户头和清算参加者户头之间进行户头转账的指示（转账指示）。这样一系列的清算和决算过程中，清算机构作为决算当事者，履行和交易当事者之间的决算，并保证其履行（决算履行保证）。为此，交易当事者就不必担心和原始交易方的当事者的决算不履行风险，可以进行买卖。

另外，清算机构也给交易所交易以外的领域提供清算，2010 年 7 月开始，在 PTS 成立的有价证券买卖，开始了债务的承担。2011 年 7 月开始了以 CDS 为交易对象的清算业务。

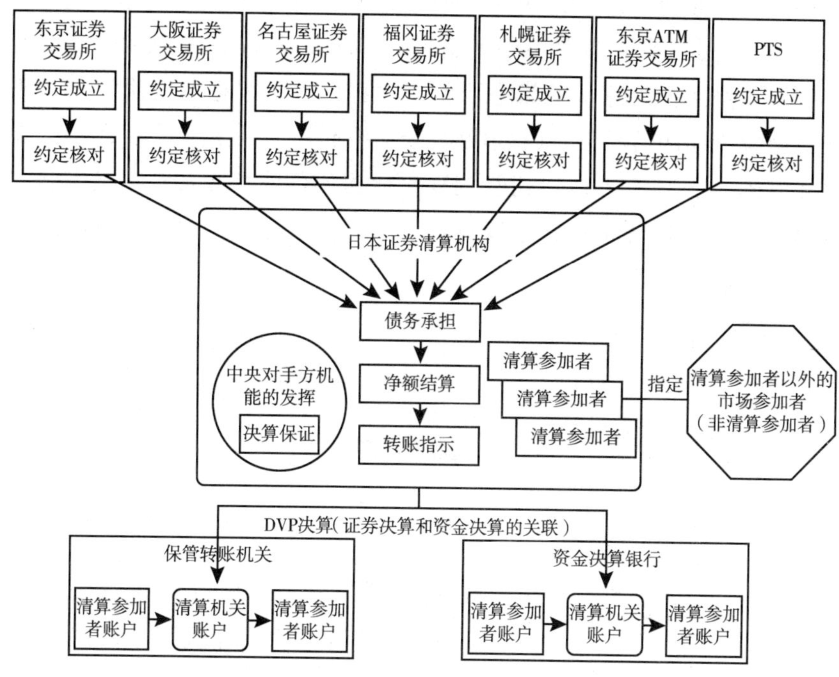

图 9－9 利用日本证券清算机构的清算和决算图

注：1. 在各市场进行的清算和决算业务都统一由日本证券清算机构进行后，大大提高了决算的效率性和安全性。

2. 2010 年 7 月 PTS：在私设交易系统成立的有价证券的买卖开始了债务的承担。

10. 清算和决算制度（2）

清算机构对于股票等（在股票保管转账机构进行的有价证券）买卖的决算，为了排除决算风险中主要的本金风险（资金或有价证券交付后不接受其对价的风险），采用了 DVP（Delivery Versus Payment）资金和证券的交收相通为条件的决算方式决算。

清算机构的 DVP 决算制度，消除风险的同时提高了决算的效率。首先采用了净额结算方式的 DVP 决算。关于 DVP 决算，直到可以确认基本资金决算（支付）的完成，是不能受领证券的，这样的话，清算参加者和非清算参加者之间或者包括和顾客的交割的证券决算这两者的整体协调性有可能受到影响，所以有价证券在早期就采用了能够受领的规定。具体地说接受方的清算参加者在将和决算相关的交割证券交给清算机构时，受领和该已交割完成的有价证券相当价值的接受证券，受领和预定收支金额（必须担保的现金担保：证券决算时限的下午 1 点为止，投入清算机构的决算金额的暂定额（不考虑当天的决算未了部分）相当的担保。和根据有无决算未了确定的决算金额不同的情况下，（该差额在资金支付时限的下午 2 点 15 分或者资金受领时刻的下午 2 点 45 分进行调整）相当价值的接受证券以及受领和决算促进担保金（任意担保：决算日前一天为止任意投入清算机构的担保）相当价值的接受证券。

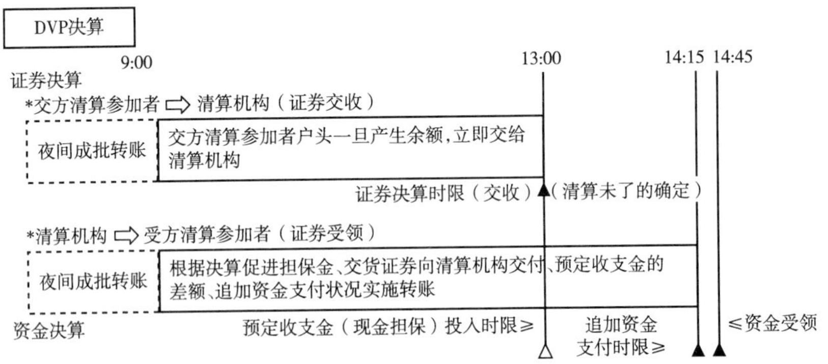

图 9－10　DVP 决算（时间表）

＊受方清算参加者进行的证券受领，是作为对资金支付等清算机构的债务履行和担保投入条件以排除本金风险的形式实施。

另外，DVP的决算如果在决算日不能交收有价证券的（决算未了），该有价证券以及对应的决算额的授受转入到第二天，转入日的决算部分和再净额结算之后授受。但是，遵守决算日的规定是最基本的，不能不限制允许决算未了的继续，于是制定了延迟损害金等的罚则以及作为被清算未了的清算参加者的权利的买进（和清算未了相关有价证券的强制买进以及交收）的规定。

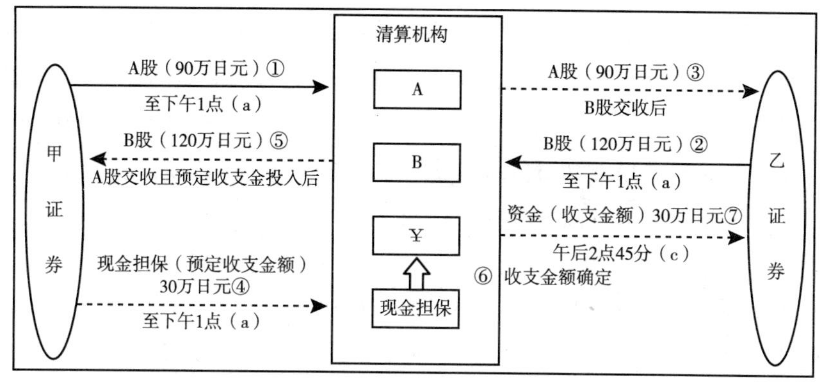

图9－11　DVP计划图（通常决算）

注：决算时限。

1. 证券决算时限以及现金担保（预定收支金额）投入时限：至下午1点。
2. 资金支付时限：至下午2点15分。
3. 资金受领时刻：下午2点45分。

①甲证券是将A股，②乙证券是将B股在下午1点前交给清算机构。
③乙证券将B股交给清算机构后，可以受领A股。
④甲证券将预定收支金额在下午1点前投入到清算机构。
⑤甲证券可在①④实施后受领B股。
⑥清算机构将预定收支金在收支金确定时充当资金决算相关的支付。
⑦乙证券在下午2点45分受领资金（收支金）。

11. 股票等转账制度

上市公司的股票、证券废除，股东权的管理都是使用转账机关的股份公司证券保管转账机构以及户头管理机关的证券公司开设的转账户头电子化进行。

股票等转账制度的对象有价证券除了日本国内上市股票以外，还有其国内转换附公司债型新股预约权的公司债（CB），投资信托基金（REIT 等），共同组织金融机关的优先出资，新股预约权，上市投资信托的受益权（ETF）等。

股票等转账制度的概要如下。

(1) 股票权利的归属由转账户头簿的记录决定，股票的转移根据户头的转账进行。(2) 户头管理机关在基准日将转账户头簿的股东姓名和住址以及保有股票数的信息通知转账机关，转账机关对该信息进行编辑之后通知（总股东通知）各发行公司。(3) 股东总会的决议权行使和剩余金的分配等，根据发行公司依据总股东通知作成股东名簿的记载进行。(4) 少数股东权等的行使，根据股东的申请，由转账机关向发行者通知（个别股东通知）股东的保有股票数和继续保有期间之后的一定期间内进行。

股票转账制度具有以下的几个优点。

(1) 对于股东来说，可以消除股票在手头保管造成的丢失和被盗，股票伪造等风险，另外在发行公司的合并和商号变更时，不需向发行公司提交股票。(2) 对于发行公司来说，可以削减伴随股票发行的印刷费和印花税，企业重组（企业之间的合并和股票交换，股票转移等）时的股票回收及交付成本。(3) 对证券公司来说，可以削减股票的保管和搬运相关的风险和成本等。

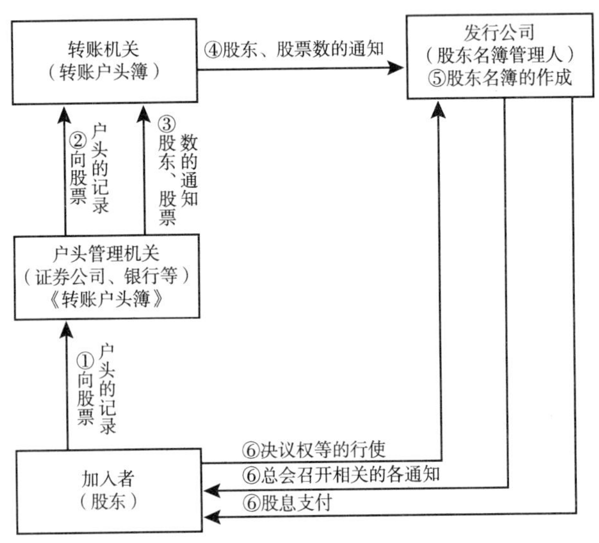

图 9－12　股票等转账制度中的加入者、转账机关以及和发行公司的关系

表 9－8　股票电子化前后的主要制度变更

	保管转账制度（电子化前）	转账制度（现行）
票面	有票面 委托给保管转账机构集中保管，根据请求交付 保管转账制度以外的股票，由所有者个别保管	无票面
权利的归属	根据股票的占有推定股票的权利（保管转账制度以外） 户头簿上记录的被看做股票的占有者	根据转账户头簿的记录推定股票的权利
股东管理的形态	用股东名簿进行管理（保管转账制度外） 用实质股东名簿进行管理（保管转账制度内） 股东的名册由股东名簿管理人进行	股东名簿一体化管理 转账机关作成股东名册通知给股东名簿管理人
股票的转让	票面的交付（保管转账制度外） 户头转账（保管转账制度内）	户头转账

12. 金融商品交易所（证券交易所）的自主限制

证券交易所为了确保市场的公正性和信赖性，让投资者安心参与市场，作为自主限制机关，对交易参加者的证券公司制定了规定，要求遵守法令以及交易所规定，并调查其遵守情况，对违反者进行制裁。证券交易所作为市场的开拓者，从站在离市场最近的角度，期待可以起到高实效性、机动且有效的限制和监督的作用，市场监督体制中的证券交易所的自主限制，和行政当局的限制和监督一起共同发挥着作用。

证券交易所的自主限制业务和上市审查、上市管理一起，对行情的操纵和内部者交易等的不公正交易进行监督“买卖审查”和对交易参加者的法令、交易所的规则的遵守状况等进行实地检查“考查”。这些业务也让证券交易委员会和其他的自主限制机关的合作更加紧密。

买卖审查是对以行情操纵、内部者交易为首，对有无违反法令和交易所规则的不公正行为进行事后审查，具体就是在价格形成和订单状况异常和不自然的形态被发现时，和发表上市公司在法令上的重要事情时，对委托者进行调查，甚至会根据需要向交易参加者询问委托者的详细内容和买卖动机等，再进行详细的分析。从内部者交易的角度，对上市公司重要事实发表的经过进行询问。买卖审查的结果，如果违反了法令或者有可能违反时，对交易参加者进行处分和提醒，防止再次发生。买卖审查的结果将全部报告给证券交易等监督委员会，是进行犯规和罚金调查的重要线索。

另外，对交易参加者的考查是对从接受订单到决算为止相关业务有无违反法令和交易所规则进行考查，或者确认内部管理体制是否完善等，对交易参加者的本店、分店进行考查。考查的结果，如果证明确实违反了法令和交易所的规则，进行处分和提醒，防止再次发生。考查结果将全部报告给证券交易等监督委员会。

再有，东京证券交易所的自主限制业务，是针对独立的法人（自主限制法人）进行设计的，所以可以确保其独立性、适当性。

表 9－9　2010 年度东证的买卖审查以及考查的状况

	区　分	调查件数	审查件数
调查、审查件数	股价形成关系	59	23
	内部者交易关系	5490	126
	衍生商品	872	0
	其他	0	0
	合　计	6421	149
针对交易参加者的措施	处分		0 件
	提醒		8 件
	改善报告书的收取		8 件

注：调查：对符合法令的重要事实的品种和价格以及销售额的动向进行调查。

审查：对调查品种进行更为详细的调查。

调查：审查完了。

审查的案件中，只计算审查的件数，不计算调查的件数。

表 9－10　2010 年度的考查实施状况

项　目		内　容	
考查完了的公司数			33 家
每家的平均数值			
	平均临店日数		10.0 日
	平均考查员数		6.4 人
根据考查结果采取的措施		处分	2 家
		劝告	0 家
		提醒	16 家
		改善报告书的收取	4 家
		要求	10 家
		改善报告书的收取	4 家

13. 金融商品交易所（证券交易所）的系统化（1）

对东京证券交易所的主要系统（买卖系统、行情报道系统以及清算系统）进行概述。

买卖系统是进行订单的发出、订单的核对、约定通知的作成、“板”的询问的系统，由股票、CB（附转换公司债型新股预约权公司债券等）、期货、期权等商品构成。交易参加者的订单发出后，将交易参加者的公司内部系统和东证的买卖系统相连接进行，此外还可利用交易参加者设置的终端进行。东证的买卖系统化是从 1982 年 1 月“市场第 2 部买卖系统”（就股票买卖系统）开始的，现在使用的买卖系统是 2010 年 1 月开始使用的。它具有世界最高水准的安全性、扩张性、高速性、灵活性以及坚固性能进行股票、CB 的买卖，该系统 2011 年 11 月扩充了一些功能，以 LIFFE CONNECT*RR*（欧洲最大的金融衍生商品交易所之一的 LIFFE 使用的系统包装）为基准进行开发期货、期权交易“Tdex +”，2011 年 11 月开始进行股

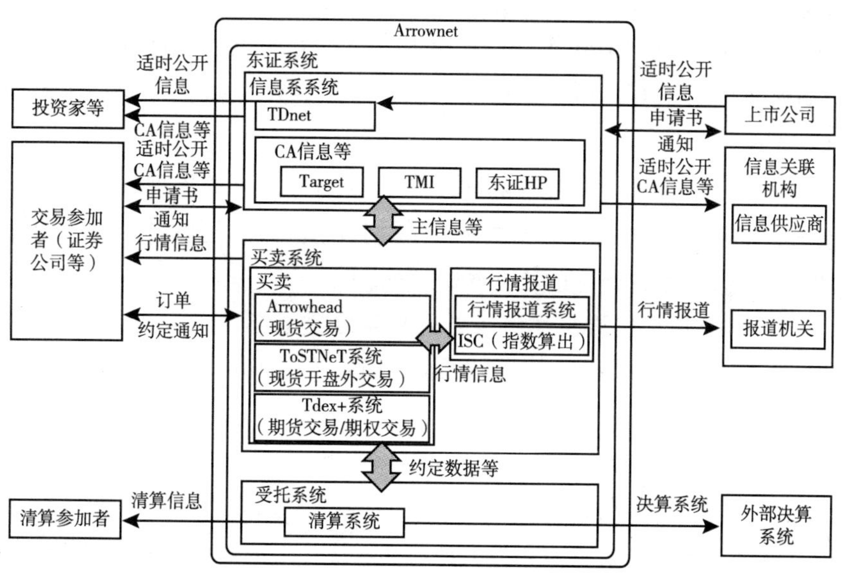

图 9－13　现行系统概念图

CA：企业行动。

注：时间截至 2011 年 11 月。

出处：东京证券交易所。

票、CB 等关联的 ToSTNeT 交易（开盘外交易）“ToSTNeT 系统”的 3 个系统。

行情报道系统是为了实现公正价格的形成和顺利流通，在有价证券交易中按照发生的频率提供发生的价格变动信息为目的，是从 1974 年开始运作的，现在运作中的系统是 2010 年 1 月结合买卖系统进行更换的。东证的买卖系统中品种相关的市场信息，东证是通过管理 Arrownet（网络），向交易参加者的金融机关、信息供应商、新闻、通讯社等提供。

清算系统是支援东证以及其他市场的和有价证券买卖相关的交割等的清算业务。上述业务从 2003 年 1 月开始，由日本证券清算机构进行（2004 年 2 月以后，和东证的期货、期权交易相关的清算业务同样），系统的处理方面，东证的清算系统继续被使用。

14. 金融商品交易所（证券交易所）的系统化（2）

大阪证券交易所的系统由现货买卖系统，衍生商品买卖系统（以下称“J-GATE”），清算系统，行情系统（大证行情系统）的内部系统构成，这些内部系统和参加者等相连接构成了大证统合网络（以下称“GATENET”）。另外，作为交易所外汇保证金交易（FX）专用，运作了大证 FX 系统。

现货买卖系统是接受股票和 ETF 等现货商品的订单后进行约定处理的分散型计算机系统（现系统是 2006 年 2 月更换的）。是以备不测，确保高水准的安定性以及信赖性的社会基础设施。

J-GATE 是根据以算法交易为首的投资者交易手法的高度化、多样化，对以前日本特有的复杂的交易制度进行了修正，具有在国外主要市场采用的制度，机能以及交易形态，为了进一步推进其全球化的发展而在 2011 年 2 月导入的（之前采用的系统和现货交易系统相同）。达到世界水准的同时，也确保了其安定性和信赖性。

清算系统是进行清算业务的大证清算系统，将清算结果的数据传送给使用者的信息传送系统，和证券公司之间进行报告、通知的大证 WAN 系统（以下称为“Info Mallet”）构成分散型的计算机系统（现系统是在 2005 年 2 月更换的）。另外，上市公司之间是通过 OSEWAN 进行各种报告和通知的。

大证行情系统是在大证市场传送行情信息的系统，使用者可以通过

GATENET 接收行情信息。

GATENET 是为了将 J-GATE 的性能发挥到极致，实现高速化，广区域化，确保高度信赖性的网络。现货买卖系统，清算系统，大证行情系统也可访问，线路容量可在 1M ~ 100M 的范围内进行灵活地选择。

大证 FX 系统和上述系统不同，只进行 FX 的交易，使用参加者和 GATENET 也不同的专用线路进行连接。该系统由 FX 买卖系统、FX 清算和决算系统、FX 行情系统等子系统构成。

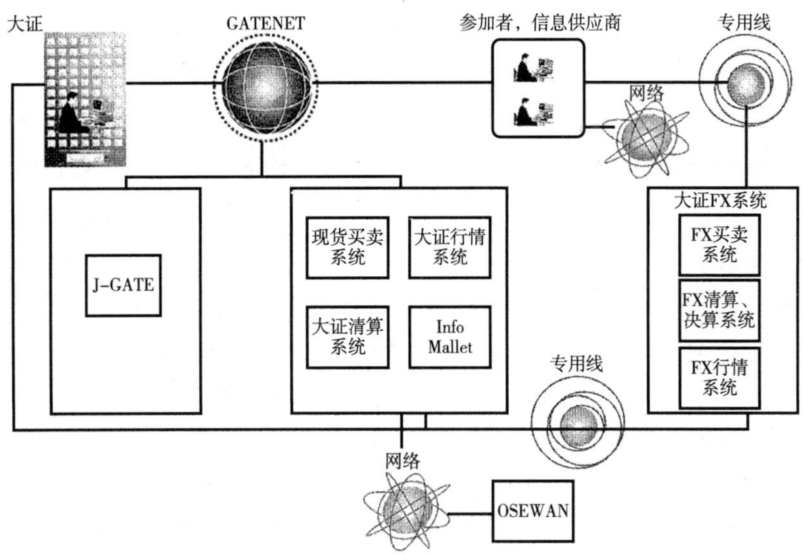

图 9－14　大证系统，统合网络的概念图

第 10 章　金融商品交易所等（2）

1. JASDAQ 市场的发展进程

JASDAQ 市场的起源是在现在的日本证券业协会（以下简称日证协）的管理下，1963 年作为店头登记制度成立的，后来在制度的不断修改完善下发展成为股票店头市场。

战后证券交易所关闭，股票的买卖不得不在店头市场进行，也就是集团买卖。1949 年 5 月各证券交易所重新开张，受到店头市场活跃的买卖影响，同年 6 月，日证协成立了店头买卖承认品种制度。但是，1961 年 6 月证券交易审议会中，讨论了店头市场在价格形成以及交收方面对投资者的保护不是很全面，于是各证券交易所成立了市场第 2 部，合并并废除了店头买卖承认品种。

但是，之后在日本经济的高度增长下，非上市公司寻求可以筹措资金的场所，这样以前的集团买卖有可能会再出现，于是在 1963 年 2 月日证协成立了店头登记制度（股票店头市场），1983 年 11 月经过机能的不断扩充，制度的不断完善，发展成为新店头登录市场（以下简称 JASDAQ 市场）。JASDAQ 市场作为证券交易所的补充市场，在面向成长中的中小企业的证券市场中发挥了重要的作用，1998 年 12 月的《证券交易法》修正中，被定义为证券业协会成立的店头买卖有价证券市场，成为和交易所市场并列的、相互竞争的市场。

之后，随着新兴市场中上市企业的不断增加，店头登记制度被要求重新修改，日证协将 JASDAQ 市场作为交易所市场，取得了 JASDAQ 市场运营的 JASDAQ 交易所许可证，于 2004 年 12 月 JASDAQ 证券交易所（以下简称 JASDAQ 证交）开始运作。

表 10－1　JASDAQ 市场的发展进程

年	月	事　项
1983 年（昭和 58 年）	11 月	新店头市场开始运作 登记制度的完善，公募增资的缓和，披露的完善
1986 年（昭和 61 年）	7 月	店头登录品种的投资信托组合解禁
1991 年（平成 3 年）	10 月	JASDAQ 系统开始运作
1992 年（平成 4 年）	7 月	行为限制（行情操纵的禁止，内部者交易限制等）的适用
	10 月	股票交割实施保管转账制度
1997 年（平成 9 年）	6 月	证券交易审议会建议修改店头市场的定位
	9 月	在公开前的价格决定中导入了簿记建档方式
1998 年（平成 10 年）	12 月	导入了发行前决算交易以及信用交易制度所并列的市场 导入了做市商制度 日本店头证券（股份公司）废除了证券业，商号变更为 JASDAQ 服务，担当店头市场的约定缔结业务以及交收决算业务
2000 年（平成 12 年）	3 月	JASDAQ 做市商系统运作
2001 年（平成 13 年）	2 月	JASDAQ 服务变更商号为 JASDAQ，成为市场运营公司
	5 月	新 JASDAQ 系统运作
2002 年（平成 14 年）	4 月	选定 J-Stock 交易品种，开始计算 J-Stock Index
2003 年（平成 15 年）	2 月	“有关 JASDAQ 市场存在形态的谈论会”成立
	5 月	新做市制度导入
	10 月	讨论会报告“JASDAQ 市场的运营以及功能的效率化等相关的今后的方向性”发表
2004 年（平成 16 年）	4 月	导入了制度信用交易以及借贷交易
	6 月	“有关 JASDAQ 证券交易所成立的基本纲要”发表
	12 月	证券交易所许可证取得，商号变更为 JASDAQ 证券交易所
2006 年（平成 18 年）	7 月	转移到委员会设定公司
2007 年（平成 19 年）	8 月	成立了 NEO 市场
2008 年（平成 20 年）	3 月	废除了做市商制度，拍卖一体化（导入了流动性提供者制度）
	12 月	由于大证的 TOB（股票公开买卖），大证实现了子公司化
2009 年（平成 21 年）	6 月	和大证共同发表了“JASDAQ、海格力斯的市场合并的存在形态”（市场合并的存在形态相关的委员会报告书）
	9 月	废除了 JASDAQ 系统，合并到了大证系统 大证取得了日证协等的保有股票，完全子公司化
2010 年（平成 22 年）	4 月	大证作为存续公司被吸收合并
	10 月	JASDAQ 市场、NEO 市场、海格力斯市场合并，成立了“新 JASDAQ 市场” 选定 JASDAQ-TOP20 交易品种，开始计算 JASDAQ-TOP20

另外2007年以后，以讨论新兴市场应该的存在形态的背景下，日证协最终形成了这样一个决议：将JASDAQ市场和其他的新兴市场合并，于是2008年11月，将保有JASDAQ证交股票的一部分卖给大阪证券交易所（以下简称“大证”），成为了大证的子公司。接着2009年9月，经过买卖系统的统合，大证在取得日证协等的保有余留股票完全子公司化后，2010年4月被吸收合并，同年10月和JASDAQ市场、NEO市场、海格力斯市场合并，成立了国内最大的新兴市场——新JASDAQ市场。

2. JASDAQ市场的构成和概念

JASDAQ市场作为日本国内最大的新兴市场，“通过给新兴产业和中坚、中小企业提供更为广阔的股本资金，支持其成长的同时，向投资者提供更有吸引力的投资机会”的基本理念下，为了向更多的企业提供股本资金，分为“JASDAQ标准”和“JASDAQ成长”两种进行。“JASDAQ标准”有一定的事业规模和经验，以预估可以扩大事业的企业群为对象，“JASDAQ成长”具有特色的技术和商务模式，以富有将来成长性的企业群为对象。

现有的上市公司在市场合并日（2010年10月12日），原则上海格力斯标准市场以及旧JASDAQ市场的上市公司转移到“JASDAQ标准”，海格力斯成长市场以及NEO市场的上市公司转移到“JASDAQ成长”。

市场统合后的新JASDAQ市场，具有“信赖性”、“革新性”、“地域、国际性”的三个特点，为了巩固将来持续发展成国内最大的新兴市场的根基，像美国的NASDAQ市场那样，以发展成充满新意的世界性基准的新兴市场为目标。

信赖性 在JASDAQ市场，投资者遵守自己责任原则的同时，为了能够安心投资，对上市审查基准和退市基准的一部分进行了修改，从保护投资者的角度，对市场进行了适当的整备，以提高市场整体的信赖性为目标。

革新性 在JASDAQ市场，投资者向进行支撑未来日本经济的改革性结构企业提供了投资机会。另外，JASDAQ市场具备发挥价格发现功能的流动性，同时作为金融服务业，提高了投资者、上市公司、证券公司等的利益相关者的便利性。

地域、国际性 在JASDAQ市场，通过对各地域有潜力的企业上市进行帮助，为地域经济的活性化做出了贡献。另外，支持上市企业的世界性发展以外，交易所商业的存在形态和各制度方面，也以赶超世界标准为目标。

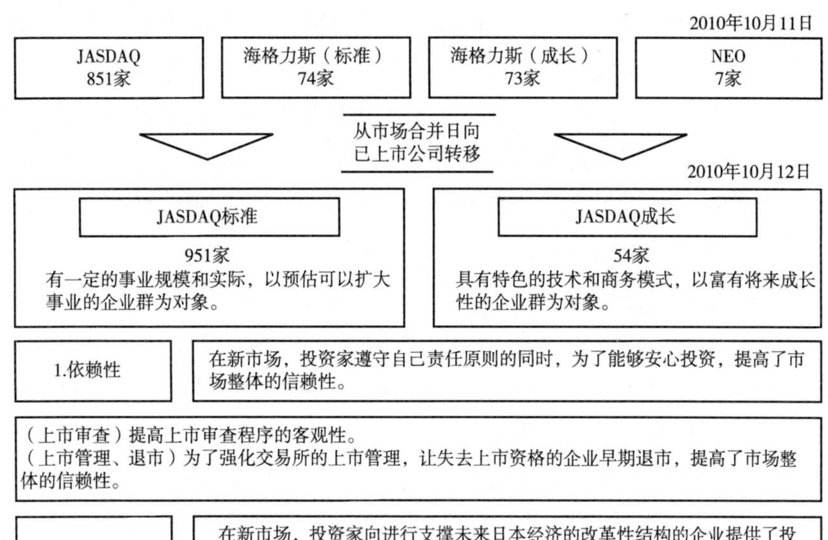

2.革新性

在新市场，投资家向进行支撑未来日本经济的改革性结构的企业提供了投资机会（革新企业的上市）。
在新市场，具备发挥价格发现功能的流动性，作为金融服务业，提高了投资家、上市公司、证券公司等的利益相关者的便利性（流动性、便利性）。

（革新企业的上市）对纳米技术、IT等等高新技术、机器人产业、环境能源产业、生物产业、农业企业等成长领域的NO.1企业等的上市鼓励。
（便利性）①面向分析师报告结构的扩充，面向投资家召开决算说明会，以会计、法务、经营等为主题的面向上市公司召开研讨会等企业服务的充实②活用最先进的IT和Web技术，交易时间延长的讨论。
（流动性）①LP（流动性提供者）制度的修正②新兴市场指数的开发，ETF、金融衍生商品的上市。

3.地域、国际性

新市场通过对各地域有潜力的企业的上市帮助，为地域经济的活性化做出了贡献（地域性）。
新市场支持上市企业的世界发展以外，交易所商业的存在形态和各制度方面，也以赶超世界标准为目标（国际性）。

（地域性）和各地域的金融机关、商工会议所等联合，以上市为主题召开学习会、交流会。
（国际性）通过强化向国外信息的发送和提供英语版Web网页的制作，支持上市企业向全球化发展。

图 10－1　新 JASDAQ 市场的构成

3. 新上市基准和其审查程序

作为新上市基准，有形式审查基准和实质审查基准，按照“JASDAQ 标准”和“JASDAQ 成长”的市场区分，分别有各自不同的项目。

形式审查基准设置了浮动股时价总额，纯资产额，利益额等基准，上市申请的前一事业年度和其最后一天或者上市时（预测）必须满足此基准。特别是 JASDAQ 市场，考虑到为了确保中坚风险企业的特性和流动性，在上市日规定浮动股时价总额5亿日元。纯资产额，利益额依据“JASDAQ标准”和“JASDAQ成长”的市场特性，分别制定了不同的基准。

上市审查以符合形式审查基准的新上市申请者的股票为对象，进行实质审查基准的状况审查。具体从公益或者投资者保护的角度，对由多数不特定的一般投资者参加新上市申请者的股票，以及作为交易所金融商品市场的上市品种是否妥当（上市够格性）等进行判断。

上述对于是否符合新上市基准的审查，根据对以下的审查程序内容进行确认。①确认提出的申请资料（书面审查）；②确认申请资料中的疑问点（书面疑问）；③对申请公司的上市基准担当者进行提问；④对申请公司主要的事业所和各事业部门进行实际的访问、调查；⑤对由注册会计师对公司组织的整备、运用状况，监察过程中的指正事项进行确认（注册会计师提问）；⑥对监察者要确认监察者的时效性以及对监察过程中的指正事项等进行确认（监察者提问）；⑦对主干事证券公司的承销审查担当者在承销审查中需要注意的事项进行确认（主干事证券公司提问）；⑧对申请公司的代表者进行的事业展开方针，公司以及关联公司的管理体制，实时披露体制以及对IR的对策等由大证担当者进行最终的确认（经营者面谈）等。

表10-2 新JASDAQ市场的形式审查基准

审查项目	JASDAQ标准	JASDAQ成长
纯资产额	2亿日元以上(最近期末)	正(最近期末)
利益额	经常利益以及税前利益在1亿日元以上(最近期),但是如果在上市日的时价总额在50亿日元以上的,不考虑利益额	—
公开股票数	公募或者卖出的股票数是上市股票数的10%或者1000单位中较多的股票数以上	
股东数	300人以上	
浮动股时价总额	5亿日元以上(上市日)	
财务报表	没有虚假记载以及最近几期的“监察意见:适当”最近期的“监察意见:无限定适当”	
其他	向股票事务代行机关委托的股票事务或者得到该机关的非正式承诺 单元股票数上市时预测的是100股 股票转让时没有限制,或者上市为止有该预测 是指定转账机关的交易对象或者上市为止有该预测 不适合上市前的公募或者卖出等相关规则的第三者分担以及没有进行特别利害关系者等股票的转移	

表 10－3　新 JASDAQ 市场的实质审查基准

JASDAQ 标准	JASDAQ 成长
企业的存续性 ——没有给事业的存续带来障碍的情况	企业的成长可能性 ——有成长的可能性
健全的企业管理以及有效的内部管理体制 ——确立合乎企业规模的企业统治以及内部管理体制，有效的发挥机能	确立合乎成长阶段的健全的企业统治以及有效的内部管理体制 ——确立合乎企业规模的企业统治以及内部管理体制，有效的发挥机能
企业行动的信赖性：没有看到可以引起市场混乱的企业行动	
企业内容等披露的适当性：可以适当进行企业内容等披露的状况	
从其他公益或投资者保护的角度认为有必要的事项	

依据以上的审查程序，由外部的有识之士构成的“上市委员会”对申请公司的上市资格进行审查，根据《金融商品交易法》第 105 条第 4 点的规定，再经过设置的自主限制委员会的决议之后，进行上市的承认手续。

4. 实时披露和上市管理制度

在流通市场，由于公司信息对投资者的判断影响很大，所以有必要实时、适当披露对投资者的投资判断带来重大影响的公司信息。JASDAQ 市场为了公正价格的形成和对投资者的保护，制定了适时披露规则，如果有对上市公司重要的信息发生时，有义务将信息实时、适当地向投资者披露。

需要进行适时披露的公司信息是指上市公司，其子公司或者非上市的母公司等的运营，业务或财产或上市有价证券相关的重要信息。该信息分为上市公司或其子公司相关的“有关决定事实的信息”（组织再编，自己股票取得等），“有关发生事实的信息”（灾害造成的损害的发生，行政处分等），“有关决算的信息”（决算内容，业绩预想的修正等），还有非上市母公司等“有关决算的信息”。

JASDAQ 市场中，由于有未来成长的可能性而被关注的市场区分的 JASDAQ 成长上市公司，其未来的信息有很高的重要性，和适时披露的业绩预想不同，发表中期经营计划成为一种制度化。

另外，根据适时披露等规则制定的重要公司信息，如果上市公司没有适时、适当地披露给投资者，该类违反行为重复发生或者违反内容重大的情况下，通过改善报告书的请求等采取改善措施和公布措施、警告措施，制定针对不当披露的规定。

上市公司进行适当披露的情况下，原则上是使用 TDnet（适时披露信息传达系统）进行。在 TDnet 上登录的公司信息，有记载适时披露信息阅览服务的机构。

JASDAQ 市场中，从让投资者正确、公平地获知重要公司信息的角度，上市有价证券或其发行者认为有可能会对投资者的判断带来重大影响的信息发生的情况下，或其信息内容不明确或认为有必要通知其信息内容时，该上市有价证券的买卖暂时停止。

表 10－4　适时披露信息的项目

<table>
<tr><td rowspan="3">有关上市公司的信息</td><td>有关决定事实的信息</td></tr>
<tr><td>有关发生事实的信息</td></tr>
<tr><td>有关决算的信息</td></tr>
<tr><td rowspan="3">有关子公司的信息</td><td>有关决定事实的信息</td></tr>
<tr><td>有关发生事实的信息</td></tr>
<tr><td>有关决算的信息</td></tr>
<tr><td colspan="2">有关非上市的母公司等的决算信息</td></tr>
<tr><td colspan="2">对不当披露的口头注意等</td></tr>
<tr><td colspan="2">在大证如果认为发生了违反有关适时披露规则等不当的披露时，让上市公司认识适时、适当、正确披露信息的重要性的同时，为了防止再次发生，需要对其进行合乎不当披露内容、程度的提醒注意。</td></tr>
</table>

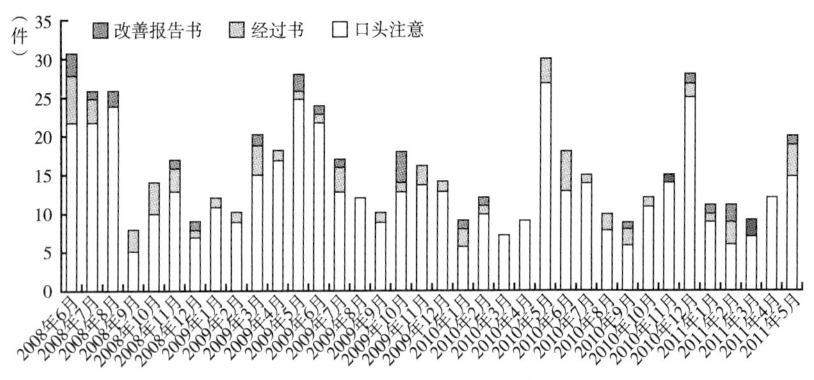

图 10－2　对不当披露口头注意等的件数。

注：大证为了进一步促进上市公司的适时适当披露意识的提高，现将每月的口头注意的件数予以公布。

出处：大阪证券交易所主页。

5. 退市基准

JASDAQ 市场从上市股票的适当管理角度，在交易所金融商品市场制定了判断买卖是否妥当的一定的退市基准，如果触犯了该基准，将在经过一定期间后退市。

主要的基准列举了股票的分布情况和浮动股时价总额等的流动性基准，公司的经营破产和实质性存续性的丧失（不当合并）等。另外，结合市场合并，进一步强化了退市基准。例如，没有将商业模式崩溃的上市公司弃之不管，而是新制定了为确保市场信赖性的“业绩”相关的基准和为了排除受到一定期间股价明显低迷的市场评价的上市交易品种的“股价”相关的基准等。另一方面，随着上市市场区分为标准和成长之后，为了适应各市场区分的特性废除了退市基准等，积极的维持并提高了整体市场的品质。

在有可能符合退市基准的情况下，为了将其事实通知给投资者，确认是否适合基准，然后再确认是否要指定监督管理的交易品种，经确认确实符合退市基准的情况下，指定整理交易品种。监督管理的交易品种分为“监督管理交易品种（审查中）”和“监督管理交易品种（确认中）”，监督管理交易品种的制定有以下五种，①实质的存续性丧失（不当合并等），②和支配股东交易的健全性受损，③虚假记载或不当意见等，④违反上市合同，⑤其他（公益或者投资者保护）等情况下，指定为监督管理交易品种（审查中）。上述事由以外的情况下，指定为监督管理的品种（确认中）。

另外，JASDAQ 市场根据将可能会引起市场混乱的问题行动的上市公司和债务超过等的退市基准，指定犹豫期间的交易品种为“监督区分”，其目的是为了让投资者在最短的时间内知道。

“监督区分”指定的情况有以下四种：①被指定为特设注意市场交易品种时，②退市犹豫期间的交易品种以及破产手续等的再建计划相关的上市时价总额审查 1 个月以内的交易品种时，③受到警告时，④指定为披露注意品种时。

表 10－5 退市基准的概要（JASDAQ）

股票的分布情况	浮动股票数	不满 500 单位时，1 年以内必须达到 500 单位以上
	股东数	不满 150 人时，1 年以内必须达到 150 人以上
浮动股时价总额		不满 25000 万日元时，1 年以内必须达到 25000 万日元以上
债务超过		债务超过时，1 年（满足一定的条件时是 2 年）以内必须消除债务超过的状态
股价		股价不满 10 日元时，3 个月以内必须达到 10 日元以上
业绩		最近 4 个联结会计年度的营业利益以及营业活动的现金流量额是负数的情况下，1 年以内必须转为正数
银行交易的停止		上市公司发行的票据拒付的情况下，银行交易停止
破产手续等		破产手续，再生手续或者更生手续有必要时
事业活动的停止		停止事业活动时
实质存续性丧失（不当的合并等）		上市公司和非上市公司合并时，本所认为上市公司实质上已不是存续公司，3 年以内按照上市审查的基准，不符合本所制定的基准时
和支配股东交易的健全性受损		本所认为因第三者分配，使支配股东发生变动，使 3 年以内和支配股东有关交易的健全性明显受损
有价证券报告书等的提出延迟		法定提出期限过后的 1 个月以内，有价证券报告书等的提出延迟时
虚假记载或不当意见等		上市公司进行有价证券报告书等的虚假记载，且本所认为其影响重大时。财务报表等中添附的报告书中记载有不当意见，本所认为其影响重大时
违反上市合同		重大违反上市合同时
股票事务代行机关		不委托股票事务代行机关时
转让限制		股票附有转让限制时
完全子公司化		由于股票交换或股票转移，公司完全子公司化时
指定转账机关的交易		成为指定转账机关的转账业务的交易对象
股东权利的不当限制		本所认为股东的权利内容等被不当限制时
全部取得		上市公司取得和该品种相关的全部股票时
其他		本所认为从公益或保护投资者的角度应该退市
利益计算（只有 JASDAQ 成长）		上市公司的上市申请联结会计年度的营业利益额为负数时，且该上市公司上市后的 9 个联结会计年度的营业利益额为负数，在 1 个月以内不能转换为正数时

6. JASDAQ 市场的指数

在大证作为 JASDAQ 市场的指数（股价指数）有 JASDAQ INDEX、J-Stock Index、JASDAQ-TOP20。

JASDAQ INDEX 是在 JASDAQ 市场以上市的国内股票的全部交易品种为对象的指数。表示的是和基准时价总额比较时的时价总额的比率。一部分价值很难受到高价股份的影响，所以在 JASDAQ INDEX 采用的是时价总额加权平均方式。

2010 年 10 月 12 日开始，按市场区分开始了“JASDAQ INDEX（标准）”，“JASDAQ INDEX（成长）”的算出。

J-Stock Index 是以时价总额以及买卖金额为基准，以选定的交易品种为对象的指数。和 JASDAQ INDEX 同样，表示的是和基准时价总额比较时的时价总额的比率。

JASDAQ-TOP20 是从 2010 年 10 月 12 日开始算出的指数，JASDAQ-TOP20 的构成交易品种是代表 JASDAQ 市场的 20 个品种。

JASDAQ-TOP20 的特征有以下几点：第一点可以反映小型股的性能。JASDAQ-TOP20 根据采用修正平均股价的方式（指数构成品种的 1 个买卖单位股价合计除以调整数所得的算出方法），抑制了品种规模大时带来的影响，是反映小型股性能的指数。第二点是构成品种的多样化。JASDAQ 市场有各种各样的部门企业上市，JASDAQ-TOP20 是由代表各部门的交易品种构成。第三点是重视买卖便利性的构成品种选定。JASDAQ-TOP20、“JASDAQ INDEX”和

表 10－6　JASDAQ 市场的指数

	JASDAQ INDEX	J-Stock Index	JASDAQ-TOP20
算出开始日	1991 年 10 月 28 日	2002 年 2 月 28 日	2010 年 10 月 12 日
算出方式	时价总额加权平均方式	时价总额加权平均方式	修正平均股价方式
选定基准	全部交易品种	基准日（每年 8 月末）的 JASDAQ 全部上市公司（监督管理品种，整理品种等以外）中：①最近 1 年（前一年的 9 月初到本年 8 月末）的买卖金额的合计额在 200 位以内；②基准日的时价总额在 100 亿日元以上，满足①和②交易品种中的，时价总额选定前 100 位的品种（满足①和②的品种不足 100 个品种时，只选定合乎基准的交易品种）	时价总额，买卖金额等综合计算，选定买卖便利性高的品种
选定日	—	每年 10 月的第一个工作日	每年 10 月的第 3 个星期五

注：JASDAQ INDEX（标准），JASDAQ INDEX（成长）的算出开始日是 2010 年 10 月 12 日。
构成交易品种数截至 2011 年 10 月 3 日。

“J-Stock Index”同样，是以成为 JASDAQ 市场的基准为目的的，同时伴随平衡的 ETF 和投资信托的基准的使用也是假想的指数。实际上，2010 年 12 月和“JASDAQ-TOP20”连动的 ETF 在大证上市，同年 12 月组成了公募投资信托。

7. 企业服务

大证对在 JASDAQ 市场上市的公司实施了各种各样的企业服务。

IR 活动支援 为了强化 JASDAQ 市场的信息发信机能，实施了“JASDAQ 分析师报告平台”，这个是针对上市公司做成的专门性的高评价和分析信息的分析师报告的发行机会，在日本的金融商品交易所初次发行。

另外，JASDAQ 市场概念中的“国际性”，作为对上市公司的国际化支援，NASDAQ OMX Group，Inc（以下简称“NASDAQ”公司）和 MOU 缔结，提供了 NASDAQ 公司提供的海外媒体的信息传送服务和战略性的 IR 活动中欠缺的丰富信息。

作为 IR 说明会的活动支援，面向个人投资者，机关投资者，分析家召开了各种 IR 说明会。特别是面向机关投资者，分析家的 IR 说明会中，以决算说明会召开的广度支援为目的，实施了“OSE 投资者大会”。为了让机关投资者，分析家详细了解上市公司的现场，进行了“工厂、设施参观旅行”，为上市公司的深入了解提供了机会。

各种研修 大证设立了较多的研修制度。为上市公司的干部提供了寻求基础知识的启蒙场所（JASDAQ 执行学院），以完善适时、适当的公司信息的披露的“披露研讨会”，以会计、财务、决算实务担当者等为对象的“披露会计实务研讨会”，为防止内幕交易等的“内幕交易规则研讨会”等。特别是内幕规则相关的研讨会中，专门聘请了讲师等进行上市公司的实务支援。

交流机会的提供 大证是上市公司代表者交流的场所（代表者平台），JASDAQ 市场概念之一的“地域性”，给各地域的上市公司和以上市为目标的地域的中坚、中小企业的企业经营者提供了交流的场所（JASDAQ 地域平台），提供了 IR 实务担当者的信息交换场所（IR 担当者平台）等，提供了较多由上市公司同仁发起构筑的联系网络和匹配商务的场所。

表 10－7　主要的企业服务

支援内容	大证提供的企业服务
对投资者发动积极的双向交流，面向分析家、机关投资者或者面向个人投资者的召开定期说明会的支援政策	JASDAQ 分析家报告、平台 OSE 投资者大会 JASDAQ Value IR Square（面向机关投资者及分析家联席 IR 说明会） JASDAQ Value IR Square（面向个人投资者的联席 IR 说明会） 工厂、设施参观旅行 技术 IR 说明会
面向国外的投资者召开的说明会和对本公司网站进行的英文 IR 信息继续发信的支援	Globe Newswire Corporate Intelligence JASDAQ Value IR Square（面向海外投资者的联席 IR 说明会）
活用信息披露和本公司网站，向股东及投资者等的 IR 信息发信，回应股东以及投资者的询问	大证主页公司信息页的收稿 来自大证主页的 IR 信息传送 大证主页提供的公司四季报 JASDAQ 报告 JASDAQ-OSE 市场的 IR 工具设置服务 披露研讨会 海外 IR 事情等有关的研讨会
要求上市公司提供基础知识学习的场所	JASDAQ 执行学院 内幕交易限制研讨会、派遣讲师 企业决算会计实务研讨会
提供上市公司间交流的场所	代表者平台 JASDAQ 地域平台 IR 担当者平台

8. 股票店头市场的概要

何为店头交易　在股票的流通市场，除了证券交易所的交易，还存在店头交易。在证券交易所买卖的股票仅限于满足一定上市基准的上市股票，上市股票以外的股票是在证券交易所以外进行买卖。这种股票的交易通常是在证券交易所的店头进行，是证券公司之间或顾客和证券公司之间的相对买卖，因此被称为“店头交易”（Over-the-Counter：OTC 交易）。证券交易所的上市股票受制于各自的证券交易所的交易限制，通过证券公司的店头交易受制于日证协的限制。

另外，还有在这个店头交易的未上市股票（包含上市企业发行的未上市股票）的买卖和店头买卖有价证券市场的买卖以及证券交易所上市股票的交易所市场外交易的买卖。

股票店头市场的概略 随着店头交易的活跃，多数的证券公司之间进行买卖价格交换等信息的同时，也形成了向投资者传送信息的“组织化”市场。战后的日本在证券交易所重新营业后，店头交易很活跃，1962 年这些店头交易品种升级到了证券交易所市场第 2 部，之后店头交易也有进行，1963 年 2 月诞生了符合日证协登记基准的“店头买卖有价证券”的交易的股票店头市场。

股票店头市场由于当时投资者的反映劝说被限制，股票的变卖市场被加强，1971 年《证券交易法》修正后，从法律制度方面进行了完善，接着 1983 年作为证券交易所的补充市场被定位，即 JASDAQ 市场，作为其中坚，中小企业的股票买卖市场进行了彻底的改革。JASDAQ 市场是面向新兴企业的市场，1998 年以“店头买卖有价证券市场”的命名记入《证券交易法》，但由于 2004 年 12 月 JASDAQ 证券交易所进行了改组，现在的店头买卖有价证券市场除了法律上的记载实际上已不存在。

另外，JASDAQ 市场以外也有未上市股票的交易需求，1997 年 7 月绿表制度开始运作，投资劝诱了作为绿表品种进行的一定企业披露等品种。其他交易的未上市股票被称为“青空品种”。

表 10－8 店头市场的主要历史

1945 年	战后自然发生的集团买卖再恢复。
1949 年	6 月根据证券业协会的规则开始了店头买卖承认品种制度。
1961 年	交易所 2 部市场成立 店头买卖承认品种被吸收，承认品种制度结束。
1968 年	2 月店头登记制度运作。
1976 年	中介店头市场的日本店头证券（股份）成立。
1983 年	11 月新股票店头市场（JASDAQ 市场）运作。
1991 年	JASDAQ 系统运作。
1992 年	JASDAQ 市场适用行为限制。
1997 年	绿表制度运作。
1998 年	JASDAQ 市场称为《证券交易法》上的店头买卖有价证券市场。
2001 年	日本店头证券（股份）商号变更为（股份）JASDAQ。成为市场运营公司。
2004 年	12 月 JASDAQ 市场，交易所化。
2005 年	4 月绿表交易品种成为《证券交易法》上的交易有价证券，适用内幕规则。
2008 年	复活制度从绿表制度中独立。
2011 年	设置了“绿表品种制度研讨相关的恳谈会”。

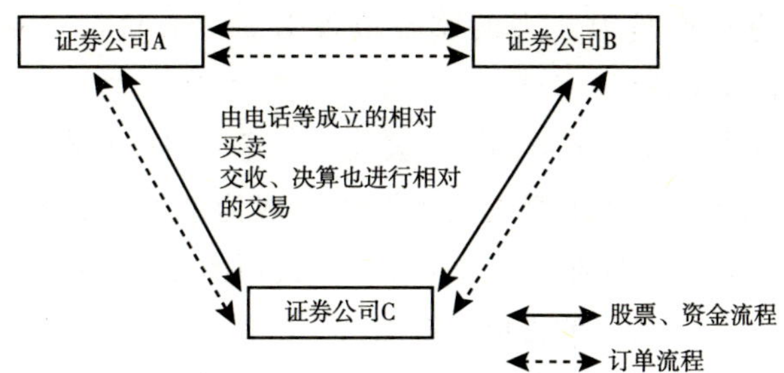

图 10－3　店头有价证券的交易形态

9. 店头有价证券等

青空品种　关于非上市、非登记的股票，由于没有按照法律规定进行企业内容的披露，所以根据日证协的规定，原则上证券公司的投资劝诱是应该被禁止的。这个规则包括个人投资者在内的广大投资者是属于在不知道任何信息的情况下进行订单买卖的投资劝诱行为，顾客方面承担的风险很大，而且保护投资者的方面问题也很多，所以从很早就进行了自主限制。

但是，由于可以从顾客那里接收到委托的订单，也就是“青空品种”，是一部分相对交易的买卖。日证协在“店头有价证券规则”中对这种买卖方式（订单的市价委托，未发行有价证券的买卖以及信用交易的禁止）进行了规定。

2004 年 4 月《证券交易法》修正，股本商品被认为是“专业私募”，所以向够格机关投资者进行劝诱时，以没有向够格机关投资者以外进行转卖为条件，投资劝诱被解除禁令。

店头接收有价证券　根据“公司内容说明书”，定期进行一定披露的有价证券和青空品种相比，风险要小很多，所以被日证协定义为“店头接收有价证券”，作为投资劝诱交易品种的预备军。

“公司内容说明书”是依据《金融商品交易法》中“有价证券报告书”的记载格式里“企业信息”为基准做成的日证协所的披露资料，是在一个年度的财务报表中作为注册会计师根据《金融商品交易法》或《公司法》做成的综合意见是否适当或合法的监察报告书的财务报表的添附资料，另外，需要追记事业计划的概要以及其将来实现性相关的信息。继续披露的公司，用添附综合意见是否适当的监察报告书的“有价证券报告书”或者“有价证券申请书”替代。

现在，店头接收有价证券的发行公司，证券公司以及投资者之间，以两年的转让限制以及“公司内容说明书”的作成为条件，解除了一部分以募集、卖出的交易进行投资劝诱的禁令，上市公司的非上市有价证券，在流通时以“证券信息说明书”的作成为解除禁令的条件。

表 10－9　店头有价证券的概念

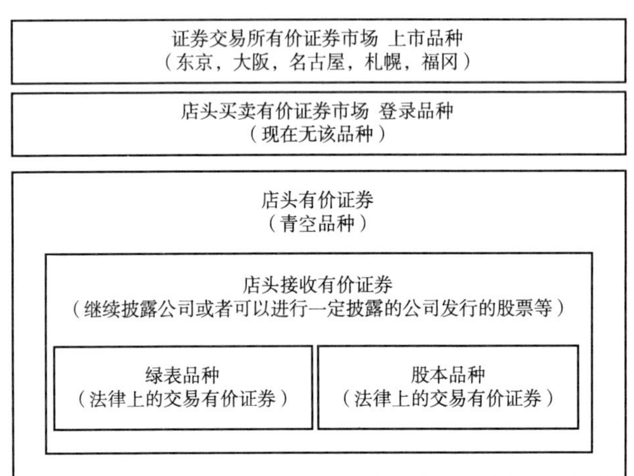

店头买卖有价证券市场是在现在的《金融商品交易法》中许可的可以成立金融商品交易业协会的市场，由于JASDAQ成为交易所（现在是大阪证券交易所JASDAQ市场）后，现在已经不存在。

店头有价证券市场包含交易有价证券，绿表有价证券品种以及股本品种，这些交易方式在日证协的自主限制规则中有规定。

另外，交易所上市品种的交易所外的交易，原则上进行的是相对交易，在进行店头市场管理的日证协的规则中规定了交易方式。

上市公司发行的非上市店头接收有价证券，在流通时以“证券信息说明书”的作成为条件进行投资劝诱。

10. 绿表品种制度（1）

绿表品种制度的概要　赤字企业也可以在交易所上市之后，为了完善风险企业的资金筹措环境，不得不对未上市股票的发行、流通机能进行整备，于是1997年7月日证协对店头有价证券的一部分规则进行了缓和修改，对于可以作成“公司内容说明书”的店头接收有价证券，以证券公司继续进行行情信息等的报告为条件，进行了包括募集、卖出、私募的投资劝诱，该制度就被称为绿表制度。

证券公司将特定的品种作为绿表品种进行投资劝诱时，需要事先通过交易会员的审查，之后向日证协提交申请，日证协对以下几条内容进行确认，①是否有附有转让限制，②股票的样式是否合适，③对于股票实务有没有设置股票管理人等，再根据该品种的属性，指定绿表品种。

现在的绿表品种分成新兴品种（面向有成长指向，上市指向的中小新兴企业），投资信托、SPC 品种（面向投资信托和债券），普通品种（除此以外的企业）的三种（复活品种是从 2008 年改组的绿表中独立出来的）。进行这些品种交易的交易会员，对于一定的事项，根据公司内部的规定进行审查。

另外，根据 2005 年 4 月《证券交易法》的修正，绿表交易品种的内幕交易被限制，《金融商品交易法》第 67 条，18 点“交易有价证券”的规定：关于包含季度报告的上市公司比肩的适时披露，接收会员有责任对发行公司进行指导的同时，通过 TDnet 进行披露。

以前只有进行品种申请的接收会员才可以进行投资劝诱以及买卖，但 2005 年 4 月规定修改后，作为和接收会员一样的可以进行投资劝诱的会员，开始了准交易会员制度，只能进行行情、约定的报告，此外一般证券公司也可以在制度的范围内进行买卖。

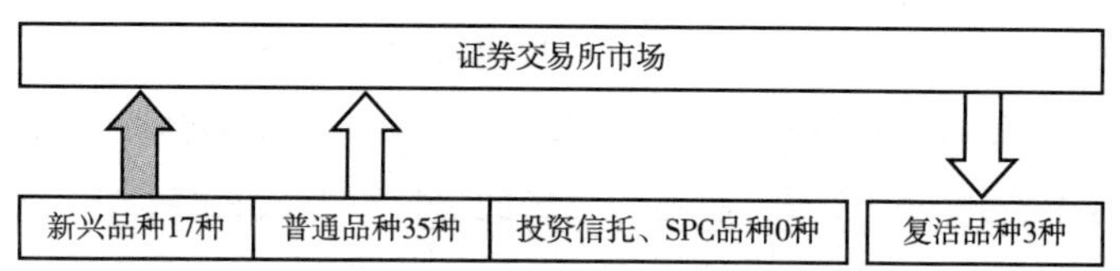

图 10－4 绿表制度和交易所的关系

注：时间至 2011 年 10 月末为止，从绿表向交易所上市的品种有 10 种。
品种数是截至 2011 年 10 月末。

表 10－10 时价总额比较

绿表	166	名证 Centrex	290
东证创业板	12229	福证 Q-Board	72
大证 JASDAQ	86929	札证 Ambitious	80

注：时间截至 2011 年 9 月末（绿表是以最近的买卖价格计算的）为止。

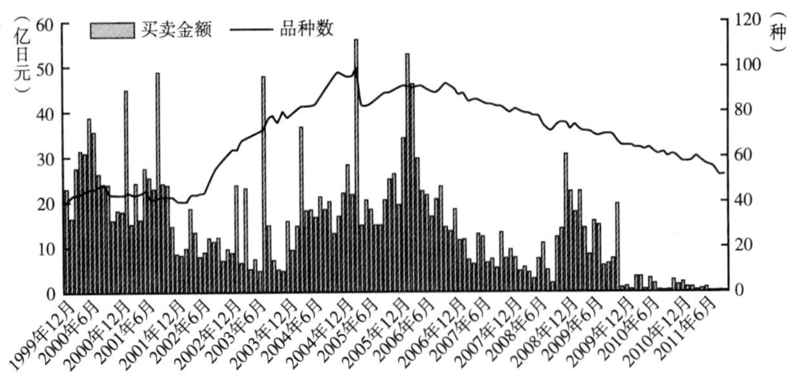

图 10－5 绿表统计

11. 绿表品种制度（2）

品种审查 如上一节所述，现在的绿表品种可分成三种。绿表制度本来的目的是给在资本市场的成长性中小企业提供资金援助的机会，本制度主要的区分是“新兴区分”。该品种对认为有一定成长性的企业，负有在指定新规时由接收会员进行一定审查的义务。从遵纪守法的社会性（作为对社会有用的事业，可以看到其事业的成长对社会的价值，和反社会的活动没有关联，没有在业界违反各种法律法令等），内部管理体制以及适时披露体制的有无（有关披露的管理者和员工的意识统一，确立经营的牵制体制，确立含外包的披露体制等），重要的持续经营条款有无的确认，成长性（根据合理的依据作成事业计划，且对作为商业模式有无收益，市场的规模以及成长性，优越性等进行考量之后，认为事业可以成长），投资相关风险（阻碍事业计划的未来风险不是很大，财政状况和资金周转良好，和关联公司的关系等正常等）方面进行审查。

另外，指定新兴品种后的两个事业年度内不能达成预想的销售额，营业利益或者经常利益的一半以及之后每两年接收会员会对其的够格性进行判断，确实不合格时将该品种转移到普通品种。

品种指定的取消 以前只有在接收会员完全没有时，才会取消绿表品种的指定，但由于适用各种法律的限制，2005 年 4 月开始对于发生一定事项的情况下，日证协可以取消品种的指定。

一定事项是指在证券交易所的上市，破产手续，再生手续，更生手续或者整理，银行交易停止，营业活动停止，公司内容说明书提出延迟，虚假记载或不当意见，公司信息的不当报告，股东名簿管理人的委托解除，转让限制，子公司化，公益或投资者保护不当等情况。

表 10－11　新兴品种区分和普通品种区分的最近业绩以及分配实施状况

利益水准	营业利益	经常利益	当期纯利益
3000 万日元以上	6/14	5/12	4/7
1000 万日元以上～3000 万日元以下	2/8	3/8	4/12
0 日元以上～1000 万日元以下	1/10	2/13	2/10
0 日元以下～▲1000 万日元以下	1/10	0/9	1/6
▲1000 万日元以上～▲5000 万日元以下	1/7	1/6	0/11
▲5000 万日元以上～▲1 亿日元以下	0/2	0/2	0/3
▲1 亿日元以上	0/1	0/2	0/3

注：1. 表格内的数值＝实施分配的公司数/利益水准符合的公司数
　　2. 以 2011 年 10 月末的 52 个品种为对象进行的调查。

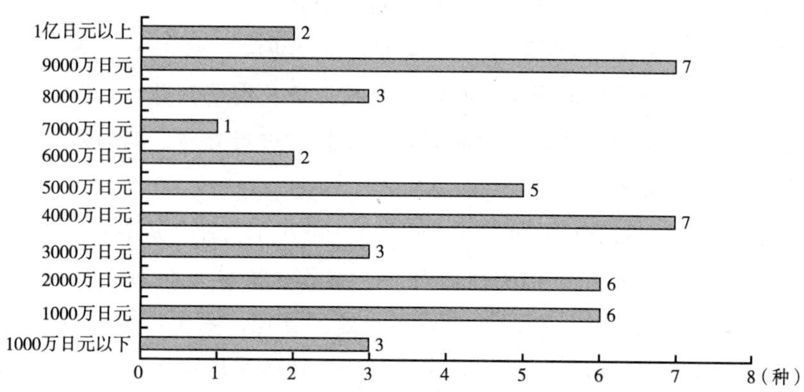

图 10－6　新兴品种区分和普通品种区分指定时的资金筹措规模

注：2011 年 10 月末对指定时进行融资的 45 个品种的调查。
小型资金筹措为最多理由。
①进行 1 亿日元以上的募集时，需要提交有价证券申请书，不能享受绿表的优惠。
②发行企业的规模较小，不需要巨额的资金，重要的是资金筹措的成本和速度。

12. 绿表品种制度（3）

绿表品种的买卖　绿表品种的买卖是在店头进行的，原则上是相对交易。2003 年 7 月日本证券代行（股份）开始了中介接收会员之间的 PTS 业务，但之后该公司又废除了 PTS 业务，现在是以顾客和证券公司之间的相对交易为中心。

交易的时间段从营业日的上午 9 点开始到下午 3 点，午休期间（从上午 11 点 01 分到下午的 12 点 29 分）可以进行约定。但任何时候都可以接收投资劝诱和订单的委托。

对于初次进行绿表品种交易的顾客，要求其对制度内容和风险理解之后再进行投资。实际投资劝诱时，使用公司内容说明书进行适当的说明，再根据《金融商品交易法》第 37 条第 3 点的规定，提交“合同缔结前交付书面”，必须对其内容进行说明。

接收会员和准接收会员原则上每日将参考约定的买或卖行情（美国的做市商制度没有约定业务）以及买卖信息公布，日证协原则上每日公布买卖信息、并将其收集并发表。

进行接收买卖订单以及买卖约定的所有的证券公司，在当天下午 5 点之前向日证协报告，日证协通过网络将其对外公布。

绿表品种的买卖在 2005 年 4 月的《证券交易法》修正中，禁止了内幕交易，根据日证协的其他规定，对市价委托订单，信用交易，未发行有价证券交易的委托的禁止和证券公司的非正式交易，过当交易，煽动购买大量抛售的禁止等负有义务。

绿表品种的交收、决算原则上是 T+3（第 4 个营业日决算），由于现在没有成为证券保管转账机构的接收品种，交收、决算是相对进行的。2005 年 4 月开始，日证协对绿表品种的买卖实施了管理，除了原本的内幕交易，对不公正交易也进行监督。另外，作为其中一环的采取买卖停止措施，买卖停止期间禁止所有的买卖。

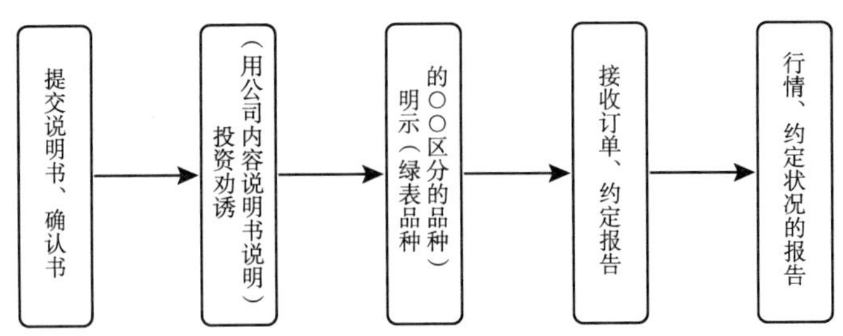

图 10-7　绿表品种的投资劝诱流程

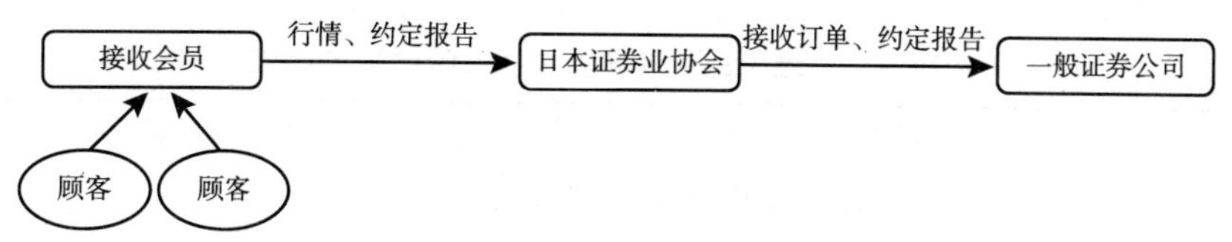

图 10－8 绿表品种的买卖，买卖报告的概要

13. 复活制度

复活制度是日证协为了买卖金融商品交易所的退市品种，2008 年 3 月 31 日开始运作的店头交易制度。本来是作为绿表制度的一个区分开始的，西武铁路，嘉娜宝，活力门等大型交易品种的接连退市时，为了进一步提高退市品种的变卖机会的提供机能，以及给退市企业提供再挑战的场所，重新修改了制度，以金融商品交易所的上市为目标的企业为中心，成立了不同于绿表制度的其他制度（但是，接收品种是相同的）。

以前，从金融商品交易所退市的交易品种的发行公司，和负有披露义务的上市企业（根据《金融商品交易法》）相比，由于企业内容没有充分被披露，所以对于日证协的非上市企业发行的有价证券，证券公司对于投资者进行的投资劝诱原则上是被禁止的。因此保有退市品种的投资者是不能经过证券公司寻找出售处，特别是找不到出售处的个人投资者，该企业直到复活再上市的期间，采取了要求继续保有该股票的消极的对应。

复活制度和绿表制度同样，在日证协的自主限制规则中规定的店头接收有价证券中的从金融商品交易所退市的品种，接收会员会确认在监察报告书添附的适当意见和是否满足股票事务等一定的条件之后，向日证协递交申请，然后指定品种。接收会员仍负有告知买卖行情的义务。被指定复活品种的上市公司，仍继续负有和上市时同样的披露义务。但是，和绿表品种制度最大的不同点是，不需要通过接收会员的审查，为了不失去在退市决定后通过交易所交易的变卖机会，需要确保活用股票等转账制度的流通场所。

另外，复活制度下的复活品种进行了一段时间的买卖之后，退市企业为了企业的再生想要再次上市时，按照稳定股东的做法，转换到已有的绿表制度，以期待积极活用该制度为目标。

表 10－12 绿表品种制度和复活品种制度的比较

	绿表品种制度	复活品种制度
对象有价证券	股票,新股预约权证券,附新股预约权债券,优先出资证券以及投资证券	(退市品种)股票,附新股预约权公司债券
指定条件	有	有
品种审查义务	有	无
指定取消基准	有	有
投资劝诱	不可劝诱接收会员以外	不可劝诱除了顾客计算相关的附出售的接收会员以外
确认书	有	有(但是,不需要附出售劝诱)
买卖机构	相对交易	相对交易
交收、决算	相对交收、决算(原则上是第4个工作日决算:T+3)	通过指定转账机关的相对交收、决算(原则上是T+3)
交易时间	9:00～15:00	9:00～15:00
行情/约定状况的报告及公布业务	有	有
披露资料	公司内容说明书或者有价证券报告书(添附最近以及最近前一事业年度财务报表等的综合意见时候妥当的监察报告书)	同左(也可添附最近事业年度财务报表的综合意见是否适当的监察报告书)
适时披露	协会制定的披露项目	协会制定:披露项目
内幕交易限制	适用	适用

14. 交易所外交易

以公正买卖价格的形成，交易的圆满化等为目标的证券交易所，确保了长年的市场义务集中（证券交易所的章程中有规定）。但是，由于发生了活用近年信息技术显著成果的多样化形态交易需求，日本证券市场的空洞化回避、机关投资者等回避市场冲击的大幅度需求，1997 年 6 月，在证券交易所的报告中，在确保撤销交易所集中义务的价格公正性之上，交易所外交易的禁止被解除（JASDAQ 市场全部的交易为市场内交易）。

1998 年 7 月，日证协以及东京证券交易所成立了共同事务局，由市场相关者召开了“为了面向交易所集中义务撤销的环境整顿的研讨会”，进行了专门的研究，1998 年 12 月日证协对交易所外的买卖价格限制，买卖报告等进行了规定。

2005 年 4 月，《证券交易法》第 37 条中了制定了“交易所外订货原则”，对于有发现价格机能的证券交易所的开盘时间内进行交易的，制定了以证券交易所的交易价格和最好行情为基准的价格限制。但是随着最佳执行义务的导入，在同规定中被删除，日证协的规定也进行了修正，废除了交易所外交易的价格限制。

执行证券交易所外交易的证券公司，根据《金融商品交易法》第 67 条的第 18 点规定，负有向日证协进行实时买卖报告的义务（关于超大额交易，在证券公司的位置管理上，允许延迟买卖的公布）。这些报告是通过 JASDAQ 证券交易所的系统进行的，所以一定程度上推进了含 PTS 信息在内的日证协独自的报告、发布系统的发展，2008 年 5 月 PTS 相关功能运作，同年 11 月交易所外交易相关功能也开始运作。另外，2005 年 4 月《证券交易法》修正，对于多数人同时申请买卖的情况下，和买卖报告同样，需要将其内容向日证协进行报告，由于如下所述的进行 PTS 业务的证券公司以外是没有进行这样的申请的，所以现在也没有进行行情报告。

表 10－13　交易所外交易的买卖现状（日本国内股票）

单位：100 万股，100 万日元

	2008 年(245 日)		2009 年(243 日)		2010 年(245 日)	
	数量	金额	数量	金额	数量	金额
超大额	1084	1694028	1176	1275634	414	605771
（平均 1 日）	4	6914	4	5249	2	2473
大额	16783	25815079	16542	13485051	16239	13018246
（平均 1 日）	68	105367	68	55494	66	53136
准大额	6914	7556780	6801	4589004	6202	3791019
（平均 1 日）	28	30844	27	18884	25	15474
小额	4402	3800403	5882	3753366	3919	2190175
（平均 1 日）	17	155511	24	15445	16	8939
一揽子交易	5857	7656707	3386	3152898	3144	3036104
（平均 1 日）	23	31251	13	12974	13	12392
合计	35041	46522998	33789	26255994	29916	22641315
（平均 1 日）	143	189889	139	108049	122	92414
全国交易所	577052	605409781	583867	390224627	535589	375467734
（比例）(%)	6.07	7.68	5.79	6.73	5.59	6.03
（平均 1 日）	2355	2471060	2402	1605862	2186	1532521

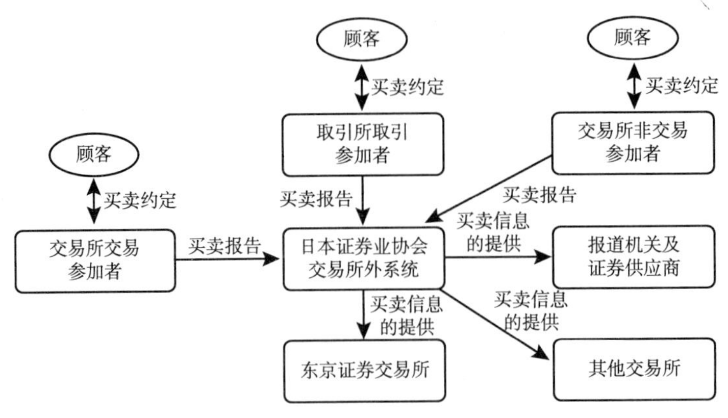

图 10－9　交易所交易的构造

15. PTS 业者的交易

在 1998 年 12 月实施的《金融系统改革法》中，证券公司认可了“PTS（私设交易系统）”的业务。PTS 是“使用电子信息处理组织，同时将多数人作为一方的当事者或者各当事者，根据一定买卖价格的决定方法或者相类似的方法进行”，保有和证券交易所相类似的买卖设施，由于仅限于一定范围的买卖手法以及买卖数量，所以被证券业者所认可。在日本和美国一样，和网络的急速普及相结合，可以看到将时间外交易的潜在需要也纳入视野的 PTS 成立的动机。

PTS 业务可以进行的买卖手法，是使用证券交易所价格的“市场价格买卖方式”，使用根据顾客间交涉价格的“顾客间交涉方式”，如果顾客指定的价格和交易方的其他顾客指定的价格一致的情况下，使用该顾客指定价格的“顾客订单对当方式”，作为市场的制造者根据顾客发来的订单追加“买卖行情提示方式”，2005 年 4 月的《证券交易法》修正中认可了“拍卖方式”。2000 年 10 月内阁府等进行了修正，对于 PTS 业务认可，为了确保公正的交易，追加了即时将价格信息以比较可能的形态向外部发布的义务。根据销售额的市场占有率，设置了数量基准，超过一定水准的情况下，采取了需要证券交易所的批准等一系列的措施。进行上市股票等 PTS 业务的证券公司，作为进行交易所外交易的业者，受到来自日证协的限制，由于负有将价格信息等以比较可能的方式即时向外部发布的义务，日证协在 2002 年 4

月通过构筑的“PTS 价格信息等公布系统”进行适时的行情、买卖报告。这些信息是通过日证协的网页对外披露的。在日本，证券交易所是采用完全的拍卖方式，所以看不到像美国的 ECN 那样的发展，限制也相对缓和了，但在 2005 年 4 月的法律修正中，重新对 PTS 的业务范围进行了修正，拍卖方式 PTS 一天的销售额占全交易所 6 个月的每天平均买卖额的比率在 1% 以上的情况下（个别品种是 10%），必须得到交易所的批准许可。

表 10－14　PTS 业务的相关注意事项

<table>
<tr><td rowspan="2"></td><td colspan="2">价格信息等的外部公布</td><td colspan="2">基于交易额市场占有率的数量基准</td></tr>
<tr><td>上市股票等</td><td>其他债券</td><td>债券或附新股预约权公司债券</td><td>其他债券</td></tr>
<tr><td>1. 顾客订单的对当方式</td><td rowspan="5">以该 PTS 的最佳买卖行情、交易金额和其他的 PTS 相比较的方式，根据即时从外部自由获取进行公布的形态。</td><td rowspan="5"></td><td rowspan="5">在过去的 6 个月中，债券或附新股预约权公司债券平均每天买卖的金额占所有交易所金融商品市场中的买卖金额总额的比率：
①任一品种都在 10% 以上且该债券或附新股预约权公司债券整体在 5% 以上
・买卖管理、审查态势的充实，完善
・违约损失准备金制度的完善
・系统容量等的定期确认
②任一品种在 20% 以上，整体在 10% 以上
・金融商品市场成立的许可取得
③整体在 1% 以上，或者任一品种在 10% 以上
・金融商品市场成立的许可取得</td><td rowspan="5">为了对应交易量的扩大，从公益或保护投资者的角度，在其限度上追加了新的基准。</td></tr>
<tr><td>2. 买卖行情提示方式</td></tr>
<tr><td>3. 顾客间交涉方式</td></tr>
<tr><td>4. 市场价格买卖方式</td></tr>
<tr><td>5. 拍卖方式</td></tr>
</table>

注：是指《金融商品交易业协会等相关的内阁府令》第 14 条中规定的有价证券。

表 10－15　运作中的 PTS 状况

公司名称	业务开始时间	买卖方式	交易时间	对象顾客	交易品种	备考
日产证券	2001 年 1 月 26 日	市场价格买卖方式	17:30～23:59	个人投资者	上市品种	使用了交易所收市价格的订单的核对
极讯证券	2001 年 1 月 26 日	市场价格买卖方式	8:00～17:00	证券公司机关投资者	上市品种	提供 crossing
SBI 日本松下证券	2007 年 8 月 20 日	顾客限价相对方式	8:20～16:30 19:00～23:59 24:30～26:00	个人投资者 机关投资者	上市品种	原则上，以交易所的收市价格作为基准价格来设定限价幅度

续表

公司名称	业务开始时间	买卖方式	交易时间	对象顾客	交易品种	备考
大和证券	2008 年 8 月 8 日	买卖行情提示方式	18:00～26:00	个人投资者	上市品种	也就是市场机制方式
Chi-X 日本	2010 年 7 月 29 日	顾客限价相对方式	8:00～16:00	机关投资者 证券公司	上市品种	原则上，以交易所最近的买卖价格作为基准价格来设定限价幅度

注：时间为：2011 年 11 月 1 日。

出处：参考《面向金融商品交易业者的综合监督指南》。

第11章　证券交易的行为限制

1. 总说

《金融商品交易法》确立了公正的有价证券市场，为了确保证券市场的信赖性，规定了各种各样的行为限制。首先，禁止了行情操纵等行为，其次制定了公司相关者进行的内幕交易限制，以及证券公司进行的完全委托交易账户，大量推荐买卖的限制。接着不止对交易行为有直接的限制，还对大量保有报告书的提出等、交易相关信息的披露进行了限制，以此来确保证券交易的公正。

但是，根据交易的状况事先详细列举多种多样证券交易欺诈行为并不容易。再加上证券交易复杂、变化激烈，立法时没有考虑到的不正当行为也显现出来。这个后来在《金融商品交易法》第 157 条中对各种不正当行为的限制进行了规定。第 1 项中，禁止对有价证券买卖以及其他交易等采取不正当的手段，计划或者使用技巧；第 2 项中，有价证券的买卖以及其他交易等的重要事项有虚假的记载或者没有公布重要事实的情况下，禁止取得金钱以及其他财产。再接着第 3 项，禁止利用虚假的行情来引诱有价证券的买卖以及其他交易的买卖等。在 157 条中，为了应对新的欺诈行为，将禁止所有不正当行为作为一般规定来考虑。

这些条款之外，《金融商品交易法》的第 158 条，为了有价证券的交易，或者为了促进行情的变动，对谣言的传播、欺骗、暴力行为或者威胁恐吓等进行了禁止。除此以外，第 168 条中禁止了虚假行情的公布等，第 169 条中限制对接受对价的报纸等发表意见，第 170 条中禁止对有利收购等的公示，第 171 条中禁止对一定分配等的公示。

另外，店头接收有价证券（绿表）在 2004 年的法律修正中成为了不公正交易限制的对象。

表 11－1　有关不公正交易禁止的主要规定

	内　容	条　文
一般规定	·不正当行为的禁止	·《金融商品交易法》第 157 条
有关行情操纵	· 禁止伪装交易，虚假交易 · 禁止行情操纵目的的现实交易 · 由公示进行的行情操纵的禁止 · 原则上禁止稳定操作交易 · 禁止稳定操作期间中的自己收购 · 禁止谣言的传播，欺骗，暴力行为或者威胁恐吓 · 禁止证券公司人为的行情形成 · 防止自己取得股票相关的行情操纵	·《金融商品交易法》第 159 条第 1 项 ·《金融商品交易法》第 159 条第 2 项，第 1 号 ·《金融商品交易法》第 159 条第 2 项第 2 号，第 3 号 ·《金融商品交易法》第 159 条第 3 项，实行法令第 20 条～26 条 ·《金融商品交易法》第 117 条第 1 项第 22 号 ·《金融商品交易法》第 158 条 ·《金融商品交易法》第 117 条第 1 项第 20 号 ·《金融商品交易法》第 162 条第 2 号
内部者关联交易	· 禁止内幕者交易 · 管理者等的买卖报告义务短期买卖利益返还义务 · 禁止管理者等的卖空 · 禁止可能违反内幕交易规则的买卖受托	·《金融商品交易法》第 166 条，167 条 ·《金融商品交易法》第 163 条，164 条 ·《金融商品交易法》第 165 条 ·《金融商品交易法》第 117 条第 1 项第 13 号
不真实公示	· 禁止虚假行情的公示 · 限制对接受对价的报纸等发表意见 · 禁止对有利收购等的公示 · 禁止对一定分配等的公示	·《金融商品交易法》第 168 条 ·《金融商品交易法》第 169 条 ·《金融商品交易法》第 170 条 ·《金融商品交易法》第 171 条
公开收购	· 公开收购相关限制 · 大量保有报告书的提出	·《金融商品交易法》第 27 条 ·《金融商品交易法》第 27 条
其他	· 禁止损失弥补 · 自己计算交易、过当数量交易的限制 · 卖空相关限制 · 大量推荐销售的禁止 · 超前交易限制 · 自己计算交易的虚构行情形成的禁止	·《金融商品交易法》第 39 条 ·《金融商品交易法》第 161 条 ·《金融商品交易法》第 162 条 ·《金融商品交易法》第 117 条第 1 项第 17 号 ·《金融商品交易法》第 117 条第 1 项第 10 号 ·《金融商品交易法》第 117 条第 1 项第 19 号

2. 行情操纵限制

行情操纵是在原本的自由竞争原理下，根据正常的需求关系，在应该形成的证券市场中，加入了人为的操作行为。一部分是为了形成对自己有利的价格进行的欺诈或者不正当行为。因此《金融商品交易法》中为了确保市场中公正价格的形成，从保护投资者的角度出发，制定了禁止行情操纵的规定，规定中对其违反者给予严重的制裁。

禁止行情操纵的行为有以下五个类型：①伪装交易，②虚假交易，③变动操作，④有公示进行的行情操作，⑤稳定操作等。

伪装交易是同一人在同时期进行订单的发出和接受，假装进行的是没有权利转移的买卖，造成有价证券买卖活跃进行的一种假象。虚假交易是两个人以上共同串通进行的和上述同样的行为。变动操作是人为的操作使市场行情产生变动，这种变动的行情让投资者误认为是自然的需求关系下形成的。在有价证券市场中以劝诱有价证券买卖为目的，进行的可能会让行情产生变动的买卖“共同资料最高裁决决定（1994 年 7 月 20 日）”。

表 11－2　有关行情操纵的《金融商品交易法》的规定

伪装交易	有价证券的买卖情况是以让他人产生误解为目的，而不以权利的转移为目的的买卖（第 159 条第 1 项第 1～3 号）。
虚假交易	有价证券的买卖情况是以让他人产生误解为目的，共同串通之后，进行的买卖（第 159 条第 1 项第 4～8 号）。
变动操作	有价证券市场中以引诱有价证券的买卖为目的，给人一种该有价证券的买卖活跃的假象，使该有价证券的行情发生变动的一系列买卖（第 159 条第 2 项第 1 号）。
公示下的行情操纵	有价证券市场中以引诱有价证券的买卖为目的。 ①不得传播有价证券的行情由自己或他人的操作进行变动的谣言（第 159 条第 2 项第 2 号）； ②进行有价证券的买卖，对于重要的事项发生虚假或者产生误解时，不得故意公布（第 159 条第 2 项第 3 号）。
稳定操作	违反了政令的规定，以固定有价证券的行情，或者稳定行情为目的进行的一系列的买卖（第 159 条第 3 项）。

以行情的固定或者稳定为目的进行的有价证券买卖称之为稳定操作。由于在稳定操作期间终了后，股价会大幅下跌，所以可能会给在进行稳定操作

的期间购买股票的投资者带来不可预估的损失。所以，《金融商品交易法》中除了根据有价证券的募集和卖出时政令中的特别规定进行以外，稳定操作是被禁止的。

对于行情操纵，处 10 年以下有期徒刑或者 1000 万日元以下的罚款，或者两者并处，并且没收行情操作的交易中取得的财产，不能没收时追加征收其价额。以得到财产利益为目的进行行情操纵，进行的有价证券买卖，处 10 年以下有期徒刑以及 3000 万日元以下的罚款。并成为征税征收金以及损害赔偿的对象。

证券公司对于顾客买卖订单的受托，根据金融商品交易业等相关的内阁府令，禁止接受已知是在没有反映实际情况的虚假证券市场下的订单，为防止此种现象，完善买卖管理体制成为一种义务。

3. 公司相关者的行为限制

公司相关者的行为限制分为禁止内幕交易和其防范的措施。

内幕交易的禁止

内幕交易（或者是内部者交易）是上市公司的相关者由于其职务和地位的关系，事前了解到对投资者的投资判断会产生重大影响的未公布的公司信息，在其信息公布前进行的和该信息相关的有价证券的买卖。内幕交易对于不能事先得知其信息的一般投资者来说是很不公平的，如果这种交易任其发展的话，证券市场会失去原有的信赖性。

日本的内幕交易限制，在 1989 年 4 月的法律修正中，为了更有实效性地限制，制定了内幕交易的禁止规定，并对其违反行为处以刑事处罚。之后的 1989 年，①有价证券店头金融衍生商品交易成为限制对象，②公司相关者的范围扩大到了母子公司，③重要事实的范围中包含了和子公司业务相关的重要事实等进行了修正，之后随着公司分割制度的成立和金库股解禁等各种制度的修改，实现了法律方面的完善。

针对违反行为的处罚规则，在规则制定以后不断强化，处以 5 年以下有期徒刑或者 500 万日元以下的罚金，或者两者并处，对法人处以 5 亿日元以下的罚款。内幕交易中得到的财产将被没收、追缴。另外内幕交易也是征税征收的对象，在 2008 年 12 月的法律修正中提高其征收金额的水准。

内幕交易的防范措施

和内幕交易的禁止相结合，制定了以下的规定：如果上市公司等的管理者以及主要股东买卖本公司股票等的情况下，有义务向内阁总理大臣报告，6 个月以内的短期买卖中得到的利益相关的公司有返还请求权，超过自有股票额的出售禁止等。

表 11－3　有关内幕交易的“限制对象者”，“重要事实”，“公布措施”概要

项目	概　　要
1. 限制对象者 (1)公司关联者	①公司管理者等(例如:管理人,代理人,使用人以及其他职员) →因职务的关系知道时 ②具有账簿阅览权者(例如,保有公司已发行股票数的 3% 以上的股东) →行使账簿阅览权等时知道 ③对于上市公司具有基于法令的权限者(例如,监督官厅的职员) →行使权限时知道 ④和上市公司缔结合同者等(例如,交易银行,证券公司,注册会计师,律师等) →因合同签订或者交涉或履行时知道 ⑤上记②或者④如果是法人的情况下,其法人管理者等 →因职务关系知道时
(2)信息接收者	a 从公司相关者接收传达的重要事实者 b 从公司相关者接收职务上传达的重要事实者是法人管理者时,因职务关系获知的
2. 重要事实 (1)决定事实	·执行决定业务的机关在决定进行以下的事项时或者决定不进行时 [股票等的发行,资本的减少,自己股票的取得或者处分,股票的分割,分配的异动,合并,营业转让,解散,新制品或者新技术的企业化,固定资产的转让或取得等。]
(2)发生事实	·公司发生以下的事项时 [灾害引起的损害等,主要股东的变动,上市股票等的退市原因事实,财产权上的请求相关诉讼等,营业停止等的行政处分,母公司的异动,破产的申请等,票据的不提交或者银行处分停止,资源的发现等。]
(3)决算信息	·和公司决算信息的预想值或实际值相比,新算出的预想值或实际值有差异时 [销售额(10% 以上的变动),经常利益(30% 以上的变动且纯资产额比 5% 以上的变动),纯利益(30% 以上的变动且纯资产额比 2.5% 以上的变动)等。]
(4)其他	·除了(1)~(3),上市公司等的运营,业务或者财产相关的重要事实给投资者的投资判断带来重大影响
(5)和子公司相关的重要事实	·对应(1)~(4)
3. 公布措施	·公司将重要事实通知给证券交易所,接收到通知的证券交易所将其放到主页上供大家参阅 ·公司将重要事实向两个以上的报道机关公开,经过 12 个小时 ·记载有重要事实相关事项的有价证券报告书供大家参阅

注：公司相关者离职后的 1 年以内，在担任公司相关者期间获知了重要事实，将成为限制对象。

4. 金融商品交易业者（证券公司）及其职员的行为规则

为了保护投资者以及确保公正的交易，对金融商品交易业者（证券公司）及其职员，在买卖的受托和执行等上，制定了一系列的措施。代表性的有以下几点。

对顾客的诚实义务

必须诚实、公正地对顾客履行其义务（《金融商品交易法》第36条）。

禁止虚假告知和断定性判断的提供

关于金融商品交易合同的缔结或劝诱，不得告知顾客虚假的事情，对于一些不确定的事项，不得提供断定性的判断，或者告知一些可能会让顾客产生误解的事情（《金融商品交易法》第38条第1号，第2号）。

不邀请劝诱、再劝诱的禁止

关于金融商品交易合同（仅限于能够保护投资者的一定交易）的缔结，禁止向没有请求劝诱的顾客，通过访问或打电话的方式劝诱其缔结合同的行为，和劝诱之前没有向顾客确认是否接受劝诱的行为（《金融商品交易法》第38条第4号~第6号）。

损失弥补的禁止

有关有价证券公司的买卖交易，不得为了弥补顾客的损失，提供财产上的利益和其的申请、约定等（《金融商品交易法》第39条第1项）。另外顾客方面也不得为了要求弥补损失，接受其约定和实际的提供（《金融商品交易法》第39条第2项）。

适当性的原则

根据顾客的知识、经验、财产状况以及金融商品交易合同缔结的目的，不得进行认为不当的劝诱，或对投资者的保护欠缺的劝诱《金融商品交易法》第40条第1号）。

另外，禁止下表中列举的行为（《金融商品交易法》第38条第7号）。

“金融商品交易业者行为限制的概要”

（金融商品交易业等相关的内阁府令第117条）

1. 没有根据顾客的知识、经验、财产状况、目的等，要求其在合同缔

结前提交书面等必要的说明等合同缔结的行为

2. 有关合同的缔结和劝诱，让其产生虚假、误解的表示行为

3. 在合同中约定向顾客提供特别利益的行为

4. 在合同的缔结或解约上，使用欺骗、暴力、胁迫等行为

5. 拒绝履行合同中规定债务的全部或者一部分，或不当延迟的行为

6. 通过不当的手段取得属于顾客的金钱等财产和委托保证金等

7. 在合同的缔结或解约上，在顾客不方便的时间进行访问或电话的劝诱

8. 以合同缔结为目的，没有事前明确内容而将顾客召集在一起进行劝诱的行为

9. 对已经明确表示过不想缔结合同的顾客进行劝诱的行为

10. 接受顾客的委托交易前，以为了让相同的交易成立为目的，以相同或者有利的价格进行同样交易的行为

11. 没有得到顾客许可的情况下，根据顾客的计算进行交易的行为

12. 金融商品交易业者或者其职员利用职务之便进行交易的行为

13. 事先知道顾客的交易会违反内部者交易规则等或者有可能违反的情况下，还继续接受委托的行为

14. 通过向顾客提供有价证券发行者的法人信息进行劝诱的行为

15. 在需要对有价证券的募集预测进行调查时，没有采取既定的措施，向第三者提供该募集相关的法人信息的行为（详细的“措施”请参照内阁府令）

16. 自己根据法人的信息进行的和该信息相关的有价证券交易的行为

17. 在一定期间内过度地向不定且多数的顾客劝诱特定的且少数品种的有价证券的交易和委托等行为

18. 利用基于顾客的交易价格，以自己或者第三者的利益为目的，在一定期间内过度地向不定且多数的顾客劝诱交易和委托等行为

19. 以使上市金融商品等的行情产生变动，或者以增加交易额为目的进行的交易和委托行为（虚假行情形成交易等）

20. 事前知道上市金融商品等的行情变动，或者交易额的增加是没有反映实际情况的情况下，继续接受交易委托的行为（虚假行情形成交易等的受托）

21. 没有按照事前规定的书面方式，缔结金融商品交易业者执行交易的合同的行为（不根据书面的完全委托合同的缔结）

22. 金融商品交易业者在稳定操作期间内进行的以下几点上市有价证券的收购行为：①自己的收购行为，②委托其他金融商品交易业者的收购行为，③根据稳定操作交易相关的有价证券发行者的公司计算进行的股票受托行为，④根据可以委托操作稳定交易者的计算进行的收购受托的行为，⑤根据交易完全委托合同的收购行为

23. 没有表示稳定操作交易的执行，接受该有价证券发行者发行的股票等买卖的委托行为

24. 不伴随金钱等的交收，自己的计算买卖和顾客的信用交易相对当时，为了该买卖相关未决算账目的结清的相当买卖的行为

25. 没有让顾客对外国投资信托报告书用英文进行说明或者没有提交英文说明资料的买卖行为

26. 向顾客劝诱关于店头金融期货交易的受托和该顾客的买卖相对当交易的行为

27. 金融商品交易业者对该业者的母法人公司有借款相关债务时，发行和此相关的有价证券并成为承销人时，该有价证券相关的到手额需要偿还该借款相关债务的情况没有告知顾客的情况下，进行的和该有价证券相关的买卖的媒介行为

28. 通过背书以外的方法进行的抵押证券的买卖以及其他交易的行为

29. 有关货币相关金融衍生商品交易或者有价证券相关店头金融衍生商品交易相关的合同缔结，在顾客委托保管方的保证金上加减该交易决算时的损益额后，仍不足约定时的委托保证金时，在该合同缔结后没有立即让该顾客将其不足额的部分交给委托方，而该合同还继续履行的行为

30. 货币相关金融衍生商品交易或者有价证券相关店头金融衍生商品交易的每天洗盘时，保证金等的实收委托额不足维持必要的委托额时，没有立即让顾客将其不足额的部分交给委托方，而和该交易相关的合同还继续履行的行为

另外2008年10月30日以后，在上述的基础上，对出售时没有准备的卖空股票采取了禁止时限措施。

5. 其他限制行为——为确保公正交易的信息披露

公开收购（Take Over Bid）是以取得某公司的支配权为目的，将一定数量的股票在一定期间以一定的价格收购的事情进行公布的行为，由于这种行为是不特定的多数投资者在交易所市场外进行的收购，所以向投资者披露是否应该提供对象证券等的判断相关信息的同时，也要求确保股东公正且平等地操作。另外公开收购的结果，因为可以预想到支配权的变动，所以也有必要披露收购者相关的信息。因此公开收购者负有以下几种义务：①目的，收购价格，收购预定股票数，收购期间等的公告，②“公开收购申请书”的提出，③向应募的股东提交“公开收购说明书”，④收购期间完了后的结果公告等。公开收购时为了防止行情的操纵和滥用，公开收购的撤销原则上是不允许的，收购条件的变更也有一定的限制。因为，成为公开收购对象的公司，对该公开的收购是如何考虑的，这对股东是否应募该公开收购是非常重要的信息。所以公开收购对象公司需要立即向内阁总理大臣提交“意见表明报告书”。

另外，大量收购股票的行为本身并不会立即成为问题，但是伴随这种交易的是股价的波动以及会给公司的支配关系带来影响，还有可能给一般的投资者带来难以预料的损失。因此，超过上市公司等已经发行的股票总数的5%时，实质上拥有其股票的保有者，需要将其保有状况的大量“保有报告书”以及成为大量保有者后，股票的保有比率根据股票的处分和取得在百分之一以上增加或者减少时，将其变更事项的“变更报告书”提交给内阁总理大臣，供公众随意阅览。有关股票等的大量取得、保有及放出的信息就可以迅速且正确地向投资者公开，也维持了证券市场高水准的公正性、透明性，对投资者的保护也更彻底。

公开收购的流程

收购开始

·公开收购开始公告（在日刊报纸上公告收购的目的，收购价格，收购预定股票数，收购期间等）

·公告日向内阁总理大臣提交“公开收购申请书”，其复印件邮寄给公开收购对象公司，证券交易所，该公司等提交公开收购申请书的单位

收购期间（原则上是20天以上60天以内）

·准备出售股票的公司公开公布“收购说明书”

·收购价格的均等条件、收购价格的下调、收购期间的缩短等原则上是禁止的

·收购申请的撤销、合同的解除原则上禁止。收购后的股票超过所有分配的三分之二时，负有全部收购义务

·进行卖付的公司随时可以解除合同

·对象公司向内阁总理大臣提交“意见表明报告书”，其复印件寄送给公开收购者、证券交易所等

·进行公开收购的公司，没有根据公开收购进行的股票收购原则上禁止

收购完成

·公告或公布公开收购相关的股票数量，“公开收购报告书”提交给内阁总理大臣

·记载收购股票数的通知书邮寄给应募股东

·不拖延收购的决算

股票大量保有披露的流程

“大量保有报告书”提出义务

·股票等的保有比率超过已经发行股票数的5%时，股票保有者以及共同保有者在5个工作日内将“大量保有报告书”（记载有保有者以及共同保有者的住所、姓名，事业内容，股票保有比率相关的事项，保有目的，资金取得相关事项等）提交给内阁总理大臣，其复印件邮寄给证券交易所，发行公司

·机关投资者等的保有股票没有超过已经发行股票数的10%时，在发生事实的基准日开始的5个工作日（每月两周以上）之内提出即可（特例报告制度）

之后的报告义务

·大量保有者在提出“大量保有报告书”后，股票等的保有比率在1%以上增加或减少时，原则上从当天开始的5个工作日以内将变更报告书提交给内阁总理大臣，其复印件邮寄给证券交易所，发行公司

·提交“大量保有报告书”或“变更报告书”的公司，记载内容如有不完善的，将“修正报告书”提交给内阁总理大臣

报告书的公众阅览

·内阁总理大臣，证券交易所将各报告书供公众在5年期间内随意阅览

注：2007年4月以后，义务规定必须使用EDINET提交报告书。

第12章　金融商品交易行业（证券业）

1. 金融商品交易商（证券公司）之概要（1）

对《证券交易法》进行整合的《金融商品交易法》（以下简称《金商法》）于2007年9月全面实施，在约束证券公司的法律限制内容方面，根本上没有变化。金融商品交易行业的业务种类，《金商法》中列举了几种：第一种和第二种金融商品交易行业、投资建议与代理行业及投资运用行业（该法第28条）。一直以来被称为“证券业”的业务，被包括在第一种金融商品交易行业之中。因此证券公司作为金融商品交易商需要到内阁总理大臣那里登记（第29条）。

证券业的登记制在1948年《证券交易法》制定后被采用，不过1968年4月以后，转为许可证制。许可证制的运用立足于这样的一种理念：通过过度竞争的防止以及业务的专注（禁止兼营原则）来稳定证券公司的经营，并以此来保护投资者。其结果是证券行政的预防性的性质得到加强，使后来几乎没有公司新加入证券业了。

但是，随着证券市场的发展，不但证券公司处理的商品呈现多样化，而且进入20世纪90年代以后，在产业结构的转型以及社会步入老龄化，日本雇佣制度的修正和互联网等引起的IT革命等背景下，出现了未公开股票的处理、资产的证券化、M&A（企业并购中介）、资产管理、网络经纪业等证券服务，顾客对证券服务的需求也开始发生变化，变得多种多样。

许可证制虽然有稳定证券公司的经营的效果，但是另一方面，人们指出它存在削弱店铺设置、新商品、新服务的开发等营业政策方面的创意功夫，淡化证券公司的责任意识的弊端。因此，作为《金融系统改革法》的一个环节，对《证券交易法》进行了修正，1998年12月起，证券业再次转为“登记制”，对兼营的限制也有所缓和（以此作为依据，金融机构的证券业务也变成了登记制）。

此后，出于对“应该给投资性较强的金融商品、服务横切式地加上同等的投资者保护限制”的考虑，囊括集团投资计划以及金融衍生商品交易等范围广泛的限制对象的《金商法》得以实现。该法整合了《金融期货交易法》、《投资顾问行业法》等法律，导入了证券业、金融期货行业、投资顾问行业等垂直管理型限制，以及“金融商品交易行业”这个范围广泛的行业概念，进行了横切式的行业限制。

表 12－1 证券公司（第一种金融商品交易行业）的业务范围及其要件

1. 第一种金融商品交易行业(《金商法》第 28 条第 1 项 1～5)	拒绝登记事由(登记标准)(《金商法》第 29 条第 4 项,《金融法》施行令第 15 条)
①“有价证券的买卖、市场金融衍生商品交易、外国市场金融衍生商品交易”、“上述的媒介、经销、代理”、“有价证券等清算经销”、“有价证券的出售”、“有价证券的募集、出售的处理、私募的处理” ②店头金融衍生商品买卖,其媒介、经销、代理 ③有价证券的包销 ④利用电子信息处理组织同时将多人作为一方当事人或各当事人,进行有价证券买卖、媒介、经销、代理业务(私设交易系统运营业务＝PTS 业务) ⑤就以上交易接受顾客的有价证券等的预托业务(保护托管)以及与公司债、股票的账户转账有关的业务 注 1. ④需要获得认可(第 30 条第 1 项)。此外,PTS 是 Proprietary Trading System(私设交易系统)的首字母。 2. 根据《金商法》,⑤从原来的随附业务转变为主营业务。	①登记注销后未满 5 年、因违反法规被处罚金未满 5 年。②董事中有破产人员或接受一定的刑罚、执行后未满 5 年的人员。③不具备能够适当从事金融商品交易行业的足够的人员构成。④资本的金额及净财产金额不足 5000 万日元。⑤公司性质并非股份制有限公司。⑥随附业务、兼营申报业务以外的业务违反公益或风险管理难以进行者。⑦主要股东(表决权 20%)为不合格人员。⑧自有资本比率不足 120%。⑨与其同金融商品交易商的商号相同或相似。 **最低资本金(《金商法》施行令第 15 条及第 11 条)** ①作为主干事进行原包销,30 亿日元 ②上述以外的原包销,5 亿日元以上 ③PTS 业务,3 亿日元 ④上述以外的第一金融商品交易行业,5000 万日元
2. 随附业务(第 35 条第 1 项 1～15)	
· 有价证券的借贷或其媒介、代理 · 信用交易随附金钱的贷款 · 以替顾客保护托管的有价证券为担保的金钱贷款 · 与有价证券有关的顾客的代理 · 涉及投资信托的收益金、偿还金、解约金的代理 · 与投资法人的投资证券(公司型投资信托)的分红、退还款、剩余财产的分配有关的业务的代理 · 累积投资合同的签订 · 与有价证券有关的信息的提供、建议 · 其他金融商品交易商等的业务代理	以下是《金商法》新增的随附业务员 · 注册投资法人的资产的保管 · 与其他事业者的事业转让、合并、公司分立、股票交换、股票转移有关的商谈或与此有关的中介 · 与其他事业者的经营有关的商谈 · 与货币及其他金融衍生商品交易所有关的资产的买卖及其媒介、经销、代理 · 转让性存款及其他金钱债权的买卖及其媒介、经销、代理 · 作为对投信法规定的特定资产的投资,进行运用资产的运用

续表

3. 呈报业务（第 35 条第 2 项，《关于金融商品交易行业等的内阁府令》第 68 条）	
商品交易所交易 商品等金融衍生商品交易 贷款行业及其他、金钱贷款及其媒介 宅地建议交易行业及宅地建筑物租赁业务 不动产特定共同事业 商品投资运用业务 作为对与有价证券或衍生物交易有关的权利以外的资产的投资，对运用资产进行运用的业务	第 23 项列举为内阁府令中规定的其他业务： 金块的买卖及其媒介、经销、代理业务 企业联合合同 企业匿名联合合同 贷款参与合同的签订及其媒介、经销、代理业务 保险募集业务 与遗言信托、遗产整理有关的业务 电脑程序的制作、销售、计算受托业务 金融机构代理业务 排污权的交易、该金融衍生商品交易及其媒介、经销、代理 与有价证券或其金融衍生商品有关的交易 不动产的管理行业 接受投资法人、投资目的公司的委托进行机构运营业务 债务保证、债务承担及其媒介 向顾客提供与其他事业者进行调解、介绍其他事业者的业务 关于其他事业者的业务的宣传、广告等

注：1. 除以上业务外，还可以从事得到内阁总理大臣承认的其他业务（许可业务）。（第 35 条第 4 项）

2. 投资全权委托合同被认为属于金融商品交易业务中的“投资运用行业”，因此呈报业务将它删除了。

2. 金融商品交易商（证券公司）之概要（2）

以前的证券中介行业，被《金融商品交易法》称之为“金融商品中介行业”。该中介行业从事的业务包括：①有价证券的买卖（PTS 交易除外）媒介，②投资运用商，③有价证券的募集、出售及私募的办理，④投资顾问、投资全权委托合同的签订代理、媒介。也就是说，该业务本身并不拥有顾客账户，而是建议顾客将交易订单给所属商家代理。

与此前的证券中介行业相比，后来新增了金融衍生商品交易的媒介、投资顾问/投资全权委托合同的签订代理/媒介，业务范围得到了扩大。另外，相关制度的内容基本上没有变化。即法律规定：对想从事该业务者实施登记制，剔除不合格者，使其服从以金融交易商为准的行为规范（禁止

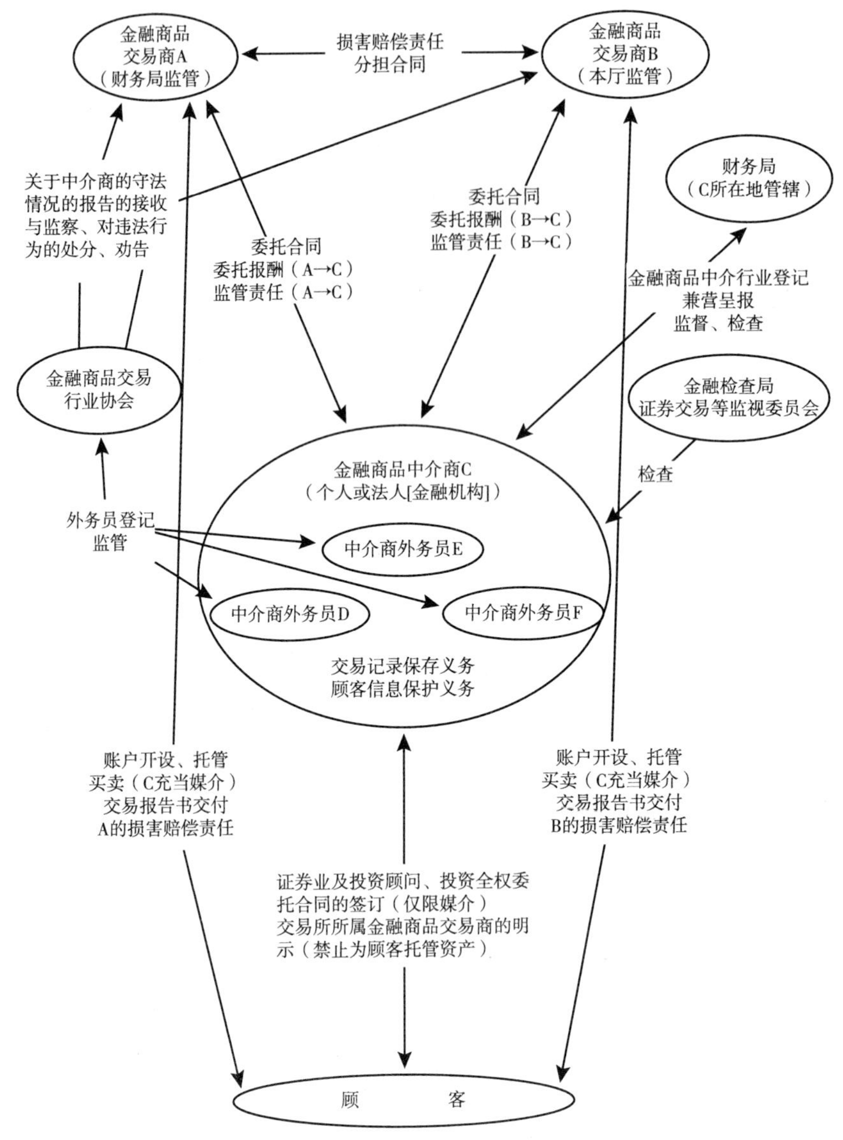

图 12－1　金融商品中介商之概要

注：可有多个委托合同。

笔者根据金融厅的资料绘制。

填补损失和遵守适应性原则等），明确所属公司的相关指挥命令，在法律上明确赔偿的责任，同时让行政当局拥有检查、监督的权限，以保护投资者的利益。

此外，登记所需条件也与旧证券中介行业相同。它有别于第一种金融商品交易商，登记所需条件比较宽松，对于如何更容易地参与该中介行业，人们不断地努力进行改善。第一，中介商家既可以是个人，也可以是法人；第二，最低资本金、净资产额、自有资本限制不限。此外，业务范围仅限建议、订单代理，不得托管顾客的金钱、证券（因此，可以不用加入投资者保护基金）。不过，中介行业的营业人员必须与金融商品交易商一样取得外务员的资格，该登记业务由日本证券业协会（金融商品交易协会）办理。

金融商品中介可以代理多个公司的业务。截至 2011 年 8 月，金融商品中介商一共有 648 个（其中法人 469 家，个人 179 名），作为中介的 SBI 证券代理 164 家公司的业务、Ace 证券则代理 142 家。此外，金融商品中介业务也被包括在注册金融机构的业务中，因此金融机构也可以从事股票、公司债、外债的中介业务（参见本章第 10 节）。关于和以地方银行为中心的金融机构有中介业务来往的证券公司，野村证券与 55 家金融机构有来往，大和证券和 SMBC 日兴证券则是各自与 25 家左右来往（2007 年 6 月末，根据各公司的年度报告得出）。

3. 金融商品交易商（证券公司）之概要（3）

战后很长一段时间，日本证券公司无论是从收入来源来看抑或从业务来看，都具有在很大程度上依赖股票经纪业务这一共通点，同时在经营组织方面，在日本固有的雇佣体制下聘用了大量的员工、多方位地从事所有证券业务的大规模的“综合证券公司”以及以股票经纪业务为中心的、依赖收取佣金的外务员的小规模的“中小证券公司”两极并存；在竞争结构方面，野村、大和、日兴、山一这四大证券公司在所有领域都占据最大的市场份额，使得众多中小证券公司形成系列化的“四大证券公司垄断”的体制得到了确立。这一结构图，海外自不待言，就连战前也不曾出现过，可以说是战后日本证券业界的一大特色，虽然此后进行了若干的修正，但是仍然维持至 20 世纪 90 年代下半期。

但是，泡沫经济崩溃的 90 年代证券市场萧条加剧，在此过程中，1997 年以后以山一证券为代表的众多证券公司陆续破产。另外，继该现象之后，专注于特定业务的、具有独特的营业风格的商家增加，它们开始参与证券市场，证券业界开始呈现流动化。并且，从 1997 年 5 月小川证券破产后至现在

（2011 年 7 月），通过提前解散、营业转让、合并等方式退出市场的国内证券公司有 182 家，而新加入的公司则有 208 家。

除此外资证券公司也纷纷进驻。一部分证券公司在 1990 年以后以接受海外投资者的订单为中心，增加了股票与金融衍生商品的买卖在原有证券业务中所占的比例。另外，它们也开始逐渐主导资产的证券化、结构债的组成以及企业并购等新的业务。可以说四大证券公司垄断的局面业已瓦解。

此外，1998 年大和、日兴两大公司与日本国内外的金融机构进行全面的资本、业务合作，并将公司分割成批发部门和零售部门。在经营组织上也可以看到重大的变化，例如大和在 1998 年，野村、日兴在 2001 年转变为控股公司的形态。无论是龙头企业抑或中小企业，很多证券公司都尝试导入了业绩工资等新的报酬制度，日本的雇佣制度开始发生变化。而且龙头证券公司从经营高效化的观点出发将系列中小证券公司从其旗下脱离出来，大型银行以及其他行业中有意参与证券市场业务的企业将这些中小证券公司纳入旗下的动向也开始出现。20 世纪 90 年代中期证券市场开始走出低迷的困境，在自身努力应对环境变化的过程中进行了经营改革方面的探索。这使得证券公司的经营组织、人事制度、竞争结构产生了重大的变化。

表 12－2 证券公司数量、资本金、员工人数

年份	证券公司（总店数量）			铺数量（含总店）	资本金（亿日元）	员工人数（人）	
	交易所参与者	非交易所参与者	合计			内勤员工	外务员
2004 年	131（21）	137（18）	268（39）	2054（41）	15576	17108	69298
2005 年	128（19）	156（21）	284（40）	2121（42）	15927	15948	71965
2006 年	130（13）	177（21）	307（33）	2196（37）	22078	16607	76054
2007 年	128（13）	188（17）	316（30）	2270（32）	22712	17879	81260
2008 年	123（12）	199（16）	322（28）	2336（32）	22638	18002	81198
2009 年	118（11）	189（14）	307（25）	2254（27）	18856	16043	77265
2010 年	115（10）	184（13）	299（23）	2220（24）	18289	16143	75913
2011 年	113（8）	179（14）	292（22）	2211（24）	19585	15911	76776

注：1. 括号内的是外国证券公司在日本的分店数量。东京分店被包括在总店中。

2. 2011 年的公司数量、店铺数量、资本金额为 7 月份，员工人数为 6 月末。此外属于金融交易中介商的外务员为 2494 人（2011 年 6 月末）。

3. 资本金不包括外国证券公司。

4. 2003 年 4 月 16 日制度修订，废除了收取佣金的外务员的定义及资格条件等。

出处：日本证券业协会《证券业报》、《业务报告书》等。

**表 12－3　国内证券公司的新参与、合并、关闭引起的增减
以资本金划分的证券公司数量**

	新加入	合并等	提前解散等	资本金	2006 年末	2011 年 7 月
1993 年～1996 年	19	－3		500 亿日元以上	13 家	12 家
1997 年～1999 年	41	－19	－17	100 亿日元以上 500 亿日元以内	21 家	16 家
2000 年	24	－10	－2	30 亿日元以上 100 亿日元以内	34 家	45 家
2001 年	15	－7	－3	10 亿日元以上 30 亿日元以内	37 家	46 家
2002 年	11	－9	－9	3 亿日元以上 10 亿日元以内	98 家	96 家
2003 年	7	－4	－7	5 千万日元以上 10 亿日元以内	71 家	55 家
2004 年	7	－5	—	合计（外国证券公司除外）	274 家	288 家
2005 年	20	－3	－2			
2006 年	25	－1	－2			
2007 年	22	－2	－10			
2008 年	22	－6	－9			
2009 年	4	－7	－19			
2010 年	9	－7	－13			
2011 年	1	－4	－5			

注：1. 1993 年至 1996 年新参与的 19 家公司是根据金融制度改革法设立的银行子公司。
2. 营业转让导致的关闭被包括在合并中。
3. 提前解散是指退出协会当天。
4. 不包括外国证券公司在日本的支店的日本法人化等伴随公司组织变更而产生的关闭和注册。

出处：根据日本证券业协会的《证券业报》、“协会通知” 制作。

4. 证券业务（1）

——主营业务（1）

根据《金商法》，证券公司可以从事的业务，被称为第一种金融商品交易行业，托管、账户转账业务也加入到主营业务中，业务范围得到了扩大。主要的业务可以分为各种商品的股票、公司债、投资信托、金融衍生相关商品；按业务方法来划分，可以大致分成以下几类：①自行买卖—交易业务，②委托买卖—经纪业务，③包销—承销业务，④募集—销售业务。

关于流通市场中的股票业务，其核心业务是根据顾客的订单在证券交易所执行的经纪业务。与此相并存的，是通过自己的计算进行的证券商业务。就公司债来说，除去价格与股价联动的“转换公司债”以外，在证券公司执行的公司债较少，因此多数情况下都是以证券公司将顾客的订单与自有资

本进行比对的形式来执行（公司债证券商业务）。通过经纪业务、证券商业务，证券公司与证券交易所一起承担着形成有价证券的公正价格、维护证券市场的流动性的任务。

作为发行业务，除国债等公共债、民间企业的普通公司债、股权（Equity）相关证券（股票、附新股预约权的公司债）的公募发行的包销以外，还包括与在证券交易所上市时的股票公开相伴随的包销业务。包销是指取得新发行（或出售）的证券这种目的，或者是在证券卖剩的情况下取得证券以使证券可靠地发行的行为。从发行人那里取得证券的行为被称为总包销（为了与发行人确定总包销合同而进行协商的商家，被称为干事证券公司），从总包销商那里取得证券的行为，被称为分销。募集是指与取得新证券有关的建议和销售业务，适用对象除了上述的发行证券之外，还包括投资信托等。出售是指与取得已发行证券有关的建议和销售业务，相当于大股东将证券分销。

1998 年获得批准的新业务有店头金融衍生商品业务以及 PTS 业务。前者是指在证券交易所外与顾客签订合同或接受其委托进行股票及股价指数等的远期交易、期权交易、股价指数与利息的互换交易等业务，实际上多数情况下是对被纳入该合同中的结构债券（股价联动公司债等）进行组成、销售。PTS 是利用电子信息处理组织比对投资者的订单的业务。PTS 业务的专业性强，在《金商法》中也规定必须进行严格的风险管理，因此需要得到内阁总理大臣的认可。

表 12－4 东证综合交易参与人（会员）的交易金额

	期货股票买卖金额（兆日元）			包销、出售金额（亿日元）		募集、出售经办金额（亿日元）		
	自己买卖	委托买卖	其中信用交易受托比例（%）	股票	债券	股票	债券	投资信托受益证券
1999 年 3 月	95	164	9	49422	195542	3993	133941	550781
2000 年 3 月	217	412	16	82201	283473	17006	170758	796662
2001 年 3 月	194	316	11	70418	310878	17478	165966	709796
2002 年 3 月	188	271	12	14701	332079	18455	183771	630223
2003 年 3 月	180	236	14	16240	420062	23642	207617	345314
2004 年 3 月	262	402	19	29427	445017	42918	234572	441715
2005 年 3 月	287	503	20	36652	509186	51296	248142	501677
2006 年 3 月	441	886	21	47813	558784	71394	340810	799629

续表

	期货股票买卖金额（兆日元）			包销、出售金额（亿日元）		募集、出售经办金额（亿日元）		
	自己买卖	委托买卖	其中信用交易受托比例（%）	股票	债券	股票	债券	投资信托受益证券
2007 年 3 月	525	982	18	50427	417929	66840	242514	754676
2008 年 3 月	552	1036	16	17614	553961	26654	351305	702061
2009 年 3 月	381	665	18	19485	509049	28005	309318	506129
2010 年 3 月	291	540	21	48210	330872	67244	219282	549085
2011 年 3 月	243	595	16	23373	353167	37122	222042	622565

注：1. 决算年度为前年 4 月至当年 3 月。

2. 双方计算。

3. 不包括特别参与人，东证综合交易参与人数（含外国证券公司）截至 2011 年 3 月末为 102 家公司。

4. 2002 年 3 月起的数据与此前的数据不连续。

出处：根据东京证券交易所《证券》制作。

表 12－5　PTS 交易情况

单位：100 万日元

	交易所内交易（A）	交易所金融商品市场外交易（B）	合计（A）+（B）	PTS 交易（C）	PTS 交易在交易所金融商品外交易中所占比例（C/B）	PTS 交易在交易所交易品种合计中所占比例［C/（A+B）］
2003 年 3 月	196588578	14147898	210736476	168305	1.2%	0.1%
2004 年 3 月	304510860	19278510	323789370	102027	0.5%	0.0%
2005 年 3 月	368350873	21100338	389451211	124839	0.6%	0.0%
2006 年 3 月	642298900	30507011	672805911	338675	1.1%	0.1%
2007 年 3 月	723734608	42810934	766545542	854916	2.0%	0.1%
2008 年 3 月	762223285	49610445	811833730	2140465	4.3%	0.3%
2009 年 3 月	521094825	36357081	557451906	2073204	5.7%	0.4%
2010 年 3 月	395500588	24483714	419984302	3089794	12.6%	0.7%
2011 年 3 月	397576761	24801215	422377976	4936792	19.9%	1.2%

注：1. 决算年度为前年 4 月至当年 3 月。

2. 单方计算。

3. PTS 龙头企业包括 SBI Japannext 证券、Chi—X 等。

出处：根据 PTS Information Network 的统计资料制作。

5. 证券业务（2）

——主营业务(2)

《金商法》除了包括《证券交易法》以外，还以包括《金融期货交易法》的形式得到了实施，有价证券金融衍生商品交易等其他金融期货交易也被囊括进第一种金融商品交易行业（此外，之前一直需要得到认可的店头金融衍生商品交易不再需要得到认可）。根据《金商法》中的定义，金融衍生商品交易的原资产，包括有价证券、存款债权、货币等“金融商品”(第2条第24项）以及金融商品的价格、利率、气象观测数值等“金融指标”(第2条第25项)。

金融衍生商品交易的顾客以金融机构和机构投资者为主，除了进行与顾客进行互换（Swap）中介业务以外，证券公司将股票店头期权用作结构债的有益补充，或者在包销外债时与发行公司签订利率和外汇兑换互换合同的情况居多。

另外，个人投资者使用频率较高的，除了日经225Mini期货以外，还包括“外汇保证金交易（FX交易)”这种店头商品。店头FX交易，是指将保证金委托商家保管、主要进行货币差价结算买卖的交易，1998年《外汇法》修订后，外汇交易可以自由地进行，一部分商品期货交易商率先开始了交易。以小额的保证金获取贷款（1～100倍，平均20倍）进行投资(Leverage）的交易得以实现。

当初并不存在与此交易相关的法律或限制，导致了纠纷频繁地发生，因此在2005年修订了《金融期货交易法》（现称《金商法》)，对商家实施登记制，恶劣的商家被排除在外。于是，就像图12－2所示的那样，FX交易迅速增加。此外，东京金融期货交易所在2005年将FX交易上市（即Click 365)，紧接着大证也在2009年将FX交易上市，交易的透明度也开始被考虑。另外，利用贷款进行投资的上限在2010年8月被限制在50倍以内，2011年8月被限制在25倍以内。

现在FX交易的中心转移至网络交易，除了FX企业（外为.com和外为online等）以外，网络证券公司也开始积极地参与。另外，不仅仅外汇，以证券、证券指数、利率、商品（Commodity）作为对象资产和以少额的保证差进行差价结算店头交易被称为CFD交易。此交易起源于英国，在日本一部分的商家也开始着手进行。

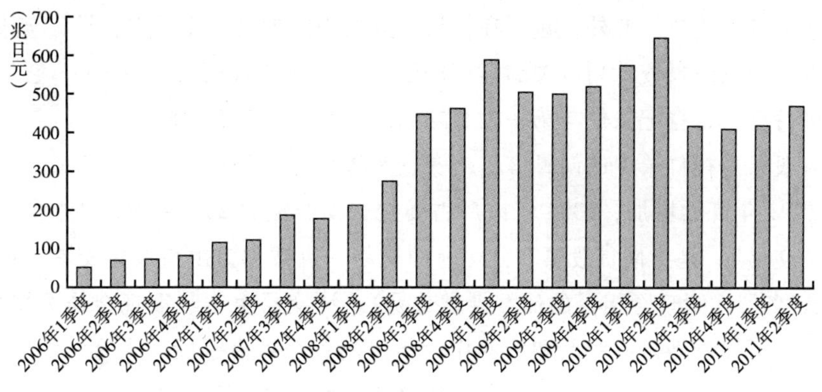

图 12－2　店头外汇保证金（FX）交易

注：1. 根据本协会会员及特别参与人的报告统计。

2. 成交额为买进和卖出交易的合计金额，包括媒介交易金额。

3. 外国货币以各期末的汇率换算成日元进行计算。

出处：金融期货交易协会资料。

表 12－6　以证券为对象的店头 CFD 交易

	账户数量	保证金等余额（亿日元）			
2010 年 9 月末	109260	67			
2011 年 3 月末	136446	66			
（交易情况）					
	个别股票相关	股票指数相关	债券相关	其他有价证券相关	合　计
2010 年上半年					
交易金额（亿日元）	531	50297	627	77	51532
交易数量	48789	1840346	11277	5741	1906153
成交金额（亿日元）	22	201	49	3	275
2010 年下半年					
交易金额（亿日元）	535	58936	638	25	60134
交易数量	69526	1110192	13947	3329	1196994
成交金额（亿日元）	16	84	36	1	137

注：交易金额、成交金额根据名义本金算出。成交金额为 2010 年 9 月末、2011 年 3 月末的金额。

出处：根据日本证券业协会的资料制作。

6. 证券业务（3）

——随附业务、兼营业务等其他业务

除上述主营业务以外，证券公司可以从事的业务还包括随附业务、呈报业务等其他业务。此外，包括在呈报业务之中的投资信托运用、投资全权委托以及与集团投资计划有关的财产的运用，作为“投资运用业务”，它们需要进行登记，登记条件与第一种金融商品交易行业基本相同。

股票委托订单中的向顾客出借资金和股票而进行的“信用交易”，大约在1999年开始增加，2004年以后占委托交易金额的20%左右。“有价证券借贷交易”，是指借贷股票和公司债的交易，也被称为出借股票交易、债券Repo交易（附现金担保的债券借贷交易）。该交易由于收取现金作为担保，因此也可以看做是以股票和债券作为担保的资金筹措手段。于是实物股票、债券、资金的筹措功能得到提高，证券公司可以方便地应对顾客的大宗交易和一揽子交易，有助于公平价格的形成以及市场流动性的提高。尤其是债券Repo市场的份额为72兆日元（基于债券借贷、2011年9月末），发展成为屈指可数的市场之一。“与其他的事业者的事业转让、合并相关的商谈或与此相关的中介服务”，是指向顾客企业提供事业部门的分立、公开价格、并购价格等与企业并购相关的咨询服务。

另外，龙头证券公司以及准龙头证券公司等主要的证券同时注册“投资运用公司”，作为投资全权委托业务而从事包管账户（Wrap Account）业务；作为集团投资计划的运用业务而从事投资未公开股票的基金（私募股权融资基金等）的组成、运用业务。2011年6月“包管账户”有43701个，达到5821亿日元的规模（日本证券投资顾客业协会调查结果）。此外，企

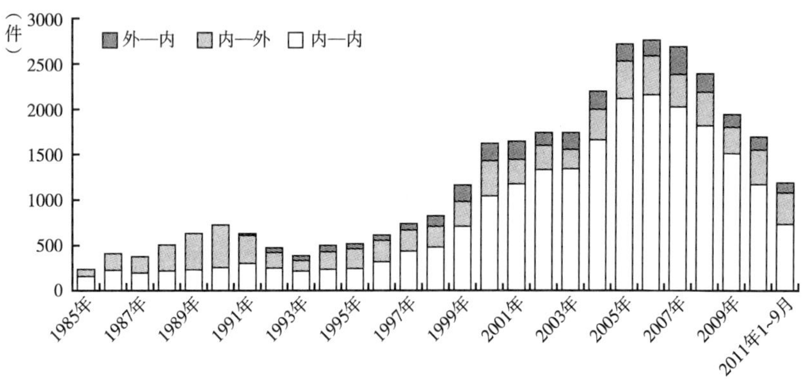

图12-3 日本企业并购案件数量

注：“内—内”指日本企业之间的并购。“内—外”是指日本企业并购外国企业。“外—内”是指外国企业并购日本企业。2011年仅包括1月~9月。

出处：根据Recof公司的《MARR》杂志卷末资料绘制。

业并购与未公开股票基金的组成、证券化业务（包括呈报业务中的金钱债权的买卖）以及与此联动的包销业务被统称为“投资银行业务”，是龙头证券公司、外资证券公司、大型银行的主打业务。

此外，受委托手续费自由化的影响，在股票经纪业务中出现了手续费低的网络交易服务，其交易份额急剧增加。从事该业务的公司有 52 家，拥有 1647 万个账户（2011 年 3 月末），2010 年 10 月至 2011 年 3 月的规模为：股票现金以及信用交易金额 66 兆 9971 日元（委托买卖金额的 20.3%），投资信托金额 4586 亿日元（日本证券业协会《证券业报》2011 年 6 月）。网络专业证券的增长尤为显著。

表 12－7　从公开的日本企业案件数来看顾问公司的排名（2011 年 1 月～9 月）

单位：亿日元，件

排名		金额	案件数
1	高盛(Goldman Sachs)	41910	17
2	野村	39308	92
3	德意志银行集团	36213	17
4	三菱 UFJ 摩根士丹利(Morgan Stanley)	29305	38
5	美国银行美林证券(Bank of America Merrill Lynch)	27294	17
6	瑞穗金融集团	25708	76
7	三井住友金融集团	23463	75
8	JP 摩根	23415	11
9	大和证券集团本部	19708	41
10	瑞士瑞信银行(Credit Suisse)	15420	10

注：不含不动产案件。

出处：汤森路透（Thomson Reuters）调查。

表 12－8　使用“包管账户”的顾客与签约情况

单位：件，亿日元

	投资全权委托		投资建议		总合计	
	件数	金额	件数	金额	件数	金额
2006 年 3 月末	22689	3364	861	77	23550	3441
2007 年 3 月末	25286	5636	580	52	25866	5688
2008 年 3 月末	41615	7469	496	40	42111	7508
2009 年 3 月末	37138	4571	417	22	37555	4593
2010 年 3 月末	41773	5696	317	22	42090	5718
2011 年 3 月末	43509	5890	260	17	43769	5907
2011 年 6 月末	43455	5805	246	16	43701	5821

注：“包管账户”是指顾客根据运用余额一次性地支付与投资顾客业务相关的报酬、执行买卖的手续费、账户管理手续费等手续费的账户。

出处：日本证券投资顾问业协会“统计资料”。

7. 金融商品交易商（证券公司）的收支情况

从对应关系来看证券公司的证券业务和收入项目包括：经纪业务对应“委托手续费”，承销业务对应“包销、出售手续费”，销售业务对应“募集、出售办理手续费”，交易商业务对应“交易损益”（买卖收益与买卖损失相抵），“金融收益”由向顾客提供信用交易时收取的利息和租金、以信用交易以外的方法出借股票与债券时的租金以及借入股票和债券时作为担保投入的现金的利息、证券库存派生的利息、分红等构成。“其他手续费”包括与随附业务、兼营业务有关的手续费、与投资信托红利等的支付代理业务有关的投资委托公司代理手续费、向顾客企业提供与资本政策、企业并购等相关信息、建议的手续费等。

另外，从费用来看包括：①“销售费、一般管理费”（人事费、不动产相关费用、办公费、交易相关费用等），②“金融费用”（从证券金融公司等借进信用交易所需的资金、股票时的利息和租金、与 Repo 交易有关的租金和利息、银行借款和公司债发行利息等）。与证券业务有关的收益被称为营业收入，从营业收入中扣除金融费用后的金额被称为营业净收入，从营业净收入中扣除销售费、一般管理费后的金额被称为营业利润。加进与业务无关的营业外损益可以算出经常利益（通常收入）。有价证券投资以及所拥有的不动产的销售利润、销售损失、向非银行等关联公司或子公司等支付的支援损失可计为特别损益。

从收入情况来看，2009 年 3 月起受到美国，紧接着是欧洲的信用危机和东北大地震等的影响，股票市场行情低迷，手续费收入和交易收入不断下滑。以 10 年为一个阶段来分析，委托及包销手续费下滑，但是与此相反，募集手续费以及其他手续费在增加。另外，可以称之为手续费折扣商家的网络证券专业公司的市场份额在扩大，虽然委托手续费增长停滞不前，但是信用交易利息却在增加。从其他手续费的细目来看，投资信托的代理手续费占了募集手续费的六成，剩下的就是业务合作费与信用提供、咨询手续费，近年来该部分所占的比例有所增加。在费用构成方面，人事费是金额最高的费用科目，近年来业务提成有所增加，该费用发生了改变。与此相反，网络专业证券公司的费用构造，人事费是金额最小的费用，而办公费、不动产相关费用等系统相关费用，以及反映该类公司偏重股票经纪业务的交易相关费用所占的比重则高于平均水平。

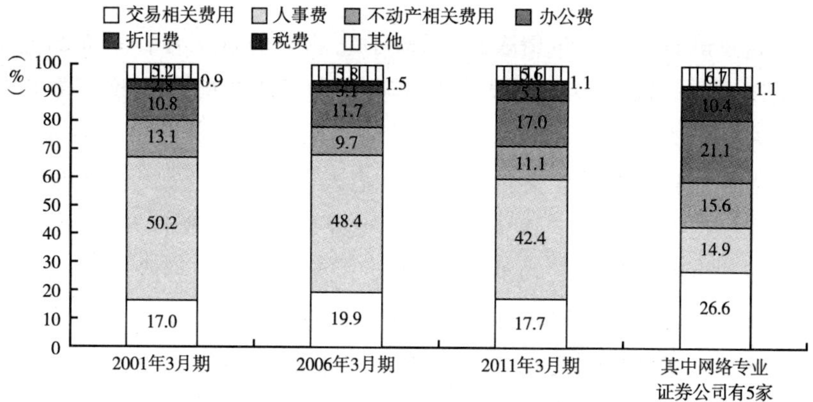

图 12－4　东证综合交易参与人的费用构造

注：网络专业证券公司是指 SBI、松井、乐天、Monex、kabu. com。

出处：根据东证"综合交易参与人的结算概况"以及 5 家网络专业证券公司各自的《Disclosure》杂志绘制。

表 12－9　东证综合交易参与人的收支情况

单位：100 万日元，%

会员数	2001 年 3 月期	构成比	2011 年 3 月期	构成比	2011 年与 2001 年之比
	119 家		102 家		
收取的手续费	1901669	69.9	1735656	72.9	91.3
委托手续费	797473	29.3	458307	19.2	57.5
包销手续费	224175	8.2	144486	6.1	64.5
募集手续费	257556	9.5	423670	17.8	164.5
其他手续费	622464	22.9	709076	29.8	113.9
交易损益等	766703	28.2	486060	20.4	63.4
股票等	504125		44947		8.9
债券等	254315		404146		158.9
其他	8263		36946		447.1
金融收益	412212	15.2	425025	17.9	103.1
信用交易	50711		56337		111.1
其他利息	361501		368688		102.0
金融费用	361798	(－)13.3	265778	(－)11.2	73.5
信用交易	21477		13444		62.6
其他利息	340321		252334		74.1
营业净收入合计	2718786	100.0	2380963	100.0	87.6
销售和一般管理费	2121897	(－)78.0	2365091	(－)99.3	111.5

注：构成比是除以营业净收入的比例。

出处：根据东证"综合交易参与人的结算概况"制作。

8. 金融商品交易商（证券公司）的财务状况

证券公司的《资产负债表》，反映了它业务的特殊性，里面的金额看起来要比实际的高得多。金额最大的项目是资产方的“有价证券担保贷款”以及负债方的“该借入款”。这是证券借贷交易附带的担保金的处理项目，借入证券等的时候支付的担保金记入“该借出款”、借出证券等的时候收取的担保金记入“该借入款”。接着是“交易账目”，它是因交易商业务而产生的账目，实物的买空记入“商品有价证券等”的借方，卖空记入贷方。此外，对附条件交易、期货、期权、互换等金融衍生商品进行时价评估，将评估利润记入“金融衍生商品交易”的借方，将评估损失记入贷方。虽有约定但是交收未完成的，卖掉证券所花费的款项记入“约定抵销账目”的借方，买入所花费的支付款项记入贷方。证券公司的定位在于在实物、金融衍生商品、债券回购交易中，迅速执行顾客的订单，以追求套利，但是由于需要贯彻风险管理，因此会将处理焦点放在了风险上。

接着是信用交易贷款，一方面，它等于顾客信用交易花费的买入价款，而“借证券担保金”是由于借贷交易而向证券金融公司支付的担保金。另一方面，信用交易借入款是来自金融公司的借贷交易借入款，而“贷证券收取款”等于顾客信用交易花掉的卖出价款。

由于要把顾客的资产与自己公司的资产分开管理，因此必须将属于顾客的金钱委托公司外部保管，这些金钱记录在占委托保管金大部分的“顾客分别金信托”账户上。

另外，关于风险管理，一直以来都有划定各个个别商品在净财产额所占的比例，但是由于新商品的增加以及经历了 1987 年的黑色星期一（Black Monday、华尔街股市暴跌）等事件，人们深刻地认识到进行整体风险管理的必要性。另外，国际证券监督机构（IOSCO）也提倡统一的国际性管制，于是对证券公司也导入了自有资本比率管制（1990 年实施、1992 年成为法令）。

自有资本比率管制是这样的一种管制框架：证券公司处理行市商品，它会因为市场情况的急剧变化而导致收入减少。即便在证券公司所持有的资产价格下降的情况下，证券公司的财务健全性也能够得到保持，并保护投资者的利益以期万全。即使各种风险暴露出来了，证券公司也能够通过流动的资产来应对。

表 12－10　日本全国证券公司（289 家）主要账目（2011 年 9 月末）

单位：100 万日元

资　　产		负债、资本	
现金存款	3241242	交易商品	30219208
委托保管金	2550182	（商品有价证券等）	（19078084）
（顾客分别金信托）	（2219192）	（金融衍生商品交易）	（11141107）
交易商品	46096809	约定抵销账目	659050
（商品有价证券等）	（34065722）	信用交易负债	811158
（金融衍生商品交易）	（12031065）	（信用交易借入款）	（347387）
约定抵销账目	1857445	（信用交易收取款）	（463692）
信用交易资产	1786818	有价证券担保借入款	37136509
（信用交易贷款）	（1548910）	存款	1763538
（信用交易借证券担保金）	（237821）	接收保证金	2779843
有价证券担保贷款	42344070	短期借入款	17599740
短期支付保证金	2105220	流动负债合计	93119922
短期贷款	1027151	固定负债合计	4755033
其他流动资产合计	101977120	其他负债合计	97946773
有形固定资产	178708	资本金	2172315
无形固定资产	323403	资本盈余	3001064
投资等	1435915	利益公积	815784
（投资有价证券）	（897642）	（当期净损益）	（6018）
固定资产合计	1938246	净资产合计	5968630
其他资产合计	103915735	负债、净资产合计	103915735

出处：根据日本证券业协会的资料制作。休业中的企业除外。合计数值对不上但给予保留。

表 12－11　东证综合交易参与人（101 家）的自有资本比率（2011 年 9 月末）

最小值	147.1%	分布	突破 100% 台	2 家
最大值	2869.5%		突破 200% 台	14 家
中位值	467.50%		突破 300% 台	21 家
平均值	594.25%		突破 400% 台	22 家
			突破 500% 台	14 家
			突破 600% 台	5 家
			突破 700% 台	5 家
			800% 以上	18 家

出处：根据东证的资料制作。

表 12－12 第一种金融商品交易商（证券公司）的自有资本比率之概要

<table>
<tr><td colspan="2">自有资本比率＝(固定化自有资本÷各种风险金额)×100%</td></tr>
<tr><td>固定化自有资本＝基本项目(自有资本)＋增补项目(劣后债务、准备金)－扣除资产(固定的资产等)</td><td>各种风险金额＝市场风险＋顾客风险＋基础风险</td></tr>
<tr><td colspan="2">市场风险＝行情变动引起保有的有价证券的价格变动从而导致损失风险
顾客风险＝交易对手的违约导致的损失风险
基础风险＝事务部门的失误等日常业务可能产生的风险</td></tr>
</table>

（《金商法》第 46 条 6 的第 1 项及《关于金融商品交易商的内阁府令》第 178 条）

表 12－13 根据自有资本比率而采取的早期整改措施的执行

自有资本比率		
140% 以下	必须申报	《关于金融商品交易商的内阁府令》第 179 条
120% 以上	维持义务	《金商法》第 46 条的 6 第 2 项
不满 120%	不受理登记业务方法的变更、财产托管	《金商法》第 29 条的 4 第 1 项第 6 款 《金商法》第 53 条第 1 项
不满 100%	命令 3 个月内停止营业	《金商法》第 53 条第 2 项
不满 100%、恢复无望	注销登记	《金商法》第 53 条第 3 项

9. 认可金融商品交易业协会

旧证券业协会虽然在《金商法》中被改为“认可金融商品交易业协会”，但变化不大。它是《金商法》中的法人（第 67 条的 2 第 2 项），由金融商品交易商（证券公司等）组成，其设立需要得到内阁总理大臣的认可。其目的在于保证有价证券等的买卖公平、顺畅，保护投资者的利益。为了实现该目的，店头买卖有价证券市场的开设得以实现（第 67 条第 1、2 项）。协会的主要业务有：①自主管制业务②市场管理业务③从事所谓的商家团体性业务（见表 12－14）。现在，“日本证券业协会”是基于《金商法》且日本唯一认可的一个协会。

1940 年为了在证券市场顺利推行战时统制，政府以“一府县一团体”这一标准开始在各地设立证券业协会。战后的 1949 年作为联合组织设立了日本证券业协会联合会。但是为了提高业界的自主管制功能，在日本全国设立单一的组织被认为是必要且妥当，因此 1968 年 33 个证券业协会被《金商法》整合成 10 个，1973 年将 10 个协会作为地区协会的单一组织——社团法会日本证券业协会成立。地区协会分布在北海道、东北、东京、名古屋、北陆、大阪、中部、四国、九州（1995 年整合成南九州）等 9 个地区。

以证券丑闻事件（1991 年）为契机并从加强自主管制功能的观点出发，1992 年协会从民法上的社团法人摇身一变成证券交易法上的法人，同时大藏省（现在的金融厅）将外务员的登记业务委托给协会。如此一来，协会作为自主管制机构的定位得以明确。另外，根据协会的规定，为了应对证券业务的多样化和专业化，外务员的资格被分类成：一类外务员、信用交易外务员、二类外务员、特别会员一类外务员、特别会员二类外务员、特别会员四类外务员（佣金制外务员的定义、资格条件在 2003 年规定修订后被废除）。1998 年 7 月对公司债包销协会进行了整合，2004 年 7 月该协会转变成由“自主管制部门”、“证券战略部门”以及“统括管理部门”构成的新体制。同年 12 月 JASDAQ 证券交易所成立后，店头买卖有价证券市场关闭。2005 年 4 月，对社团法人证券宣传中心进行了整合。

此外，根据《金商法》第 33 条的规定进行登记而从事证券业的金融机构在 1994 年作为特别会员加入了协会。协会的会员数为 294 家（其中外国证券公司 23 家）、特别会员数为 218 家（其中银行 134 家、外国银行 14 家、信用金库 39 库、生命保险 12 家、损害保险 6 家，其他 13 家）[①]。

表 12－14　证券业协会的主要业务

自主管制业务及市场管理业务	自主管制规则的制定、实施	为谋求证券市场的顺畅运营，制定适用于证券公司的各种自主管制规则，致力于证券交易的公正化、顺畅化。（主要与“股票、公司债店头买卖”，“有价证券包销”，“上市股票的场外交易”，“外国证券交易”，“有价证券的托管”，“干部人员的行为规范”，“协会会员的内部管理体制”，“证券外务员的资格、登记”，“协会会员的广告”，“协会会员的投资建议、顾客管理”，“金融商品中介行业”，“顾客资产的分开管理”，“与顾客的纠纷的处理”，“证券公司的统一会计标准”等有关的各种规则）。
	监察、监视调查、自主制裁的发动	就协会会员在进行营业活动的过程中对法令、自主管制规则等的遵守情况和内部管理体制的完善情况等实施监察。与证券公司的经营情况、顾客资产分开保管相关的监视调查。对干部人员违反法令及自主管制规则的行为实施制裁。

① 投资时间为 2011 年 9 月。

续表

<table>
<tr><td rowspan="7">自主管制业务及市场管理业务</td><td>资格考试、资格更新培训的实施与证券外务员的登记</td><td>与证券外务员资格考试、内部管理责任人资格考试等的实施、资格更新培训的实施、外务员的登记有关的事务（由金融厅长官委任）</td></tr>
<tr><td>以调解的方式处理证券纠纷、交易投诉咨询</td><td>处理顾客对协会会员及金融商品中介商的业务的投诉。解决顾客与协会会员之间发生的与证券交易相关的纠纷的调解业务［另外，投诉、商谈及调解业务委托特定非营利活动法人证券金融商品调解商谈中心（FINMAC）进行处理］</td></tr>
<tr><td>认定个人信息保护团体的业务</td><td>作为基于《个人信息保护法》的认定个人信息保护团体从而确保协会会员的个人信息得到恰当处理的业务</td></tr>
<tr><td colspan="2">在进行证券结算制度的改革、有价证券市场整体的制度改善的研究及股票市场中的交易规则的完善、证券化相关商品等新型金融商品的应对的同时，进行以下的主要市场管理业务。</td></tr>
<tr><td>公司债市场的完善、扩充</td><td>1. 公司债店头市场的制度的完善（涉及公司债店头交易的制度、惯例的制定与修订）
2. 公司债店头买卖参考统计值等的公布
3. 与公司债市场有关的资料的收集、统计的制作</td></tr>
<tr><td>上市股票的场外交易管理</td><td>1. 场外交易制度的完善（为确保上市证券等的场外交易公正、顺畅地进行、投资者利益得到保护所需要的制度的完善）
2. 与场外交易有关的统计资料的制作（涉及上市股票场外交易的买卖金额等数据的统计及公布）及涉及上市证券等的PTS（私设交易系统）中的行情信息、约定信息等的实时公布</td></tr>
<tr><td>Green Sheet 交易品种等的完善、扩充</td><td>1. Green Sheet 交易品种及复活（Phoenix）交易品种的管理（指定及指定的取消）
2. 与 Green Sheet 交易品种等有关的信息的发送（发行公司信息、行情、买卖情况）
3. Green Sheet 制度及未上市有价证券买卖制度的完善</td></tr>
<tr><td>商家团体业务</td><td>促进金融商品交易行业、金融商品市场健全发展的业务</td><td>1. 发表与金融商品市场有关的调查研究及意见
2. 证券市场的共同基础的完善
3. 股票市场及公司债市场相关统计资料等的公布
4. 金融商品及金融指标、金融商品市场相关知识的普及及启发、宣传
5. 与相关团体进行交涉及意见调整
6. 教育培训的实施
7. 为反社会势力的排除提供相关支援
8. 国际业务、国际交流</td></tr>
</table>

注：自主管制业务及市场管理业务由“自主管制会议”负责，促进证券市场、证券行业健全发展的业务由“证券战略会议”负责。

表 12－15　证券外务员资格相关内容（《关于协会会员的外务员的资料、登记等的规则》第 2 条）

一类外务员	除特定店头金融衍生商品交易以外的所有外务员
信用交易外务员	二类外务员及涉及信用交易等（含发行日交易）的外务员
二类外务员	涉及新股预约权证券、回购认股证除外的有价证券的外务员（涉及证券相关金融衍生物交易等以及附带选择权的债券的买卖交易的人员除外。信用交易限定细则规定的种类）
特别会员一类外务员	涉及注册金融机构业务的所有的外务员（特定店头金融衍生商品交易、注册金融机构的金融商品中介行为、书面经销除外）
特别会员二类外务员	涉及公司债、CP、投资信托等的外务员（涉及证券相关金融衍生物交易等以及附带选择权的债券的买卖交易的人员除外）
特别会员四类外务员	涉及特定金融商品交易业务（保险公司等金融机构的投资信托募集业务）的外务员

10. 投资者保护基金

投资者保护基金的目的在于在证券公司破产时保护一般顾客的债权。1998 年新修订的《证券交易法》放宽了对证券行业的登记及业务兼营范围的限制，加大了证券行业的参与力度，提出要实现证券公司业务的自由化，但是这会增加证券公司破产的可能性，因此需要新的制度，以防止在证券公司破产时顾客遭受难以预测的损害。作为防止证券公司破产的框架，修订后的《证券交易法》（现在的《金商法》）除了设定基于自有资本比率的早期整改措施外（第 58 条），还设定了“顾客资产的分开管理义务”（第 43 条）和投资者保护基金的规定（第 79 条）。与此相关联，与金融机构的破产处理有关的法律也得到了修正《关于金融机构等的更生手续的特例等的法律》，证券公司也被认为是该法的适用对象。

“分开保管”，其目的在于把涉及证券业的顾客在交易中托管的证券、金钱和证券公司固有的资产分离开来进行保管，通过此方式，在证券公司破产时顾客可以比其他债权人优先取回资产。其方法，有将顾客的证券保管地点分开，现金存款、作为信用交易等的保证金而接收的代用有价证券等，它们属于用作再担保之后会在物理上不能区分的资产，关于这些资产，将与顾客债务相抵后的净债权额相等的金额作为“顾客分别金”委托公司外部保管。因此，彻底贯彻分开管理，即使在证券公司破产时顾客应该也可以免受不可预测的损害，但是顾客分别金的计算每周都存在滞后性，此外也不能断言完全没有挪用顾客资产等的违法行为。

因此为了保护顾客的资产，作为《证券交易法》上的法人，投资者保护基金得以设立。该基金为了实现保护顾客资产的目的，进行破产证券公司不能偿还顾客资产时的支付，为了使证券公司迅速履行归还顾客资产的义务，向证券公司提供融资等各种业务。支付额度为每位顾客 1000 万日元。

为了实现此项业务，基金拥有为保全顾客的资产而采取一切必要措施的权限、成为证券公司信托管理人的权限和为确保必要的资金而设置“投资者保护基金”，从会员证券公司那里收取基金负担金的权限等。基金的会员必须是金融商品交易商。基金可以有多个，但是证券公司（第一种金融商品交易商）必须加入其中的一个。

表 12－16 投资者保护基金中的补偿对象、补偿手续、费用来源

补偿对象	人的范围（《金融法》第 79 条之 20 第 1 项）	从事有价证券相关业务的金融商品交易商以及进行相应的有价证券相关交易的“一般顾客”（但合格机关投资人、国家、地方公共团体等其他政令规定的人员除外）
	顾客资产的范围（第 79 条之 20 第 3 项）	①金融衍生商品市场交易等的交易保证金或作为信用交易等的委托保证金而收取的金钱、有价证券②涉及证券交易的属于顾客计算的金钱或接受委托保管的金钱（委托买入时的预收款及卖出时尚未提取的出售价款）③有价证券（委托卖出时支付的证券及托管证券）④政令规定的其他资产
补偿手续	通知与认定（第 79 条之 53、54）	根据基金会员——金融商品交易商发出的通知或内阁总理大臣发出的通知来认定与顾客资产退还有关的债务是否难以顺利地履行
	认定的公告（第 79 条之 55）	被认定因为难以退还资产而发出通知的商家，被称之为“认定金融商品交易商”，基金向其顾客发出公告，通知顾客提出支付请求
	补偿对象债权的支付（第 79 条之 57 第 4 项）	根据向一般顾客支付的金额，基金取得补偿对象的债权。基金通过破产处理手续，将取得的补偿对象债权从破产金融商品交易商那里回收
	向发出通知的商家提供贷款（第 79 条之 59）	虽然财务状况不至于糟糕到不能退还顾客的资产的地步，但是没有融资的话就不能迅速退还。基金在这种情况下提供贷款
费用来源	投资者保护资金（第 79 条之 64、65）	向会员金融商品交易商收取负担金
	借入（79 条之 72）	获得内阁总理大臣及财务大臣的认可后，可以从金融机构借入

表 12－17　新旧制度之对比

	旧制度	新制度
名称、设立年份	寄托证券补偿基金(1969 年 8 月)	日本投资者保护基金(1998 年 12 月)
法律依据	没有法律规定依据的财团法人	《证券交易法》(现在的《金商法》)中的法人(得到内阁总理大臣及财务大臣的认可)
加入义务	各证券公司自由加入	强制加入
资金筹集	捐款(征税对象)	负担金(按损失处理、不征税)
补偿额度(注)	每家破产证券公司 20 亿日元	每个顾客 1000 万日元
活动业绩	1997 年 5 月以后,有 7 件 (1998 年 12 月由新基金继承)	向同南证券(2000 年 3 月破产)要求支付补偿额约 59 亿日元(其中破产财产管理人退还额为 24 亿日元) “南证券高收益债券(High Yield Bond)”补偿金请求诉讼败诉后支付补偿额 26 亿日元

注：不过在 2001 年 3 月前有全额补偿的特例（《证券交易法》修订附则第 4 条）。

表 12－18　投资者保护基金之概要

	旧制度	新制度
	日本投资者保护基金	证券投资者保护基金
会员数	235 家(国内 224 家、外资 11 家)	46 家(国内 1 家、外资 45 家)
基金规模	设立时 300 亿日元 2001 年 3 月末 500 亿日元	设立时 100 亿日元(现金 30 亿日元、银行保证金等 70 亿日元) 2001 年 4 月以后(现金 50 亿日元、银行保证金等 50 亿日元)
会员负担金	定额或者固定比率(根据收益及注册外务员人数计算)的负担金。一年的负担金为 40 亿日元	顾客资产的 1%,支付相当于信用交易保证金 50% 的金额作为银行保证等。10 亿日元至 100 亿日元内追加筹款
备注	继承寄托证券补偿基金的补偿业务及所有的资产、负债	会员有接受外部监察的义务
2002 年 7 月两基金被整合成日本投资者保护基金,延续至今。截至 2010 年 6 月会员数有 300 家(国内 274 家,外资 26 家)。资产规模为 542 亿日元		

11. 金融机构的证券业务

在战后的1948年，根据《证券交易法》第65条的规定，原则上是禁止金融机构从事证券业务的。即使是例外可以经营的公共债相关业务及书面经销业务，由于在《银行法》中并没有明确的规定，所以除了信托银行可以以信托账目从事经销业务之外，金融机构并没有从事证券业务。1975年以后国债大量发行，从顺利消化国债的观点出发，1981年制定了新《银行法》，与银行等的公共债有关的证券业务得到了明确的规定，在《证券交易法》修订版中该业务的相关规定也得到了完善。于是，1983年起公共债开始在窗口销售，1984年起开始出现公共债的交易（Dealing）业务。

此后，证券期货交易的经销（1988年），CP、海外CD、房贷债权信托受益权的买卖等以及私募的处理（1992年），有价证券店头金融衍生商品、投资信托受益证券的募集（1998年），金融商品中介行业（2004年）成为了金融机构可以从事的新增证券业务。此外，金融机构也可以适用1998年的证券业登记制以及一部分证券业务的认可制，进行登记的金融机构被称之为"注册金融机构"。2007年9月《金商法》实施后，虽然条款的号码有所变化，但是内容上无重大的变化。

以上是金融机构主体可以从事的证券业务。另外，1992年的《制度改革法》承认了各形态的子公司可以互相参与银行、证券、信托等业务，1993年~1995年设立了19家金融机构的证券子公司（此后由于银行总行自身的破产、合并等原因变成2家）。当初为防止这些子公司的参与所导致的弊端，采取了业务范围的限制（禁止从事股票经纪业务等）和业务隔离管制（Firewall）的设置等措施。其中业务隔离管制分阶段废除，1999年10月股票经纪业务也获得了解禁。

另外，关于业务隔离，共同拜访的禁止和证券子公司的主干事的限制也有所放宽，2002年9月银行证券合作店铺的设置获得了解禁。紧接着关于书面经销业务的解释也有所放宽，2005年3月新公开证券的介绍等银行向证券公司介绍顾客企业的介绍业务（市场诱导业务）也得到实现。2009年6月管理人员在证券公司、银行之间的兼职限制被废除，只要法人顾客不拒绝的话，非公开信用也可以得到共享（考虑到信息共享可能会被拒绝这一点，实际上有人认为前台的职员难以从事兼职）。

表 12－19　各销售主体投资信托余额（2011 年 9 月末）

单位：亿日元，%

	证券公司		银行（注册金融机构）		直接销售（投资信托委托公司）		合计
股票投资信托	243628	51.5	226427	47.8	3367	0.7	473422
公司债投资信托	84105	99.1	709	0.8	9	0.1	84823
MMF	16812	81.5	3784	18.3	41	0.2	20637
合　　计	344546	59.5	230920	39.9	3416	0.6	578882

出处：根据投资信托协会统计资料制作。

表 12－20　银行总（分）行与证券子（母）公司的业务隔离
（《金商法》第 44 条之 3）

保持距离原则（Arm's Length Principle）	通常是禁止以不同的条件或在可能妨碍交易公正性的条件下该金融商品交易商与其银行的总行、分行进行证券的买卖等其他交易、店头金融衍生商品交易
涉及授信的搭售业务的禁止	禁止明知道总（分）行授信是以该金融商品交易商与顾客签订证券交易合同为条件，却签订该交易合同的行为
投资建议、与运用业务利益相反的禁止	禁止投资建议的内容以及投资运用是为了谋求总（分）行的利益而进行不必要的交易
缺乏对投资者的保护、妨碍交易公正性、使金融商品交易商的信用丧失等行为的禁止或限制关于金融商品交易行业等的内阁府令	涉及资产买卖等其他交易的保持距离原则
	禁止明知道总（分）行与顾客在有利的条件下进行资产交易等交易而签订金融商品交易合同
	在包销总（分）行的债务人发行的证券时，募集和销售该证券过程中的利益相反行为的公开义务
	总（分）行发行证券的包销主干事的限制
	禁止向顾客销售带总（分）行的不可追溯的资金供应（Back Financing）的包销证券
	向总（分）行销售包销证券的限制
	限制未事先经书面同意而在总公司（总行）与分公司（分行）之间授受发行者及顾客的非公开信息
	禁止将共同拜访的法人总公司（总行）与法人子公司（分行）误以为是同一个公司（银行）
	处于总公司与分公司关系的金融商品交易者或总（分）行是主干事的情形下，进行以影响募集、出售条件为目的、以旨在形成人为的行情为内容的投资建议、运用业务
	处于总公司与分公司关系的金融商品交易者或总（分）行包销证券的情形下，该证券的取得、买入申请未成功却进行以该证券的取得和买入为内容的投资建议、运用业务

表 12－21　3 大银行集团的银行、证券公司合作店铺及金融商品中介业务的现状

大型银行的银行证券合作店铺

银行	证券公司	合作店铺数量
瑞穗银行	瑞穗 Investors	展厅(planet booth)159 个(2011 年 10 月)
三菱东京 UFJ 银行	三菱 UFJ MS 证券	设立 MUFG Brothers 店铺 35 间(2011 年 3 月)
三井住友银行	SMBC Friend 证券	6 间(2011 年 10 月)

中介业务占三菱 UFJ 摩根士丹利的零售业务业绩的比例(2011 年 3 月)

单位：亿日元，%

	托管资	有余额账户	股票投资信托销售	面向个人的国债	零售外债销售
总额	30587 (28679)	262 (243)	719 (455)	81 (310)	4511 (3788)
比率	14.4 (12.8)	18.6 (17.4)	5.4 (4.4)	75.0 (93.4)	63.0 (48.4)

上左图出处：根据各家公司的 IR 信息制作。此外三井住友银行与 SMBC－friend 的合作业务于 2011 年转交至 SMBC 日兴证券。

注：托管财产余额、有余额账户数为 2011 年 3 月末的数据。比率是占整体的比率。托管财产为国内营业部门的数据（含金融机构）。下面带括号的数值是 2010 年 3 月份的数据。

上右图出处：根据三菱 UFJ 金融集团 2010 年度决算说明会的《data book》制作。

表 12－22　瑞穗银行与瑞穗 Investors 证券的合作效果

	2007 年 3 月	2008 年 3 月	2009 年 3 月	2010 年 3 月	2011 年 3 月
合作收益(100 万日元)	35.354	27.508	14.393	15.103	16.594
合作托管资产余额(亿日元)	28.179	28.131	26.292	30.260	29.949
合作新账户登记数(个)	11.159	8.622	12.495	8.131	6.385

出处：根据瑞穗 Investors 证券“2010 年度决算报告”制作。

12. 证券业界的竞争构造

关于日本证券界的竞争构造，不但四大龙头证券公司在所有的证券业务领域占据了最大的市场份额，它们还将众多的中小证券公司收入其系列之下，被称为“四大证券公司垄断”。但是进入 20 世纪 90 年代，1997 年山一证券破产，1998 年大和、日兴将公司内部组织分成批发（包销、企业兼并中介以及自己买卖等以法人为顾客的业务）和零售（委托买卖、投资信托募集等以个人为顾客的业务）两家公司，野村、日兴（之后商号变更为日兴 Cordial）将系列证券公司的股份卖掉。经过了这一系列的事件，四大证

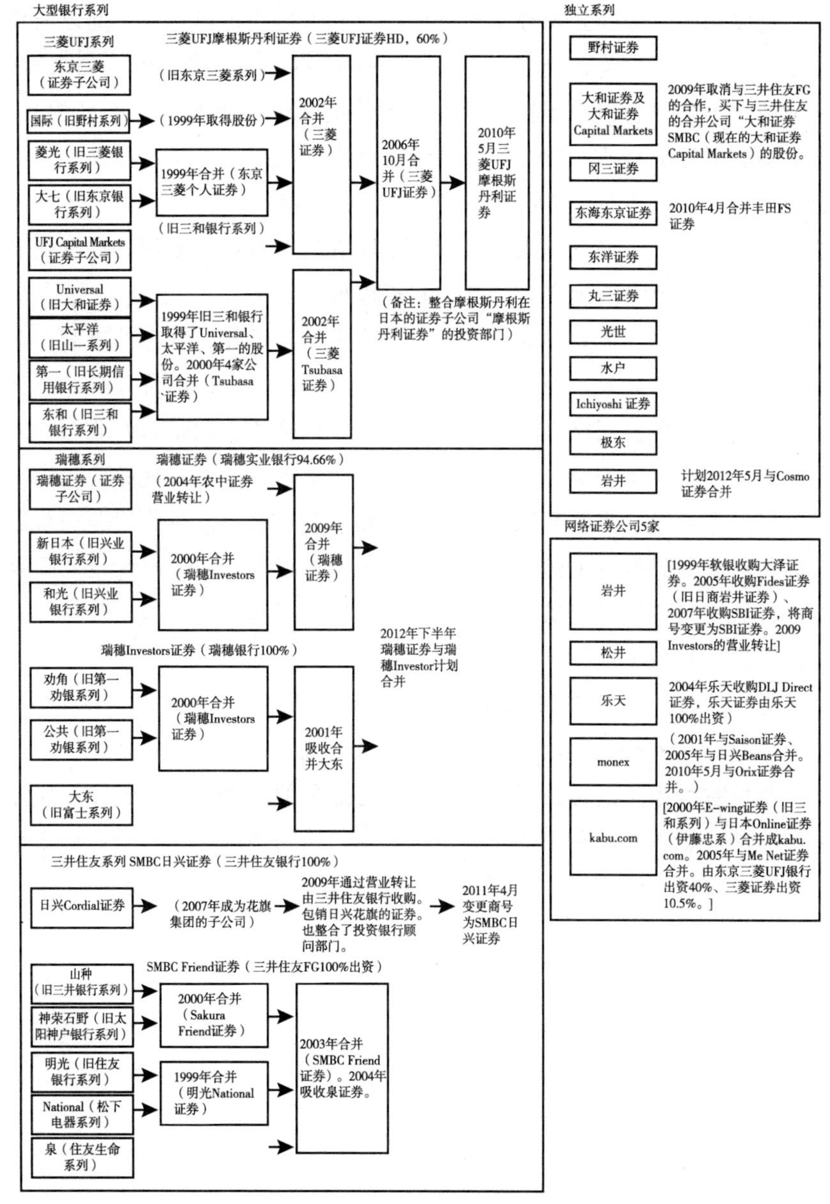

图 12－5　大型银行系列、独立系列证券公司

券公司垄断的局面业已瓦解。而且日兴 Cordial 以违法会计问题作为契机，于 2007 年被纳入花旗集团的旗下。2009 年 10 月三井住友银行从花旗集团买下了日兴 Cordial 并将其纳入旗下，日兴 Cordial 变成了现在的 SMBC 日兴证券。

一直以来四大证券公司都是通过经纪业务来提高市场份额，并以股价参与度为背景获得了权益融资（Equity Finance）的包销干事证券公司之席位。从这个观点出发，它们希望在全国拥有大量的店铺网点和忠诚度高的员工，并将众多的证券交易所会员证券公司纳入其系列之下。但是这样做会产生巨大的成本和风险，通过业务的综合化（收入来源的多样化）实现该目标的证券公司为数不多。如此一来，采用日本固有的人事雇佣制度，拥有众多系列证券公司的少数大规模综合证券公司得以成立。

这种经营战略、体制作为给产业界供应大量且迅速的资金的机制，在经济高度增长期非常有效，但是进入 20 世纪 90 年代以后，随着日本经济基本情况的变化，这种机制已不再合适。今后日本经济的主题是为产业结构的转型、老龄化社会准备好资金并且有效地、灵活地加以运用。证券公司应为此提供以下服务：通过未公开股票的处理对新兴企业进行发掘、培养；与资产的证券化和企业并购有关的、通过建议与包销进行的既有业务及企业高效化的促进；通过向投资者提供基于适当的调查的建议和资产运用服务并导入至家计储蓄的证券市场。

因此，通过适应业务特殊性的公司组织分割和人事制度（公司分化）去培养、确保专家是重要的事项。此外，系列化同行业的其他公司变得没有意义，所持有的中小证券公司的股票被视为处分的对象。另一方面，加强证券业参与度的银行等收购了证券公司的股份，系列证券公司之间进行合并或整合，也可以看到经营者进行的 MBO（管理者收购），这些引起了证券公司系列关系的变动。

第13章　资产运用业

1. 个人金融资产的运用

日本的个人金融资产（2011 年 3 月末）是 1476 兆日元，其中 55.3% 是现金、存款，12.3% 是有价证券。和欧美相比，现金、存款的比率相对较高，有价证券的比率偏低。

偏高的理由之一是以前对教育机关的投资教育没有充分实施，近年来，日本证券投资顾问业协会和投资信托协会在主要大学开设了和资产运用相关的赠送讲座等，对高等教育机关的投资教育也在慢慢展开中。理由之二是没有出现有魅力的金融商品，但随着金融大爆炸等限制的缓和，也开发、成立了各种金融商品、制度。例如，包管账户（Wrap Account “SMA”），ETF（上市投资信托），REIT（不动产投资信托），确定抛出养老金（日本版 401k），证券优惠税制等。在面向个人的金融商品中，也会有结构非常复杂的商品，购入时需要根据投资目的研究决定。

包管账户是根据证券公司以及信托银行和顾客签订的完全委任合同，进行的综合性、总括性的资产运用、管理服务的金融商品。手续费的收取方式也和以前的金融商品有很大的不同，不是按照单笔买卖收取的，而是根据合同资产额一并收取的。包管账户的合同金额在美国的次债危机给世界金融证券市场带来混乱的情况下一度趋于减少，但之后又再次增加。投资信托的纯资产余额也是在 1990 年的泡沫经济崩溃后趋于减少，但之后又再次增加。

资产运用业者包括从事未来保障的保险、养老金准备金（个人金融资产的 28.4%）运用的信托银行、生命保险公司，投资完全委托业者和从事投资信托（同 3.6%）运用的投资信托运用公司，这个直接或间接地给老龄化社会下的个人金融资产形成起到了一定作用。资产运用业者向企业成长，健全经济的发展提供资金支持，为社会做贡献。首先，通过市场给成长企业提供资金，实现了高效率的资金分配机能。该机能在主动运用上尤其明显。其次，根据股东大会的决议权行使，实现提高股票价值的同时，用资金支持上市企业完善公司的管理。

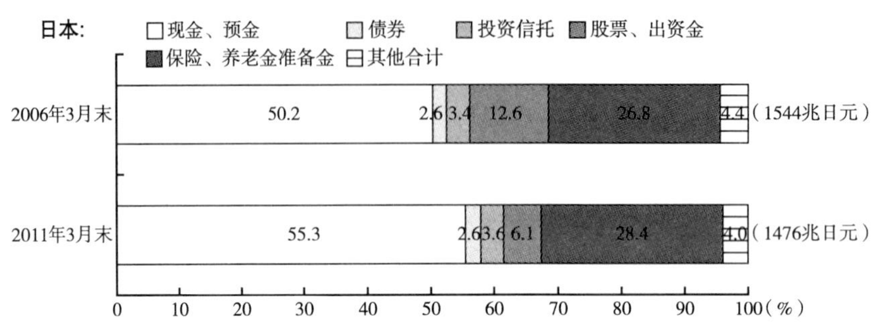

占金融资产合计的比率

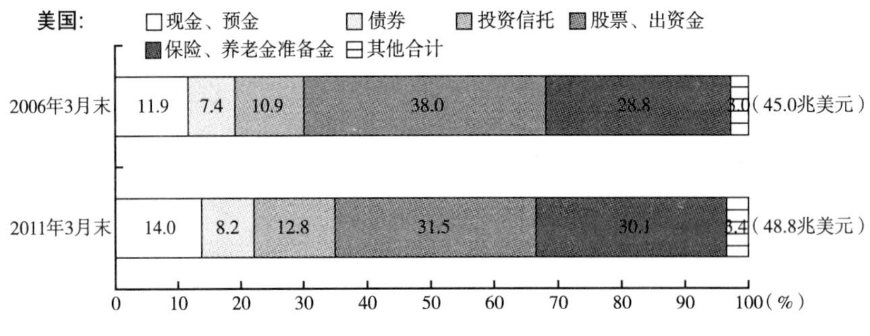

占金融资产合计的比率

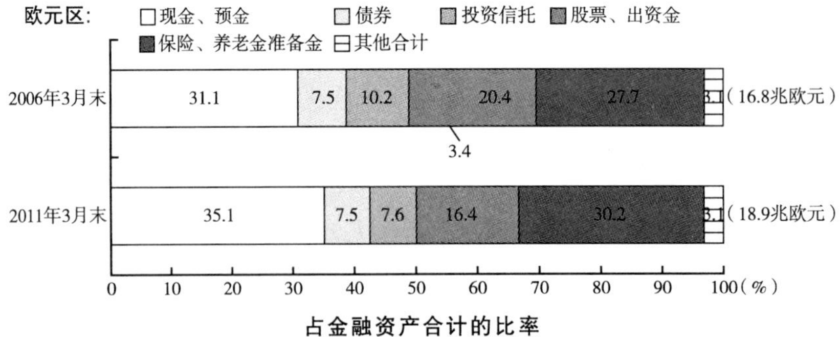

占金融资产合计的比率

图 13－1　家计的资产构成

出处：日本银行“资产循环的日美欧对比”。

2. 养老金资产的运用

养老金制度包括公共养老金（国民养老金和福利养老金保险等）和作为公共养老金补充的企业养老金（福利养老金基金、确定给付企业养老金、确定抛出养老金等）。养老金的运用上要求安全性和收益性，总的来说，长辈抚养征收方式的公共养老金更重视安全性，公积公式的企业养老金和公共养老金相比更注重收益性。

以前福利养老金基金的运用委托方仅限于信托银行和生命保险公司等，制定了被称为“5∶3∶3∶2”的风险资产组合限制。但是随着 1990 年投资完全委托业者的加入，“5∶3∶3∶2”限制也在 1997 年完全被取消。福利养老金基金是由福利养老金保险的一部分代行部分和基金独自的附加部分构成。泡沫经济崩溃以后，由于运用难导致代行部分的负担加重，所以接连不断地向解散和代行返还的确定给付企业养老金转移。因此以前以企业养老金为中心的福利养老金基金的资产额，在 2005 年度末被确定给付企业养老金超越，而且其差额不断扩大。

养老金资助者在企业养老金的运用上，制定了基本运用框架的运用基本方针，根据基本方针，通过向运用受托机关提出实际的资产构成和运用手法相关的运用准则的方法委托运用。企业养老金的运用委托方（以金额为准）在 1994 年末是信托 53.9%，生命保险 43.2%，投资完全委托业者 2.9%。之后由于运用限制的缓和和保证利率的下调等，生命保险大幅减少的同时，投资完全委托业者剧增，到 2009 年末，信托占 49.3%，投资完全委托业者占 31.3%，生命保险占 19.2%。从资产构成比来看，1994 年末生命保险一般账额占了 42.2%，之后急剧下降到 1999 年末国内股票占了 36.5%。由于 PBO（退职给付债务）的时价认识潮流和 LDI（债务主导型运用）的导入，2009 年末国内债券达到了 26.1%。近年对新兴国的投资，私人股本和对冲基金等另类（代替投资商品）投资也被关注。

另外，2001 年新导入了确定抛出养老金。这个制度和给付额确定的养老金制度不同，抛出额的给付额根据运用成果的不同而不同。此后确定给付型和确定抛出型被合并，成立了现金平衡计划（混合型）和养老金便携型制度，养老金资助者和养老金加入者的便利性也提高了。

表 13－1　福利养老金基金的运用限制动向

1965 年	福利养老金基金制度成立
1967 年	企业养老金联合会(旧福利养老金基金联合会)运作
1979 年	运用对象资产中的外国证券解禁
1990 年	投资完全委托者加入福利养老金基金等的运用中(运用扩大)
1994 年	生命保险一般账额的保证利率下调
1995 年	运用扩大部分的资产分配限制(5∶3∶3∶2 限制)撤销
1997 年	资产分配限制(5∶3∶3∶2 限制)完全撤销
1998 年	财投协力义务废止
1999 年	对养老金公积金的特别法人税的征收停止 现物移管的解禁 运用扩大范围的完全解禁
2001 年	确定抛出养老金制度成立
2002 年	确定给付企业养老金制度成立 现金平衡计划成立 代行返还(将来期间部分)开始
2003 年	代行返还(过去期间部分)开始
2005 年	总计企业养老金制度(养老金便携型制度)成立

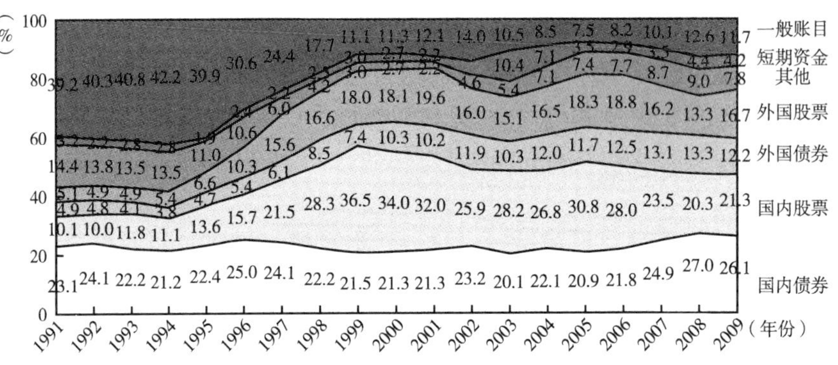

图 13－2　企业养老金资产构成比率推移（1991 年末到 2009 年末）

出处：企业养老金联合会主页。

3. 信托银行的资产运用

信托是有财产权的委托者根据信托合同，将财产转移给可信赖的受托者，受托者根据信托的目的，为了委托者本人或者第三者（受益者），进行的财产（信托财产）管理、处分制度。以基金型确定给付企业养老金信托为例，企业养老金基金是委托者兼受益者，信托银行是受托者。信托制度是以对受托者的信赖为前提，受托者即信托银行负有善管注意义务，忠实义务，分别管理义务等。

和信托银行的养老金基金的关系有以下三种情况。首先是信托银行自己斟酌决定，运用资产的情况（资产运用型信托）。其次是信托银行不进行运用，只负担资产管理义务（资产管理型信托）。再次是养老金基金委托多个信托银行、生命保险公司进行养老金保管时，作为受托银行的代表，成为和委托者之间的联络窗口，进行养老金资产管理的受托机关（总干事）的情况。

信托银行的运用特征是以联合运用为中心，和投资完全委托业者相比，被动运用的比率相对较高，可以列举出如下几点。

第一，联合运用是将多数基金的资产使用同一账目汇总运用的手法，基金委托的资产和其他的资产独立，和个别直接投资有价证券的单独运用相比，即使是资产规模小的基金也可以分散投资；第二，运用报酬和交易成本相对低。缺点是和单独运用相比，按照每个基金的需求运用是很困难的，而且也不能说运用信息的披露是很充分的。

被动运用是以达成和特定指数的动向相联动的投资收益为目标的运用手法。被动运用是运用者对个别有价证券的投资价值进行判断，和进行买卖的主动运用相比，交易成本低，运用报酬也被控制很低的优点。特别是信托银行，和投资完全委托业者不同，不只进行资产运用业务。除了进行自己范围的资产管理

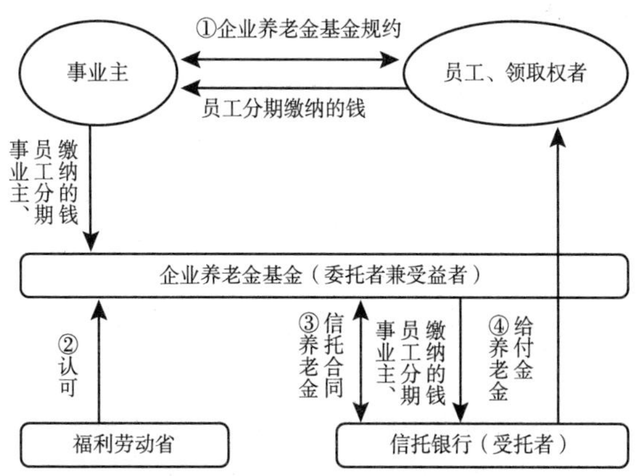

图 13－3　基金型企业养老金信托的结构

出处：信托协会主页。

业务的经济动向外，也进行相对资产规模比较大的经济动向的优点。由于被动运用没有资金分配功能，所以又被批判说是对主动运用的免费乘车。

表 13－2 信托的受托概况（根据信托机能别分类的计数）

（时间截至 2011 年 3 月末）

单位：兆日元，%

机能别分类	2011 年 3 月末				2010 年 3 月	2009 年 3 月
	余额	前一年同月末比增减额	同增减率	构成比	余额	余额
资产运用型信托	110.7	6.7	6.4	14.4	104.0	112.7
金钱信托	26.8	1.0	3.9	3.5	25.8	36.5
养老金信托	34.8	1.4	4.2	4.5	33.4	34.9
金钱信托以外的金钱信托	1.6	0.2	14.3	0.2	1.4	1.9
有价证券的信托	43.8	4.0	10.1	5.7	39.8	36.4
其他	3.5	0.2	6.1	0.5	3.3	2.8
资产管理型信托	574.8	0.7	0.1	74.9	574.1	543.9
金钱信托	96.7	△4.4	△4.4	12.6	101.1	88.0
养老金信托	43.0	△0.5	△1.1	5.6	43.5	45.0
投资信托	106.1	3.9	3.8	13.8	102.2	98.0
金钱信托以外的金钱信托	9.9	△0.8	△7.5	1.3	10.7	11.2
再信托	252.4	3.3	1.3	32.9	249.1	235.4
其他	66.4	△0.8	△1.2	8.7	67.2	66.0
资产流动化型信托	59.9	△3.6	△5.7	7.8	63.5	66.7
金钱债权的信托	34.5	△2.7	△7.3	4.5	37.2	39.6
不动产信托	24.9	△0.9	△3.5	3.2	25.8	26.4
其他	21.7	2.0	10.2	2.8	19.7	20.2
合　计	767.3	6.0	0.8	100.0	761.3	743.7

△为减额。

出处：信托协会主页。

4. 生命保险公司的资产运用

生命保险的运用账目包含不根据运用实际，而是根据向合同者保证一定给予的一般账目和根据运用实际给付的变动特别账目。一般账目的生命保险金合同，是生命保险公司按约定给付，合同者根据此约定支付保险金，保险金是以合同期间的预定死亡率、预定事业费率、预定利率等的预定基础率为前提算出来的。预定基础率是最保守的设定，和实际值之间产生差额利益时，一部分作为分红返还给合同者。在长期生命保险合同的预定基础率中，影响最大的是预定利率，生命保险为了确保这个，在资产运用上下了很大工夫。

根据生命保险的动向（2010 年版），生命保险的运用资产（2009 年末）中，76.7% 是有价证券，14.7% 是贷款。有价证券中，52.4% 是日本国债，17.6% 是外国证券（其中，股票是 2.1%，公司债是 15.5%），10.8% 是日本国内公司债，7.6% 是日本国内股票，4.5% 是日本国内地方债。泡沫经济崩溃前的 1989 年末，日本国内股票是 45.7%，外国证券是 32.2%（其中，股票是 6.1%，公司债是 26.1%），随着股价的低迷，生命保险的容许度降低，因为不得不控制股价变动的风险和汇率风险，这些比率都降低了。近年 ALM（资产负债综合管理）被重视，一般账目中的保险债务和死亡保险、养老金保险都是日元计价超长期固定利率债务，在运用上比较偏好投资没有股价变动风险、汇率风险的 20 年固定利率日本国债等的超长期固定利率债务。另外，投资外国证券的情况下，进行外汇套期保值来规避汇率风险的逐渐增多。再者，为了控制信用风险，贷款比率也从 1989 年的 35.0% 逐渐趋于减少。

面向团体养老金保险的特别账目包含根据生命保险的运用方针对多数顾客的资产联合运用的“第一特约”和将个别顾客意向反映在方针上，顾客资产独立运用的“第二特约”等。“第一特约”中又包括生命保险决定资产级别分配的平衡型综合平衡和反映顾客意向的资产级别分配的特殊投资对象。

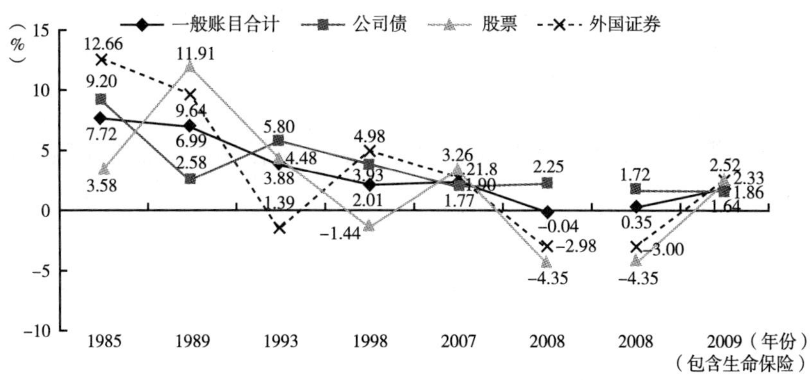

图 13－4　主要一般账目的收益率推移

注：1. 利率计算公式的分子是资产运用收益—资产运用费用，分母是作为每天平均的余额算出来的（把《保险业法》第 112 条评价收益加在分子上合起来算出）。

2. 1989 年以前的数值只有日本国内公司的数值。

出处：生命保险协会“生命保险的动向（2010 年版）”。

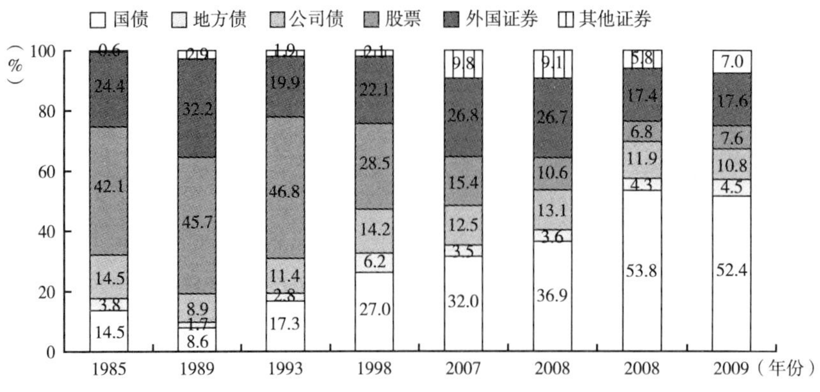

图 13－5　有价证券明细的推移

出处：生命保险协会“生命保险的动向（2011 年版）”。

5. 投资完全委托业者的运用

投资完全委托业者根据投资完全委托合同，接受来自顾客委托的投资判断和投资的必要权限，进行顾客资产的运用。将养老金和金融法人、政府关联基金（SWF）等机关投资者作为主要顾客进行投资的完全委托业，对其他企业和国外的加入门槛很低，所以在金融业界是最自由化、国际化的企业形态。专门进行资产运用的投资运用业者中除了投资完全委托业者之外，以对投资信托运用公司和中小成长企业的培养为目的，进行集团投资计划（基金）运用的基金运用业者。

作为投资完全委托业者等的自主限制团体，有日本证券投资顾问业协会。协会通过确保投资运用业的公正和顺利运营，实现了对投资者保护的同时，投资运用业等也实现了健全地发展。另外，协会鉴于在投资运用业等资本市场的重要性，为了提高股票的价值，制定了决议权行使准则和各种建议，也不断对上市企业的公司管理进行完善。

投资完全委托业者的运用特征是主动运用的比率较高，可以提供能反映顾客意向的详细的特别定制运用服务。另外，投资完全委托业者接受资产运用的委托时，资产的管理是由信托银行进行。运用受托机关选定、评价养老金资助者时，除了对运用成绩等的定量评价之外，为了进行投资哲学和投资程序等的定性评价，投资完全委托业者要求其在独自运用的技能和运用方式上能具有吸引力。

运用资产的分配是根据事先和养老金资助者达成一致的运用方针等进行。近年占公共养老金的受托资产比率增加，企业养老金的国内债券投资比率增加，由于对日本经济、日本企业的成长期待下降了，国内股票的投资比率减少的同时，对新兴国的股票、债券的投资不断增加中。另外，随着养老金基金运用需求的多样化，不止停留在股票、债券等传统的商品上，也波及对于有绝对收益的不动产的相关有价证券和对冲基金等代替投资商品的投资。

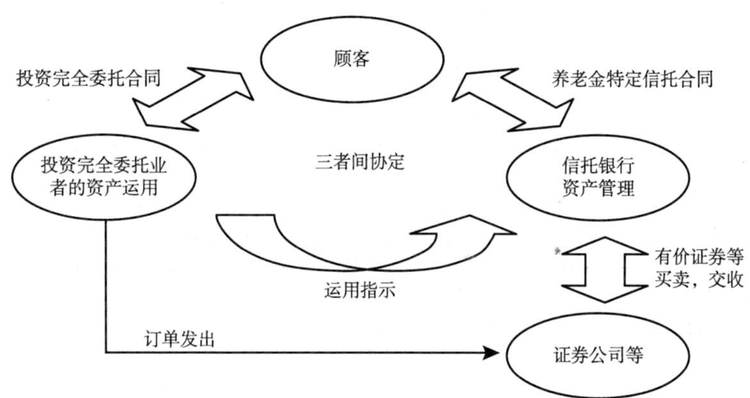

图 13－6 投资完全委托业者的运用

表 13－3 投资运用业相关合同资产的国、地域别运用状况

单位：%

时间		日本		美国		欧洲		亚洲		其他国家	
	股票	债券	不动产关联有价证券	股票	债券	股票	债券	股票	债券	股票	债券
2004 年 3 月	39. 35	21. 30		7. 15	9. 07	4. 19	5. 89			3. 05	2. 38
2005 年 3 月	35. 90	21. 36		6. 83	9. 93	4. 41	6. 72			2. 75	2. 73
2006 年 3 月	42. 92	17. 48		6. 56	8. 96	4. 23	5. 86			3. 08	2. 92
2007 年 3 月	38. 82	18. 22		6. 60	9. 54	4. 65	6. 69			3. 58	3. 64
2008 年 3 月	26. 83	29. 84	0. 10	6. 16	9. 59	4. 64	7. 51			4. 07	3. 82
2009 年 3 月	18. 78	36. 29	2. 73	6. 42	10. 26	4. 05	8. 28			2. 96	3. 05
2010 年 3 月	19. 69	34. 33	2. 77	7. 54	10. 00	4. 70	7. 20			3. 80	3. 50
2011 年 3 月	17. 43	35. 84	3. 30	5. 68	9. 06	3. 97	5. 86	0. 75	0. 22	2. 59	6. 82

出处：日本证券投资顾问业协会。

6. 投资信托运用公司的运用

投资信托是将小额资金集中起来，运用集团投资计划的一种，具有以下三种特征。第一是小额资金的分散投资。利用投资信托，即使是小额资金，也和机关投资者一样，也能减轻由于分散投资带来的风险。例如，即使是世界40个国家以上、1000个品种以上的股票分散投资的投资信托，也可从1万日元左右购入。第二是由专家进行的运作。对宏观经济和金融动向、企业价值等分析之后，构筑最适合的有价证券财产目录，但这个分析需要具备较高的知识、分析能力、运用手法等。投资信托的运用由专家的基金经理进行，即使是个人投资者，也可通过投资信托享受专家进行的运用优势。第三是透明性。投资信托每天根据时价评价公布基准价额，基于法律的公开性也更充实。

表13-4 投资信托的运用限制缓和的动向

1951年	证券公司开始投资信托运用业务
1959年	投资信托运用公司从证券公司分离、独立
1961年	公司债纳入解禁
1970年	外国证券纳入解禁
1978年	汇兑预约利用解禁
1986年	店头登录股票纳入解禁
1987年	对冲目的的金融衍生商品利用解禁、
1990年	外资系运用公司纳入
1993年	银行系运用公司纳入
1995年	金融衍生商品的对冲商品外利用解禁 上市投资信托(ETF)运作 投资完全委托业务和投资信托委托业务的合并解禁
1998年	《金融系统改革法》颁布(金融大爆炸) 投资信托运用公司从免许制到认可制缓和 运用的外部委托解禁 投资信托的银行窗口销售解禁
1999年	基金对冲基金(FOFs)解禁
2001年	不动产投资信托(REIT)运作
2003年	证券优惠税制导入
2007年	投资信托运用公司从许可制缓和到登记制
2008年	商品纳入解禁

投资信托制度运作时，当时的运用对象只有当局承认的日本国内股票，但经过 60 年历史的发展，运用限制也逐渐缓和，现在根据导入的成品，可以做出各种各样的运用商品。例如，根据导入的短期金融商品，可以做出 MRF 等的存款类似商品。另外，对不动产和商品的投资也被认可，通过投资信托，还可投资办公大楼、金矿以及原油。近年受到日本超低利率持续的影响，新兴国、资源国等高利率的外国债券等的纳入、高利率通货下进行的外汇套期保值等，可以享受高利率优势的每月分配型投资信托和通货选择型投资信托受到很大的欢迎。另外，税制上也是采用的股票投资信托，因此可以享受证券优惠税制的优势。

以前只限于得到免许的主要证券公司才可参入投资信托运用业，但随着登记制度的改变，只要满足一定的条件就可参入。其结果是当初只有 10 家公司左右的投资信托运作公司发展到了 100 家以上。再者，随着运用的外部委托和基金对冲基金的解禁，可以间接地享受来自海外的运用公司提供的运用服务。

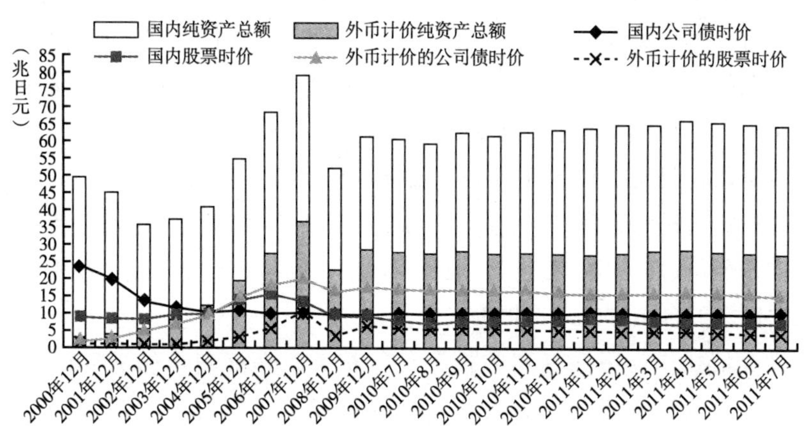

图 13－7 合同型公募投资信托的纳入状况

出处：投资信托协会主页。

第14章　投资信托

1. 概说

投资信托是从多数的投资者处收集资金，组成大的基金，投资专门机关运用股票和债券等各种各样的资产，根据投资额将其收益分给投资者的商品。

从投资者的角度来看，小额资金不但可间接参予多样化资本市场，也可享受集合其他投资者的基金进行运用的规模性与经济性（成本的降低），效率的分散投资（风险分散），由专家的运用进行的信息和投资手法的优势等。由于收益会根据运作结果变动，所以无法保证本金。

投资信托制度的整体框架在“投资信托及投资法人相关法律”中有规定。在投资信托的运营上，《金融商品交易法》中对以发挥中心作用的投资信托委托公司的行为限制进行了规定，同法中的自主限制机关的投资信托协会根据制订的自主方式来保护投资者。

投资信托作为国民有利的投资代行机关，发挥其功能的同时，根据大众资金导入证券市场，起到了筹措企业资金的作用，具有国民经济的意义。另外，作为机关投资者也在证券市场担当促进合理价格形成的功能。

日本的公募证券投资信托1989年是高峰期，之后泡沫经济崩溃，余额减少，为了提高超低利率下的国民经济意识，恢复股票的市场行情，2005年开始一度扩大。但是受到2008年世界金融危机的影响，对前一年比减少35%，2009年1月从低谷缓慢恢复。世界整体的投资信托余额达到2010年的24.70兆美元（2000兆日元），其中日本的占有份额只有3.2%，和在世界上日本的GDP占有份额（8%左右）相比较小。尽管如此因为具有较高的潜在成长性，被期待作为今后促进“从储蓄到投资”的中心商品。

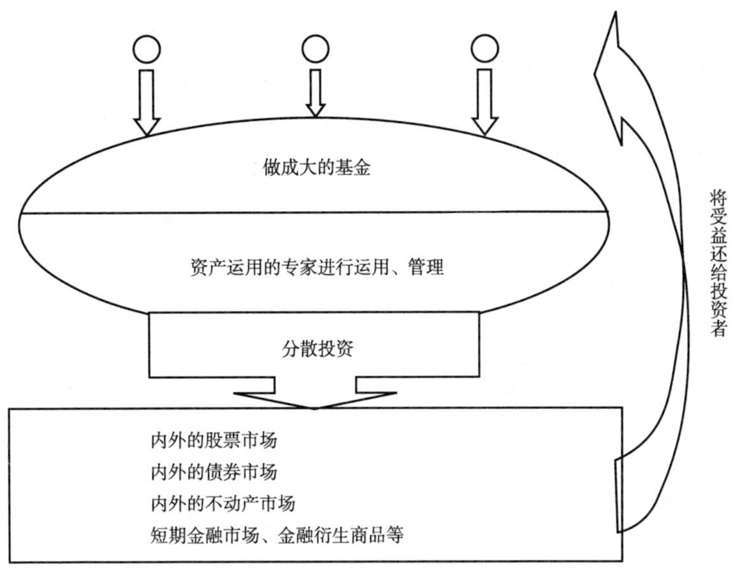

图 14－1　投资信托的概念多数投资者投资

出处：笔者做成。

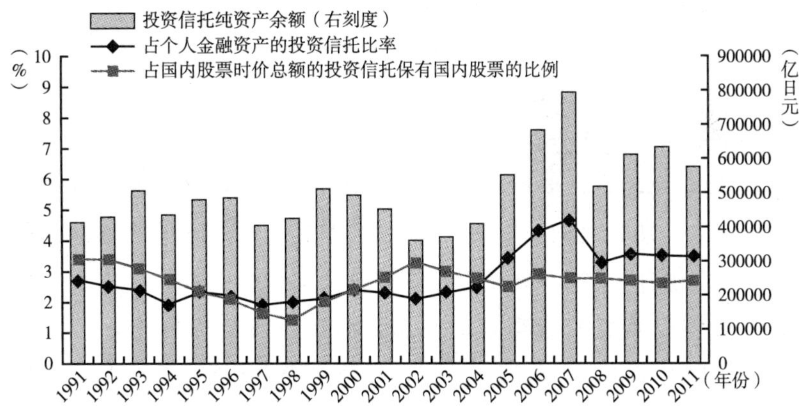

图 14－2　公募证券投资信托余额和投资信托地位的推移

注：2011 年 9 月末（占个人金融资产的比率是 6 月末）。

出处：参照投资信托协会主页的统计表做成。

2. 投资信托的历史

作为集团投资计划的投资信托，自19世纪后期的英国产生以来，不止在发达国家，在新兴成长国也以各种各样的形态普及。

日本的投资信托在战前已经存在，现行的制度是在1951年6月随着《证券投资信托法》的实施开始的。像欧美那样不是根据投资者的需求自然发生的商品，而是在财阀解体后大量放出的股票的供需调整（证券民主化）和战后资金不足时代的产业资金筹措等的基础上导入的政策性商品。在战前的金钱信托基础上立法化，成立了信托形态的合同型的单位型股票投资信托。

《证券投资信托法》在1967年一部分修正，明确了对投资信托委托公司的收益者的忠实义务（处理他人委托的事务时，必须也只能为了他人的利益而行动），成立了有关禁止行为规定的强化、新设等投资信托委托公司的行为准则。1995年以限制缓和和企业决算公开的强化为主题，进行了大规模的改革。

1998年随着标榜“自由、公平、全球”的《金融系统改革法》实施，进行了大刀阔斧的修正。商品方面，即使在只有合同型投资信托的日本，为了实现全球化，导入了在欧美为主流的公司型投资信托制度，与此同时基金设立限制从承认制缓和为申请制，投资信托委托公司的基金运用指示的外部委托也变得可能。此外，银行等金融机关的窗口销售也被认可，实现了销售通道的扩大。一方面，根据《证券交易法》，投资信托负有披露的义务，所以也强化了企业的决算公开。

接着2000年投资对象扩大到有价证券以外，“不动产投资信托”的设定也变得可能，法律名称中也将“证券”两字去掉，改为“投资信托以及投资法人相关法律”。另外在投资信托委托公司的行为准则中追加了善管注意义务（必须以善良的管理者的注意，彻底执行投资信托财产的运用指示）。再者2005年随着邮政的民营化，在邮政局也开始了投资信托销售，销售通道进一步扩大。

之后随着2006年《金融商品交易法》的制定（2007年9月末施行），有关投资信托委托公司的行为准则部分也转移到该法中，进行了法律的修正。

表 14－1　日本的投资信托历史（1950 年后）

制度	商品	销售	运用
《证券投资信托法》实施（1951 年）	单位型股票投资信托开始（1951 年）	在证券公司销售	国内股中心
	追加型股票投资信托运作（1952 年）		
从委托公司的证券公司分离（1960 开始营业）	公司债投资信托运作（1961 年）		国内债纳入正式化（1961 年）
投资信托法修正，规定了"对委托公司受益者的忠实义务，企业决算公开义务"等（1967 年）			
		外国投资信托的国内销售自由化（1972 年）	外国证券纳入开始（1970 年）
	中期国债基金运作（1980 年）		
委托公司向投资顾问业务进展（1984 年）			
外资系向投资信托业务进展（1990 年）	MMF 运作（1992 年）		
银行系向投资信托业务进展（1993 年）		委托公司的直接销售开始（1993 年）	
投资信托决定改革（1994 年）			
	日经 300 上市投资信托运作（1995 年）		金融衍生商品的对冲交易目的以外的利用等运用限制缓和（1995 年）
《金融系统改革法》实施（1998 年）		银行，保险等本体的销售纳入（1998 年）	
	私募投资信托运作（1999 年）		
投资信托以及投资法人有关的法律实施（2000 年）	公司型投资信托运作（2000 年）		运用对象包括不动产，资产幅度不断扩大（2000 年）
向公司债投资信托时评价转移（2001 年）	不动产投资信托运作（2001 年）	《金融商品销售法》实施（2001 年）	一部分的 MMF 不保本（2001 年）
《金融商品交易法》实施（2007 年）	实物抛出型 ETF 上市（2001 年）	在邮局的投资信托销售开始（2005 年）	作为运用对象资产，加入商品（2008 年）

出处：笔者做成。

3. 投资信托的形态

投资信托的形态从大的方面可分为合同型和公司型。

合同型（投资信托）合同型中有信托形态和组合形态，在日本采用信托形态的有委托者指示型和委托者非指示型。

委托者指示型由委托者、受托者以及受益者三者构成。委托者是在金融厅登记的资产运用业者（投资信托委托公司），进行商品企划，信托条款的做成、向当局的申请，向受托者的运用指示（运用指示权限的外部委托）等。受托者是信托公司或进行信托业务的银行，根据信托合同，对投资信托财产进行保管、管理。投资者根据取得的受益证券，成为受益者，取得分配金、偿还金的运用成果。

委托者的非指示型，是受托者和委托者兼受益者的多数投资者之间个别缔结的信托合同，将其资金联合起来组成一个信托财产，自己（没有按照委托者的指示）对有价证券以外的特定资产进行运用的同时，也进行信托财产的保管、管理。

上述中，如果在日本对广泛进行的委托者指示型投资信托的结构进行指示的话，详细情况见图 14－3。

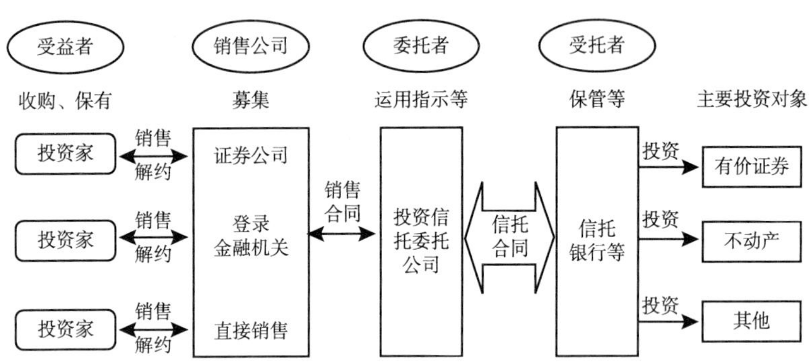

图 14－3 委托者指示型投资信托的运营构成

出处：投资信托协会《日本的投资信托（2010）》刊登图的部分修正。

公司型（投资法人）是以接近股份公司的形态运营。日本的公司型成立的是具有法人资格的投资法人，基金的运营是由投资主大会中选任的董事进行，资产运营、保管、一般事务、募集业务必须全部委托给外部。投资者取得投资法人的发行证券（投资证券），成为投资主，接受运用利益的分配。将以上的构成图示化如图 14－4 所示。

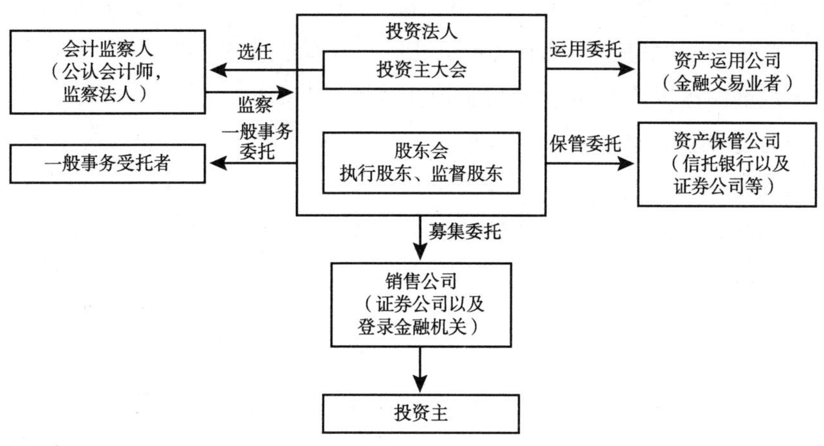

图 14－4　投资法人的运营构成

出处：投资信托协会《日本的投资信托（2010）》。

另外，从世界上来看，合同型和公司型根据发行证券的收购请求权的有无，分为开放型和封闭型。开放型对于来自投资者的收购请求，根据拆除的信托财产，以时价应对的类型，封闭型是没有按照收购请求的类型。后者的情况下，是根据发行公司的交易所上市等，来确保投资者的变卖性。日本的合同型原则上是开放型的，不动产投资信托中代表性的公司型是由封闭型来运营。

4. 投资信托的商品

在日本广义上的投资信托余额在 2011 年 9 月末达到了 90 兆日元，根据分类方法的不同分为以下几种。

公募投资信托和私募投资信托　根据销售对象，向 50 名以上的不特定多数销售的基金为公募投资信托，《金融商品交易法》中制定的够格机关投资者、特定投资者或者向 50 名以下的少数销售的基金为私募投资信托。私募投资信托在 1998 年的《投资信托法》修正后，可以进行。和公募投资信托相比，随着运用限制的缓和，只要得到投资者的许可，就可进行自由的商品设计，以机关投资者为中心，满足大额投资者需求的同时，作为变额养老金保险的运用对象，规模不断扩大。

股票投资信托和公司债投资信托 日本税法中对可将若干股票纳入的基金，以及不将股票投资信托，股票纳入，只进行公司债运用的基金和公司债投资信托进行了规定。公司债投资信托有以长期债为中心的运用和以短期金融市场的商品运用的 MMF（货币管理基金）以及 MRF（货币准备基金）等。

单位型和追加型 只在基金运作前的募集期间以本金价格接受资金，之后不再接受追加资金类型的基金为单位型（也被称为单元型）。一方面，基金运作后继续以时价接受追加资金的基金为追加型（也被称为开放型）。日本投资信托是在 1951 年以接近储蓄商品的单位型开始的，现在和外国一样，以追加型为主流。

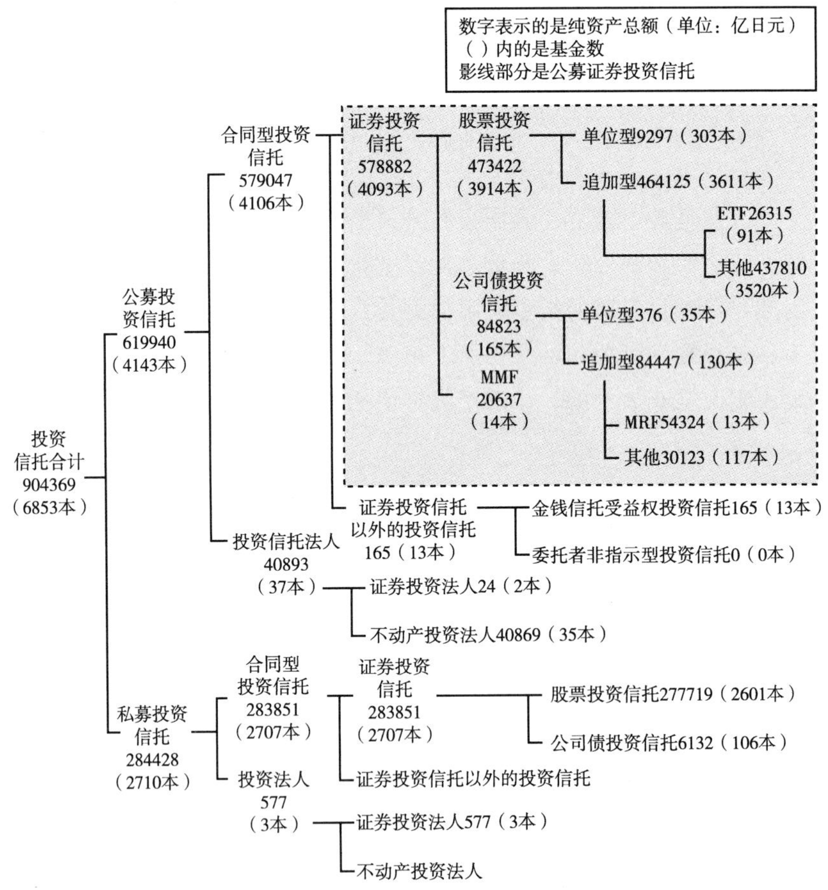

图 14－5 广义投资信托的整体图（2011 年 9 月末）

根据投资对象的分类 为了便于让投资者选择基金，投资信托协会根据基金的投资对象等制定了商品分类，各基金的招股说明书中记载了该基金是属于哪个分类。

ETF（上市投资信托） 追加型的投资信托中，行情的变动是和股价指数等各种指数相互联系的基金，其发行的证券在交易所上市，和股票同样进行买卖的基金被称为 ETF（Exchange Traded Fund）。根据指定参加者等的实物抛出等进行设定，和基金纳入证券等的交换随时可能的情况较多。可以和实物进行裁定，是和交易所的基金买卖价额和对象指数的背离较小被保存的结构。

5. 投资信托的销售

日本投资信托的募集、销售自 1951 年运作以来，只在证券公司进行（20 世纪 90 年代一部分的投资信托公司开始直接销售），1998 年开始银行等一些金融机关加入，2005 年 10 月开始一部分的邮局也加入，销售网急速扩大。销售通道别的投资信托余额有很大的变化，2011 年 9 月末，银行等金融机关的市场占有率中公募投资信托整体占了 40%，公募股票投资信托占了将近 5 成。另外，私募投资信托中，银行等占了七成。一方面，由投资信托委托公司进行的直接销售，由于证券系列的大公司的撤退（关联证券公司吸收销售业务），处于停滞不前的状态。

一般的销售方法是通过销售公司的店头、销售员进行，最近普及了网络交易，根据 2010 年的投资信托协会调查，有 8.4% 回答“有投资信托的网络交易经验”。

销售公司除了遵守《金融商品交易法》，也适用“金融商品销售等相关法律”和日本证券业协会各种规则，另外还要遵守投资信托协会的销售途径。也就是说，根据顾客的知识、经验、投资目的以及财产状况，不得进行认为不当的劝诱，除了遵守这个“适当性原则”之外，还负有市场风险、信用风险等的风险以及交易构成中重要部分等的“说明义务”，不触犯“禁止行为”中规定的不提供断定性判断的义务，以及“对顾客的诚实义务”。另外，银行等存款金融机关销售投资信托业务时，包括对非存款保险对象的说明，必须采取和存款的误认防止措施。2007 年《金融商品交易法》实施之际，作为强化说明业务的一环，导入了“合同缔结内容的事先书面交付义务”。但是，这个合同前的书面交付义务，如果提交招股说明书的情况下是不需要的，关于投资信托只要提交了“招股说明书”，就满足了所要求的条件。

日本投资信托的销售手续费，以前每个基金都有规定，但随着1998年投资信托协会业务规定的变更，变得自由化。现在即使是同一基金，根据销售公司的不同，手续费也会有差异，手续费的下调和手续费体系的多样化也在不断发展中。

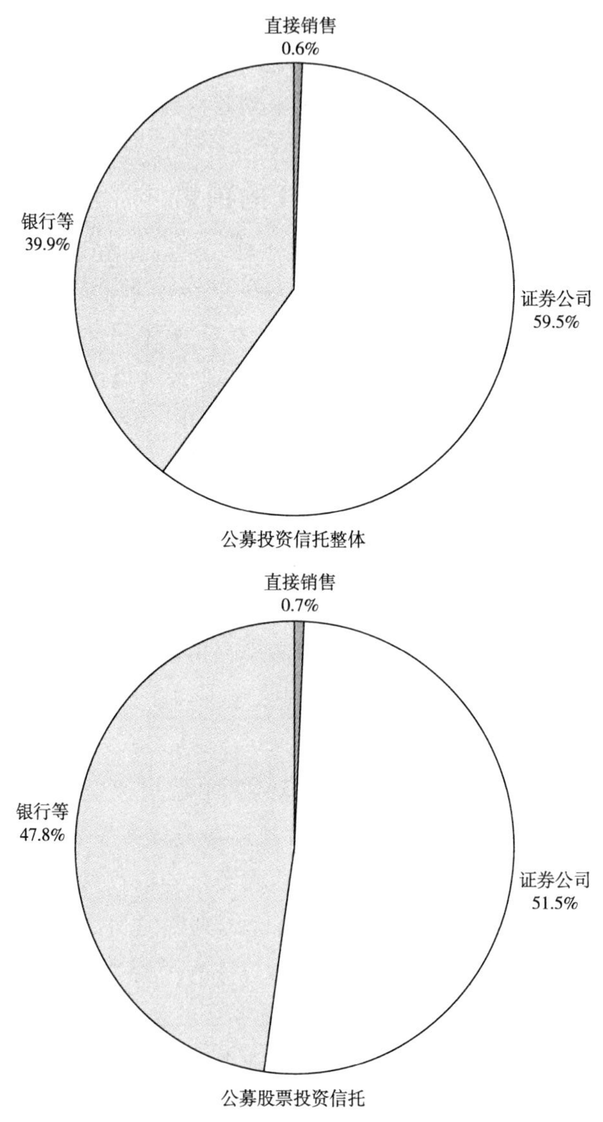

图14-6 投资信托的销售通道别余额明细

注：公募投资信托的销售通道别余额明细时间截至2011年9月末。

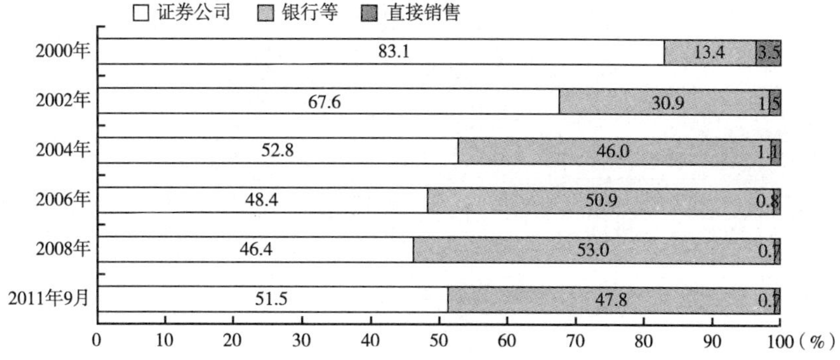

图 14－7 公募股票投资信托的销售通道别余额明细的变化

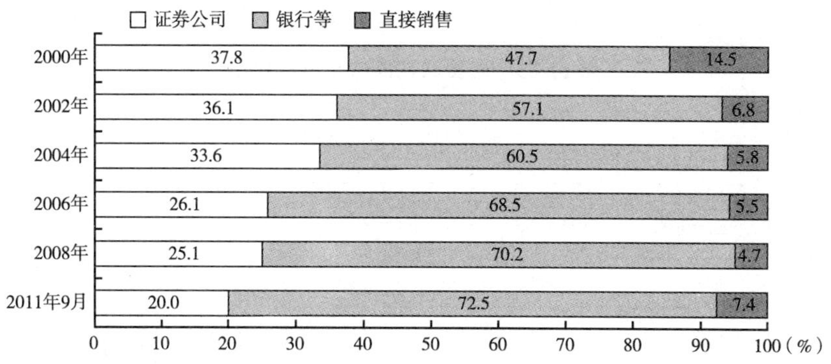

图 14－8 私募投资信托（整体）的销售通道别余额明细的变化

出处：上述所有材料根据投资信托协会资料都由笔者做成。

6. 投资信托的运用

投资信托的主要运用对象是在“投资信托以及投资法人相关的法律实施令”中规定的“特定资产”（2011 年 9 月，有价证券、金融衍生商品交易相关的权利、不动产等 10 种）。其中投资有价证券的主要基金被称为证券投资信托。

2011 年 9 月的公募证券投资信托的运用资产的构成见图 14－9。反映了每月分配等多分配型基金的余额增加，公司债比率相当高的资产构成。另外从内外的投资分配比率来看，反映了日本超低利率的继续，新兴国投资信托的人气很高等，这几年的外国投资比率急速增高。日本国内股票的纳入内容是以电机、输送机（汽车）、通信等优良股为中心。

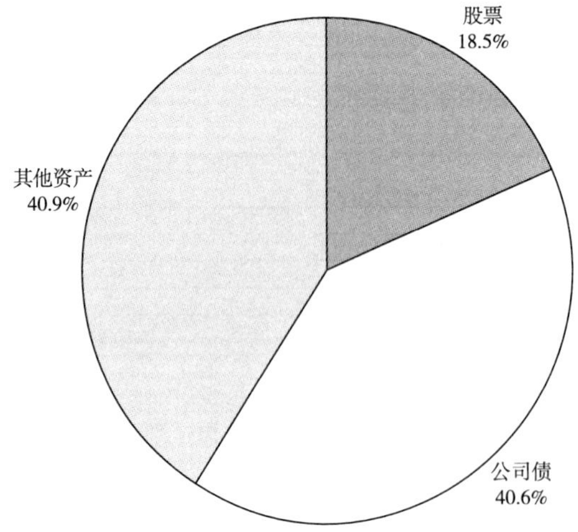

图 14－9 投资信托的运用资产构成

注：公募证券投资信托合计截至 2011 年 9 月末。

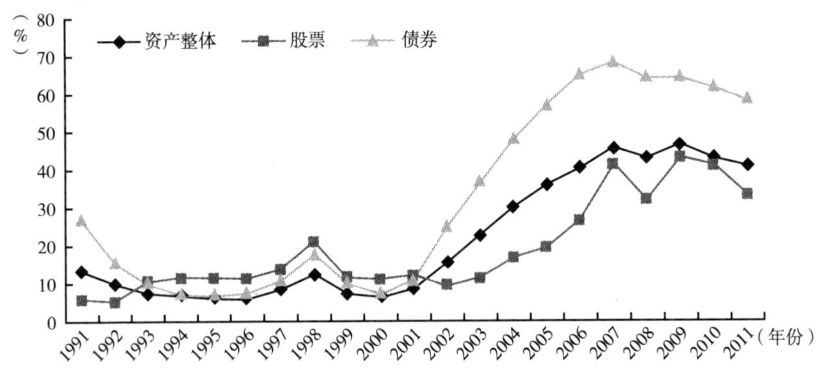

图 14－10 投资信托的外国投资比率的推移

注：公募证券投资信托合计截至 2011 年 9 月末。

投资信托委托公司按照各基金的招股说明书中记载的投资方针实施运用，在业务的执行上适用《金融商品交易法》的投资运用业相关的特别规则。也就是说，除了对顾客负有诚实义务，对收益者负有忠实义务和善管注意义务以外，有以下几种禁止行为。①自己或者和其董事、执行董事之间的交易；②运用财产相互间的交易；③有关特定的金融商品等，利用交易价格的变动，为自己或第三者谋取利益等没有正当根据的交易；④和通常的交易不同，且该条件下的交易会给受益者的利益带来损害的交易；⑤利用运用中进行的和交易有关的信息，在自己的计算下进行的有价证券买卖以及其他交易；⑥为了弥补损失、追加利益，自己或第三者为受益者或第三者提供利益等。另外，作为弊害防止措施，为了谋取其他业务的利益，或者为了谋取母法人公司、子法人公司等的利益，按照运用方针、运用财产额、市场状况进行的不必要交易也被禁止。之外，作为投资信托法的限制，对保有投资信托委托公司运用的全部委托者指示型投资信托的同一企业的股票，不得超过该企业发行股票总数的 50%。投资信托协会对投资对象、纳入限制等也设置了自主途径。

另外，《投资信托法》中规定了和纳入股票相关的决议权行使的股东权利由投资信托委托公司执行，各投资信托委托公司在网页上公布了决议行使权的基本方案以及决议权行使结果的概要。

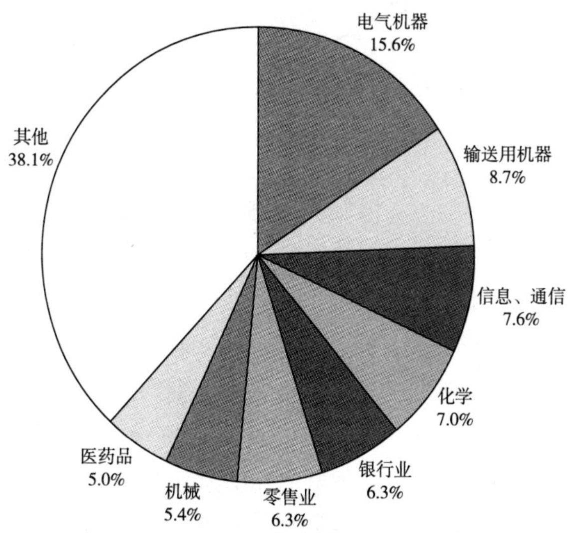

图 14－11　投资信托纳入国内股票的业种别明细

注：公募股票投资信托，2011 年 9 月末。

出处：上述所有材料根据投资信托协会资料由笔者做成。

7. 投资信托的顾客层

日本的投资信托保有者构成（金额明细）如图 14－12。家计（个人）保有六成，其他四成由保险、养老金，事业法人、金融法人等保有。和美国相比同样都是个人的保有比率较高，但根据推定，私人养老金的保有比率和美国相比较低，一方面事业法人的保有比率较高。

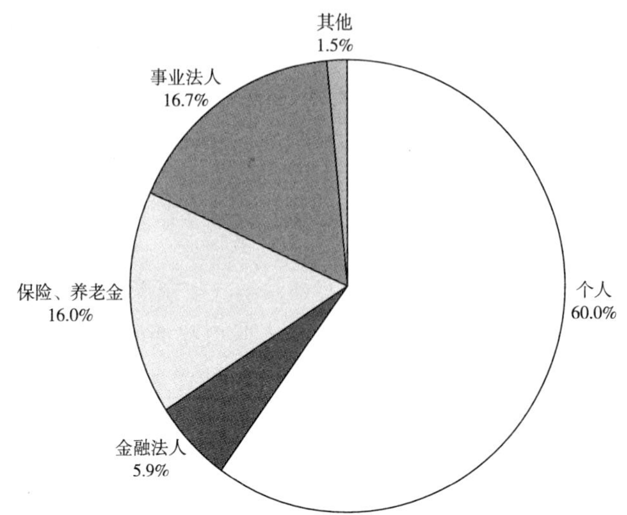

图 14－12　日本投资信托的保有者构成（2010 年末）

出处：日本银行资金循环统计。

虽说个人是保有的中心，但对个人的投资信托普及率较低，根据日本证券协会附属的证券教育宣传中心进行的 2009 年的调查，发现在成人人口中，投资信托保有者的比率只有 7.9%。泡沫经济期的 1988 年，在家庭普及率中，从超过 16% 的状况大大倒退了，但 2003 年的低谷 6.1% 之后，又看见了回升的兆头。从年龄别来看，个人金融资产的保有偏向高年龄层的日本，相对 60 岁以上的保有率 10% 以上，20 岁左右的只有 1% ~3%，年轻层的保有率明显极端低下。另外，在投资信托的家庭普及率超过 4 成的美国，虽然 45 岁以上年龄层的保有率的也很高，但 35 ~44 岁是 48%，35 岁以下的也达到了 34%。

关于个人每件的申请金额，可以统计的公募股票投资信托、单位型的情况，2010 年的平均值是 371 万日元，件数上，在 50 万日元到 100 万日元的区分上占了将近三成。

个人投资者的投资信托的购入目的，以前回答较多的是“没有特别的目的”（日本人的储蓄目的也是如此，“以备不时之需”等明确的意识很淡薄），但最近“为老年时期做准备”，“资产的风险分散”为目的的购入层增多。但是在美国以“退休后的资金”为目的而购入投资信托的个人是最多的，购入的方法也是通过“401k”等确定抛出养老金账目，继续购入的情况较多（所以中年、年轻层的保有率是较高的）。与之相比的日本，目的意识还不很明确的购入层较多，购入的方法相对每月的公积金等，一下子凑齐金额进行投资的情况较多，这个对证券行情的影响面还是很大的。

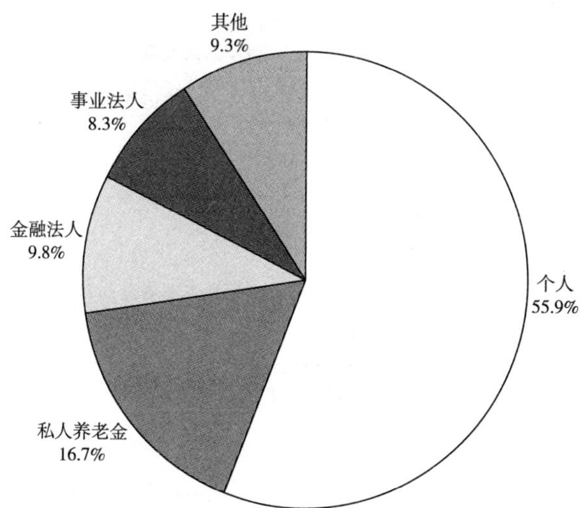

图 14－13　美国投资信托的保有者构成（2010 年末）

出处：FRB 资金循环统计。

从投资信托协会的家庭对象 2009 年的调查结果来描绘投资信托保有家庭的平均图时，平均到手年收入 405 万日元，金融资产保有额 1238 万日元，其中投资信托保有额 499 万日元，保有基金数有 1. 8 个种类。

表 14－2　保有投资信托的个人投资者的概括

单位：%

年龄别投资信托保有率			年收入别投资信托保有率	
	男性	女性		
20～24 岁	0. 7	0. 0	100 万日元以下	5. 8
25～29 岁	1. 9	3. 0	100～200 万日元以下	7. 1
30～34 岁	3. 3	1. 6		
35～39 岁	5. 6	4. 6	200～300 万日元以下	8. 1
40～44 岁	4. 0	6. 5	300～400 万日元以下	8. 5
45～49 岁	9. 4	7. 1		
50～54 岁	9. 8	8. 5	400～500 万日元以下	9. 9
55～59 岁	6. 8	13. 7	500～700 万日元以下	10. 3
60～64 岁	13. 8	15. 1		
65～69 岁	14. 1	13. 4	700～1000 万日元以下	15. 9
70 岁以上	14. 9	8. 2	1000 万日元以上	14. 7
整体平均　7. 9%				

出处：（日本证券业协会）证券教育宣传中心《证券投资相关的全国调查（个人调查）》，2009。

表 14－3　个人投资者的投资信托的购入目的

单位：%

日　本		(参考)美国	
老年后的生活资金	40.7	退职后的资金	74
资产的风险分散	29.0	以备不时之需	7
为了学习经济	12.6	教育资金	6
孩子或孙子的教育资金	6.8	现在收入的补充	5
业余活动资金	6.2	节税	4
住房资金	4.6	住房或高额商品的购入	2
没有特别目的只是想增加资金	30.9	其他	2

出处：投资信托协会“投资信托相关的民意调查”2009 年；美国 ICI 2010 年“Profile of Mutual Fund Shareholders”对“主要目的的是什么”的回答。

8. 投资信托的企业决算公开

投资信托的企业决算公开（信息披露）在 1997 年之前，是在《证券交易法》的适用之外，在《投资信托法》的框架下进行的。但是 1998 年的《金融系统改革法》实施，基金的设立从承认制到申请制的限制缓和，和股票等同样也开始适用《证券交易法》（现在是《金融商品交易法》）。所以现在的公募证券投资信托的企业决算公开是在《金融商品交易法》和《投资信托法》的两个法律之下进行的。以下是对其内容的概说。

发行披露　基于《金融商品交易法》的募集时的披露，是根据向监督当局（供公众随意阅览）提交“有价证券报告书”和向个别投资者提交“招股说明书”等进行。但是占据投资信托主流的追加型投资信托，在募集当初基金运作后，经常（每天）进行新发行证券的募集。这个和只在新公开、增资的时候进行募集，除此以外其他时候投资者是从流通市场取得已发行股票的募集有很大的不同。鉴于这种投资信托募集形态的特殊性，2004 年从“向投资者提供容易理解的信息”的角度，实施了招股说明书的第二分册。也就是说必须向进行购入约定的全部投资者事先提交“交付招股说明书”（2010 年记载内容简化为一段），和投资者有要求时提交的“请求招股说明书”的第二本。

作为《投资信托法》的发行披露，有向监督当局提交“条款内容申请”和向投资者提交“条款内容加载书面的交付”两种，后者由于在招股说明书中有记载，已经很充分了。

继续披露 基金运作后的《金融商品交易法》的披露，根据基金决算时向监督当局（供公众阅览）提交有价证券报告书（一年一次决算的情况下，提交“半期报告书”）的方式进行。另外财务报表等需要提交和投资信托公司没有特别利害关系注册会计师或者监察法人的监察证明。

另一方面，《投资信托法》的继续披露是根据面向个别投资者的“运用报告书”的提交进行。

此外，投资信托协会作为自主途径，制定了各投资信托公司应该在主页上刊载“适时披露”的规定，各基金进行的是月次披露。

表 14－4 日本的公募证券投资信托的企业决算公开制度

<table>
<tr><td rowspan="3"></td><td colspan="4">法定披露</td><td>自主披露</td></tr>
<tr><td colspan="2">面向监督当局和公众随意阅览的披露</td><td colspan="2">面向投资者的个别交付披露</td><td>面向投资者公众随意阅览的披露</td></tr>
<tr><td>《金融商品交易法》</td><td>《投资信托法》</td><td>《金融商品交易法》</td><td>《投资信托法》</td><td>投资信托协会规则等</td></tr>
<tr><td>发行披露（募集时披露）</td><td>“有价证券申请书”“修正申请书”</td><td>条款内容的提出</td><td>“招股说明书”（“交付招股说明书”）（“请求招股说明书”）</td><td>条款内容记载书面（可在招股说明书中记载）</td><td>规定了“招股说明书做成时的准则”</td></tr>
<tr><td>继续披露（运用中披露）</td><td>“有价证券申请书”“半期报告书”“临时报告书”</td><td>“运用报告书”</td><td></td><td>“运用报告书”</td><td>各投资信托的主页“MMF，MRF 的月次公开”和“适时公开”</td></tr>
</table>

出处：笔者做成。

表 14－5 公募证券投资信托的交付招股说明书的主要记载事项

记载项目	记载内容
“封面”等记载的项目 (1)基金名称以及商品分类 (2)委托公司等的信息	“有价证券报告书”中记载的基金名称和投资信托协会制定的“有关商品分类指南”中的商品分类。 委托公司名，成立年月日，资本金，运用投资信托的纯资产总额，主页网址，电话号码，受托公司名称等。

续表

记载项目	记载内容
“本文”中的记载项目 (1)基金的目的、特色 (2)投资风险 (3)运用实际 (4)手续、手续费等 (5)追加信息	根据条款“运用基本方针”“投资态度”的基金特色,投资着眼点。另外,基金构成,运用手法,运用程序,投资限制,分配方针等,称为基金特色的事项。运用的外部委托时,委托方的名称,委托内容。 基准价额的变动要因,风险的管理体制。 ①最近10年间的基准价额、纯资产额的推移:基准价额是折线图,纯资产额是柱式图或面式图。 ②分配金的推移:设定最近5个计算期间累计。 ③主要资产的状况:纳入前10位的品种,行业别比率,资产别比率等。 ④年间受益率的推移:最近10年间的高涨率在每历年的柱式图中记载。有基准的基金和基准的高涨率合并记载。 ①申请备忘录(购入价额、申请手续、信托期间、课税关系等)。 ②基金的费用[购入时的手续费、信托财产保留额、运用管理费用(信托报酬)和其分配、其他费用、税金等]。 需要对基金的特色和风险等进行更详细说明时(使用基金对冲基金、结构债和金融衍生商品的情况)。

出处：参照“和特定有价证券的内容等披露有关的内阁府令”以及投资信托协会“交付招股说明书的做成相关的规则、细则”做成。

9. 活用投资信托的服务、商品等

证券综合户头 证券公司的证券交易户头是用自动转账的方法和户头专用的追加型公司债投资信托的 MRF 相结合的户头（最近取代 MRF 使用的是银行存款）。这个户头是将公司债的利率、股票的分配金、证券的销售款等流入户头，使用 MRF 对滞留的剩余金进行运用的同时，也伴随有证券交易金额的决算，通过 ATM 的提款，证券担保融资等的服务。以美国的美林证券在 1977 年开发的 CMA 为示范，成立于 1997 年 10 月。MRF 中纳入资产的平均残存期间不得超过 90 天，以及考虑流动性、安全性的运用途径等由投资信托协会进行了规定。

投资信托多功能户头 多功能户头只是对顾客的存款资金额收取的年费（不收取买卖手续费），证券公司对资产分配的决定、平衡，纳入品种的选择、更换，运用实际报告等一系列的资产运用服务一并提供的商品结构。投资信托多功能户头是以投资信托为对象进行资产的运用，1998 年投资信托的销售手续费自由化，由证券公司进行的投资完全委托业务被认可，开始了商品化。1999 年 10 月股票买卖委托手续费完全自由化，进行股票等的个别品种的资产运用服务的多功能户头的商品化也变得可能。

确定抛出型养老金制度（日本版 401k 等） 在日本雇佣的流动化、确定给付型企业养老金的财政恶化等的背景下，2001 年 10 月实施了携带型的高确定抛出养老金制度。导入确定抛出养老金制度后的企业养老金参加者，对企业抛出的公积金（2012 年 1 月开始计划认可职员抛出）以及个人型确定抛出养老金加入者自行抛出的公积金，以自己责任对投资信托和股票、债券、银行存款等的投资对象进行运用，其运用实际用来反映将来收取的养老金额。比较多的投资信托公司提供了低成本的确定抛出养老金专用基金。

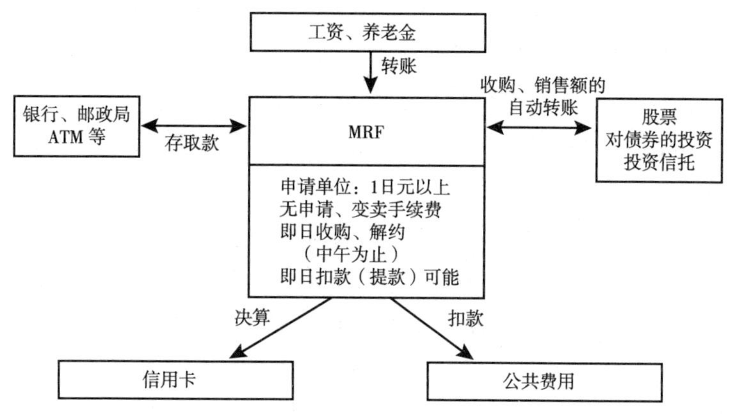

图 14－14　证券综合户头略图

出处：笔者做成。

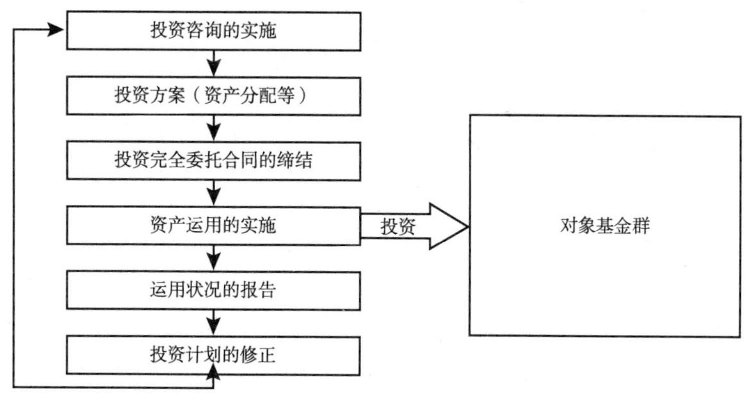

图 14－15　投资信托多功能户头的服务流程（例）

出处：笔者参考野村证券主页做成。

变额养老金保险 1999年开始正式发售了生命保险公司的商品。变额养老金保险也和确定抛出型养老金一样，以投资信托等运用合同者支付的保险费，根据其运用成绩来决定将来收取的养老金额。除了证券公司，银行等也加入了销售行列。

10. 国外的投资信托

根据国外法令，在国外设定的国外投资信托的国内销售在1972年完全自由化。当初担心会对国内的投资信托产生影响，以外币计价进行运用，日元资产的纳入比率被限制在50%以下，同时由于不适用日本的《投资信托法》，在当时日本导入了没有被认可的私募投资信托。

但是，随着1998年的《投资信托法》修正，国外的投资信托也成为投资信托法的对象，和国内投资信托一样受到一定的限制。也就是说，国外的投资信托在国内销售的情况下，需要事前向日本的监督当局提交和国内投资信托同样的申请，但如果国外的投资信托在运用上明显欠缺妥当，损害了国内投资者的利益，为了防止对投资者的损害扩大，需要采取紧急的措施时，日本的法院会发出在日本国内禁止募集或者停止命令。一方面，可以导入日元计价的基金，之后税制也和国内投资信托一样。另外，包含“招股说明书”、“运用报告书”的做成、提交，企业决算公开制度基本上也和国内投资信托一样。再者，日本证券业协会在公正常规规则“外国证券交易相关规则”中制定了“国外投资信托选别基准”，制定了在国内可销售的外国基金的条件。

最近20年间的外国投资信托销售余额的进展如表14－6所示。基本上会随着汇兑的动向等的影响而发生变动，1997年以后，在日本超低利率的状态持续下，向高利率外债的投资需求增加，反映日元贬值倾向的国外投资信托的销售增加。和国内的投资信托合计的日本的投资信托市场整体比率来看，2004年超过了13%。之后，由于国内股基金的人气回升或国内的每月分配型基金的增加，国外基金的销售处于停歇的状态中。商品分类见图14－16，全世界股价回升的2004年以后，股票投资信托也增加，属于“其他”分类的不动产型和非传统基金也增加了，但主要倾向于含MMF广义的债券型基金成为主流。另外，国别设定明细中，以前卢森堡的是最多的，2005年左右开始开曼各岛的基金也增加了，从2011年3月末的纯资产总额的明细来看，卢森堡的占39.4%，开曼各岛占45.1%，其他的占15.5%。

表 14－6　在日本的国外投资信托销售余额和占投资信托整体的比率（公募部分）

单位：亿日元

年末	外国投资信托余额(A)	国内投资信托余额(B)	合计(C)	(A)/(C)(%)
1991	9979	414738	424717	2.3
1992	7902	433005	440907	1.8
1993	7090	507375	514465	1.4
1994	5412	434083	439495	1.2
1995	5365	479571	484936	1.1
1996	5795	486680	492475	1.2
1997	15236	406495	421731	3.6
1998	29352	327393	356745	8.2
1999	35099	513536	548635	6.4
2000	36084	493992	530076	6.8
2001	41426	452807	494233	8.4
2002	47147	360160	407307	11.6
2003	54427	374356	428783	12.7
2004	62411	409967	472378	13.2
2005	79670	553476	633146	12.6
2006	87104	689276	776380	11.2
2007	82427	797606	880033	9.4
2008	51473	521465	572938	9.0
2009	59306	614551	673857	8.8
2010	58800	637201	696001	8.4
2011/9 月	51393	578882	630275	8.2

注：国内投资信托余额是公募证券投资信托的余额。

出处：国外投资信托余额是笔者参照日本证券业协会，国内投资信托余额是笔者参照投资信托协会资料做成。

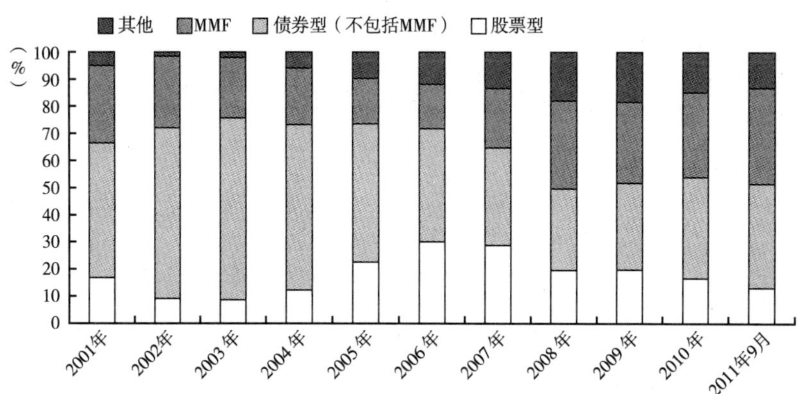

图 14－16　在日本的国外投资信托余额的商品分类别明细

出处：笔者参照日本证券业协会资料做成。

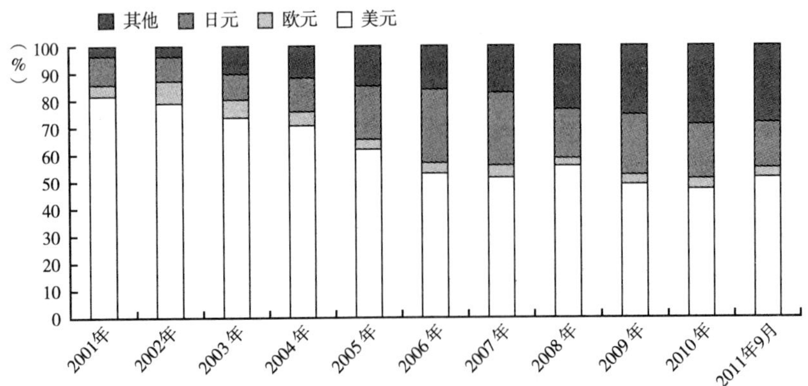

图 14－17 在日本的国外投资信托余额的通货明细

出处：笔者参照日本证券业协会资料做成。

第15章　信息披露制度

1. 在证券市场的信息披露制度

有价证券在证券交易所开设的金融商品市场上市时，对有价证券的发行者（上市公司）要求根据《金融商品交易法》以及证券交易所制定的规则，对企业内容相关的一定事项进行披露。这种规则也被称为是披露（企业决算公开）规则，分为根据《金融商品交易法》要求的法定披露和根据证券交易所要求的适时披露（适时企业决算公开）两种。

其中，法定披露是有价证券的发行者对以下几个内容进行披露。在发行市场有以下两种披露，负有对企业一定内容进行披露义务的发行披露和负有定期、继续披露一定内容义务的继续披露；此外，有价证券的发行者不是披露的义务者，根据《金融商品交易法》负有披露义务的法定披露是和公开收购相关的披露以及和股票等的大量保有状况相关的披露。一方面，证券交易所要求的适时披露是在有价证券上市后，还继续要求的披露，信息的主体别有以下三种：①和上市公司相关的信息，②和子公司相关的信息，③其他信息（和支配股东等相关的事项等）。另外，信息的种类别也有以下三种：①决定事实，②发生事实，③决算信息。

被要求进行发行披露以及继续披露的企业，根据《公司法》同时要求披露一定的信息，相对根据《公司法》的计算资料等的披露，可以保护股东和公司债权者的利益，另外还有可以限制可分配额的目的，《金融商品交易法》和证券交易所的规则中要求披露的信息，是以全体投资者为对象，披露公司的经营状况，以合理的投资判断为目的等，各制度的主旨不同。

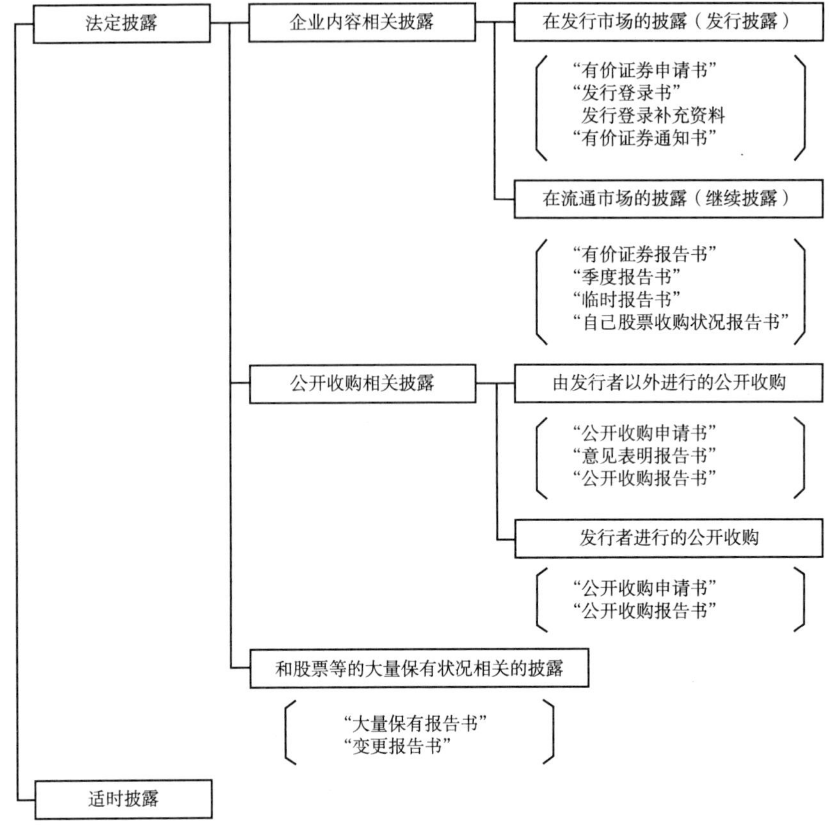

图 15－1　在证券市场的披露制度体系

表 15－1　《金融商品交易法》中的披露制度和《公司法》中的披露制度

《金融商品交易法》中的披露制度		《公司法》中的披露制度
给投资者的投资判断提供必要的信息	披露的目的	可分配利益和企业担保能力（支付能力）的报告
投资者（现在也包括非股东）	披露的对象	股东，债权者
EDINET 的随意阅览，在证券交易所的备置，向申请者提交等	披露的方法	计算资料的做成和在本店的备置，决算主旨的公告等

2.《金融商品交易法》中的企业内容披露

发行披露　发行价额或售出价额的总额在一亿日元以上的有价证券募集

或售出时，原则上发行者必须向内阁总理大臣提交“有价证券报告书”。发行市场的信息披露根据这个“有价证券申请书”进行，具体有以下五种记载事项：①和该募集或售出相关的事项，②该公司的商号，③该公司所属的企业集团，④该公司的会计情况，⑤和其他事业内容相关的重要事项等。另外在进行证券的劝诱时，为了让投资者把握该有价证券的价值，向投资者的投资提供必要的判断，所以需要向投资者提交“招股说明书”。

继续披露 在证券交易所上市的有价证券的发行者，必须将每个年度的“有价证券报告书”在该事业年度过后的三个月以内向内阁总理大臣提交。在流通市场形成法定披露核心的是这个“有价证券报告书”，具有记载事项有以下四点：①该公司的商号，②该公司所属的企业集团，③该公司的会计情况，④和其他事业内容相关的重要事项等。提交的“有价证券报告书”和“有价证券申请书”一样，通过 EDINET，供大众随意阅览。此外，负有这种继续披露义务的公司，必须定期或者根据需要，提交“季度报告书”，“临时报告书”，“自己股票收购情况报告书”。

在金融商品市场，除了披露对投资者判断的必要信息之外，还要根据该信息预定价格的形成，如果证券的发行者不亲自将这些不利的信息披露，该信息会不被采纳，价格的形成会在错误的评价之上进行。法律上要求根据“有价证券报告书”继续披露时，就是因为考虑到这个因素，另外还对披露虚假内容的情况制定了制裁手段。

表 15－2 法定披露资料的提出条件

区分		提交资料	需要提交时(概要)
企业内容的披露	发行披露	“有价证券申请书”	进行发行价额或售出价额的总额在一亿日元以上的有价证券募集(以 50 名以上为对象,进行新发行有价证券取得的申请劝诱时)或售出(以 50 名以上为对象,进行的已发行的有价证券的出售或者收购的申请劝诱时) ※少额募集……对于发行价额或售出价额的总额在五亿日元以下的募集或者售出时满足一定条件的情况下,“有价证券申请书”的加载内容可以简化 ※纳入方式……提交已经继续一年的“有价证券报告书”时,将“有价证券报告书”以及“季度报告书”等装订在一起,除了募集、售出相关的事项,可代替“有价证券申请书”的计入 ※参照方式……提交已经继续一年的“有价证券报告书”,如果发行公司有关的企业信息已经向公众提供阅览,而且满足已经发行的有价证券的交易状况的一定条件时,通过记载应该参考的最近的“有价证券报告书”等,除了募集、售出相关的事项,来代替“有价证券申请书”的计入

续表

区分		提交资料	需要提交时(概要)
企业内容的披露	发行披露	"发行登录书"	根据参考方式可以提交"有价证券申请书"的发行者,如果可以预测将来的发行价额或售出价额的总额在一亿日元以上的有价证券募集或售出时,可事先进行发行登记
		发行登录补充资料	发行登记有效时,进行发行价额或售出价额的总额在一亿日元以上的有价证券募集或售出时
	继续披露	"有价证券报告书"	①在证券交易所上市的有价证券,②流通情况以之前所说为准,政令中规定的有价证券,③在募集或售出时,负有提交"有价证券申请书"义务的有价证券,④最近5年期间的任一事业年度末的所有者数在1000名以上的有价证券发行者(不包括一定情况)
		"季度报告书"	提交"有价证券报告书"的公司中,①在证券交易所上市的有价证券,②流通情况以之前所说为准,政令中规定的有价证券的发行者
		"临时报告书"	有价证券报告书的提交公司发生重要事情时
		自己股票收购情况报告书	①在证券交易所上市的有价证券,②流通情况以之前所说为准,政令中规定的有价证券的发行者,关于自己股票的取得进行的定时大会的决议或者董事会决议时

3.《金融商品交易法》的其他披露

有关公开收购的披露 向不特定的多数，通过公告对股票等收购等的申请或卖出的申请进行劝诱时，在交易所市场外进行的股票等的收购被称为"公开收购"。有提交"有价证券报告书"义务的发行者发行的股票等，在证券交易所市场以外（包括在交易所市场内的开盘外交易）被发行者以外的收购时，除了满足一定的条件，否则必须进行公开收购。公开收购者对以下四项内容：①公开收购的目的，②收购等的价格，③预定收购股票数，④收购期间以及其他内阁府令规定的事项，进行公告时（公开收购开始公告），有义务向内阁总理大臣公开"收购申请书"。另外，公开收购者在收购期间完后的第二天，除了将和该公开收购相关的应募股票数等的数量，进行收购的股票等的数量以及决算方法进行公告或者发布以外，还必须将记载有其内容的公开"收购报告书"提交给内阁总理大臣。

公开收购限制是在进行对公司支配权带来影响的交易时，为了确保市场外的交易的透明性、公正性，向投资者进行事前信息披露的同时，也给了股东平等销售的机会。

有关股票等的大量保有状况的披露　在证券交易所上市的股票的保有者，其股票等的保有比率超过 5% 时（大量保有者），原则上在保有比率超过 5% 的当天开始算起的五天以内（不包括星期日以及其他政令中制定的休息日），必须将“大量保有报告书”提交给内阁总理大臣。“大量保有报告书”中应该记载的事项有以下三点：①和股票等的保有比率相关的事项，②和取得资金相关的事项，③保有的目的等，应该提交“大量保有报告书”的保有者，在之后的保有比率的增加或减少超过 1% 时，将负有提交“变更报告书”的义务。特定的保有者保有大量的股票时，由于大量保有者的行动会给该股票等市场中的价格形成带来很大的影响，所以制定了该披露制度。

表 15－3　公开收购制度（TOB）的变迁

	主要的修正内容
1971(昭和 46)年	公开收购制度的导入
1990(平成 2)年	强制公开收购的原则化 公开收购负有义务后的收购股票所有比例下降(10%→5%) 事先申请制的撤销 收购期间的延长 应募股东的撤回权的扩充
2001(平成 13)年	随着自己股票取得的原则自由化,导入了自己股票公开收购制度
2003(平成 15)年	公开收购制度的适用之外范围的扩大
2004(平成 16)年	公开收购对象限定于平衡法证券发行公司 电子公告制度的导入
2005(平成 17)年	市场交易不包括 ToSTNeT 交易
2006(平成 18)年	公开收购相关披露的充实 (收购等的目的,收购价格的算定依据,MBO 的情况披露) 市场内外交易的组合收购的限制 公开收购期间,其他者进行收购时,也被赋予了公开收购的义务 进行股票分割时的公开收购价格的下调被许可 公开收购的撤回事由扩大 有义务向对象公司提交“意见表明报告书” 有义务回答对象公司对“意见表明报告书”的提问以及有对应收购者的义务(疑问回答报告书) 根据公开收购期间的营业日的计算 由对象公司进行的收购期间的延长请求 收购者的应募股票的全部收购义务
2008(平成 20)年	公开收购对象中追加特定上市有价证券 导入和公开收购限制相关的征税征收制度

4. 金融商品交易所（证券交易所）的适时披露制度（及时披露）

如前文所示，在证券交易所，根据其制定的规则，要求对上市公司进行信息公开。例如，东京证券交易所制定了有价证券的上市规程，要求有义务对上市公司适时披露对投资者的投资判断能带来影响的信息，具体制定的披露事项和手续等可参照表 15－4。上市公司对于决定事实在业务执行决定机关进行决议、决定时，或者发现了解到由外部原因引起的发生事实时，要求进行披露。

表 15－4　被要求适时披露的主要公司信息（以东京证券交易所为例）

上市公司的法定事实	1. 对发行的股票，处分的自己股票，发行的新股预约权，处分的自己新股预约权进行承兑的承兑者的募集或股票、新股预约权的出售 2. 发行登记以及必要状况调查的开始 3. 资本金额的减少 4. 资本准备金或利益准备金额的减少 5. 自己股票的取得 6. 股票无偿分配或者新股预约权无偿分配 7. 股票的分割或合并 8. 剩余金的分配 9. 股票交换 10. 股票转移 11. 合并 12. 公司分割 13. 事业全部或一部分的转让或受让 14. 解散（不包括因合并的解散） 15. 新产品或新技术的企业化 16. 业务上的合作或业务上合作的取消 17. 伴随子公司等调动的股票或股份的转让或取得以及伴随其他子公司等的调动事项 18. 固定资产的转让或取得 19. 出租固定资产的租赁合同 20. 事业全部或一部分的停止或废止 21. 退市申请 22. 破产手续的开始，再生手续开始或者更生手续开始的申请 23. 新事业的开始 24. 公开收购或者自己股票的公开收购 25. 公开收购相关的意见表明等 26. 股票期权的赋予 27. 代表董事或者代表执行董事的调动 28. 人员削减等的合理化 29. 商号或者名称的变更

续表

上市公司的法定事实	30. 单元股票数的变更或者单元股票数的规定的废止或成立 31. 决算期变更(在事业年度的最后一天变更) 32. 债务超过或者存款等的付还停止时,需要向内阁总理大臣申请(根据《存款保险法》第74 条第 5 项的规定申请) 33. 根据《特定调停法》的特定调停手续的申请 34. 上市债券等的提前偿还或者公司债券者集会的召集以及其他上市债权等相关权利有关的重要事项 35. 注册会计师等的调动 36. 和继续企业的前提相关事项的注记 37. 记载有重大缺陷或评价结果没有表明的内部统制报告书的提出 38. 向股票事务代行机关的股票事务委托的中止 39. 章程的变更 40. 上市无决议权股票,附上市决议权股票(只限于发行多种类附决议权股票的公司发行的股票)或者上市优先股票等(不包括子公司联动分红股票)相关的股票内容以及其他计划的变更 41. 其他上市公司的运营、业务、财产或和该上市股票等相关的重要事项
上市公司的发生事实	1. 因灾害引起的损害或者在业务履行过程中发生的损害 2. 主要股东或者主要股东的大股东的调动 3. 退市原因的事实 4. 提起诉讼或判决等 5. 临时处分命令的申诉或者决定等 6. 许可取消,事实停止以及其他以此为准的,行政厅根据法令等进行的处分,或者行政厅对法令违反的告发 7. 母公司的调动,支配股东的调动(不包括母公司)或者其他关联公司的调动 8. 破产手续开始,再生手续开始,更生手续开始或者企业担保权的实行的申诉或者通告 9. 对不提交票据或者票据交换所进行的交易停止的处分 10. 和母公司等相关破产手续开始,再生手续开始,更生手续开始或者企业担保权的实行的申诉或者通告 11. 债务的不能催收或者催收延迟 12. 和交易方的交易停止 13. 债务免除等的金融支援 14. 资源的发现 15. 股票或者新股预约权的发行停止请求 16. 股东总会的召集请求 17. 包含保有有价证券的损失 18. 和公司债券有关的期限利益的丧失 19. 上市债券等的公司债券者集会的召集以及其他和上市债券等相关权利有关的重要事实 20. 注册会计师等的调动 21. “有价证券报告书”或者“季度报告书”的提交延迟,延长提交许可 22. 财务报表等的“监察报告书”中的不当意见,意见不表明,继续企业的前提相关事项作为除事项的附限定适当意见 23. “内部统制监察报告书”中的不当意见,意见不表明 24. 股票事务代行委托合同的解除通知的受领等 25. 其他上市公司的运营、业务、财产或和该上市股票等相关的重要事实

续表

上市公司的决算信息等	1. 决算内容(本决算,季度决算) 2. 业绩预计的修正等 3. 分红预计的修正等

除了上述之外，也要求对和子公司相关的重要的法定事实、发生事实，其他和支配股东等相关事项进行披露等。

出处：东京证券交易所“有价证券上市规程”，“公司信息适时披露指南”。

此外，上市公司对证券交易所关于公司信息的咨询时，需要立即就咨询事项进行正确的报告，证券交易所认为必要且合适时，有义务需要立即对其内容进行披露。例如，披露前的公司信息向外部泄漏，或者在其信息的真假还不明确的状态下进行买卖交易。证券交易所如果发现上市公司没有对信息进行披露时，首先采取以下的措施，为了让大家了解到重要信息没有被披露的情况，将上市公司发行的有价证券指定为披露注意品种，并将其主旨进行公布；如果认为需要进行改善时，可要求其提出记载有经过以及改善措施的报告书（“改善报告书”)，并将其提出的“改善报告书”供公众阅览；即使进行了前述的措施，但仍然没有改善的希望时，可要求其支付上市合同违约金，也可指定为特别设定注意市场品种。

适时披露的特点在于它的快速性。例如，在证券交易所，决算内容一旦决定，会立即将其内容进行披露，上市公司会按照决算短信中规定的样式，对决算内容的概要进行披露，决算短信是为了能够让有价证券报告书在最短的时间内被披露，作为投资者最早了解决算内容的手段，有着极其重要的作用。

5. 企业决算公开的电子化

上述的法定披露、适时披露以前是由书面进行的，它的公众阅览是根据财务局、证券交易所等备置的纸媒体进行。现在的法定披露和适时披露原则上都是通过网络等电子化进行。由于电子化，比起披露信息，发行者可以更快更公平的阅览到信息的同时，也减轻了发行者的披露事务负担。现在国外的电子披露系统，为了实现电子化财务信息的做成、流通、再利用等更高的效率化，提高投资者的便利性，财务信息导入了下一代标准语言 XBRL（eXtensible Business

Reporting Language），日本从 2008 年开始，在法定披露和适时披露中正式的导入了 XBRL。

EDINET（Electronic Disclosure for Investors，NETwork）

EDINET 是以前将通过纸媒体进行的金融商品交易法中的和披露资料相关的提出、公众阅览进行电子化的系统。具体来说是，有价证券报告者等的提出义务者，利用网络将在披露资料中记载的信息在线提供给财务局，这些披露信息是通过财务局阅览室中设置的监视器画面供公众阅览，此外通过网络的提交被广泛普及。

TDNET（Timely Disclosure NETwork）

TDNET（适时披露信息传达系统）是上市公司进行的和适时披露相关的一系列程序。主要有以下四点：①向证券交易所的披露资料的提出并向证券交易所的披露内容的事先说明，②向宣传机关的传达，③公众阅览，④披露资料的数据化等以综合进行电子化为目的。在日本全国证券交易所的上市公司等的披露信息传达中被使用。通过 TDnet 披露的信息，经由各证券交易所的 WEB 网页，通过使用全国的证券交易所共同设置的适时披露信息阅览服务，在披露当天以及第二天开始算起的三十天内可以随意阅览。

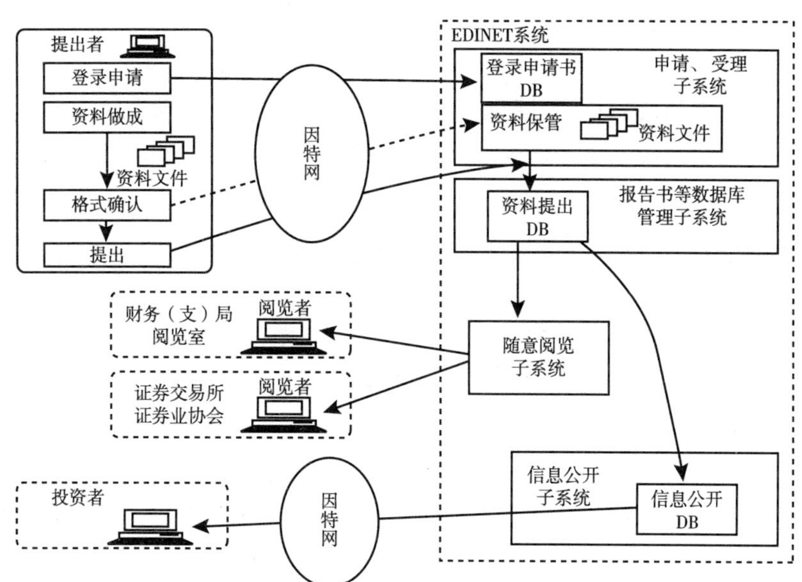

图 15－2 EDINET 系统的概要图

出处：金融厅“EDINET 的介绍”。

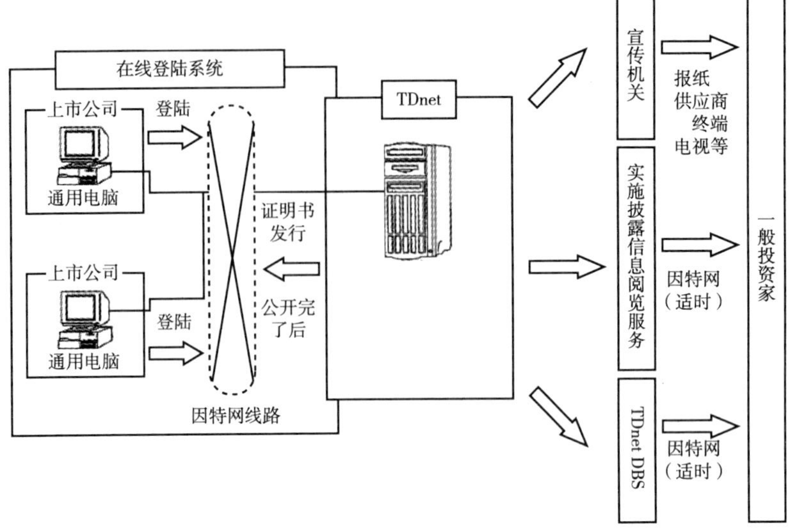

图 15－3　利用 TDnet 的信息披露流程

出处："东京证券要览（2011）"。

6. 有关最近信息披露的动向

季度披露的法制化　以前在日本企业业绩的披露，通常是本决算以及中间决算的每年两次实施。但由于企业的业绩在短期内发生很大变动的情况很少，所以认识到需要对企业业绩的动向进行更细腻的把握。于是根据证券交易所的规则，和上市公司相关企业业绩的季度披露开始义务化，之后，随着《金融商品交易法》的实施，季度报告制度发展为法制化。

企业管理的完善和内部统制　对于近年在大公司接连发生的"有价证券报告书"的虚假记载和假结算，证券交易所为了确保信息披露的信赖性，对上市公司要求提交和交易所规则的遵守相关的确认书以及企业管理相关的报告书。另外在《金融商品交易法》中，规定上市公司在每个事业年度有义务提交确认书，该确认书是为了确保该公司所属的企业集团以及和该公司相关的财务计算资料、其他信息的适当性，对必要的体制进行评价的"内部统制报告书"以及"有价证券报告书"等的适当性相关的确认书。

面向国际会计基准（IFRS）的导入动向　国际会计基准（IFRS: International Financial Reporting Standards）是由国际会计基准审议会（IASB）

进行设定的会计基准，近年在向世界各国的推广。

IFRS 作为本国的会计基准，加上已经采用的国家和预定采用的国家，合计已经达到了一百个国家以上。从 2005 年开始对 EU 区域内的上市公司强制执行，但 EU 区域内有外国上市公司认为 IFRS 和本国的会计基准不一致，对此 2009 年开始对 IFRS 强制实施。另外，受到此动作的影响，美国和日本对 IFRS 的采用现都在推进中。

表 15－5 确认书等的概要

提交资料		有关交易所规则遵守的确认书	适时披露体制的概要（“企业管理报告书”记载）	和“有价证券报告书”等的记载内容相关的确认书
目的		对投资者的证券市场的信赖维持、提高		
内容	记载内容	代表者遵守交易所的各规则等以及根据各规则对交易所制定措施的遵守状况进行确认。	以和适时披露相关的方针、组织、手续的整备状况，适时披露体制为对象的监控的整备状况等	代表者根据《金融商品交易法》，确认“有价证券书”等的记载内容是否妥当
	提交时期	代表者有调动时	内容有变更时	提交“有价证券报告书”时
	周知方法		公众阅览（各证券交易所的 HP）	公众阅览（EDINET）

表 15－6 在东京证券交易所和交易所规则的遵守相关的确认书

和交易所规则的遵守相关的确认书

平成　年　月　日

股份公司东京证券交易所

代表董事社长

本店所在地

公司名

代表者的

职位

姓名（署名）

我确认在本公司对其发行的股票进行上市时，对股份公司东京证券交易所（以下，简称“交易所”）制定的以下事项进行承诺。

1. 交易所现在制定的以及将来制定的或者修正的业务规定，有价证券上市规定，其他的规定以及和此相关的规定（以下，简称“各规定等”）中，遵守和本公司以及上市的本公司股票（以下，简称“上市股票”）相关联的所有规定。

2. 根据各规则等，遵守交易所进行的对上市股票的退市，买卖停止以及其他的措施。

第16章　证券税制

1. 证券税制的变化（1）

日本的所得税制，原则上是实行综合所得税，其渊源可以追溯至 Shoup 劝告。在 1950 年开始实施的 Shoup 税制下，不但利息、分红，有价证券转让利润都要征收全额综合税（扣除转让损失金额）。但是在美国占领结束后，主要从促进资本积累这种政策性观点出发，利息的分离征税得到承认，转让利润变成原则非征税，因此综合所得税的美梦急速破灭。而且 1987 年～1989 年进行了彻底的税制改革，形成了现在的所得税制基本框架。当时 10.5%～70%的 15 级所得税税率变成了没有小数点的 10%～50%的 5 级税率，同时也废除了利息收入的一律源泉分离征税和非征税储蓄制度的原则，彻底修改了有价证券转让利润的原则分离征税化等金融所得税方面。关于所得税税率，它在 1999 年的税制改革中被修改为 10%～37%的 4 级税率，接着在 2006 年的税制改革中被修改为 5%～40%的 6 级税率。此外，法人税的基本税率，1999 年税制改革后从 34.5%下调至 30%。此后也经历了法人事业税税率的下调，法人所得税的实效税率（对法人所得的税负进行了调整，将其中的一部分算入损失，合计各自的税率）在 2011 年 7 月变成 40.69%。另外，2002 年导入了将企业集团看作一家企业而征税的“联结纳税制度”。

关于证券税制在 1990 年下半年至 2000 年初的主要动向，1998 年对认股权、特定目的公司、公司型投资信托的税制进行了完善。1999 年 4 月废除了多年来悬而未决的有价证券交易税及交易所税金（涉及期货、期权交易的税金）问题。2000 年天使税制适用范围得到了扩大，2001 年创设了长期持有股票的小额转让利益非征税制度（保有一年以上的上市股票等，特别扣除 100 万日元）以及紧急投资优惠措施（本金 1000

万日元以内的非征税措施)。2002 年实施的税制改革规定自 2003 年 1 月起导入特定账户制度，接着把老人等的小额储蓄非征税制度（老人等全优惠制度）改革成针对残疾人的小额储蓄非征税制度。

表 16-1 证券税制的变化（1949~2002 年）

年份	主要修改事项	所得税的税率构造
1949	Shoup 劝告	
1950	利息、分红、有价证券转让利润的综合征税化	20%~55%的 8 级
1951	利息的源泉分离选择征税(50%)的复活	↓
1952	分红的源泉征收(20%)的复活	
1953	有价证券转让利润的原则非征税化	15%~65%的 11 段
	有价证券交易税的创设(股票等 0.15%)	↓
	利息的一律源泉分离征税(10%)	
1954	分红的源泉征收税率的下调(20%→15%)	
1955	利息非征税化	
	分红的源泉征收税率的下调(15%→10%)	
1957	仅适用短期储蓄(不满 1 年)的源泉分离征税的复活(10%)	10%~70%的 13 级
1959	长期储蓄的源泉分离征税的复活(10%)	↓
1961	有价证券转让利润中一定的大宗交易的征税化	8%~75%的 15 级
1962		↓
1963	利息、分红的源泉征收税率的下调(10%→5%)	
1965	利息、分红的源泉征收税率的上调(5%→10%)	
	分红的源泉分离选择征税(15%)、导入无须申报制度	
1967	利息、分红的源泉征收税率的上调(10%→15%)	
	分红的源泉选择税率的上调(15%→20%)	
1969		10%~75%的 16 级
1970		10%~75%的 19 级
1971	利息的源泉分离选择征税(20%)的复活	↓
1973	利息、分红的源泉选择税率的上调(20%→25%)	
	有价证券交易税的税率上调(股票等 0.15%→0.3%)	(1971 年与 1974 年括号税
1976	利息、分红的源泉选择税率的上调(25%→30%)	率的适用征税收入额上调)
1978	利息、分红的源泉选择税率的上调(15%→20%)	↓
	利息、分红的源泉选择税率的上调(30%→35%)	
	有价证券交易税的税率上调(股票等 0.3%~0.45%)	
1981	有价证券交易税的税率上调(股票等 0.45%~0.55%)	
1984		
1987	彻底的税制改革	10.5%~75%的 15 级
1988	全优惠原则的废除	10.5%~60%的 12 级
1989	利息一律源泉分离征税(20%)	↓
	(金融类似商品亦同样征税)	10%~50%的 5 级
	有价证券转让利润的原则征税化	↓
	(转让金额 1%的源泉分离征税的导入)	
	有价证券交易税的税率下调(股票等 0.55%~0.3%)	

续表

年份	主要修改事项	所得税的税率构造
1995		（1995 年括号税率的适用征税收入额的上调）
1996	有价证券转让利润征税的合理化（视同转让利润 5% ~5.25%）	↓
	有价证券转让税的税率下调（股票等 0.3% ~0.12%）	
1998	有价证券交易税的税率下调（股票等 0.12% ~0.06%）	
1999	有价证券交易税的废除	10% ~37% 的 4 级
2001	长期持有股票的小额转让利润非征税制度的创设	↓
	紧急投资优惠措施的创设	
2002	特定账户制度的创设（2003 年 1 月实施）	

2. 证券税制的变化（2）

关于近年来的证券税制，主要是对上市股票等的分红、转让收入的优惠税率以及损益合计的适用范围扩大进行修改。

关于优惠税率的修改，首先是在 2003 年的税制改革中，导入了上市股票等的分红、转让利润、公募股票投资信托的收益分红只需要缴纳 20%（所得税 15%，居民税 5%）的源泉征收即可的机制（无须申报制度），与此同时截止 2007 年末适用 10% 的优惠税率。2004 年税制改革后，公募股票投资信托的转让利润征税也适用优惠税率。此时的非上市股票转让利润的税率也下调至 20%（所得税 15%、居民税 5%）。此外，2007 年税制改革后，这种针对上市股票等的分红、转让所得的优惠税率的适用期限延长了一年。紧接着 2008 年进行了税制改革，优惠税率实施至 2008 年末就被废除了。为了顺利地过渡至新的制度，作为特别措施，在 2009 年和 2010 年这两年的时间内对 500 万日元以下的转让利润及 100 万日元以下的分红，继续适用优惠税率。但是 2009 年税率改革后，优惠税率的适用期限延长至 2011 年末，2011 年税率改革后再次延长两年。也就是说，2014 年 1 月起才开始适用 20% 的税率。

关于损益合计的适用范围的扩大，2003 年税制改革后，公募股票投资信托的偿还（解约）损失与股票等的转让利润可以合计。2004 年税制改革后，公募股票投资信托的转让损失成为了结转扣除制度的适用对象。此外，2008 年税制改革后，为了减轻个人投资者的股票投资风险，2009 年起导入了上市股票等的转让损益与分红之间的损益合计机制。2009 年适用损益合计的上市股票的分红金额，仅限选择分离征税申报的情形，2010年起可以在源泉征收账户里进行损益合计。

此外，与非征税账户里的小额上市股票等有关的分红收入及转让收入等的非征税措施（日本版的ISA）预定在2012年1月实施，但是由于优惠税率的适用期限延长了两年，该措施也相应地延长两年，于2014年1月起实施。

表16－2 证券税制的变化（2003年至今）

年份	主要修改事项	所得税的税率构造
2003	关于上市股票等的分红、转让利润的无须申报制度的导入 长期持有股票的小额转让利润非征税制度的废除	
2004	关于公募股票投资信托的收益分红的无须申报制度的导入 公募股票投资信托的转让利润征税的减轻 非上市股票的转让利润征税的税率下调（26%→20%）	
2007	涉及上市股票等的分红、转让利润的优惠税率的适用期限延长1年	5%~40%的6级
2008	上市股票等的转让损失与分红之间的损益合计机制的导入（2009年起）	
2009	涉及上市股票等的分红、转让利润的优惠税率的适用期限延长3年	
2011	涉及上市股票等的分红、转让利润的优惠税率的适用期限延长2年 日本版ISA的导入（2014年起）	

表16－3 对上市股票等的转让利润及分红的征税

	至2008年12月	2009年1月~2013年12月	2014年1月
税率	10%	【原则】 20% 【减轻税率】上市股票等的转让利润 10% 上市股票等的分红 10%	20%
（源泉征收税率）	10% （可不申报）	10% （可不申报）	20% （可不申报）
损益合计	—	上市股票等的转让损失与分红的损益合计 2009.1~通过确定申报应对 2010.1~源泉征收账户里的损益可合计	

出处：根据诹访园健司编著的《图说日本税制》，财经详报社。

表 16－4 面向个人的主要金融商品的损益合计

损益合计的对象 / 损失	〈分红收入〉 上市股票的分红 公募股票投资信托的收益分红	〈股票等的转让收入〉 上市股票的转让利润 公募股票投资信托的转让利润	〈利息收入〉 存款利息 公司债利息 公司债投资信托的收益分红	〈非征税〉 公司债的转让利润 公司债投资信托的转让利润
股票的转让损失和公募股票投资信托的转让损益、解约损失	【从 2009 年 1 月 1 日至今】 ×⇒○	○	×	－
公司债的转让损失 公司债投资信托的转让损失、解约损失	视为无损失			

出处：根据财务省的主页制作。

3. 利息征税

存款、公司债的利息与合同运用委托、公司债投资信托等的收益分红，作为利息收入一律按 20% 的税率进行源泉分离征税。除上述收入以外，定期存款的给付填补金、抵押证券的利息、黄金投资账户的利益、外汇投资账户的汇率差利益、一次性养老保险的差额利益等金融类似商品的收益、利息所得也同样是源泉分离征税的对象。但国际复兴开发银行（世银债）、美洲开发银行债（美洲开银债）、亚洲开发银行债（亚银债）等的利息，因为是免除了源泉征收的义务，所以成为了综合征税的对象。

关于特定的贴现债的偿还差额利益，在发行贴现债时，适用 18% 税率的源泉分离征税（居民税为非征税）。但是关于东京湾横断道路股份有限公司及民间城市开发促进机构等发行的贴现债的差额利益，在发行贴现债时的源泉分离征税的税率为 16%。但是不属于特定贴现债的贴现债偿还差额利益，作为杂项收入成为了综合征税的对象。此外，附息债的差额利益也是作为杂项收入适用综合征税。

针对残疾人等的小额储蓄非征税制度，有残疾人等的小额存款利息收入非征税制度（残疾人等的全优惠）、残疾人等的小额公债利息的非征税制度（残疾人等的特别全优惠），两个制度的非征税额度为本金 350 万日元。因此如果将这些制度全部利用的话，700 万/人以内的收益可以免税。不过残疾人等的邮政储蓄利息的非征税制度，邮政民营化后就被废除了。邮政储蓄的利息，在邮政民营化后（2007 年 10 月 1 日以后）成为残疾人等的全优惠适用对象。符合残疾人定义的人，包括领取残疾人证件的人员、领取遗属基础养老金的被保险人的妻子以及领取寡妇养老金的人员。

财产形成非征税制度，包括劳动者财产形成住宅储蓄（财形住宅储蓄）和劳动者财产形成养老金储蓄（财形养老金储蓄）。前者旨在向获得住宅的劳动者提供奖励（55 岁以下），后者旨在使老人安享晚年，两个制度加起来本金 550 万日元以内的利息可以免税。但是利用生命保险、损害保险等的话，财形养老储蓄的非征税额度为 385 万日元。

表 16－5　利息征税之概要

区　分	收入区分	概　要
存款及公司债的利息 合同运用委托、公司债投资信托及公募公司债等运用收益分配金	利息收入	源泉分离征税 20%：含居民税 5%
不符合特定的贴现债的贴现债偿还差额利益	杂项收入	综合征税 （特定的贴现债的偿还差额利益，原则上 18% 源泉征收分离征税：居民税为非征税；一部分适用 16% 的税率）。
非征税储蓄制度	—	残疾人等的小额存款利息收入的非征税制度 （本金 350 万日元以内） 残疾人等的小额公债利息的非征税制度 （本金 350 万日元以内） 财形住宅（养老金）储蓄非征税制度 （本金 550 万日元以内）

注：残疾人等的邮政储蓄利息收入的非征税制度在 2007 年 10 月 1 日废除。

表 16－6 利息收入等的征税情况（2009 年）

单位：100 万日元

区　分	支付金额	其中征税部分	源泉征收税额
公　债	10498704	714405	107161
社　债	3136772	484991	72749
存款(银行存款	1475424	1179982	176997
存款(其他)	1588664	993474	149021
合同运用委托	41919	23703	3555
公司债投资信托	124560	117170	17576
贴现债的偿还差额	7411	7411	1334
其　他	717061	695979	133571
合　计	17590514	4217115	661963

注：1. “征税部分”除包括个人之外，还包括法人收取的部分。

2. “贴现债的偿还差额利益”的“支付金额”及“源泉征收税额”除包括个人之外，还包括法人收取的部分。

3. 因进行四舍五入计算，合计金额有时不一致。

出处：根据国税厅的主页制作。

4. 分红征税

股东及出资人从法人那里获得的分红、公募股票投资信托的收益分红等相关收入，作为分红收入原则上适用 20%（所得税 15%、居民税 5%）的税率，进行源泉征收后再综合征税。综合征税时，为了避免法人税的双重税收，可扣除一定比例的分红的税额（分红扣除）。

公募股票投资信托的收益分红等以及非大宗（大宗指持有的股票占已发行股票总数 3% 以上的情形）上市股票等的分红，可以选择综合征税或无须申报（仅源泉征收）中的一种。源泉征收税率，现在适用的是有时限的 10% 低税率（所得税 7%、居民税 3%），但是 2014 年以后适用 20% 的税率。不过由于对股票转让损失可进行损益合计，因此 2009 年起也可以选择申报分离征税。申报分离征税的税率也是适用有时限的 10%（所得税 7%、居民税 3%）低税率，但是 2014 年 1 月 1 日以后适用 20%（所得税 15%、居民税 5%）的税率。此外，2010 年起源泉征收账户也可以接收上市股票等的分红。这里所说的“上市股票等”，是指在日本国内外的证券交易所等上市的股票等，也包括 ETF（上市投资信托）等。

另外，非上市股票等的分红及个人大宗股东分红不适用 10% 的低税率，原则上进行 20% 的源泉征收后再综合征税。此时，一次性分红金额低于 10 万日元乘以分红计算期间再除以 12 得到，可以选择无须申报。但是，居民税适用综合征税。

从公募股票投资信托获得的收益分红，在选择综合征税的情形下可以进行分红扣除。但是，股票投资信托的外币计算资产比例与非股票比例的分红扣除率不相同，此外外币计算资产比例与非股票比例中的一个超过 75% 的，不可以进行分红扣除。另外，从私募型的股票投资信托获得的收益分红，原则上进行 20% 的源泉征收后再综合征税（可扣除分红）。

在计算分红收入金额时，对为了取得股票等而必须承担的债务所支付的利息可以扣除。但是，可以扣除负债利息的，仅限进行确定申报的情形。

区　分		2009年~2013年	2014年
公募股票投资信托的收益分红等		选择无须申报或综合课税	
利益的分红剩余金的分配等	上市股票等的分红（大笔除外）等	无须申报（20%源泉征收）（所得税15%、居民税5%） 【低税率】（到2013年） 10%源泉征收（所得税7%、居民税3%） 或者 综合课税（分红扣除）（所得税5%~40%、居民税10%） （注）因与股票转让损失进行损益合计，所以选择20%的申报分离课税（所得税15%、居民5%）亦可。 （2010年的部分，可以在特定账户里进行损益合计） 【低税率】（到2013年） 10%源泉征收（所得税7%、居民税3%）	
	上述以外计算方式为：	综合课税（分红扣除）（所得税5%~40%、居民税10%） （20%的源泉征收） （所得税20%）	
	一次支付的分红金额少于10万日元×分红计算期限÷12	无须进行确定申报 （20%的源泉征收） （所得税20%）	

图 16－1　分红征税之概要

注：上市股票等的分红（大宗以外）是指，持有股票占已发行股票或出资总数（总额）的比率不足 3% 的人所获得的分红。

出处：根据财务省的主页制作。

表 16－7　分红收入（源泉征收部分）的征税情况（2009 年）

单位：100 万日元

区　分	支付金额	其中一般征税部分	其中特例税率适用部分	源泉征收税额
剩余金或利益的分红、剩余金的分配、基金利息的分配等	10680353	6859488	1996920	1531958
投资信托（公司债投资信托及公募公司债等运用投资信托除外）及特定受益证券发行信托的收益分配等	2553729	635	776723	52238
合　计	13234082	6860123	2773643	1584196

注：1. “一般征税部分”及“特例税率适用部分”除包括个人部分外，还包括法人收取部分。
2. 因进行四舍五入计算，合计金额有时不一致。
出处：根据国税厅的主页制作。

5. 涉及分红的双重征税的调整

法人企业通过其事业活动取得的利益，本来应属于该法人的所有人。但是一般情况下，对法人的收入进行法人税和个人所得税（分红征税、资本收益征税）这两个环节的征税。考虑到具有承担税负能力的终究只有个人，因此为了避免双重征税，有必要进行相应的调整。这是关于法人税和个人所得税的综合性问题。最理想的是应该不管是保留还是分红，都对法人的所有收入进行双重征税调整，不过现在主要是针对分红部分进行调整。

日本双重征税的调整方法，根据分红的支付方是个人还是法人采取了以下的不同措施。关于个人股东获得的分红，适用分红扣除制度，对分红收入扣 10% 的税（其他的税有居民税为 2.8%）。但是征税收入金额超过 1000 万日元的，对分红中超额的部分扣 5% 的税（居民税 1.4%）。例如，以所得税为例，假设分红收入为 400 万日元，其他收入为 900 万日元，合计征税收入为 1300 万日元，那么要扣 10 万日元［=（1000～900）×0.1］加 15 万日元［=（1300～1000）×0.05］，即一共 25 万日元的税。关于法人股东获得的分红，如果属于完全子法人股票等的情形，则分红不全额算入利润；如果属于关联法人（持有股票比率 25% 以上）股票等的情形，则从分红中扣除的负债利息的金额不算入利润。其他的情形，从分红中扣除的负债利息的金额的 50% 不算入利润。

归属方式（Imputation System）作为调整双重征税的方法曾在国外被广泛地运用。该方式先将法人的税前分红算入征税收入，然后从算出的税额中扣除相当于法人税的金额。日本的分红收入税额扣除方式和英国的部分归属方式也属于不完全的归属方式。这是针对个人级别的调整方式，作为企业级别的调整方式，有支付分红扣除方式（法人环节支付的分红，可与支付利息一样算入损失）、综合企业所得税（CBIT）方式（征收法人税时利息、分红都不能算入法人级别的损失，因此对个人环节无须征税）等方式。

表 16-8　主要国家的双重征税调整（2011 年 1 月）

	法人环节	个人环节的调节方式	法人间分红
日本	法人税率 30%	【选择无须确定申报或申报分离征税的情形】 无调整措施 【选择综合征税的情形】 分红扣除 （分红收入税额扣除方式）	［持股比率］［利益金不算入比例］ 25% 以内……50% 25% 以上……100%
美国	法人税率 35%	无调整措施	［持股比率］［利益金不算入比例］ 20% 以内……70% 20% 以上 80% 以内……80% 80% 以上……100%
英国	法人税率 28%	部分归属方式	利益金全额不算入
德国	法人税率 15% + 税额 5.5% 的连带附加税	无调整措施	95% 利益金不算入
法国	法人税率 33%	【选择分离征税的情形】 无调整措施 【选择综合征税的情形】 分红收入一部分扣除方式 （分红的 60% 算入股东的征税收入）	利益金全额算入 但从持股比率超过 5% 的公司获取的分红，仅对分红金额的 5% 征税

注：在美国的个人环节征税中，分红收入适用低税率。该措施有效期为 2012 年，如果没追加别的措施的话，自 2013 年起分红收入适用综合征税。

出处：根据诹访园健司编著的《图说日本税制》，财经详报社，2012。

6. 资本收益征税（1）

对于股票等的转让利益，以前可以选择以上市股票等为对象源泉分离征税或申报分离征税中的一种，但是自2003年起统一成后者。也就是说，原则上从来源于股票等的转让获得的收入金额中扣除取得价额、转让所需费用、负债利息等，扣除这些金额后的金额为所得金额，适用20%的税率（所得税15%、居民税5%）。不过上市股票等的转让利益，截至2013年末适用10%（所得税7%、居民税3%）的低税率，自2014年起才适用20%的税率。以前股票等的转让损失，只能扣除其他股票等的销售利益，未扣除完的损失不得结转，但是2003年起上市股票等的损失可以在次年起的3年内结转。此外，自2009年起上市股票等的转让损失可以在上市股票等的分红中扣除。

为了减轻投资者因源泉分离征税废除而导致的申报手续增加的负担，创设了“特定账户制度”。特定账户是指，证券公司等对投资者通过该账户进行的上市股票等的买卖产生的损益进行合计计算，有“源泉征收账户”（有源泉征收的账户）和“简易申报账户”（无源泉征收的账户）两种账户。如果投资者使用源泉征收账户，证券公司等缴纳源泉税额，投资者可以无须进行确定申报。另外，自2010年起开户特定账户的证券公司等可以把进行源泉征收的上市股票等的分红收进源泉征收账户，该分红可以与账户里转让产生的损失进行合计计算。不过即便使用该账户，如果进行确定申报，可以将其他账户产生的损益合计计算或将损失结转。如果选择了源泉征收账户且不进行确定申报，该销售利益在计算所得税及居民税时，由于不包括在合计所得金额之中，因此不会对配偶扣除等产生影响。而如果投资者选择简易申报账户，则可以将证券公司等出具的特定账户“年度交易报告书”附在申报表上进行简易申报。

另外，无须向税务署提交涉及源泉征收账户的特定账户年度“交易报告书”这一措施2009年被废除，现在无论选择哪种账户，不仅要把特定账户“年度交易报告书”发送给投资者，还要发送给税务署。

表 16－9　股票等的转让利益征税之概要

区　　分	概　　要
上市股票等（日本国内、国外证券交易所的上市股票）、日本银行出资证券、附上市新股预约权公司债、店头转换公司债型的附新股预约权公司债、信金中央金库等的上市优先出资证券、ETF、上市不动产投资证券、上市未公开股票等投资证券、公募股票投资信托等。	转让利益适用 20% 的申报分离征税（其中居民税 5%，但截至 2013 年末适用 10% 的税率，其中居民税 3%）。此外，根据使用的特定账户，可以选择无须确定申报或简易申报。
其他股票等	转让利益适用 20%（其中居民税 5%）的申报分离征税

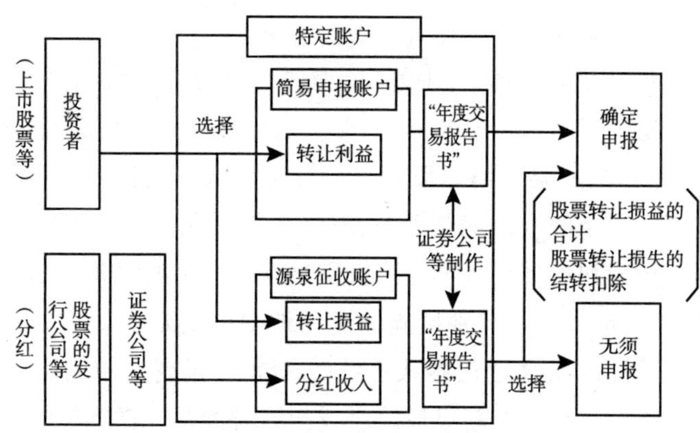

图 16－2　特定账户制度之概要

出处：根据财务省主页制作。

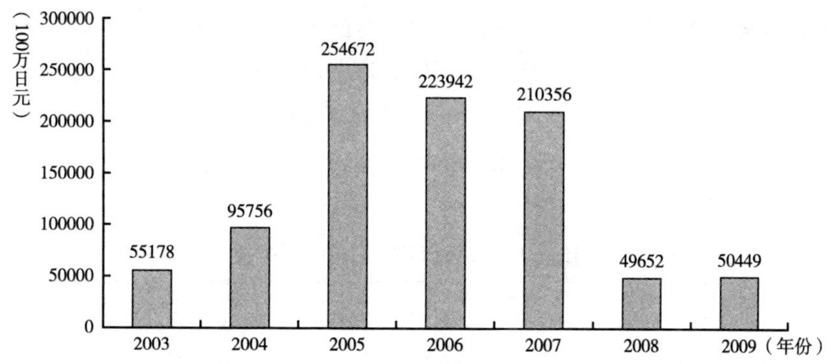

图 16－3　特定账户保管的上市股票等的转让收入等的源泉征收税额

出处：根据国税厅主页绘制。

7. 资本收益征税（2）

关于公司债的转让利益，原则上不征税。不过日本国内发行的贴现债、独立行政法人住宅金融支援机构、冲绳振兴开发金融公库、独立行政法人城市再生机构、外国政府等发行的贴现债的转让收入、国外发行的贴现债（无息债券）的转让收入这些是综合征税的对象。另外，利率极低的债券（大幅度折扣债券），将其债权分离成本金部分和利息部分而分别交易的债券（STRIPS、本息分离债券）、利息计算期限超过 1 年的债券（延期付款债券）等与无息债券类似的债券也是综合征税的对象。再者，无息债券的偿还差额利益，作为杂项收入是综合征税的对象。

此外，1997 年的税制改革创设了所谓的“天使税制”。天使税制的目的在于支援个人投资者对风险企业的投资，是针对满足一定条件的风险企业（特定中小企业）的股票（特定股票）的特别措施。该制度自创设以来进行了多次的修改，近年的修改就是通过 2005 年的税制改革，把特定中小企业发行的股票的转让利益减轻一半这一特别措施的适用期限延长了 2 年。另外在 2007 的税制改革中，该特别措施的适用期限再次延长 2 年，并同时放宽了适用企业的条件以及合理化确认手续。2008 年税制改革废除了该特别措施，不过此时创设了承认对新设风险企业出资时的捐款进行扣除的制度。另外，属于特定新中小企业条件的企业，也必定属于中小企业。

现行的天使税制之概要如下：2008 年 4 月 1 日起，通过实付资本的形式获得特定新中小企业的股票的，关于其出资金额，最多可以扣除 1000 万日元的捐款；获得特定中小企业的股票花费的费用，可从该年度的股票转让收入中扣除；截至上市日的前一天，如果特定股票的转让产生损失的，或发行公司提前解散、在清算完毕后产生损失的，可以从股票等的转让利益中扣除，扣除不完的部分可以自次年起 3 年内结转。

表 16－10　公司债转让利益征税概要

区　　分	概　　要
公司债	原则非征税
无息债券	综合征税
大幅折扣债券	综合征税
本息分离债券	综合征税
延期付款债券	综合征税

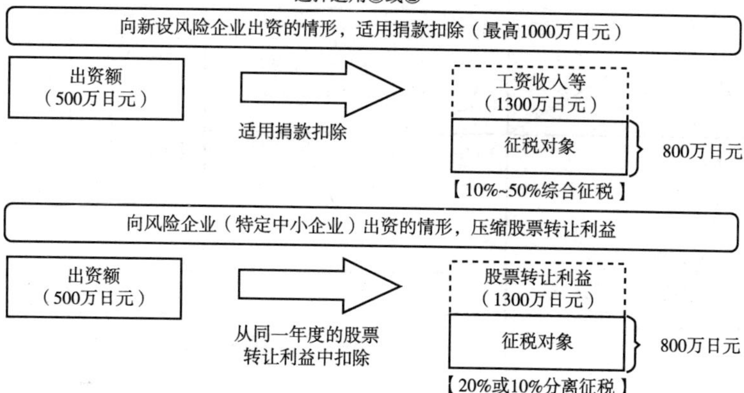

图 16－4　天使税制之概要

注：适用①或②的优惠措施时，风险企业的股票取得价额为减掉上述扣除额后的金额。

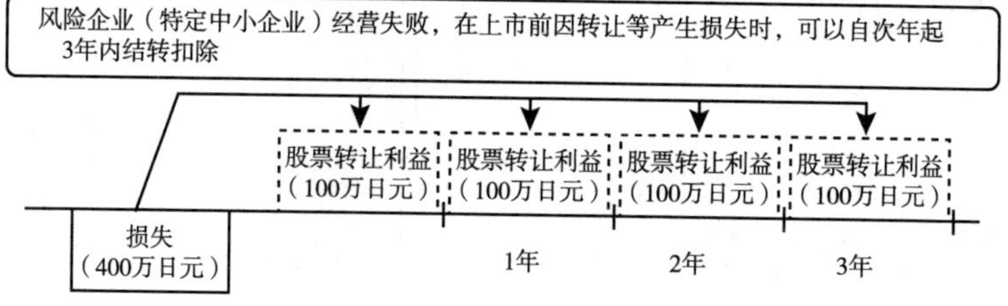

图 16－5　出资后的优惠措施

注：2008 年 4 月 30 日前取得的一定数量的风险企业股票中的、自转让日起持有时间超过 3 年的股票，在上市后 3 年内转让或上市前通过企业并购转让的，其转让利益（税负）降低 1/2。

出处：根据诹访园健司编著的《图说日本税制》，财经详报社，2011。

8. 对非居民的征税

日本的所得税法将个人划分为居民和非居民，对非居民的征税范围仅限来源于国内的收入。居民，是指在国内有住所或到目前为止在国内连续居住满一年的人。居民以外的个人，即为非居民。此外，关于对非居民的征税方法，根据在国内是否设常设机构（Permanent Establishment，简称 PE）而有所不同。原则上非居民在国内设常设机构的情况下，与居民采用同样的纳税申报方式

收入的种类 \ 非居民的分类	在国内设常设机构的：拥有分支机构或从事其他业务的固定场所	在国内设常设机构的：从事1年以上的建筑作业或拥有具备一定条件的代理人	在国内无常设机构的	源泉征收
事业收入	【综合课税】①		【非课税】	无
资产收入			【综合课税】②	无
其中来源于国内的收入				无
组合合同事业利益分红	【源泉征收上综合课税】		【非课税】	20%
土地等的转让报酬				10%
提供劳务业务的报酬				20%
不动产租金等				20%
利息等	【源泉征收上综合课税】③④⑤	【源泉分离课税】		15%
分红等				20% ④⑤
贷款利息				20%
使用费等				20%
工资及支付其他劳务报酬、公共养老金、离职补贴等		（可归类为国内业务的）（不可归类为国内业务的）		20%
业务宣传广告奖金				20%
基于生命保险等的养老金等				20%
定期公积金的给付填补金等				15%
基于匿名组合合同等的利益分红				20%

图 16－6 对非居民的征税关系之概要

注：①在国内设常设机构的非居民进行股票等的转让所获得的收入，适用 15% 税率的申报分离征税。另外，上市股票等的转让收入，在 2013 年 12 月 31 日前适用 7% 的低税率。

②在国内没有常设机构的非居民进行的股票等的转让所获得的收入，适用 15% 税率的申报分离征税。

③在国内设常设机构的非居民获得的利息等及定期公积金的给付填补金等，适用税率 15% 的源泉分离征税。

④涉及上市股票等的分红等，2013 年 12 月 31 日前适用 7% 的低税率，2014 年 1 月 1 日起适用 15% 的税率。

⑤在国内设常设机构的非居民获得的分红等（适用源泉分离征税的除外），适用无须确定申报制度，即无须接受综合征税或申报分离征税（2009 年以后的部分）。

出处：根据国税厅《源泉征收之概要》制作 。

（对一定的收入实施源泉征收），其他情形则采用仅通过源泉征收就了结征税关系的源泉分离征税方式。“设常设机构”是指拥有分支机构或从事其他业务的固定场所、或从事 1 年以上的建筑作业或拥有具备一定条件的代理人。

1. 在日本国内设常设机构的非居民：存款等的利息、公司债投资信托的收益分红等适用 15% 的源泉分离征税。上市股票等的分红，属于上述可以归类为国内业务的情形的，2013 年 12 月末前适用 7% 的税率，2014 年 1 月起适用 15% 的税率，进行源泉征收后实施综合征税，与居民一样适用无须申报制度，也可以选择申报分离征税。上述不可以归类为日本国内业务的情形，则适用源泉分离征税。

2. 在日本国内无常设机构的非居民：存款等的利息、公司债投资信托的收益分红等与上述相同，适用 15% 的源泉分离征税。关于上市股票等的分红，属于上述不可归类情形的，与不能归类为国内业务的情形相同，适用源泉分离征税。

关于国债，对非居民采用的是非征税措施。例如，非居民通过日本国内的国债决算制度参与人以及在合格的海外中介商』那里开设的转账账户而持有的国债（转账国债）的利息，如果满足一定条件，则持有期间对应的利息可以免税。

上述的征税是根据日本国内税法上的规定来处理的，不过与非居民以及外国法人的征税关系，最终要由与外国签订的租税条约来决定，因此需要另外考虑与各国签订的条约。

9. 新商品征税上的处理

1. 新形态的投资信托：私募股票投资信托（契约型）的收益分红，原则上作为分红收入进行源泉征收后再综合征税，也适用分红扣除。但是满足一定条件的话，也可以适用无须申报制度。转让利益适用 20% 的申报分离征税。私募公司债等运用投资信托的收益分红及解约（偿还）差额利益，适用 20% 的源泉分离征税，转让利益不征税。关于公司型投资信托的征税，若属于开放式，与上市股票几乎一样。即收益分红适用 10%（2014 年 1 月起 20%）的税率进行源泉征收后再进行选择综合征税或申报分离征税或无须申报。不过即使选择综合征税，也不适用分红扣除。转让利益适用 10%（2014 年 1 月起 20%）的申报分离征税。另外，封闭式及私募的公司型投资信托，对收益分红原则上进行源泉征收后再综合征税，满足一定条件的话，也可以选择适用无须申报制度。不过即使选择综合征税也不能适用分红扣除。

转让利益适用申报分离征税，原则上税率为20%。另外，关于不动产投资信托（REIT），如果已上市，收益分红、转让利益的征税与上市股票的征税方式相同。不过收益分红即使选择综合征税也不能适用分红扣除。

2. 认股权（Stock Option）：认股权制度，是指授予公司高级管理人员以一定的价格（行权价格）在将来某一时期（行权期限）购买公司股票的权利的制度。企业向高级管理人员支付的劳动报酬，与公司的股价上升挂钩。认股权可划分为满足租税特别措施法规定的条件的"税制适格认股权"以及不满足该条件的"税制非适格认股权"。关于税制适格认股权，对行权时的经济利益（行权时的股票时价与行权价格的差额）不扣税。卖掉通过行权得到的股票时，转让价格与行权价格的差额，适用申报分离征税。另一方面，关于税制非适格认股权，行权时的经济利益适用综合征税，卖掉通过行权得到的股票时，从转让价格中扣除行权时的股票时价后的金额，适用申报分离征税。

<table>
<tr><th colspan="3">区　分</th><th>收益分红</th><th>解约（偿还）差额利益①</th><th>转让利益</th></tr>
<tr><td rowspan="2">契约型</td><td colspan="2">私募股票投资信托</td><td>作为分红收入课税（20%的源泉征收）</td><td>作为分红收入课税（20%的源泉征收）。被视为转让损益的部分适用申报分离课税。</td><td>20%的申报分离课税</td></tr>
<tr><td colspan="2">私募公社债等运用投资信托</td><td colspan="2">20%的源泉分离课税</td><td>不课税</td></tr>
<tr><td rowspan="3">公司型</td><td rowspan="2">公募型</td><td>开放式</td><td>作为分红收入课税（10%②的源泉征收）</td><td>作为分红收入课税（10%②的源泉征收）。被视为转让损益的部分适用申报分离课税。</td><td>10%②的申报分离课税</td></tr>
<tr><td>封闭式</td><td rowspan="2">作为分红收入课税（20%③的源泉征收）</td><td rowspan="2">作为分红收入课税（20%③的源泉征收），被视为转让损益的部分适用申报分离课税</td><td rowspan="2">20%③的申报分离课税</td></tr>
<tr><td colspan="2">私募型</td></tr>
</table>

图16-7　新形态投资信托的征税

注：①由于封闭式不能解约，因此解散（偿还）时适用。

②自2014年1月起为20%。

③在封闭式投资证券不上市的情形下，截至2013年12月末为10%。

出处：大和综研《积金读本》，2001。

表 16－11　认股权征税

	授予时	行权时	股票转让时
税制适格认股权	—	—	对（转让价格－行权价格）进行申报分离征税
税制非适格认股权	—	对（行权时的股票时价－行权价格）进行综合征税	对（转让价格－行权时的股票时价）进行申报分离征税

注：作为股票的转让收入征税。

10. 年金型商品的征税处理

为应对企业年金债务问题、公共年金财政的恶化、国际会计标准的导入、雇佣的流动化等社会经济形势的变化，2001 年 10 月导入了“缴费确定型年金（日本版 401K）”。缴费确定型年金，是加入人员自己对年金的运用下指示，根据运用的结果给付金额会产生变动的私人年金，可分为个人分期缴费的“个人型”及企业为员工承担分期缴费金额的“企业型”两种。为了普及和顺利运营基于这种制度的年金型商品，必须在税制上给予一定程度的优惠措施，但是届时也必须充分考虑与其他年金制度的征税平衡以及年金转移问题（离职、改行时的年金资产的转移可能性）。

缴费确定型年金的征税措施如下：

缴费阶段：私人经营者等加入的个人型年金的分期缴费，是所得扣除（小规模企业共济等分期缴费扣除）的对象。企业型年金的企业分期缴费，除了可以算入该企业的损失以外，计算与该分期缴费相关的员工的工资收入时也可以不算入收入金额。此外，2012 年 1 月起企业型年金中的员工匹配缴费得到承认，员工分期缴纳的金额成为小规模企业共济等分期缴费扣除的对象。

运用阶段：对个人型年金、企业型年金等的公积金征收 1.173%（国税 1%、地税 0.173%）的特别法人税。不过，征税冻结至 2014 年 3 月末。

给付阶段：①老龄给付金：可以选择将公积金作为年金分开 5 年以上领取或一次性领取。对于分期领取的给付金，适用公共年金等扣除。扣除金额根据领取人员的年龄及其公共年金等的收入金额不同而有所差异，但是65岁以上的最低保障金额为120万日元，不满65岁的最低保障金额为70万日元。一次性领取的给付金，是离职收入扣除的对象。②残疾给付金：身体有残疾的人员，可以领取年金或一次性补助金，对此不征收所得税和居民税。③死亡一次性补助金：加入人员死亡时向其遗属支付的死亡一次性补助金，视为遗产财产，属于遗产税的征税对象，法定继承人领取的金额每人500万日元以内不征税。④退保一次性补助金：满足一定条件的人员，可以领取退保一次性补助金，但是对此要征收所得税和居民税。

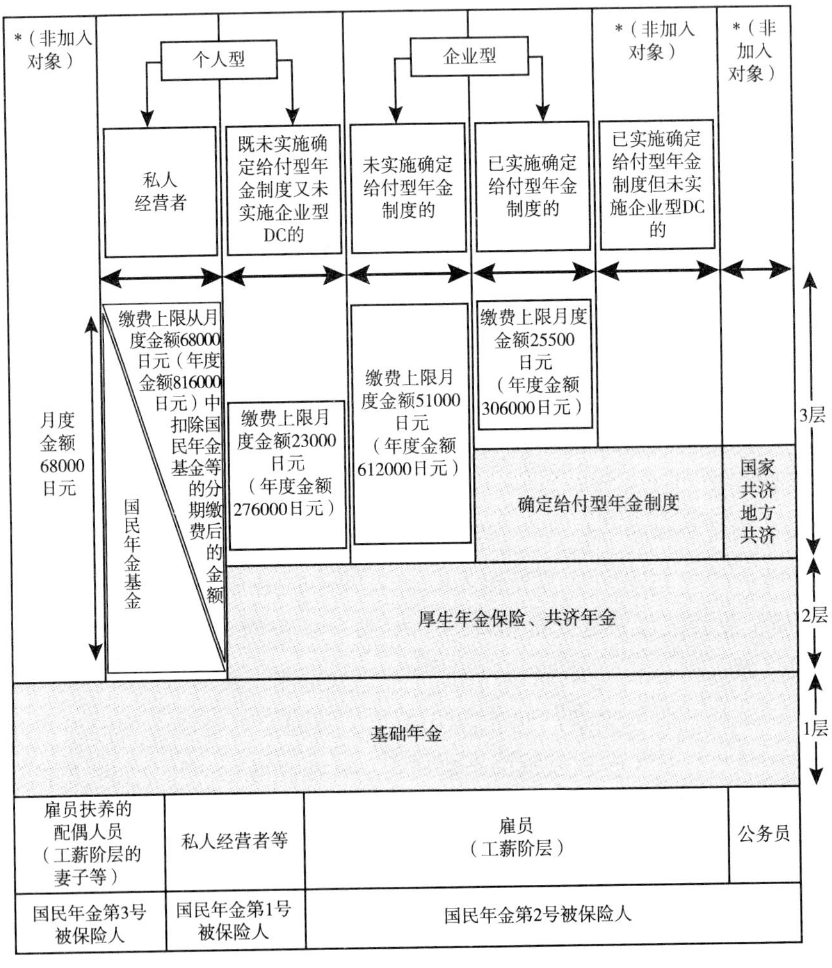

图16-8　缴纳确定型年金的对象、缴费上限与现有的年金制度

出处：根据厚生劳动省主页制作。

表16－12　缴费确定型年金税制上的处理

<table>
<tr><td colspan="3">区　分</td><td>个人型</td><td>企业型</td></tr>
<tr><td rowspan="2">缴费阶段</td><td colspan="2">雇主承担部分</td><td>——</td><td>算入企业的损失
不视为工资</td></tr>
<tr><td colspan="2">本人承担部分</td><td colspan="2">小规模企业共济等分期缴费扣除(注)</td></tr>
<tr><td colspan="3">运用阶段</td><td colspan="2">特别法人税征税(冻结至2013年末)</td></tr>
<tr><td rowspan="6">给付阶段</td><td rowspan="2">老龄给付金</td><td>年　金</td><td colspan="2">杂项收入(适用公共年金等扣除)</td></tr>
<tr><td>一次性补助金</td><td colspan="2">离职收入(适用离职收入扣除)</td></tr>
<tr><td rowspan="2">残疾给付金</td><td>年　金</td><td colspan="2" rowspan="2">所得税、居民税不征税</td></tr>
<tr><td>一次性补助金</td></tr>
<tr><td colspan="2">死亡一次性补助金</td><td colspan="2">遗产税征税</td></tr>
<tr><td colspan="2">退保一次性补助金</td><td colspan="2">一次性收入</td></tr>
</table>

注：企业型从2012年1月起。

第17章 证券行政

1. 法律依据（1）

——《证券交易法》的历史

1948年（昭和23年），在GHQ的主导下制定了《证券交易法》。但是，由于该法是原封不动采用的美国的法律，加上制定的比较匆忙，所以需要立即对其修正。例如，效仿美国证券交易法制的执行机关SEC成立的证券交易委员会于1952年（昭和27年）被废止，接着1953年（昭和28年）美国限制特色的信息披露和欺诈禁止方法被缓和，强化了对证券业者和证券交易所的监督。之后为了对应各种各样的问题，进行了多次修改。1965年（昭和40年）由于发生了对证券业者顾客的不当行为，证券公司将登记制修改为许可制，同时对证券公司的职员行为进行了限制。1971年（昭和46年）以上市公司进行的带有恶劣性质的假决算的发生为契机，导入了“有价证券报告书”的提出义务的扩大和半期、“临时报告书”的制度等，强化了信息披露制度和其虚假记载的民事责任。1988年（昭和63年）事先了解到企业发生了巨额损失的银行，在将其事实公布前，将该公司的股票进行出售等事件的发生背景下，导入了内部者交易限制。1990年（平成2年）对股票公开收购制度进行修正的同时，导入了和股票的大量保有相关的信息披露制度。1991年（平成3年）证券公司对特定的法人顾客进行的泡沫经济带来的大金额的损失弥补等证券丑闻事件，通过制定处罚规则的方式禁止了损失弥补和损失保证。1992年（平成4年）证券业界以及证券行政为了对应以前指出的各种各样的问题，设置了证券交易等监督委员会以及明确了自主限制机关的职责。即使如此为了防止证券丑闻事件的再次发生，1997年（平成9年）对处罚规则进行了完善和强化。1998年（平成10年），为了使日本的金融市场再生，进行了一系列大刀阔斧的改革（金融大爆炸）。接着2003 年（平成 15 年）作为证券市场构造改革的一环进行了修正，2004 年（平成 16 年）以市场机能为中心的金融系统的确立为目标进行了修正。2005 年（平成 17 年）以牵涉活力门和西武铁路的事件为契机，对信息披露制度进行了完善以及对公开收购制度进行了修正。

表 17－1　《证券交易法》的主要修正

修正年	修正内容
1952(昭和 27)年	证券交易委员会废止
1953(昭和 28)年	简化了企业决算公开制度,强化了证券业者和证券交易所的监督,信用交易的完善
1965(昭和 40)年	证券公司向许可制转移,随着对证券公司职员的行为限制,证券公司的财务限制,证券外务员的登记制,财政部大臣进行的监督修正命令的导入,强化了限制
1971(昭和 46)年	扩大了"有价证券报告书"的提出义务,导入了"半期报告书"、"临时报告书"的制度,强化了"有价证券申请书"、报告书的虚假记载的民事责任,导入了公开收购制度
1981(昭和 56)年	银行的公共债业务解禁
1985(昭和 60)年	金融各机关的期货交易业务解禁
1988(昭和 63)年	导入了内部者交易制度,简化了继续披露的充实化和复杂的发行披露手续,完善了期货市场交易的法律
1990(平成 2)年	导入了和股票等的大量保有相关的信息披露制度(5% 规则),为了公开收购制度的国际协调,进行了全面的修正
1991(平成 3)年	禁止了损失弥补和损失保证,禁止了完全委托账目交易
1992(平成 4)年	设置了证券交易等监督委员会,自主限制机关的机能强化等的检查、监察体制的完善、强化,子公司进行的银行和证券的相互渗透,有价证券的定义等的完善,私募处理的法定化
1997(平成 9)年	企业决算公开的违反、不公正交易,监督当局的检查、监督等对犯罪有关处罚规则的完善、强化,股票期权制度的导入等修正
1998(平成 10)年	店头金融衍生商品交易的完善,作为公司型投资信托的证券投资法人的制度成立,有价证券的适用范围扩大,企业决算制度的适用范围扩大,向企业决算公开的转移,上市有价证券相关的交易所集中义务的撤销,私设交易系统(PTS)的导入,股票买卖手续费的完全自由化,不公正交易限制的强化,证券公司向登记制转移,证券公司的专业义务的废除,证券中介服务的多样化,和证券公司的健全性确保相关限制的事后措施的转换,证券公司中顾客资产的分开管理的彻底、投资者保护基金制度的成立

续表

修正年	修正内容
2000(平成12)年	证券交易所的股票公司化实现,"招股说明书"和报告书等的电子化推进
2003(平成15)年	证券中介业制度的导入,为了促进风险企业投资的私募范围的扩大,以美国的Sarbanes Oxley Act为参考的上市公司的企业决算公开的强化,证券交易所持股公司的设立实现
2004(平成16)年	顾客订单相关的最优执行业务的导入,PTS制度的改善,绿表制度相关规则,"招股说明书"制度的改革,对银行进行的证券中介业的解禁,公开收购制度的限制缓和,征税金制度的导入,民事责任制度的修正,证券交易等监督委员会的检查权限强化
2005(平成17)年	母公司有义务对信息公开,征收金制度的适用范围扩大,公开收购制度的适用范围扩大,为了对应证券交易的全球化,导入了英文披露制度

2. 法律依据（2）

——从《证券交易法》到《金融商品交易法》

2006年（平成18年）《证券交易法》进行了大的修改，名称也改为《金融商品交易法》，其目的是为了实现限制的横断化和灵活化。具体以横断化为例进行说明，根据对《金融商品交易法》的适用范围扩大以及对相关法规的修正，采取了使具有相同经济机能和有相同风险的商品都适用相同的规则的措施。也就是说，《金融商品交易法》的适用范围中不止包括信托受益权、一般担保证券等，还包括集团投资方案的持有股份，可以统一进行管制。虽然有些商品没有在《金融商品交易法》的适用对象中，但由于和适用对象共有较多的要素，也可以适用相同的规则，随着相关法规的修正，实现了法律的完善。另外，对以前的垂直限制进行了修改，进行销售、劝诱，投资建议，投资运用，资产管理等业务的情况下，要求统一作为金融商品交易业者进行登录，尽量适用共通的行为规则也是横断化的一例。一方面，灵活化是指对披露限制，业务限制，以投资者的属性为着眼点的行为限制等。也就是说，对流通性高的证券要求严格的披露限制（上市公司有"季度报告书"，"内部统制报告书"以及确认书的提出义务），流通性不高的证券原则上在披露制度的适用之外；除了对金融商品交易业者要求以业务限制的统一化进行登记之外，还分为第一种、第二种金融商品交易业，投资建议、代理业，投资运用业，对不同的业务有不同的纳入限制；顾客分为特定投资者（专业）和一般投资者（业余），对前者免除了一部分业者的行为限制。之后，《金融商品交易法》的 2008 年（平成 20 年）修正中，对证券、银行、保险公司之间的业务隔离限制也进行了修改，实现了利益相反管理体制的构筑，征税金的适用范围扩大以及水准的提高，2009（平成 21）年的修正中，导入了信用等级的公共限制，成立了金融 ADR 制度，金融商品交易所和商品交易所的相互进入等，接着 2010（平成 22）年的修正中，提高了店头金融衍生商品交易等决算的稳定性、透明性，强化了集团的限制、监督，2011 年（平成 23 年）完善了和附权发行相关的披露制度等，完成了由无登记业者进行未公开股等的交易相关对应等。

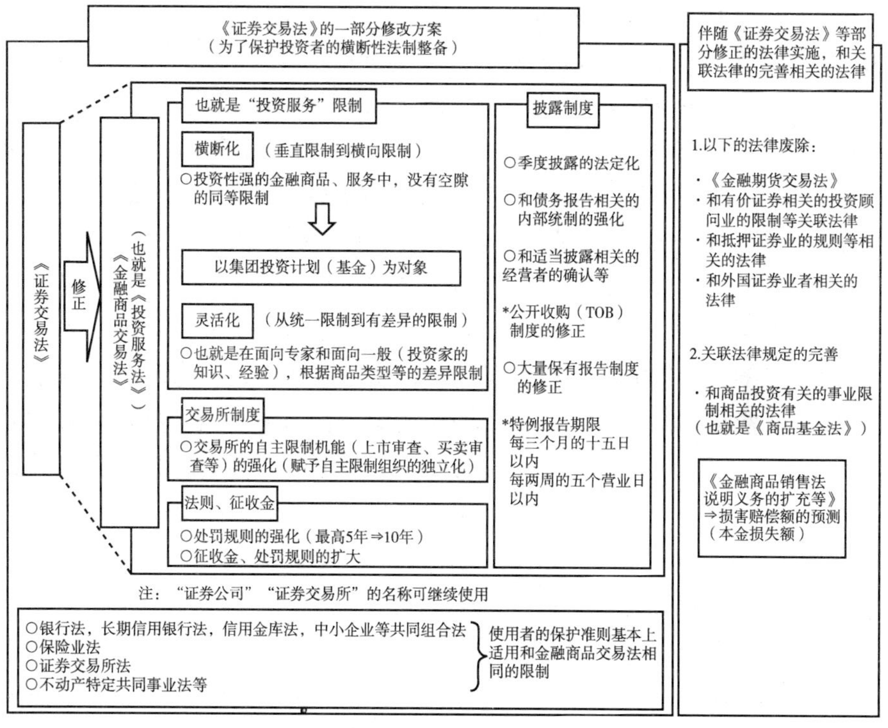

图 17－1　从《证券交易法》向《金融商品交易法》的转移

出处：金融厅资料。

3. 法律依据（3）

——证券市场的相关法规

《金融商品交易法》最初的构想是在《投资服务法》的法律下，让所有同样的金融商品适用同样的规则，但由于所管辖行政官厅的不同和金融商品的特有性，最终没有能实现。但从保护投资者的角度，虽然没有纳入《金融商品交易法》中，但对于具有相同经济功能的金融商品，在各自的法律，尽可能地让其适用和金融商品交易法共通的规则等进行了相关修正。例如，被称为《银行法》，《保险业法》以及《信托业法》的关联法规中加入了《金融商品交易法》的行为限制规则，具体的限制规则有广告等的限制，交易形态的事先明示义务，合同缔结前的书面提交，禁止行为，损失弥补等的禁止，最佳执行方针等适用规定（《银行法》的第13第4项，《保险业法》第300条第2项，《信托业法》的第24条第2项）。另外，关于《商品交易所法》（现在是《商品期货交易法》，以下相同）中的金融商品，规定了有对广告限制和顾客的适当性进行说明的义务，另外还进行了以处罚规则的方式进行的损失弥补等禁止修正（同法中第213条第2项，第218第1、2项，第214条第3项，第358条第2项）。一方面，和投资信托以及投资法人相关法律（投资信托法）的一部分转移到《金融商品交易法》中，为此受到《投资信托法》和《金融商品交易法》的两个法律的限制。也就是说投资信托委托业和投资法人资产运用业中的业务限制、行为限制中的大部分被纳入《金融商品交易法》，《投资信托法》中只保留了投资信托独自的规定。金融商品的销售等相关的法律（金融商品销售法），作为对存储金、信托、保险、有价证券等的销售、劝诱等相关的规则的横向规定，在2000年（平成12年）被制定，但由于不怎么使用，再结合《金融商品交易法》实施，在面向销售、劝诱者的民事责任咨询的容易化方向，在2006年（平成18年）进行了修改。具体地说是对顾客说明义务范围的扩大—由于市场风险和信用风险、不只有可能会给本金带来损失，甚至有可能会带来比当初本金更高的损失以及以交易结构中的重要部分为对象（《金融商品销售法》第3条第1项第2、4、6号）——提供断定型判断的禁止以及追加了其民事责任、适当性原则的规定（同法中的第3条第2项）。根据此修正判断是否有以适当性原则为基础尽力向顾客提供说明义务，如果违反了此修正，会预测本金的损失额（同法第6条），并要承担损害赔偿责任。

表 17－2 《银行法》、《保险业法》、《信托业法》之间的关系

<table>
<tr><td colspan="4">关于“投资性强的存款、保险、信托”，完善了和《金融商品交易法》同等的销售、劝诱规则。</td></tr>
<tr><td colspan="4">（从各业法固有的观点完善的限制内容）</td></tr>
<tr><td></td><td>《银行法》（特定存款等）</td><td>《保险业法》（特定保险合同）</td><td>《信托业法》（特定信托合同）</td></tr>
<tr><td>广告等的限制</td><td>如果是金融衍生商品的存款，需要表示以下内容：“银行行使存入期间延长权时，如果存入利率比市场利率低，将有可能会对顾客不利”</td><td></td><td></td></tr>
<tr><td>书面提交义务</td><td>以下内容不在书面提交义务的适用范围之内
①1 年以内提交“外币存款等书面”时
②1 年以内根据同一内容合同提交书面时等
注：实施前的经过措施要在整备之前提交。实施后的在 3 个月以内提交即可
如果是金融衍生商品存款，在合同缔结前的书面中需要记载广告等的表示事项和相同内容</td><td>合同缔结前的书面要根据和监督指南中规定的“合同概要”“提醒信息”的关系，整理记载事项
例：“合同概要”是法律水平，“提醒信息”是内阁府令水平的记载事项整理
合同缔结时书面的记载事项，可以和保险证券等的记载事项进行调整
例：合同的种类、内容等如果在保险证券中有记载的话，可在合同缔结时省略书面的记载</td><td>以下内容不在合同缔结前书面提交义务的适用范围之内
（根据同一内容合同提交书面时，如果有表明说不需要提交时等）</td></tr>
<tr><td>禁止行为</td><td>和银行业务相关的一般禁止行为
没有根据必要的程度、方法对理解“合同缔结前书面”“外币存款等书面”进行说明，而缔结了合同等行为</td><td>和保险合同缔结、保险募集相关的一般禁止行为
没有根据必要的程度、方法对理解“合同缔结前书面”“外币存款等书面”进行说明，而缔结了合同等行为</td><td>和信托的承兑相关的一般禁止行为
没有根据必要的程度、方法对理解“合同缔结前书面”“外币存款等书面”进行说明，而缔结了合同等行为</td></tr>
<tr><td>特定投资者（合同的种类）</td><td>特定存款等合同</td><td>特定保险等合同</td><td>特定信托合同</td></tr>
</table>

银行、保险公司的业务范围（附带业务）	银行子公司、保险子公司的业务范围
追加投资顾问合同、投资完全委托合同的缔结的代理、媒介追加（只限银行）、 追加放出权金融衍生商品交易 （放出权交易的媒介、咨询业务也作为附带业务被认可）	证券专门公司的业务范围扩大（以金融商品交易业的整体为对象） 金融相关业务的范围扩大（自己募集，投资意见，代理业，自己运用，放出权交易，放出权金融衍生商品交易等）

出处：金融厅资料。

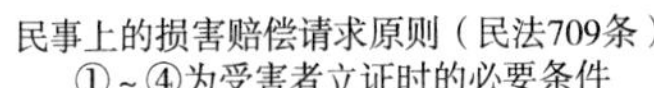

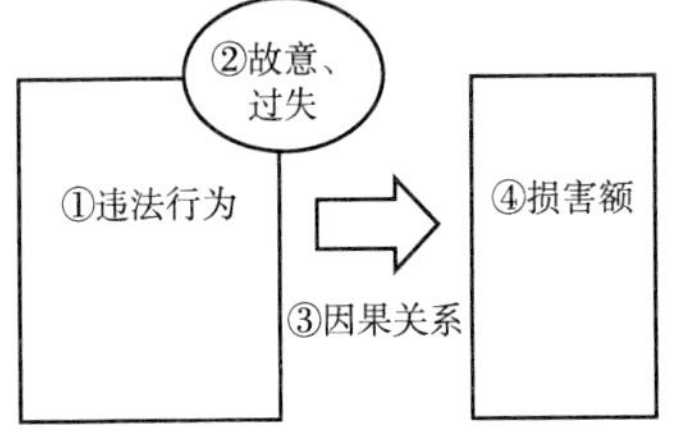

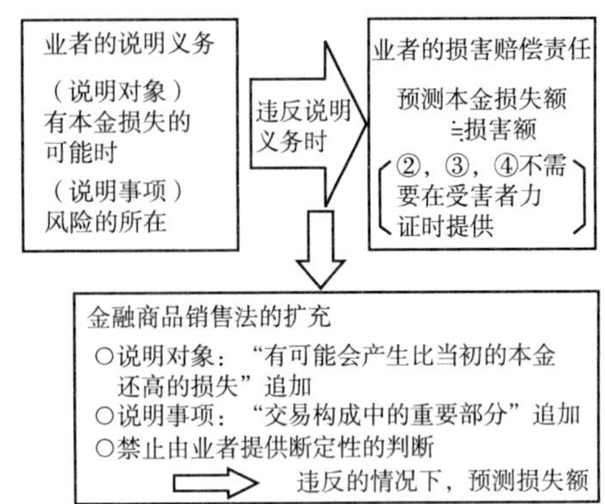

参考：
（违法行为带来的损害赔偿）
民法709条"由于故意或过失侵害了他人的权力或者法律上的保护利益时，需要承担由此产生的损害赔偿责任"。
出处：金融厅资料。

图 17－2 《金融商品销售法》的扩充

4. 法律执行（1）

——框架的变迁

1952 年（昭和 27 年）废止了以 SEC 为示范的证券交易委员会，证券行政由大藏省进行。其手法与其说是根据旧证券交易法的条款，不如说是根据法律上没有记载的"行政指导"进行。其"行政指导"是由于 1991（平成 3）年的证券丑闻事件被严厉的批判，为了充实市场的监督体制，成立了证券交易等监督委员会（监督委员会），自此证券市场的监督机能也从大藏省转移到了监督委员会。接着 1997 年（平成 9 年）金融监督厅设置的金融制度的计划、方案制定部分也从大藏省转移到了监督委员会，2000 年（平成 12 年）金融厅成立，监督委员会置于金融厅的管辖之下。所以证券行政的大部分是由金融厅和监督委员会进行的体制，方针也从事先预防方针转换到了事后监督方针。在这样的体制下对于该如何实现规则实效性的确保（法律执行），这个在《金融商品交易法》制定时也被作为一个研究的课题，进行了各种各样的讨论。旧《证券交易法》中规定的是通过主要刑事处罚来实现的，但由于其实际效果不是很好，所以，《金融商品交易法》的法律执行减轻了对刑事处罚的依赖，希望通过事后监督行政的流程来实现。其中应该被关注的是，充实了征税制度以及成立了金融 ADR 制度。征税制度是通过金钱的承担来控制违法行为的行政措施，这个早在 2004 年（平成 16 年）就已经被导入，2008 年

（平成 20 年）的修改中，通过对适用范围的扩大以及算定方法的修正，提高了征税金额等，实现了对制度的完善。金融 ADR 制度从《金融商品交易法》制定时开始就讨论说应该推进，这个以成果的形态，2009 年（平成 21 年）的法律修正中，包含《金融商品交易法》在内的 16 个法律下，成立了指定纷争解决机关制度（以金融 ADR 为核心的制度）。现在“特定非营利活动法人证券、金融商品介绍商谈中心”和“生命保险协会”，“一般社团法人全国银行协会”都受到了其指定。就这样，由于在法律上承认了私人以及行政的操作，法律执行的框架得到了完善、强化。

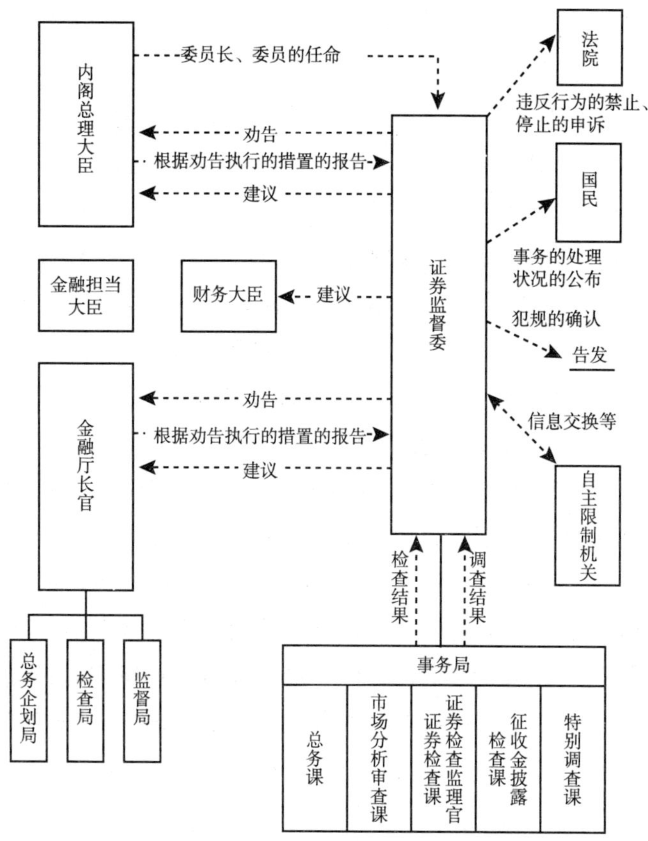

图 17－3　证券交易等监督体制的概念图

注：1. 劝告是针对内阁总理大臣以及金融厅长官进行的，建议是针对内阁总理大臣，金融厅长官或者财务大臣进行（《设置法》第 20 条，第 21 条）。

2. 2006 年 7 月总务检查课，特别调查课的“2 课体制”被再编到“5 课体制”中。

3. 根据 2009 年 6 月的《金融商品法》修正，基于同法第 192 条的该申诉权限等由金融厅委任。

出处：证券交易等监督委员会资料。

5. 法律执行（2）

——金融厅

《金融商品交易法》的执行权限在于金融厅所属的内阁府主任大臣－内阁总理大臣，除了这部分，多数都是委任给金融厅长官（《金融商品交易法》194 条之 7 第 1 项）。例如，金融厅长官可以直接向金融商品交易业者以及登记金融机关发出业务改善的命令（同法 51 条，同法 51 条之 2）或者业务停止命令，也可进行登记取消、认可取消处分（同法 52 条，同法 52 条之 2）。

另外，在一定的条件下，金融厅长官会要求发出征税金的缴纳命令。其一定条件“有价证券申请书”、报告书等的不提交，虚假记载（同法 172 条，172 条第 2 项，172 条第 3 项，172 条之 4），公开收购开始公告、公开收购申请书等的不提交，虚假记载（同法 172 条之 5，172 条之 6），大量保有报告书、变更申请书的不提交，虚假记载（同法 172 条之 7，172 条之 8），在专业市场特定证券信息的不提供等，虚假信息等以及发行者的虚假信息（同法 172 条之 9，172 条之 10，172 条之 11），谣言的传播或者欺骗，行情操纵行为，被称为内部者交易的不公正交易（同法 173 条，174 条，174 条之 2，174 条之 3，175 条）等被证明确实存在时，原则上要经过以下程序的审判手续：由三人的审判官构成的原则公开（同法 180 条，182 条），被审人可以提出意见的陈述以及证据资料、证据物（同法 184 条，185 条之 3），审判官进行审问、鉴定命令、现场检查（同法 185 条，185 条之 2，185 条之 4，185 条之 5），最后根据审判官做成的征税金缴纳命令决定方案，下达征税金缴纳命令（同法 185 条之 6，185 条之 7）。对于那些由于刑事处罚较轻而没有充分对应的案件，需要通过上述程序强制执行法律。

这些由金融厅进行的命令和处分的检查权限，由金融厅长官委任给监督委员会。监督委员会根据被赋予的检查权限实施检查，如果必要的情况下，也需要对内阁总理大臣以及金融厅长官进行行政处分和其他措施的劝告。2010 年度，根据“19 条”的劝告，进行了行政处分（有关征收金请参照图 17－4）。

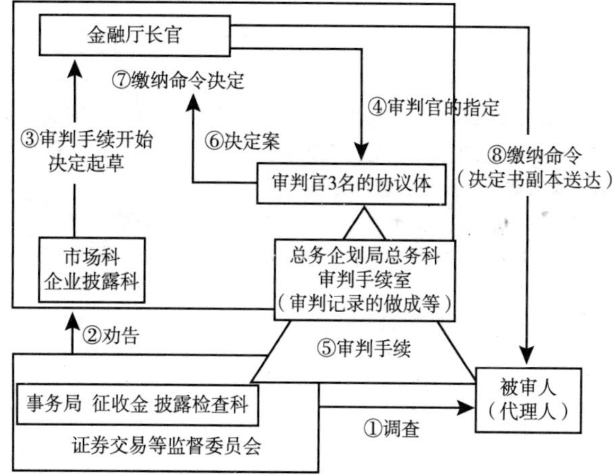

图 17－4　征收金缴纳命令为止的流程

注：①证券交易等监督委员会进行的调查。

②如果认为发生了成为征收金对象的法令违反行为时，向内阁总理大臣以及金融厅长官进行报告。

③、④接受到报告后，金融厅长官（由内阁总理大臣委任，以下相同）指定审判手续开始决定以及审判官。

⑤由审判官进行审判手续。

⑥进行审判手续后，关于审判意见做成决定案，向金融厅长官提出。

⑦、⑧金融厅长官根据决定案，决定征收金的缴纳（税金缴纳命令）。

出处：证券交易等监督委员会。

表 17－3　2011 年（平成 23 年）征收金缴纳命令一览
［2011 年（平成 23 年）11 月 2 日］

“有价证券报告书”等的虚假记载
东京日产计算机系统（股份有限公司）（4/7 300 万日元）/SBI 网络系统（股份有限公司）（5/31 11068 万日元）/（股份有限公司）DPG 金融控股集团（6/23 1200 万日元）/（股份有限公司）东研（8/24 3108万日元）/（股份有限公司）fonfun（9/29 1963 万日元）/（股份有限公司）数字数据存储（10/3 3330 万日元）
不提出“大量保有报告书”、“变更报告书”等
摩根士丹利投资管理有限公司（8/9 637 万日元）/摩根士丹利资产管理投资信托（股份有限公司）（8/9 119 万日元）/摩根士丹利投资管理公司（8/9 58 万日元）
没有事先申请备案而进行的有价证券募集等
东亚能源（股份有限公司）（8/24 6092 万日元）/世界资源交流（股份有限公司）（9/22 19441 万日元）

续表

内部者交易
(股份有限公司)盐见控股实施的第三者分摊增资的承兑人(4/27 157 万日元)/从和乔集团控股(股份有限公司)的合同缔结者处接受信息的受领者(7/20 982 万日元)/从和 OX 控股(股份有限公司)的子公司的合同缔结者处接受信息的受领者(1)(2)(7/22 63 万日元、20 万日元)/从都筑电气(股份有限公司)职员处接受信息的受领者(7/29 141 万日元)/松下电工(股份有限公司)职员(8/9 31 万日元)从松下电工(股份有限公司)职员处接受信息的受领者(8/9 155 万日元)/从塞特通讯公司(股份有限公司)职员处接受信息的受领者(10/11 233 万日元)/(股份有限公司)和日本汽车拍卖股份的公开收购者的合同缔结者处接受信息的受领者(10/11 879 万日元)
行情操纵
(股份有限公司)和世冠股票相关(9/758 万日元)

括号内中记载的是征收金缴纳命令日以及征收金额。

参考：金融厅 HP。

6. 法律执行（3）

——证券交易等监督委员会

经众议院、参议院许可，由内阁总理大臣任命的委员长以及委员两人组成监督委员会，由金融厅长官委任，根据对金融商品交易业者、登记金融机关等广大关联者的报告、资料的征收和检查的权限以及“有价证券申请书”和“大量保有报告书”等的提出者，对公开收购者的报告，资料的征收和检查的权限，主要进行以下的业务：对金融商品业者等进行有价证券的买卖交易内容的市场分析审查（日常的市场监督），对金融商品交易业者、登记金融机关等，根据大范围且详细的莅临检查进行的证券检查，为了确保披露的适当性，对有价证券的申请书、报告书的提出者进行的披露检查，对不公正交易和违反企业公开决算等的情况规定的征收金缴纳命令是否符合一定的行为等进行的征收金调查。另外，监督委员会也被委任了以下的权限：政令中为妨碍交易公正的规定，对重要事项虚假记载的“有价证券申请书”、报告书的提出和行情操纵的规则违反事件，进行提问、检查、扣留等的任意调查权限和根据裁判官的许可状进行的莅临检查、搜索以及扣押的强制搜查检查权限。

监督委员会如果根据证券检查的结果进行劝告，金融厅长官会发出业务改善命令、登记取消以及业务停止命令等。另外，如果根据征税金的调查结果进行劝告，金融厅长官如果认为事实成立，会发出征税金的缴纳命令。如果监督委员会根据违规事件调查结果确定犯规属实时必须告发。

近年从强化法律执行的角度被关注的有法院的禁止或者停止命令。该申请权限在 2008 年《金融商品交易法》修正中被委任给监督委员会，第一次对没有接受金融商品交易业备案的企业进行了取缔。

表 17－4　每事务年度（7 月～第二年 6 月末）的告发实施状况［2011 年 6 月］

单位：次

事务年度	1992（平成4）年	1993（平成5）年	1994（平成6）年	1995（平成7）年	1996（平成8）年	1997（平成9）年	1998（平成10）年	1999（平成11）年	2000（平成12）年	2001（平成13）年
有价证券报告书等的虚伪记载	—	1	—	—	—	1	1	3	1	3
谣言散播、欺骗	—	—	1	—	1	—	—	2	1	—
行情操纵、行情固定	1	—	—	—	—	—	1	1	1	1
内幕交易	—	—	2	—	3	1	4	1	2	3
损失弥补	—	—	—	1	1	5	—	—	—	—
无申请募集	—	—	—	—	—	—	—	—	—	—
合计	1	1	3	1	5	7	6	7	5	7

事务年度	2002（平成14）年	2003（平成15）年	2004（平成16）年	2005（平成17）年	2006（平成18）年	2007（平成19）年	2008（平成20）年	2009（平成21）年	2010（平成22）年	合计
有价证券报告书等的虚伪记载	3	2	2	4	1	2	4	4	1	28
谣言散播、欺骗	2	—	1	1	—	2	2	3	1	13
行情操纵、行情固定	—	2	2	1	3	4	—	3	1	17
内幕交易	5	6	6	5	9	2	7	7	4	56
损失弥补	—	—	—	—	—	—	—	—	—	7
无申请募集	—	—	—	—	—	—	—	—	1	1
合计	10	10	11	11	13	10	13	17	8	121

出处：证券交易监督委员会资料。

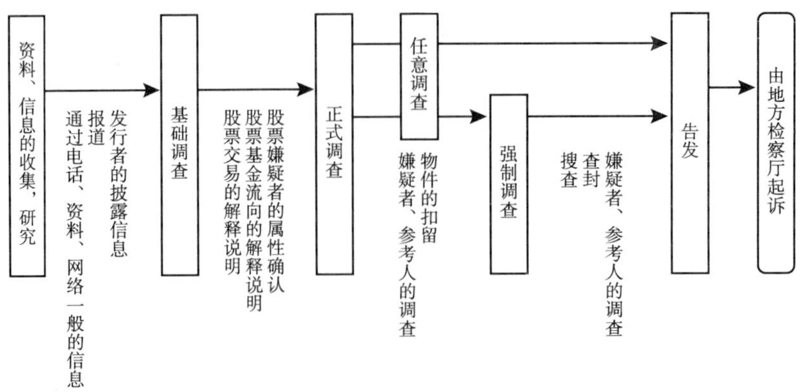

图 17－5　犯规调查的流程

出处：证券交易等监督委员会资料。

7. 法律执行（4）
——自主限制机关

金融厅在近年推行的“基于规则的监督和基于原则的监督的最佳组合”的实现上，对自主限制机关的作用给予了很大的重视，也可以说自主限制机关的意义也越来越大。作为自主限制机关成立了日本证券业协会和东京证券交易所。日本证券业协会是得到内阁总理大臣批准的金融商品交易业协会，是由金融商品交易业者以及登记机关组织的。为了确保有价证券买卖以及其他交易等的公正性和顺利进行，以金融商品交易业的健全发展，保护投资者为目的，制定了自主限制规则，统一常规规则等多个规则。会员根据这些规则和章程，对违反法令和行政官厅的违规行为，进行处分（批评、过怠金的处罚、会员权的停止或限制或除名）以及劝告。东京证券交易所在得到内阁总理大臣的许可下，开设金融商品市场的股份制公司，也是金融商品交易所。其自主限制业务在得到内阁总理大臣的许可下，由东京证券交易所委托给东京证券交易所自主限制法人。自主限制业务作为金融商品等的上市以及退市相关的业务，会员等法令的遵守状况调查，其他公正交易确保中的必要业务在内阁府令中规定，该自主限制法人中有以下几个部门：判断上市资格性的上市审查部，维持、提高上市中金融商品等品质的上市管理部，不公正交易的审查、防止组合的买卖审查部，进行东证交易参加者的遵纪守法状况调查，处分等的调查部。对东证交易参加者违反法令和规则等的行为，会采取取消交易资格、买卖的停止或限制、过怠金的征收及警告等措施。日本证券业协会和东京证券交易所都可对其成员进行处分，但多数情况下由于各自的成员会重复，所以有时会接受来自两个机关的处分，有时只会接受来自一个机关的处分。以东京证券交易所的处分为例，由于公司内部管理的不完善，发生的订单误发行为，对交易市场产生了不可忽视的影响；以日本证券业协会为例，由于违反了分开管理义务等，而对市场产生了影响不是很严重的违法行为。

表 17-5　自主限制机关相关的处分（2005 年度~2011 年度）受到东京证券交易所和日本证券业协会处分的例子

对象公司	处分的理由	东京证券交易所	日本证券业协会
三荣证券股份公司	以变动上市有价证券的行情为目的，进行的和该上市有价证券相关联的收购等行为	过怠金 500 万日元	批评
东洋证券股份公司	和虚假行情形成相关的受托、不公正交易的预防管理态势不是很充分	过怠金 2000 万日元	批评
股份公司 SBI 证券	对金融商品交易业相关的电子信息的处理组织管理不是很充分	警告	批评
大同证券股份有限公司	对违反法令，组织且进行多数的不正当劝诱行为，不加追究，经营管理态势以及营业管理中有重大的不完善	警告	过怠金 2000 万日元
商业新闻出版证券公司东京分店	以固定特定的上市金融商品的行情为目的，进行的收购申请等行为	过怠金 5000 万日元	过怠金 3000 万日元
Kabu. com 证券	对法人相关信息的不公正交易，没有采取必要且适当的预防措施	过怠金 500 万日元	过怠金 2000 万日元
三菱 UFJ 证券	对顾客个人信息的内部管理态势不是很明确	警告	批评
乐天证券	对和金融商品交易等相关的电子信息处理组织的管理不是很充分	过怠金 300 万日元	过怠金 1000 万日元
Monex 证券	对和金融商品交易等相关的电子信息处理组织的管理不是很充分	过怠金 300 万日元	过怠金 1000 万日元
SBI 电子交易证券	没有对顾客的有价证券买卖相关的法人关联信息的不公正交易进行必要且适当的防止措施	警告	批评

续表

对象公司	处分的理由	东京证券交易所	日本证券业协会
丸八证券	以固定上市有价证券的行情为目的,进行的一系列上市有价证券的收购委托、执行行为	一部分买卖停止	过怠金2亿日元
德国证券	基于法人相关信息的自己买卖	过怠金300万日元	过怠金500万日元
丸八证券	交易完全委托账户交易的合同	过怠金3000万日元	过怠金5000万日元
瑞穗证券	从母公司受领非公开信息	警告	过怠金200万日元
东洋证券	在没有提交记载有最优执行方针的书面资料情况下,接受订单的委托	警告	批评
堂岛关东证券	对由顾客进行的不公正交易的预防买卖管理体制不是很充分	警告	批评
乐天证券	证券业相关的电子信息处理组织的管理不是很充分	警告	批评
永和证券	虚假行情的形成	过怠金1200万日元	过怠金1000万日元
HS证券	以明显不适当的承兑价价格进行承兑	警告	过怠金3000万日元
三菱UFJ证券	基于法人相关信息的自己买卖	警告	批评
大和证券	虽然知道可能会成为内部者交易,但还接受委托等	警告	过怠金500万日元
日本亚洲证券	交易完全委托账目交易的合同缔结	警告	批评
丸八证券	交易完全委托账目交易的合同缔结	过怠金1000万日元	过怠金3000万日元
东方汇理证券	违反政令的空卖	过怠金1000万日元	过怠金500万日元
HS证券	对虚假行情形成的受托防止买卖管理不是很充分	警告	过怠金500万日元
J.P.摩根证券	虚假行情的形成等	过怠金2500万日元	过怠金2000万日元
瑞穗证券	对证券业相关的电子信息处理组织的管理不是很充分	过怠金1000万日元	批评
日本协荣证券	对虚假行情形成的受托防止买卖管理不是很充分	警告	过怠金200万日元
乐天证券	对证券业相关的电子信息处理组织的管理不是很充分	警告	批评
丸八证券	交易完全委托账目交易的合同缔结	过怠金1000万日元	过怠金3000万日元
东京证券交易所处分,而日本证券业协会没有处分的例子			
乐天证券(2011年2月17日警告);商业新闻出版证券(2010年2月16日过怠金1亿日元过怠金3000万日元);立花证券(2008年1月25日警告);JP摩根证券(2006年12月21日过怠金500万日元);立花证券(2006年10月20日过怠金500万日元)Billwall证券(2011年10月31日除名);Bansei证券(2011年10月18日过怠金8000万日元以及会员权的停止六个月);SMBC日兴证券(2011年6月16日批评);安藤证券(2011年4月25日批评)			

续表

日本证券业协会处分，而东京证券交易所没有处分的例子
东海东京证券(2010年12月16日批评)；HS证券(2010年6月15日过怠金8000万日元)；RBS证券(2010年3月16日批评)；商业新闻出版证券(2009年10月20日过怠金1亿日元以及会员权的停止六个月)；成濑证券(2009年8月11日批评)；日本私人证券(2009年8月11日批评)；日本Investors证券(2009年10月20日过怠金500万日元)；Avalon湘南证券(2009年5月7日批评)：丸三证券(2009年2月18日批评)；joinvest证券(2009年2月18日过怠金300万日元)；爱知银行(2008年10月30日过怠金500万日元)：联合世界证券(2008年6月27日过怠金1000万日元以及会员权停止6个月)；银行AIG证券(2007年10月16日过怠金1000万日元)；三菱东京UFJ银行(2007年9月28日批评)；日本第一证券(2007年3月9日过怠金800万日元)；AIM证券(2007年1月17日过怠金1亿日元以及会员权停止6个月)；津山证券(2006年12月1日批评)；伊势证券(2006年9月13日批评)；日本投资者证券(2006年9月13日过怠金100万日元)；Monex证券(2006年6月30日批评)；塚本证券(2006年5月19日过怠金500万日元)；SMBC朋友证券(2006年5月19日批评)；新生证券(2006年3月10日批评)；松井证券(2005年11月15日批评)；get证券(2005年10月7日过怠金100万日元)；世纪证券(2005年9月9日批评)；白五银行(2005年9月9日批评)；东方汇理银行证券(2005年7月22日批评)；SBI证券(2005年7月22日批评)

出处：东京证券交易所自主限制法人HP，日本证券协会HP。

8. 法律执行（5）

——证券限制的国际机关

证券监督者国际机构（IOSCO）的主要目的是对证券交易限制的国际协力以及证券限制的强化，以1974年成立的美洲证券监督者协会为母体，在1983年开始运作。日本在1988年加盟，到2011年4月为止共有199家机关参加（IOSCO参加者代表了全世界证券市场的90%以上）。和证券交易相关的多数原则（Principle），方针（Policy），基准（Standard），指南（Guidance），规则（Code），劝告（Recommendation），惯例（Practice）被公开，促进了其在各国的实施普及。在其发布文件中最重要且基本的文件应该是《证券限制的目的和原则》（1998年9月成立，2010年6月修订）。该文件有三个目的（保护投资者，确保市场的公正性、效率性、透明性，削减系统风险），为了达到这些目的，通过以下八个领域的30条原则来实现，①当局限制，②自主限制机关，③证券限制的实效性确保，④限制相关权力，⑤发行者，⑥集团投资计划，⑦市场中介业者，⑧流通市场（另外，2010年6月的修订中，另成立了第九个领域“监察人，信用等级评定机关以及其他信息提供者”，原来的30条原则也增加到38条）。这个体现了IOSCO所期望的证券限制理想方式，该文件可以说总括了IOSCO发表的其他文件中的任一原则（实际上，该文件的原则较多是从其他文件中引用过来的）。像这样的文件，即使在日本也有很大的影响力，为了实现它，法令乃至自主机关等都采取了措施（金融厅跟踪其动向，并将结果公开在HP）。以立法为例子，关于市场中介业者的原则，在1990年制定了《国际商业行为规范原则》。该文书中对证券业者的行为规范制定了七条原则，其中要求从业者诚实、公平性的第一条原则以及要求收集顾客相关信息的第四条原则，作为“诚实公正义务”以及“适当性原则”分别在1992年对旧《证券交易法》修正中进行了规定。今后IOSCO的重要性将会越来越高，日本的证券交易限制也会结合其动向不断进行修正。

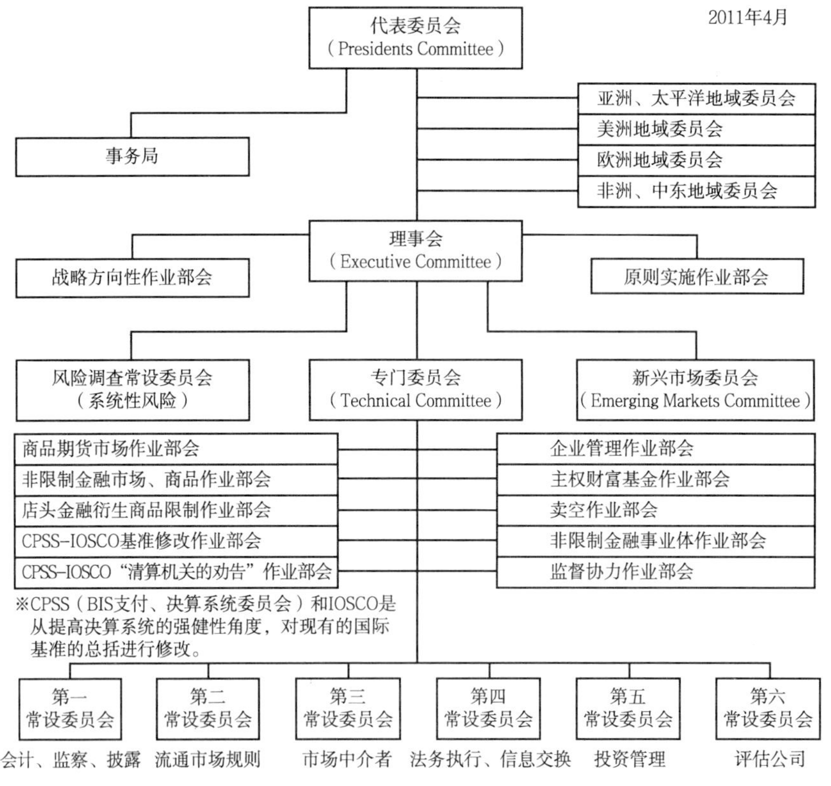

图17-6 IOSCO机构图

出处：金融厅。

表 17-6 ISOCO 发出的公开文件（Public Documents）的主要交易领域

(1)限制当局(Regulator)	因特网上的证券交易(83)(120)(159)
(2)自主限制机关 (Self-Regulation)	自主限制机关一般(53)(200)(225),交易所得股票公司化(119)(200)(225),有效率的自主限制(110)
(3)证券限制的时效性确保 (Enforcement of Securities Regulation)	金融业的委托外包服务(184),行情操纵(103),跨境限制(因特网上的证券交易)(83)(120)(159),洗钱(26)(103)(205)
(4)限制有关合作 (Cooperation in Regulation)	国际合作(76)(83)(86)(111)(126)(159),因特网上的证券交易(83),金融衍生商品交易(111),合作的范围[信息共有(17)(86)(248)][被欺骗的投资者的利益以及资产保护(55)][没有被限制的地域限制(41)]和金融联合大企业相关的合作(88)(101)(102)
(5)发行者(Issuers)	披露(1)(15)(16)(24)(32)(38)(39)(61)(62)(71)(81)(83)(118)(120)(132)(141)(145)(159)(182)(242),会计(182),内部者交易(145),全球发行(1)(16)(38)(61)(71),因特网上的证券交易(83)(120)(159),内部统制(229),监察(133)(134)(199)(229)(231)(238),金融业的委托外包服务(184)
(6)集团投资计划 (Collective Investment Schemes)	对运用者的限制、监督一般(40)(69),运用者的利益相反(108),风险评价(136)(137)(156),手续费(157)(178)(255),反市场时机(207),披露(59)(114)(131)(144)(158)(169),洗钱(205),投机性的投机团体(142)(226)(253),指数基金(163),CIS 的合并(179),权限、机能的委任(113),构造(160)(107),投资者教育(117)(140),顾客保护(57),CIS 的评价额(91)(92)(93)(253),国际合作(52)(54)
(7)市场中介业者 (Market Intermediaries)	限制一般(8)(79),披露(97)(116),和资本金相关的限制(14)(77)(78)(79)(89)(97)(105)(116)(122)(201),顾客的本人确认(167),洗钱(146),分析家的利益相反(152),国际合作(49)
(8)流通市场 (The Circulation Market)	限制一般(90)(42),交易所的股票公司化(200)(225),金融衍生商品交易(6)(22)(85)(111)(143),违约(default)以及市场的混乱(22)(29)(49)(138),因特网上的证券交易(83)(120)(159),市场的透明性(27)(124)(147)(161)(168),不公正交易(85)(103)(143)(145)(208),证券决算(74)(123),委托押金(22)(50),卖空(96)

注："证券规则的目的和原则（Objectives and Principles of Securities Regulation）上的分类对应"。（ ）内的数字是根据 IOSCO 附加的 Public Document 的号码。

出处：IOSCO 的 HP。

证券年表（1870～2011年）

年份		公历年月日	事项
明治	3	1870年4月23日	“9分利”公债在伦敦进行公募(是日本最早的公债)
	7	1874年10月13日	股票交易条例(是日本最早的证券法规,未实施)
	11	1878年5月4日	《股票交易所条例》公告
	11	1878年5月15日	东京股票交易所成立
	11	1878年6月17日	大阪股票交易所成立
	26	1893年3月4日	《交易所法》公布
	27	1894年8月1日	日清战争爆发
	32	1899年3月9日	《新商法》公布(直到现在也是股份公司法的基本)
	37	1904年2月10日	日俄战争爆发
	38	1905年3月13日	《附担保公司债信托法》公布
	43	1910年2日	随着第一次附“4分利”公债的发行,证券业者第一次分销
大正	3	1914年7月28日	第一次世界大战爆发
	7	1918年4月1日	有价证券分期付款销售业法公布
	9	1920年3月15日	东京股票市场大暴跌,反动恐慌的开端
	11	1922年4月20日	《交易所法》修正,会员组织交易所的培养,实物交易和清算交易的2本制等
	11	1922年9月1日	大正股票,短期清算交易开始
	12	1923年9月1日	关东大震灾,9月7日延期偿付实施
	13	1924年6月2日	东京股票,短期清算交易开始
昭和	2	1927年3月15日	金融恐慌开始
	2	1927年3月30日	《银行法》公布
	2	1927年4月22日	恐慌继续,3周间的延期偿付实施
	3	1928年	东京股票、大正股票,成立50周年,东京股票开始以股价指数(费舍尔理想计算式,月中平均)算出、发表
	4	1929年10月24日	纽约股票市场大暴跌(黑暗星期四),世界恐慌的开端
昭和	5	1930年1月11日	实施金出口解禁,产生了巨额的正币流出,引起了产业不景气下的金解禁恐慌(昭和恐慌)
	6	1931年9月18日	满洲事变爆发
	6	1931年9月21日	英国金本位制停止,引发世界金融恐慌
	6	1931年12月13日	金出口再禁止断然实行
	7	1932年11月25日	收入填补国债(赤字国债)的日本银行承兑发行开始
	8	1933年5月5日	公司债受托的银行、信托,公司债净化运动商定,不认可无担保公司债发行

续表

年份	公历年月日	事　项
昭和 8	1933年5月27日	《美国证券法》制定
9	1934年6月6日	《美国证券交易所法》制定
12	1937年7月7日	卢沟桥事件爆发,中日事变的开端
12	1937年7月17日	藤本比尔经纪人证券,有价证券投资组合结成,初次投资信托
13	1938年3月29日	有价证券业取缔法公布
13	1938年3月31日	有价证券承兑业法公布
14	1939年9月3日	第二次世界大战爆发
16	1941年8月30日	股票价格统制令公布
16	1941年12月8日	太平洋战争爆发
17	1942年2月18日	《公司债登记法》公布
18	1943年3月11日	日本证券交易所法公布,6月30日本证券交易所成立,东京股票、大正股票、名古屋股票等11家交易所(股份公司)关闭,成为日本证券的分所
18	1943年10月19日	交易员业整备实施纲要,12月17日有价证券业整备纲要发表
20	1945年3月10日	东京大空袭后,战时金融金库可以根据3月9日价格无限制购买
20	1945年8月10日	日本证券交易所全国市场,同时临时停止交易
20	1945年8月15日	日本战败
20	1945年9月26日	GHQ,证券交易所再开禁止摘要(25日)发布
20	1945年12月	东京、大阪股票集团买卖开始
21	1946年4月17日	新日本兴业股票公募、战后初的股票公募
21	1946年8月8日	持股公司整理委员会运作,持股公司指定开始
22	1947年1月18日	有价证券的处分调整等相关法律公布
22	1947年3月28日	日本证券交易所解散等相关法律公布,4月16日证解散
22	1947年3月28日	《证券交易法》公布
22	1947年4月14日	《垄断禁止法》公布
22	1947年7月23日	证券交易委员会设置
22	1947年10月	年末,证券民主化运动扩大到日本全国
23	1948年4月13日	《证券交易法》修正公布(昭和23年法),证券业者登记制实施
23	1948年11月7日	《证券交易所法》第65条实施
24	1949年1月31日	GHQ,证券交易的再开许可发表
24	1949年2月12日	东京,2月15日大阪,3月7日名古屋各证券交易所成立总会
24	1949年4月20日	亚当斯GHQ证券担当官指示“证券交易三原则”
24	1949年5月9日	日本证券业协会联合会成立
24	1949年5月16日	东证、大证,名证的买卖交易开始
24	1949年7月4日	广岛、福冈、京都、神户、新潟各证券交易所的买卖交易开始
25	1950年4月1日	札幌证券交易所买卖交易开始
25	1950年6月25日	朝鲜动乱爆发
26	1951年6月1日	信用交易开始
26	1951年6月1日	《证券投资信托法》公布实施,6月15日股票投资信托开始
27	1952年1月4日	采用,发布追溯到道琼斯修正方式的平均股价(东证修正平均股价)的营业开始
27	1952年4月28日	《对日和平条约》、《日美安全保障条约》生效

续表

年份	公历年月日	事项
昭和 27	1952 年 8 月 1 日	证券交易委员会废止,证券行政为大藏省理财局证券课
27	1952 年 9 月 10 日	证券交易审议会运作
28	1953 年 3 月 5 日	全国股票市场由于斯大林病危公布出现了暴跌
29	1954 年 10 月 26 日	东证工会由于待遇改善要求,罢工开始
30	1955 年 6 月	定期(清算)交易复活运动达到最高潮
31	1956 年 4 月 2 日	东证,大证,债券买卖市场成立
33	1958 年 10 月 7 日	东证市场,交易额突破了最初的 1 亿股
34	1959 年 2 月 18 日	战后初的外币债(美元公债)发行
36	1961 年 1 月 11 日	公司债投资信托开始
36	1961 年 7 月 18 日	道琼斯平均股价达到了高峰值 1829.74
36	1961 年 10 月 2 日	东证,大证,名证的市场第 2 部成立
38	1963 年 7 月 18 日	肯尼迪美大统领提案成立利息平衡税,7 月 19 日东证市场暴跌
39	1964 年 1 月 20 日	共同证券成立,从秋天到年末发动购买连日股
39	1964 年 9 月 25 日	增资等调整恳谈会商定 1965 年 2 月以后的增资控制
40	1965 年 1 月 12 日	日本证券保有组合成立,接替投资信托保有股票
40	1965 年 5 月 21 日	山一证券再建问题的报道,以后市场处于半恐慌状态
40	1965 年 5 月 28 日	日银,山一证券等运用保管 19 家公司,决定日本银行特别融资
40	1965 年 7 月 27 日	决定实施包括收入弥补国债的发行方针的景气振兴策略
40	1965 年 10 月 1 日	修正《证券交易法》实施,规定了证券业者许可制度
42	1967 年 7 月 1 日	资本交易自由化实施
43	1968 年 4 月 1 日	证券公司全面移向许可制度
43	1968 年 6 月 4 日	东证第 1 部股票时价总额达到 10 兆日元
44	1969 年 1 月 1 日	日本乐器,以股东优先募集的方式开始时价发行,以后时价发行开始盛行
44	1969 年 7 月 1 日	东证股价指数(TOPIX)开始发表
46	1971 年 3 月 3 日	外国证券业者相关法律公布
48	1973 年 1 月 24 日	道琼斯平均股价达到高峰值 5359.74
48	1973 年 2 月 13 日	日元移向变动行情制
48	1973 年 6 月 2 日	和 OPEC 的国际石油资本,原油价格提高达成一致,第 1 次石油冲击发生
50	1975 年	大量国债发行时代开始,公司债店头买卖额剧增
53	1978 年 5 月 15 日	东证交易所成立 10 周年纪念式典礼,进入证券第 2 世纪
54	1979 年 3 月 30 日	战后初的无担保公司债发行(西尔斯罗巴克公司)
55	1980 年 12 月 1 日	《新外汇法》实施,内外证券投资原则上自由化
57	1982 年 10 月 1 日	修正《商法》实施,单位股制度成立,新成立公司的股票额面是 5 万日元
58	1983 年 4 月 9 日	都银等的金融机关开始国债窗口销售业务
59	1984 年 4 月 20 日	股票等的保管以及转账相关法律公布实施
60	1985 年 10 月 19 日	东证开始债券期货交易,战后初的证券期货交易
60	1985 年 12 月 24 日	美林证券等外国证券 6 家作为第一个会员加入东证
61	1986 年 10 月 11 日	NTT 开始放出一半的股票
61	1986 年 11 月 25 日	有价证券相关的投资顾问业规则等相关法律实施

续表

年份		公历年月日	事项
昭和	62	1987年6月9日	大证开始50个交易品种的股票期货交易，是战后初的股票期货交易
	62	1987年10月20日	东证市场，NY市场的大暴跌之后，出现了战后最大的下跌率（14.9%），黑色星期一波及了世界各地的股价下跌
	62	1987年12月15日	抵押证券业限制相关的法律公布实施
	63	1988年9月3日	东证（TOPIX），大证（日经225）都开始了正式的股价指数期货交易 大证（日经225），10月17日名证（期权25），东证（TOPIX）
平成	1	1989年6月12日	开始了股价指数期货期权交易
	1	1989年12月29日	日经平均股价，达到了历史上的最高纪录38915.87
	2	1990年3月20日	股价急剧下降，股票的公募时价发行事实上已经停止
	2	1990年10月1日	股价急剧下降，财政部长发布股价急剧下降应对扶持政策
	3	1991年6月24日	发生了以4家大证券公司为中心的法人顾客等的损失弥补问题和暴力团相关交易，野村证券和日兴证券的社长引咎辞职，成为波及了几个月的证券丑闻
	3	1991年10月3日	修正《证券交易法》成立，完全委任账目交易禁止、损失弥补授受禁止等
	4	1992年6月26日	金融制度以及证券交易制度改革的相关法律的完善等法律公布，7月20日证券交易等监督委员会运作
	4	1992年8月18日	日经平均股价从14309.41大幅下降，发表了紧急对策以及包含8月28日公共基金导入的综合经济对策
	5	1993年7月2日	兴银证券等金融机关的证券子公司初次成立
	6	1994年4月1日	和大笔交易相关的股票委托手续费自由化
	6	1994年10月1日	自己股票取得限制缓和的商法修正，实施
	7	1995年1月17日	阪神大地震
	7	1995年2月26日	英巴林证券破产
	7	1995年8月30日	兵库银行根据战后初的银行法宣布破产，实施日银特别融资
	7	1995年9月8日	法定比率下降到历史上最低0.5%
	8	1996年1月1日	公司债发行规定完全取消
	8	1996年6月21日	住宅金融专门公司处理、金融相关6法公布
	8	1996年11月11日	桥本总理在2001年面向东京市场的再生提出了总括性金融系统改革方案（日本版金融大爆炸）
	9	1997年4月25日	日产生命保险作为生命保险在战后初破产
	9	1997年6月13日	证券交易审议会，金融制度调查会，保险审议会，为实现日本版金融大爆炸提出了报告书
	9	1997年6月20日	金融监督厅《设置法》公布
	9	1997年11月13日	三洋证券11月17日北海道开垦和殖民银行，11月22日山一证券相继破产
	9	1997年12月1日	投资信托顾问，投资信托销售公司，以租赁方式开始了投资信托银行、保险窗口销售业务
	10	1998年4月1日	金融大爆炸改革实施，修正《外汇法》实施，5000万日元以上10亿日元以下的股票买卖委托手续费自由化

续表

年份	公历年月日	事 项
平成 10	1998 年 6 月 22 日	金融监督厅运作
10	1998 年 8 月 6 日	金融审议会成立
10	1998 年 9 月 1 日	《SPC 法》实施
10	1998 年 10 月 16 日	金融再生关联 8 法公布
10	1998 年 10 月 23 日	日本长期信用银行，12 月 13 日日本债券信用银行，特别公共管理决定
10	1998 年 12 月 1 日	《金融系统改革法》实施
10	1998 年 12 月 15 日	金融再生委员会运作
11	1999 年 4 月 1 日	证券业者的顾客资产分类管理实施
11	1999 年 10 月 1 日	股票买卖委托手续费完全自由化
11	1999 年 11 月 11 日	东证创业板市场成立
12	2000 年 3 月 1 日	新潟证券交易所、广岛证券交易所以及东京证券交易所合并
12	2000 年 3 月 17 日	南证券首次取消登录
12	2000 年 5 月 8 日	大证，纳斯达克日本市场成立，2002 年 12 月 16 日海洛里斯
12	2000 年 5 月 31 日	《证券交易法》等的一部分修正法公布，12 月 1 日证券交易所的股份公司化等相关法律实施
12	2000 年 5 月 31 日	金融商品销售相关法律公布
12	2000 年 7 月 1 日	金融厅运作
13	2001 年 3 月 1 日	京都证券交易所，大阪证券交易所合并
13	2001 年 4 月 1 日	证券公司破产时的投资者投资者保护特例措施废除
13	2001 年 4 月 1 日	大阪证券交易所转换为股份公司
13	2001 年 6 月 1 日	有价证券报告书等的电子披露系统（EDINET）运作
13	2001 年 7 月 1 日	ETF（股价指数联动型投资信托受益证券）交易开始
13	2001 年 9 月 10 日	不动产投资信托交易开始
13	2001 年 10 月 1 日	修正《商法》实施，金库股解禁，单元股制度等
13	2001 年 10 月 1 日	野村证券和日兴证券导入持股公司制度
13	2001 年 11 月 1 日	东京证券交易所转换为股份公司
13	2001 年 11 月 30 日	证券税制修正法实施，个人的股份转让益征税减轻
13	2001 年 12 月 17 日	野村控股公司在 NYSE 上市
14	2002 年 1 月 30 日	银行等保有股票取得机构成立
14	2002 年 4 月 1 日	存款等全额保护的特例措施终了，盈利一部分解禁
14	2002 年 6 月 5 日	《证券决算系统改革法》公布
14	2002 年 11 月 29 日	日银开始买进银行保有股票
15	2003 年 4 月 28 日	日经平均股价时隔 21 年又回到了 7607.88 日元的低价格
16	2004 年 12 月 1 日	证券中介业，金融机关解禁
16	2004 年 12 月 13 日	JASDAQ 证券交易所开始营业
17	2005 年 4 月 1 日	盈利全面解禁（不包括决算性存款）
17	2005 年 12 月 8 日	新上市电力发生了误订购，12 月 13 日对投资者实施了现金决算
18	2006 年 1 月 16 日	活力门事件发生，和 6 月村上基金问题相关联
18	2006 年 6 月 14 日	金融商品交易法公布，2007 年 9 月 30 日全面实施
19	2007 年 8 月	美国市场的次债危机问题扩大，波及了欧洲市场

续表

年份	公历年月日	事　项
平成　20	2008年9月15日	美国雷曼兄弟控股公司，申请适用《联邦破产法》第11条，美国金融市场发生的雷曼冲击发展成为以后的世界金融危机
21	2009年1月5日	股票电子化实施
21	2009年6月1日	东京AIM交易所，面向专业的新市场成立
21	2009年7月21日	大阪证券交易所，大证FX成立，交易开始
21	2009年8月30日	第45次众议院，民主党以压倒优势取胜，证券更替确定
22	2010年1月4日	东证开始运作新股票买卖系统“箭头”，买卖订单的处理速度增加了600倍
22	2010年1月19日	东京地方裁判所受理了日航的公司更生法，事业公司在战后最大的经营破产
22	2010年2月4日	欧洲市场，希腊财政问题骤落
22	2010年9月10日	日本振兴银行向金融厅申请破产，金融厅第一次表明了盈利发动
22	2010年10月12日	大证，JASDAQ和海洛里斯合并，“新JASDAQ”运作
22	2010年11月10日	东证发布公司债的国际发行市场“TOKYO PRO－BOND Market”成立
23	2011年2月14日	大证在金融衍生商品交易中运作了纳斯达克OMX集团制的新系统
23	2011年3月11日	东日本大地震，13日东京电力福岛第一原子能发电站发生了氢爆炸
23	2011年6月	PTS的6月买卖金额超过了最初的1兆日元。外国人投资者的使用增加
23	2011年7月13日	美国惠誉国际信用评级，希腊的长期债务等级为“CCC”
23	2011年8月5日	S&P的美国债长期信用等级从“AAA”降级为“双A＋”
23	2011年11月12日	东证和大证达成统一经营合并

详细的“证券年表”记载在该研究所发行的下记出版物中，请阅读。

《证券年表（明治、大正、昭和）》（1595年～1989年1月7日）

图书在版编目(CIP)数据

图说日本证券市场/日本证券经济研究所编；郭海燕译.
—北京：社会科学文献出版社，2013.1
ISBN 978-7-5097-3708-8

Ⅰ.①图… Ⅱ.①日… ②郭… Ⅲ.①证券市场-日本-图解
Ⅳ.①F833.135-64

中国版本图书馆CIP数据核字（2012）第205725号

图说日本证券市场

编　　者／日本证券经济研究所
译　　者／郭海燕

出 版 人／谢寿光
出 版 者／社会科学文献出版社
地　　址／北京市西城区北三环中路甲29号院3号楼华龙大厦
邮政编码／100029

责任部门／国际出版分社（010）59367197　　责任编辑／张永棣
电子信箱／guoji@ssap.cn　　责任校对／苏向蕊
项目统筹／李延玲　　责任印制／岳　阳
总 经 销／社会科学文献出版社发行部（010）59367081　59367089
读者服务／读者服务中心（010）59367028

印　　装／北京季蜂印刷有限公司
开　　本／787mm×1092mm　1/16　　印　　张／20.5
版　　次／2013年1月第1版　　字　　数／357千字
印　　次／2013年1月第1次印刷
书　　号／ISBN 978-7-5097-3708-8
著作权合同登记号／图字01-2012-3971号
定　　价／59.00元